# Il CronoWeb

iniziato da Paolo Attivissimo
e  continuato fino ai giorni nostri da Sergio Failla

**edizione aggiornata**

**ZeroBook**
**2020**

Titolo originario: *Il CronoWeb* / a cura di Sergio Failla

**Questo libro è stato edito da ZeroBook: www.zerobook.it.**
**Prima edizione: novembre 2015. Sesta edizione: dicembre 2020**

**ISBN 978-88-6711-097-1 (ebook)**
**ISBN 978-88-6711-099-5 (press)**

# Indice generale

# Introduzione

## Webology o webbologia

## 1. La cronologia

Nel nostro testo citiamo studiosi, inventori e personalità varie, nati dopo l'età del Rinascimento; con esso ci proponiamo di fornire una cronologia che illustri la genesi e gli sviluppi dell'Informatica, nonché le applicazioni di questa, specialmente quelle che hanno permesso la divulgazione di conoscenze in rete. Nel contempo, con un'operazione tesa a *spaesare* orti e provincialità di turno, riteniamo sia possibile rimuovere certe pigrizie numerologiche dalla mente di chi per tradizione si conforma alla datazione usuale in Occidente; ricomponiamo per ciò l'esposizione, avendo come fulcro, del tutto arbitrario, la nascita del Web. Nel calendario occidentale, l'anno zero del W.W.W. corrisponde al 1991; muovendo da un -374, veniamo pertanto a formare un *ante* e un *post*, nei quali la data assume una diversa *valenza* e un valore differente da quelli consueti quanto forse inusuali.

Il riferimento a questa linearità di un tempo in rete, digitale e non più cartacea, si è imposto quasi da sé alle nostre riflessioni; in essa concorrono necessità didattiche, cioè di organizzazione degli argomenti e di un metodo per la loro lettura, ed esigenze connaturate alla gestione di un giornale a testata Web, ovvero www.girodivite.it. Al momento non sappiamo se l'insegnamento della Storia possa essere rivisitato alla luce del Web; crediamo però che questa sia una *sinopsi* in grado di comporre in uno sguardo ciò che è *successo* e ciò che succede, negli anni che abbiamo vissuto e in quello nel quale viviamo.

## 2. La distanza

Rispetto a quel che accade, la distanza nel tempo certamente serve a *fare storia*: la distanza ci consente di consultare un insieme di documenti, che, via via, può diventare sempre più ampio ed articolato; ancor più, grazie a questo tratto di linea in anni si ha davanti un quadro già formato: ci si pone di fronte ad un *mýthos*. Benché su questo si possa essere o non essere d'accordo, il quadro rimane comunque lì; altresì, in quanto quadro, esso richiede di essere rinarrato per la gioia del bimbo che ama risentire sempre la stessa favola.

Quando i *paradigmi culturali* mutano, gli eventi vengono rinarrati in altro modo; ne segue che *la Storia cambia*, se non nei fatti almeno nel significato ad essi attribuiti. Constatando che noi si è dentro un determinato modello di valori, non possiamo non *narrare la Storia* se non come la narriamo; infatti, a noi importa che essa sia esposta così, e in tanto noi stessi crediamo che essa sia proprio così.

9

## 3. La rete a grandezza mondiale (World Wide Web)

Quasi immediatamente dopo il suo sorgere ed i suoi primi *successi*, la narrazione sul Web si è del tutto compiuta; in linea di massima, sono stati individuati i motivi fondamentali per tessere un discorso sull'informazione in digitale. Da un lato c'è l'ARPANET, cioè un apparato militare, che ha bisogno di un ennesimo giocattolo di guerra; dall'altro c'è il CERN, cioè un centro di ricerca, nel quale i tecnici approntano in funzione d'opera le scoperte degli scienziati. Con il proposito spartano di chi non cede agli orpelli, scienziati e tecnici si applicano su questa teoria dell'informazione in rete dal suo interno, considerandola un prodotto *in sé*: un prodotto da mettere a punto con rigore di assiomi al di là d'ogni intento d'impiego; il loro fine è quello di migliorare convenzioni ed efficienza della comunicazione, e non quello di individuare o di delimitare i settori del suo utilizzo.

Nell'ambito del CERN, organismo non più sotto l'ègida dei militari, si giunge in seguito alla determinazione di estendere alla *società civile* il raggio d'azione della connessione in rete; finanziato dagli Stati europei, il CERN si sente in dovere di giustificare che i finanziamenti e la ricerca ricadono anche sulla *gente comune*. Per ciò elementi, entrati da tanto a far parte del sistema dei *consumers* e dell'industria, vengono *deviati* verso destinazioni multiple e notevoli guadagni; singoli pezzi, già in vendita al dettaglio, sono ora agglomerati per formare qualcosa di nuovo. *Home computers*, *monitors* e tastiere, cavi telefonici vengono ricomposti in una merce che pronta conquista il terreno degli studi; dalla fascia degli insegnanti e degli studenti universitari, *internet* si espande a macchia d'olio: l'accesso all'operatore elettronico diventa di massa.

Nel momento in cui il Web approda nei *campi di sapere* universitari per volgersi ai *civili*, si forma *un'altra cosa*; di essa si deve dare e si deve scrivere un *resoconto critico*, da divulgare come parte della nuova religione. Invero, la diffusione su larga scala di questa cosa meravigliosa, comporta l'esigenza di rinvenire le sue origini; intervistati da giornalisti e da studiosi, i ricercatori del CERN diventano i padri del *nuovo medium*. Ben presto il Web dilaga e di esso si appropria la cultura dominante; la rete così diventa *quella cosa che è oggi*: mezzo di comunicazione, strumento di business, veicolo d'ogni idea e di tutti i malesseri della società globale.

## 4. La quotidianità storica

Per come sopra asserito in raffronto alla breve durata, la distanza nel tempo ci permette di consultare i documenti e le carte d'archivio; su ciò non si discute, in quanto conta assai poco che li si critichi, li si contesti, li si accetti, li si discosti o altro che a proposito s'aggiunga. Lo stesso assunto non vale per la *quotidianità storica*: qui non è possibile *fare storia*; intorno alle cose che accadono nel momento in cui viviamo, è possibile solo accumulare fonti, sulle quali, per successive analisi, ricostruire ipotesi di lettura. In merito a quel che accade ogni giorno, risulta inoltre problematica la cèrnita, nonché la raccolta del materiale da mettere a fuoco e da conservare; infatti, provengano dai *media tradizionali* o da quelli di recente acquisizione, è evidente che i dati sono sovrabbondanti se non contraddittorî.

Lì per lì, quando siamo parte con le orecchie e con gli occhi di una qualche notizia, non siamo quasi mai in grado di capire se essa sia un falso, un'abile contraffazione o un valido servizio d'agenzia; non sempre l'emittente è asettico, anzi il più delle volte invita il destinatario a pensare che, quanto gli viene riferito, sia conforme a quanto sia accaduto.

In realtà, collocare una conoscenza, sia informazione o nozione, in un sito piuttosto che in un altro equivale a **percepirsi** e ad **orientare**; dal rumore della quotidianità, colui che filtra le notizie **interessanti** da quelle in scarto, deve compiere una scelta, dettata dall'etica e dalle forme di pensiero che lo contraddistinguono.

## 5. Cose opache

Le cose che accadono sono sempre **opache**; esse acquistano un senso per chi le osserva, a seconda che le si subisca, le si provochi o le si trovi passandoci accanto. Così è stato il nostro punto di vista a farci scegliere alcune referenze e non altre; di pari è stato il nostro gusto che ci ha spinto a trascriverle con un rilievo ora maggiore ed ora minore. Noi non possiamo fare altrimenti; del resto, è risaputo, le auto analisi sono sempre complicate.

Per certo possiamo affermare d'aver rovistato tra le fonti con l'obiettivo di rinvenire una linea evolutiva del Web; ci ha sorretto l'idea di cogliere un nesso dialettico fra l'industria, guidata dalla legge del profitto e dall'offerta di un prodotto standard, ed il fruitore, che sperimenta e propone un utilizzo della rete alternativo al criterio citato. A trent'anni dal suo apparire, non sappiamo verso quali orizzonti dispieghi le vele questa **ecodiversità** del Web; né crediamo lo sapessero i suoi **padri**, che misero insieme le prime infrastrutture di comunicazione. Tra vent'anni s'avrà forse un quadro più chiaro; qualora lo volesse, il lettore, in assoluta indipendenza e coscienza, utilizzi questa enciclopedia e ci sia d'aiuto, segnalandoci sviste, dimenticanze o anche errori.

*(Introduzione alla terza edizione,*

*di Sergio Failla in collaborazione con Nello Cava*

*settembre 2016)*

# L'Introduzione alla Prima edizione

Una cronologia riguardante gli sviluppi dell'informatica e soprattutto del Web.

Compiendo, nel frattempo, una operazione di "spaesamento". Contro le pigrizie numerologiche del nostro sistema di datazione storico occidentale, ricomporre il materiale avendo come fulcro la data di nascita (arbitraria) del Web. L'anno zero del web corrisponde all'occidentale 1991. Si viene così a formare un "ante" e un "post", in cui le date assumono una diversa valenza e un "valore" leggermente diverso.

Nato per uso didattico e interno, di supporto all'insegnamento della storia e per il lavoro redazionale di una testata web (www.girodivite.it), la linearità cronologica è un modo sintetico per dare uno sguardo a ciò che "è successo" negli anni che abbiamo vissuto e che viviamo.

La distanza nel tempo rispetto alla cosa che accade certamente serve a "fare storia". Si ha modo di consultare una documentazione maggiore, e soprattutto si ha davanti un quadro già formato, un *mythos*, su cui si può essere o non essere d'accordo, ma che comunque è lì e richiede di essere ri-narrato per la gioia del bimbo che ama risentire sempre la stessa favola. Quando i paradigmi culturali cambiano, gli eventi sono rinarrati in altro modo, e la storia cambia, nei fatti e nel senso che gli si dà. Noi che siamo dentro un dato paradigma culturale, non possiamo che narrare la storia in questo modo. Perché a noi *serve* che sia narrata in questo modo, e ci crediamo noi stessi.

Sulla nascita del Web, quasi immediatamente dopo la sua nascita e i suoi primi "successi", la narrazione era compiuta. Si erano individuati i motivi fondamentali: i militari che hanno bisogno di un ennesimo giocattolo di guerra (ARPANET), i tecnici che ci lavorano applicando teorie e spunti provenienti dagli scienziati. L'uso interno decisamente spartano e senza orpelli da parte di scienziati e tecnici, con miglioramenti e convenzioni di comunicazione. Poi, all'interno del CERN, organizzazione ormai non più militare ma in mano a scienziati e tecnici, la scoperta che se ne poteva fare un uso più generale. Certamente non l'uso che di lì a qualche anno sarebbe stato fatto. Diciamo che una organizzazione come il CERN, finanziata dagli Stati europei, sente il dovere di far vedere che finanziamenti e lavoro servono a qualcosa, hanno ricadute anche per i "civili" e la gente comune. Elementi già usati in precedenza (ed entrati nel sistema quotidiano dei *consumer* e dell'industria) vengono deviati per essere utilizzati in un altro ambito: si mettono assieme i pezzi e se ne fa qualcos'altro. *Home computer*, *monitor* e tastiere, cavi telefonici, *software*... Dalle università e dalla fascia di insegnanti e studenti Internet si espande a macchia d'olio.

Nel momento in cui il Web esce dal CERN e approda nei campus universitari, si forma il *mythos*. La "storia" delle origini del Web viene immediatamente scritta e data. Diffusa come parte della nuova religione. Sono i primi utilizzatori del Web che hanno bisogno di sapere da dove proviene questa cosa meravigliosa che il Web. Si vanno a intervistare i vecchi tecnici e ricercatori del CERN, che diventano i "padri" del nuovo medium.

La diffusione del Web fa sì che si comincia a pensare a tutti i possibili usi. Chissà se c'è un modo di fare business col Web. La cultura dominante è quella del business, i nuovi utilizzatori pensano anche al proprio immediato futuro all'interno della propria società. Il Web diventa quella cosa complessa che è oggi: mezzo di comunicazione, strumento di business, veicolo per idee e per i malesseri della nostra società.

Se la distanza permette di lavorare su documenti acquisiti e su un archivio di documenti già accumulato - che si può accettare così com'è o si può contestare, si può approfondire ampliare, ci si può volutamente scostare ecc. -, cosa diversa è la quotidianità storica, con le cose che accadono nel momento che viviamo. Qui non è possibile fare "storia", si possono accumulare materiali per successivi lavori di analisi. Ma lo stesso lavoro di accumulazione è quantomai problematico. I dati che hanno come tag Internet, Web, social network ecc. e che ci provengono dai media (tradizionali come giornali, tv, radio, e dal Web stesso) sono sovrabbondanti. Già determinare che una certa notizia va taggata come "Web" è una scelta culturale ben precisa. Nel mentre che si è nella storia, in realtà, non sappiamo davvero se quella notizia è davvero taggabile Web. Potrebbe essere una notizia, un fatto, che non c'entra nulla con la storia del Web, o è una notizia falsa, oppure è una notizia "politica" cioè propagata da qualcuno che vuole che noi si pensi che le cose siano così. Dal rumore della quotidianità chi filtra le notizie "che interessano" dalle altre notizie, deve compiere delle scelte. E chiaramente queste scelte sono profondamente influenzate dall'etica e dalla cultura (dall'ideologia) di chi opera.

Le cose che accadono sono sempre "opache". Acquistano un senso dal punto di vista di chi li osserva (li subisce, li provoca, ci si trova a passare accanto). È stato il nostro punto di vista a farci scegliere alcune notizie e non altre, a provare a comunicarle in un certo modo e non in un altro, a darle maggiore o minore evidenza. Noi non possiamo fare altrimenti. Le auto-analisi sono sempre complicate, per quel che possiamo dire è che abbiamo cercato notizie che mostrassero una certa linea "evolutiva" del Web, la dialettica tra industria, con le sue logiche di profitto e di offerta di prodotti standard, e un "popolo della rete" che sperimenta e propone modi diversi, alternativi, di utilizzo della Rete - l'ecodiversità della Rete. A 25 anni dalla nascita del Web, noi non sappiamo certamente come questa storia si evolverà o andrà a finire. Non lo sapevano certamente i "padri" che misero assieme per la prima volta le prime infrastrutture di comunicazione. Lo sapremo tra vent'anni (forse). Sta al lettore utilizzare queste informazioni, in assoluta indipendenza e coscienza. Magari, aiutandoci **segnalandoci sviste o dimenticanze**.


*Fine Introduzione alla prima edizione*

20151112-20151114

# Qui inizia la nostra cronologia...

# Prima del Web (Before Web): l'era pre-computer

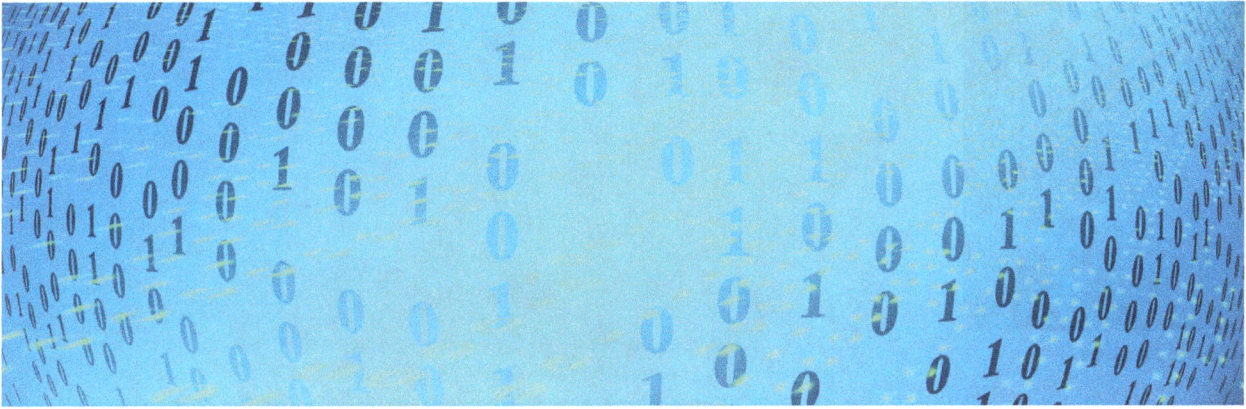

*Ma davvero c'era qualcosa prima della nascita del Web?*

*:-)*

## -374 (1617) - Napier

Il matematico scozzese John Napier inventa i *Napier's Bones*, un **dispositivo di calcolo che usa i principi dei logaritmi**[1].

1: John Napier

## -370 (1621) - Il regolo calcolatore

Viene commercializzato il primo **regolo calcolatore**, inventato da William Oughtred[2].

## -349 (1642) - Pascal

Blaise Pascal costruisce la *Pascaline*, **la prima macchina calcolatrice basata su principi digitali**: esegue soltanto addizioni di numeri, che vengono immessi mediante manopole. Pascal la inventa per aiutare suo padre, esattore delle tasse[3].

2: Blaise Pascal

## -297 (1694) - Leibniz

**3: Gottfried Wilhelm von Leibniz**

Gottfried Wilhelm von Leibniz realizza una macchina di calcolo, da lui inventata nel 1671, in grado di eseguire **somme e moltiplicazioni**. Leibniz inventa un particolare meccanismo a ingranaggi per immettere le cifre degli addendi che è tuttora in uso. Come la macchina di Pascal, anche la macchina di Leibniz rimane un prototipo[4].

## -277 (1714) - Macchina da scrivere

Il 6 gennaio la regina Anna, in Inghilterra, riconosce a **Henry Mill** il brevetto numero 385 dal titolo: "Per una macchina artificiale e un metodo per imprimere o trascrivere le lettere, singole o in progressione una dietro l'altra, così da concentrare tutto lo scritto sulla carta o sulla pergamena in maniera tanto chiara e pulita da renderlo indistinguibile da un'opera stampata". In pratica, una delle prime notizie riguardanti **la macchina da scrivere**[5].

## -239 (1752) - Jacquard

**4: Joseph Marie Jacquard**

Il 7 luglio 1752 nasce Joseph Marie Jacquard, inventore nel 1804 del telaio Jacquard, che costituisce la prima applicazione pratica (ma non informatica) delle **schede perforate**[6].

## -187 (1804) - Il telaio Jacquard

5: Un "telaio Jacquard"

L'inventore francese Joseph Marie Jacquard brevetta il **telaio Jacquard**, che costituisce la prima applicazione pratica delle **schede perforate**. Le schede comandano la tessitura di disegni e trame sui tessuti. La sua creazione produce un vero *boom* nell'industria tessile e Napoleone I conferisce a Jacquard una pensione onoraria. La macchina incontra l'opposizione dei lavoratori del settore, ma si diffonde rapidamente[7].

# -183 (1808) – Pellegrino Turri

**Pellegrino Turri** costruisce la **prima macchina da scrivere veramente funzionante** per la contessa Carolina Fantoni da Fivizzoni, ormai quasi cieca[8]. Del prototipo si perdono purtroppo le tracce. A Turri rimane per certo l'invenzione della carta carbone.

## -179 (1812) - Babbage

Charles Babbage, professore di matematica di Cambridge (Regno Unito), scopre che molti calcoli lunghi e complessi, particolarmente quelli necessari per le tavole matematiche, sono **composti da operazioni ripetitive e pertanto eseguibili automaticamente**. Inizia pertanto la progettazione di una macchina calcolatrice meccanica automatica, che chiama *difference engine*[9].

## -171 (1820) - La calcolatrice meccanica commerciale di Thomas

Charles Xavier Thomas sviluppa la **prima calcolatrice meccanica commerciale**, in grado di eseguire somme, sottrazioni, moltiplicazioni e divisioni[10].

## -169 (1822) - Il modello della macchina di Babbage

Dopo dieci anni di lavoro, **Charles Babbage** completa la costruzione di un modello funzionante dimostrativo della sua calcolatrice automatica o *difference engine*[11].

## -168 (1823) - La prima macchina di Babbage

6: Charles Babbage

Con il sostegno economico del governo britannico, **Charles Babbage** inizia la costruzione di un esemplare in scala 1:1 della sua macchina calcolatrice automatica. L'apparecchio, secondo il progetto di Babbage, è azionato a vapore ed è interamente automatico anche per quanto riguarda la stampa delle tabelle prodotte dai suoi calcoli; inoltre è controllato da un programma di istruzioni fisse. La costruzione prosegue per dieci anni ma viene poi interrotta perché Babbage ha avuto un'idea migliore: costruire un computer digitale meccanico[12].

## -158 (1833) - Lady Ada

7: Lady Ada contessa di Lovelace

Charles Babbage inizia la progettazione di un *analytical engine*: un **calcolatore digitale meccanico** automatico, interamente controllato da un programma, utilizzabile per qualsiasi applicazione. Il progetto prevede un calcolatore decimale parallelo che gestisce numeri (o parole) di 50 cifre decimali ed è dotato di una memoria capace di contenere 1000 di questi numeri. Fra le operazioni internamente disponibili è prevista la possibilità del trasferimento condizionale del controllo: le istruzioni possono essere eseguite in qualsiasi sequenza anziché soltanto in ordine di numero progressivo. L'Analytical Engine prevede l'uso di **schede perforate**, del tipo in uso sui telai Jacquard, ed è azionata a vapore sotto il controllo di un singolo operatore.

Il calcolatore di Babbage non viene mai completato per vari motivi, fra cui la mancanza di tecniche di lavorazione meccanica di precisione e il fatto che la macchina risolverebbe problemi che ben pochi, in quest'epoca preindustriale, hanno bisogno di risolvere urgentemente.
**Lady Ada, contessa di Lovelace** e figlia di lord Byron, scrive numerosi programmi di calcolo matematico per l'*analytical engine*; per questo motivo viene considerata la **prima programmatrice** e il suo ruolo verrà ricordato assegnando il suo nome a un linguaggio di programmazione (ADA, appunto)[13].

## -137 (1854) - L'algebra di Boole

George Boole pubblica *An Investigation of the Laws of Thought*, che getta le basi dell'**algebra di Boole**[14].

8: George Boole

## -115 (1876) - Ericsson

Lars Magnus Ericsson fonda la **Ericsson**. A quest'epoca, però, non produce telefoni cellulari[15].

## -101 (1890) - Schede perforate e macchine calcolatrici commerciali

Herman Hollerith e James Powers, nell'ambito del loro lavoro per l'*U.S. Census Bureau* (l'ufficio del censimento statunitense), realizzano la prima applicazione pratica delle **schede perforate nelle macchine di analisi dei dati**, sviluppando macchine in grado di leggere automaticamente, senza aiuto umano, le informazioni immesse nelle schede (la prima applicazione pratica delle schede perforate, non in ambito informatico, risale ai telai di tessitura Jacquard del 1804). Questa innovazione riduce gli errori di lettura, aumenta la velocità di trattamento dei dati e, cosa più importante, consente di usare pacchi di schede perforate come **memoria** a basso costo di capienza quasi illimitata[16].

Le **calcolatrici meccaniche commerciali** ampliano le proprie prestazioni e ora includono l'accumulo di risultati parziali, la memorizzazione e la reimmissione di risultati precedenti, e la stampa dei risultati. Tutte le operazioni vanno avviate manualmente[17].

## -94 (1897) - Oscilloscopio

Il fisico tedesco **Karl Ferdinand Braun** realizza il primo **oscilloscopio**. È una tecnologia che è alla base dello sviluppo dei monitor a tubo catodico[18]. Senza monitor non è possibile "vedere" i contenuti dei computer, per cui tale tecnologia è stata fondamentale per l'utilizzo dei computer moderni.

## -90 (1901) - Marconi

9: Guglielmo Marconi

Il 12 dicembre 1901 Guglielmo Marconi riceve nel Newfoundland (Canada) la lettera S in codice Morse (tre punti) trasmessa dalla Cornovaglia (Inghilterra) è **la prima trasmissione intercontinentale in tempo reale**, e dimostra che la radio può superare la curvatura terrestre e coprire enormi distanze, cose ritenute impossibili a quest'epoca[19].

## -84 (1907) - Segnali video

Nel 1907, lo scienziato russo Boris Rosing utilizzò uno schermo CRT in un esperimento per la ricezione di un segnale video che disegnava un'immagine. Riuscì a visualizzare semplici forme geometriche sullo schermo, e questa fu la prima volta che la tecnologia CRT fu utilizzata per quella che oggi è conosciuta come la televisione[20].

## -81 (1910) - Il primo telefono mobile

Lars Magnus Ericsson, fondatore della Ericsson diventata in seguito famosa per i suoi telefoni cellulari, usa **il primo "telefono mobile"**: installa sulla propria auto (acquistata dietro insistenza della moglie Hilda) un normale apparecchio telefonico: quando Lars vuole telefonare dalla macchina, la accosta accanto ad un palo telefonico e Hilda usa due lunghe aste per agganciarsi a una coppia di fili delle rete telefonica. All'altro capo, le aste sono collegate al telefono di Lars. Hilda cerca una coppia libera (cioè dove non è già in corso una conversazione); quando la trova, Lars gira la manovella della dinamo del proprio telefono e genera il segnale di chiamata al centralinista della centrale più vicina. Il sistema consente soltanto chiamate uscenti, e indubbiamente il centralinista è un po' sorpreso di sentire la voce di Lars quando risponde al segnale di chiamata, ma il sistema funziona adeguatamente[21].

## -79 (1912) - Turing

10: Alan Turing

Il 23 giugno 1912 nasce **Alan Turing**. Sarà uno dei massimi teorici dell'informatica nonché artefice principale della decifrazione dei codici segreti tedeschi durante la seconda guerra mondiale[22].

## -73 (1918) - ANSI

Viene **fondata negli Stati Uniti l'**ANSI, o *American National Standards Institute*, un'organizzazione senza scopo di lucro composta da gruppi industriali e imprenditoriali e dedicata allo sviluppo di standard da adottare su base volontaria. Molti decenni dopo, l'ANSI svilupperà le raccomandazioni tecniche per il linguaggio *C*, per l'interfaccia SCSI e per il celeberrimo driver *ANSI.SYS* del DOS, di OS/2 e di alcune versioni di Windows[23].

## -67 (1924) - IBM

Herman Hollerith ribattezza la propria azienda, nata nel 1896 come *Tabulating Machine Company* a New York City e poi fusasi con altre tre società a costituire nel 1911 la *Computing-Tabulating-Recording Corporation*. Il nuovo nome della società è **International Business Machines Corporation**, presto abbreviato in *IBM*[24].

## -64 (1927) - Televisore elettronico

Nel 1927 in California Philo Farnsworth realizza **il primo televisore elettronico** della storia, sorpassando il precedente televisore elettromeccanico realizzato solamente due anni prima dall'inglese John Logie Baird. Il televisore proiettava le immagini su una superficie sensibile grazie all'uso di un tubo a raggi catodici il cui funzionamento, seppur basilare, era molto simile a quello riscontrabile nelle televisioni a tubo catodico[25].

## -63 (1928) - Motorola

Viene fondata la **Motorola, Inc**[26].

## -57 (1934) - Telefunken e il primo tivvù commerciale

Il **primo televisore commercializzato** con CRT venne prodotto dalla **Telefunken** in Germania nel 1934[27].

## -55 (1936) - Turing / la tastiera Dvorak

**Alan Mathison Turing**, matematico inglese e dottorando alla Princeton University (Stati Uniti), pubblica *On Computable Numbers*, in cui descrive una macchina in grado di cambiare da uno stato a un altro seguendo un insieme rigoroso di regole. Il suo lavoro getta le basi della logica dei calcolatori digitali[28].

August Dvorak inventa la **tastiera Dvorak**, in cui le lettere sono disposte diversamente rispetto alla tradizionale disposizione QWERTY, allo scopo di consentire maggiori velocità di battitura (il sistema QWERTY era stato introdotto per *rallentare* la battitura onde evitare che i martelletti delle macchine per scrivere si inceppassero). Nella tastiera Dvorak, le vocali e i segni di punteggiatura sono tutti a sinistra e le consonanti più comuni sono a destra. Tuttavia gli oneri connessi al riaddestramento dei dattilografi sono troppo elevati, per cui la tastiera, pur essendo dimostratamente molto più efficiente, non ha successo[29].

## -53 (1938) - Zuse

**11: Konrad Zuse**

Konrad Zuse[30] presenta Z1[31], **il primo computer programmabile funzionante**. Zuse ha 28 anni e ci lavora da un paio di anni a casa dei genitori. Z1 era dotato di memoria e di un'autonoma unità di calcolo in virgola mobile basata sul sistema binario. Lo Z1 funzionava ad una velocità di clock generata da un motore elettrico, regolabile manualmente con un potenziometro. Le istruzioni venivano immesse tramite un nastro di celluloide perforato simile ad una pellicola cinematografica da 35 mm, sul quale venivano poi scritte anche le risposte del calcolatore.

## -52 (1939) - Mark 1 / Hewlett-Packard

**12: Howard Aiken**

Howard Aiken, professore d'ingegneria alla Harvard University, propone a Thomas J. Watson, presidente di IBM, di costruire un enorme calcolatore elettromeccanico. L'IBM è a quest'epoca esclusivamente concentrata sulla produzione di tabulatori e non ha interesse per i computer, ma Watson finanzia il progetto per una questione d'immagine. IBM inizia quindi la costruzione del **Mark I**[32].

William Hewlett e David Packard fondano, in un garage, la *Hewlett-Packard*, in seguito nota per i suoi computer, calcolatrici tascabili, mainframe, strumenti medici e scientifici, stampanti laser, plotter e software[33].

## -52/-51 / (1939/1940) - Ultra vs Enigma

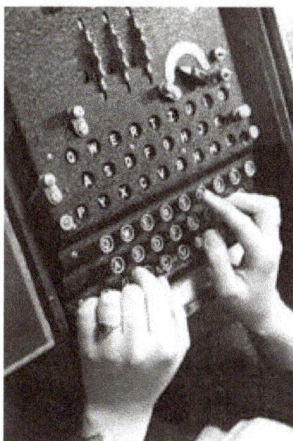

13: La macchina Enigma

Il progetto militare inglese denominato in codice *Ultra* intercetta e decodifica i messaggi cifrati tedeschi generati dalla macchina *Enigma*, considerata inespugnabile dal Reich.

Dopo un periodo iniziale in cui l'analisi e la decifrazione dei messaggi avvengono manualmente, viene introdotto l'uso di un calcolatore dedicato, sotto la direzione di Alan Turing.

Verso la fine della guerra, i messaggi tedeschi vengono decifrati praticamente in tempo reale. I tedeschi sapranno di essere stati "craccati", come si direbbe adesso, solo alla fine del conflitto[34].

# Prima del Web (Before Web): I computer

## -51 (1940) - Computer (prima generazione)

Inizia quella che viene considerata la **prima generazione di computer**, caratterizzata da tubi a vuoto, grandi dimensioni, generazione di molto calore, scarsa affidabilità, manutenzione continua e assemblaggio manuale[35].

## -50 (1941) - Il costo di una telefonata

Il **costo di una telefonata intercontinentale** (di tre minuti, da New York a Londra), espresso in dollari USA del 2011, è di 200 dollari. La stessa chiamata, nel 2011, costerà meno di un dollaro[36].

## -49 (1942) - ENIAC / Hedy Lamarr

14: La macchina ENIAC

John P. Eckert e John W. Mauchly e i loro colleghi alla Moore School of Electrical Engineering della University of Pennsylvania propongono di costruire un calcolatore elettronico ad alta velocità per il calcolo delle tabelle balistiche per l'artiglieria. L'esercito finanzia così la costruzione di *ENIAC*, che sta per *Electrical Numerical Integrator And Calculator*. Gestisce parole numeriche di 10 cifre decimali, che può moltiplicare al ritmo di 300 prodotti al secondo attingendo a una tabella di moltiplicazione contenuta nella sua memoria. La macchina è circa mille volte più veloce dei suoi predecessori a relè, e viene completata nel 1944.

ENIAC usa 18.000 valvole standard, occupa circa 170 metri quadri e consuma circa 180 chilowatt di corrente. L'input e l'output avvengono tramite scheda perforata. Le istruzioni eseguibili che costituiscono un programma vengono definite collegando fra loro i vari componenti di ENIAC in modo da creare un percorso di calcolo attraverso la macchina. I collegamenti devono essere rifatti ogni volta che si cambia problema. È quindi abbastanza improprio considerarlo come un calcolatore programmabile. ENIAC viene considerato il **primo calcolatore digitale elettronico ad alta velocità** e rimane in uso per applicazioni pratiche dal 1949 al 1955.

Molte delle idee applicate in ENIAC sono ispirate dal lavoro di un altro fisico statunitense, John V. Atanasoff, che le aveva utilizzate in un apparecchio valvolare più semplice che aveva costruito negli anni Trenta allo Iowa State College[37].

15: Hedy Lamarr

L'attrice Hedy Lamarr e il suo pianista George Antheil brevettano l'11 agosto 1942 un sistema concordato di frequenze radio tra trasmettitore e ricevitore (frequency-hopping spread scpectrum) che sarà poi usato nel sistema di comunicazione della marina statunitense nel 1962, e poi nella telefonia mobile e nei sistemi informatici wireless[38].

## -48 (1943) - IBM completa Mark I

16: Thomas J. Watson jr.

Thomas J. Watson Jr., in seguito diventato presidente dell'IBM, pronuncia la famosa frase *"I think there is a world market for about five computers"* (*"Penso che ci sia richiesta mondiale per circa cinque computer"*)[39].

IBM completa la costruzione del **Mark I**, il computer progettato da Howard Aiken, e lo dona all'università di Harvard con celebrazioni in pompa magna di grande richiamo pubblicitario.
Il Mark I si basa su componenti elettromeccanici standard di IBM ed è in grado di gestire numeri (parole) di 23 cifre, eseguendo le quattro operazioni aritmetiche e, tramite speciali programmi integrati (**subroutine**), anche logaritmi e funzioni trigonometriche.
Il computer viene comandato mediante un nastro di carta perforato che non è riavvolgibile e quindi non consente la programmazione di istruzioni di trasferimento del controllo. L'output avviene tramite perforatrice di schede e macchina per scrivere elettrica. Una moltiplicazione richiede da 3 a 5 secondi, ma la macchina è completamente automatica e può completare calcoli molto lunghi senza l'intervento dell'uomo[40].

## -46 (1945) - von Neumann / bug

17: John Von Newmann

Affascinato dal successo di ENIAC, il matematico **John Von Neumann** inizia uno studio teorico che dimostra che un computer può avere una struttura fisica fissa molto semplice ed essere comunque in grado di eseguire efficacemente qualsiasi tipo di calcolo usando un controllo programmato adatto, senza che sia necessario modificarne l'hardware.

Le sue idee gettano le basi per i calcolatori digitali ad alta velocità e vengono adottate universalmente in breve tempo. Una, la cosiddetta *stored-program technique*, consente al calcolatore di riutilizzare e ripetere istruzioni già immesse (subroutine); un'altra prevede la possibilità di modificare le istruzioni secondo necessità durante un calcolo, in modo che si comportino diversamente.

Combinando questi due concetti, Von Neumann definisce uno speciale tipo di istruzione, chiamato *conditional control transfer* (trasferimento condizionato del controllo), che consente di interrompere e riprendere la sequenza del programma in qualsiasi punto. Inoltre tutte le istruzioni vengono memorizzate insieme ai dati nella stessa unità di memoria, per cui le istruzioni sono modificabili aritmeticamente esattamente come i dati.

Tutti questi elementi innovativi consentono una programmazione immensamente più rapida, flessibile ed efficiente: nascono le **librerie di subroutine**[41].

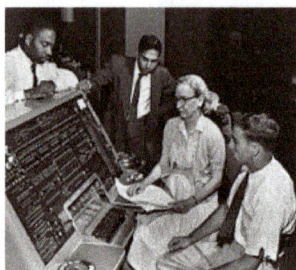

18: Grace Hopper davanti a un UNIVAC nel 1960 circa

Grace Murray Hopper, inventrice del linguaggio COBOL, o qualcuno dei suoi collaboratori rimuove una falena di cinque centimetri dall'interno del Mark II Aiken Relay Calculator, un computer sperimentale situato presso la Harvard University, che era andato in tilt proprio a causa della presenza dell'insetto. Si dice spesso che da questo incidente nacque la consuetudine di dire che un computer contiene un *bug* ("insetto", appunto) quando non funziona correttamente, ma in realtà l'espressione era già in uso in vari settori tecnologici sin dai tempi di Edison, a fine Ottocento[42].

## -45 (1946) - Il bit

19: John Tukey

John Tukey, statistico di Princeton, concatena le parole *binary* e *digit* e conia il termine **bit**[43].

## -44 (1947) - EDVAC, UNIVAC...

Viene immessa sul mercato **la prima generazione di computer elettronici programmabili** basata sulle idee di Von Neumann. Queste macchine usano memoria ad accesso casuale (***random access memory, RAM***) in grado di contenere 1000 parole, con un tempo di accesso di 0,5 microsecondi, e hanno input e output su scheda perforata o nastro perforato. Alcune sono in grado di eseguire moltiplicazioni in 2-4 microsecondi. Sono molto più compatte di ENIAC; alcune hanno le dimensioni di un pianoforte a coda e usano circa 2.500 valvole. In genere si programmano direttamente in linguaggio macchina. Questa generazione di macchine include EDVAC e UNIVAC, i primi computer commercialmente disponibili[44].

20: Edith Clarke

Nel 1947 Edith Clarke[45] è la prima donna a insegnare ingegnerie elettrica negli Stati Uniti, all'Università del Texas (Austin). Lei aveva lavorato tra l'altro alla General Electric dove nel 1921 aveva brevettato il "calcolatore Clarke", un dispositivo grafico che permetteva di risolvere le equazioni che coinvolgono la corrente elettrica, la tensione e l'impedenza nelle linee di trasmissione dell'energia.

## -43 (1948) - SSEC / Shannon / Orwell

**IBM** fabbrica un calcolatore elettromeccanico molto evoluto (per gli standard dell'epoca), il *SSEC (Selective Sequence Electronic Calculator)*, e lo installa in uno *showroom* di Manhattan[46].

Un matematico trentaduenne dei Bell Telephone Laboratories, Claude Elwood Shannon, presenta la **teoria dell'informazione** (*information theory*), che fu da base per la progettazione futura dei sistemi informatici; e utilizza il termine **bit** (l'unità elementare dell'informazione) ideato da John Tukey. Con questa teoria vengono gettate le basi per tutte le tecnologie digitali: CD audio, modem, memorie magnetiche, Internet, TV via satellite, telefoni GSM e quant'altro[47].

**21: George Orwell**

Viene pubblicato il romanzo distopico *1984* (*Nineteen eigthy-four*) di George Orwell.

Il 23 dicembre 1948 William Shockley, John Bardeen e Walter Brattain dei Bell Laboratories **inventano il transistor**[48].

## -42 (1949) - EDSAC

A Cambridge viene costruito **EDSAC,** il **primo calcolatore elettronico automatico con programma memorizzato:** contiene 3800 valvole e una memoria di 16 parole da 35 bit[49].

## -40 (1951) - UNIVAC / musica da computer

**22: La macchina UNIVAC I**

Nel marzo 1951 viene consegnato all'Ufficio del Censimento statunitense il **primo UNIVAC** (*Universal Automatic Computer*), realizzato da Eckert e Mauchly (tramite la loro società Eckert-Mauchly Computer Corp.) con il finanziamento della Remington Rand[50].

Il 14 giugno 1951 lo U.S. Census Bureau mette ufficialmente in servizio lo UNIVAC I, considerato il **primo computer commerciale al mondo.** Ne vengono costruiti 46, al prezzo di circa un milione di dollari dell'epoca. Fra i primi utenti degli UNIVAC I figurano l'aviazione e l'esercito statunitensi, la Atomic Energy Commission, la General Electric, la US Steel e la DuPont. Per gli standard dell'epoca, gli UNIVAC I sono "piccoli": grandi come un garage capace di contenere una singola automobile. Ciascuno contiene circa 5000 tubi elettronici a vuoto (*vacuum tubes*), che devono essere facilmente accessibili per la sostituzione, dato che si bruciano spesso. I tubi generano una quantità impressionante di calore, per cui vanno raffreddati tramite un impianto di circolazione d'acqua fredda. I problemi logistici e di manutenzione inducono molte delle società acquirenti a lasciarle presso la Remington Rand invece di portarle nelle proprie sedi[51].

Risale al 1951 la più antica registrazione di musica computerizzata. La BBC realizzò il disco di acetato di 12 pollici, che includeva tre melodie: *God save the king/queen, Baa baa black sheep,* e *In the mood* (queste due di Glen Miller). Fu Alan Turing a programmare le prime note musicali, ma a produrre le melodie fu Christopher Strackey utilizzando la macchina del Computing Machine Laboratory di Manchester[52].

## -39 (1952) - Computer (seconda generazione)

Inizia quella che viene considerata la **seconda generazione di computer,** caratterizzata da transistor, dimensioni e calore meno estremi, migliore affidabilità e velocità, e minore manutenzione[53].

Il 10 febbraio viene installata a piazza San Babila a Milano **la prima cabina telefonica italiana** (ne è concessionaria la Stipel)[54]. Telefoni analogici, cabine telefoniche e gettoni telefonici[55] (il primo appare in Italia nel 1927 ad opera della Stipel in occasione della Fiera Campionaria di Milano) faranno a lungo parte della quotidianità comunicativa di noi tutti prima dell'avventi del digitale.

Nel novembre 1952 la CBS usa uno UNIVAC I per prevedere il risultato delle elezioni americane. La macchina prevede correttamente la vittoria di Eisenhower, ma la CBS divulga l'informazione soltanto dopo le elezioni perché il margine di differenza tra i due contendenti è ritenuto troppo esiguo[56].

## -38 (1953) - IBM 701

IBM presenta l'**IBM 701,** costruito in fretta e furia sulla scia del successo dei concorrenti UNIVAC[57].

## -37 (1954) - Arriva CRC 102A / FORTRAN / La prima trasmissione tv italiana

Il 7 giugno 1954 muore suicida, a 41 anni, **Alan Turing.** Nel 1952 era stato arrestato per violazione delle leggi britanniche vigenti all'epoca contro l'omosessualità e sottoposto a "cure" devastanti.

Durante il processo, Turing non aveva mai menzionato i propri contributi allo sviluppo dell'informatica (sue sono le famose *macchine di Turing* e il *test di Turing* per verificare se una macchina "pensa") né soprattutto il fatto che durante la seconda guerra mondiale era stato uno dei principali artefici dello sforzo del British Foreign Office di decifrare i codici militari tedeschi, salvando la vita di migliaia di soldati e civili. L'intera operazione era stata classificata *top secret* da Churchill, e Turing mantenne il segreto a prezzo di terribili sofferenze personali[58].

Arriva in Italia via nave dagli Stati Uniti, finanziato in parte dal Piano Marshall, il primo elaboratore funzionante: nel settembre 1954 il **CRC 102A** fu installato al Politecnico di Milano[59]. Fu Luigi Dadda[60] a provvedere anche alle formalità doganali:

> Allo sdoganamento di Genova si presentò il problema della "tassa radio" che allora imponeva l'incollatura di una fascetta fiscale, del tipo di quelle oggi in uso sulle bottiglie di liquori, su ognuna delle valvole termoioniche usate nella macchina. Smontare la macchina per apporre la fascetta su ognuna delle migliaia di valvole avrebbe comportato un enorme lavoro e le probabilità che dopo l'operazione funzionasse ancora erano nulle. I doganieri inoltre consideravano, correttamente, affini alle valvole i numerosissimi diodi al germanio saldati nel sistema e decisamente troppo piccoli per ospitare la fascetta. La soluzione fu salomonica: venne pagata la tassa e le fascette vennero consegnate a Dadda che si impegnò formalmente ad applicarle non appena il sistema fosse giunto a Milano. Esse non sono visibili sulla macchina, probabilmente rimasero in un cassetto[61].

La macchina fu inaugurata il 31 ottobre 1955 e funzionò fino al 1963.

Nel novembre 1954 viene pubblicato il documento *Specifications for the IBM Mathematical FORmula TRANslating system, FORTRAN"*, che definisce il **linguaggio di programmazione FORTRAN[62]**.

Anche l'Italia ha la televisione. Inizia la **programmazione televisiva** a partire dal 3 gennaio, a cura dell'EIAR (Ente Italiano per le Audizioni Radiofoniche) che era stato fondato nel 1927[63].

## -36 (1955) - Jobs / Gates

Viene inventata la **memoria a nuclei**[64].

**23: Steve Jobs**

Nasce il 24 febbraio 1955 **Steve Jobs**, futuro fondatore della Apple Computer Inc[65].

**24: Bill Gates (William Henry Gates III)**

Il 28 ottobre 1955 nasce a Seattle William Henry Gates III, meglio noto in seguito come **Bill Gates**[66].

## -35 (1956) - Hard disk

IBM inventa e commercializza il **disco rigido**[67].

Nel mondo sono in funzione 76 mainframe IBM e 46 UNIVAC[68].

## -34 (1957) - Computer a transistor / DEC / Sputnik

Entra in funzione il **primo computer a transistor**[69].

Viene fondata la Digital Equipment Corporation o DEC. Diventerà uno dei principali produttori di minicomputer e mainframe ad alte prestazioni, fra cui i celeberrimi VAX[70].

Viene lanciato dall'Unione Sovietica lo **Sputnik**, primo satellite artificiale[71].

## -33 (1958) - ARPA / Il primo videogioco

In risposta al lancio sovietico dello Sputnik dell'anno precedente, il presidente americano Dwight Eisenhower **fonda l'***Advanced Research Projects Agency*** (ARPA)** per coordinare la ricerca tecnologica statunitense. Internet nascerà da uno dei progetti dell'ARPA[72].

**25: William Higinbotham**

William (Willy) Higinbotham, al Brookhaven National Laboratory di Upton (New York, USA), realizza *Tennis for Two*, **il primo videogioco** basato su un computer e uno schermo, allo scopo di migliorare le relazioni con gli abitanti della zona che considerano con sospetto l'attività di ricerca nucleare svolta a Brookhaven. Il gioco usa uno oscilloscopio per generare l'immagine e un computer analogico valvolare per calcolare la traiettoria di una "pallina" che percorre un campo da tennis estremamente stilizzato (la "rete" è una semplice T rovesciata). Nessuno però è particolarmente interessato a una versione commerciale del gioco e Higinbotham non lo brevetta.

Molti storici dell'informatica sostengono che non essendo stato progettato per l'uso domestico o per qualsiasi forma di commercializzazione non lo si può considerare un vero videogioco. Tuttavia il gioco rimane in esposizione, a disposizione dei visitatori del laboratorio, per due anni, suscitando notevole interesse, al punto che si formano code di aspiranti giocatori che si snodano intorno all'intero edificio[73].

## -32 (1959) - COBOL / circuito integrato / fotocopiatrice

Un gruppo di programmatori si incontra presso la University of Pennsylvania ed esprime il parere che è necessario un linguaggio indipendente dalla macchina per applicazioni commerciali e gestionali, contattando in merito il Ministero della Difesa statunitense, che approva il progetto **COBOL** (*COmmon Business-Oriented Language*)[74].

Robert Noyce, fisico della Fairchild Semiconductor Corporation di Mountain View, California, inventa il **circuito integrato**: una piccola scheggia di silicio che contiene un intero circuito elettronico[75].

La Xerox presenta la **prima fotocopiatrice**[76].

## -31 (1960) - Indovina quanti computer ci sono nel mondo?

Nel mondo sono installati **3500 computer**[77].

## -30 (1961) - Kleinrock e la struttura delle reti

Il 31 maggio 1961 Leonard Kleinrock, dell'MIT, pubblica l'articolo "Information Flow in Large Communication Nets", fondamentale per la definizione della struttura delle reti informatiche di telecomunicazione. È il primo articolo che presenta la teoria del *packet switching*, o "commutazione di pacchetti"[78].

## -29 (1962) - Spacewar / Baran e la rete

Il 10 febbraio 1962 nasce a Roma il vostro malintenzionato estensore **Sergio Failla**, Sergej per gli amici.

**26: Il curatore della presente**

**27: Versione di SpaceWar per java**

Nell'aprile 1962 uno studente dell'MIT, Steve Russell, crea *Spacewar*, **il primo programma di videogioco per computer non dedicati** (il gioco di Higinbotham del 1958 non era un programma; la macchina era un computer analogico *hardwired*, cioè senza programma memorizzato su supporto). Spacewar è un semplice gioco basato su grafica ASCII in cui due giocatori pilotano astronavi dotate di propulsori e cercano di colpirsi a vicenda con i "raggi laser" tracciati sullo schermo del monitor. Le astronavi devono combattere l'attrazione gravitazionale del "sole" presente al centro dello schermo, su uno sfondo di stelle in lento movimento. Funziona soltanto su macchine PDP-1, che all'epoca costano milioni di dollari e sono grandi come un appartamento. Copie su nastro del programma vengono distribuite agli altri laboratori di ricerca statunitensi, e il gioco ha un grande successo fra i pochi fortunati ad avere accesso a un PDP-1.
Uno dei fortunati è un certo **Nolan Bushnell**, futuro fondatore della **Atari**[79].

Nell'agosto 1962 J.C.R. Licklider e W. Clark, del MIT, pubblicano l'articolo *"On-Line Man Computer Communication"*, che getta le basi di una rete, chiamata ambiziosamente *Galactic Network* ("rete galattica"), in grado di gestire non solo il semplice scambio di dati fra computer ma anche le interazioni sociali: collegare persone, quindi, e non soltanto computer[80].

**28: Paul Baran**

Nel settembre 1962 la Rand Corporation pubblica il rapporto "On Distributed Communications Networks" di Paul Baran, che riassume il lavoro di ricerca svolto da Baran stesso su commessa dell'aviazione statunitense e descrive come le forze militari statunitensi potrebbero proteggere il proprio sistema di comunicazioni in caso di attacco massiccio. Baran delinea il principio della "connettività ridondante" (redundancy of connectivity) e valuta la vulnerabilità di vari modelli di struttura di telecomunicazione.

Il rapporto propone un sistema di comunicazione nel quale non esiste un centro di comando vero e proprio e in cui tutti i nodi di rete sopravvissuti a un attacco sono in grado di ristabilire il contatto in caso di attacco ad un punto qualsiasi. In altre parole, eventuali danni ad una parte della rete non rendono inservibile l'intera rete e l'effetto dell'attacco viene ridotto al minimo.

Una delle raccomandazioni di Baran propone lo sviluppo di un'infrastruttura pubblica nazionale per il trasferimento di dati, simile alla rete telefonica: **Internet**, insomma.

> *"È forse giunto il momento di cominciare a pensare a una nuova infrastruttura pubblica che forse oggi non esiste, ossia un impianto per la comunicazione di dati digitali degli utenti comuni, progettato specificamente per la trasmissione di dati digitali fra un vasto insieme di abbonati?"*
>
> *"Is it time now to start thinking about a new and possibly non-existant public utility, a common user digital data communication plant designed specifically for the transmission of digital data among a large set of subscribers?"[81]*

## -28 (1963) - La faccina sorridente / Minicomputer / Attivissimo

29: Harvey R. Ball

Harvey R. Ball, pubblicitario statunitense, crea la *Smiley Face* ("faccina sorridente") nell'ambito di una campagna per sollevare il morale dei dipendenti di due compagnie assicurative che si erano fuse da poco. La sua ormai mitica faccina composta da un cerchio giallo, due puntini per gli occhi e un semicerchio per il sorriso farà da base alle "ciberfacce" o "emoticon" usate in seguito su Internet[82].

La Digital Equipment Corporation produce i primi **minicomputer**. A differenza dei mainframe, dominanti in questo periodo, le macchine della Digital sono compatte (per gli standard del momento) e quindi installabili quasi ovunque, ad esempio su sommergibili, in laboratori, filiali di banche o fabbriche[83].

30: Paolo Attivissimo

Il 28 settembre 1963, nasce Paolo Attivissimo:

"Notizia autocelebrativa. Nasce a York, Inghilterra, **Paolo Attivissimo**, traduttore e autore d'informatica. Scriverà il primo libro su Internet pubblicato in Italia, sarà il primo in Italia a ottenere il rimborso di Windows, e compirà molti altri misfatti letterari e informatici"[84].

## -27 (1964) - Computer (terza generazione) / BASIC / La Perottina

Nel mondo sono installati **19.000 computer**[85].

Inizia quella che viene considerata la **terza generazione di computer**, caratterizzata da circuiti integrati, dimensioni compatte, minor consumo di energia elettrica e minori costi di fabbricazione[86].

IBM introduce il **System/360**, una gamma di processori centrali, dispositivi di memoria e altre periferiche, tutte compatibili fra loro e concepite per adattarsi a una vasta gamma di esigenze di calcolo e di spesa. Ha un successo di vendita enorme, con più di mille ordini d'acquisto al mese. È considerato il **primo computer della terza generazione:** architettura comune, linguaggi evoluti, vasto assortimento di terminali e periferiche, interfacce standard tra periferiche e unità centrale, tecnologia al silicio[87].

31: John George Kemeny

John G. Kemeny e Thomas E. Kurtz, presso il Dartmouth College (New Hampshire, USA), inventano un linguaggio di programmazione che chiamano*Beginner's All-Purpose Symbolic Instruction Code* ed è meglio noto come **BASIC**[88].

Paul Baran, della Rand Corporation, pubblica in versione estesa "On Distributed Communications Networks", un documento che sottolinea la grande resistenza agli attacchi nucleari permessa dalle reti distribuite e a commutazione di pacchetti. Questo documento dà il via alla leggenda secondo la quale Internet fu creata per sopravvivere alla guerra nucleare.

Infatti quando Larry Roberts progetterà la rete ARPANET su commissione del Dipartimento della Difesa, attingerà anche alle idee di Baran concepite per uso militare, ma lo farà per facilitare la comunicazione e la condivisione di risorse fra i computer delle università e dei centri di ricerca, non per connettere siti militari. Tuttavia il finanziamento di ARPANET è di origine militare[89].

Paul Baran studia diverse tipologie di rete per trovare quella più efficace e sicura.

Analizza tre tipi di rete:

1) "Centralizzata" (tutti i computer comunicano tra loro attraverso un computer centrale).

2) "Decentralizzata" (tutti computer comunicano tra loro attraverso alcuni computer di snodo).

3) "Decentralizzata" (tutti i computer collegati tra loro alla pari senza punti di passaggio obbligati).

**32: La macchina Programma 101 (la perottina)**

L'ingegnere italiano **Pier Giorgio Perotto**, docente al Politecnico di Torino e capo di un'équipe di ingegneri dell'Olivetti, realizza la macchina "**Programma 101**", antesignana del PC. Grande come una calcolatrice e battezzata al femminile ("*la* Programma 101") e in seguito nota anche come "la Perottina", viene commercializzata l'anno successivo.

È la prima macchina di calcolo che combina le prestazioni di un computer con la semplicità d'uso di una calcolatrice: prima della Perottina, infatti, o si ricorreva ai costosissimi e complicatissimi computer, o ci si accontentava della calcolatrice meccanica da tavolo che faceva soltanto le quattro operazioni.

Per l'ingresso e l'uscita dei dati, la Perottina usa una cartolina magnetica che può anche fungere da memoria permanente. È dotata di un linguaggio macchina semplificato, costituito da sole sedici istruzioni molto intuitive: una sorta di Basic *ante litteram*.

La Perottina nasce come oggetto di ricerca pura, ma diventa inaspettatamente un successo commerciale (ne vengono prodotti 40.000 esemplari) che convince l'Olivetti a rientrare nell'elettronica e iniziare un lungo periodo in cui il marchio di Ivrea è fra i protagonisti della scena internazionale[90].

## -26 (1965) - La legge di Moore / Ipertesto / schermo a cristalli liquidi

**33: Gordon Moore**

Gordon Moore (futuro cofondatore della Intel) pubblica un articolo sulla rivista *Electronics*[91] in cui prevede che il numero di circuiti realizzabile su un chip di silicio è destinato a raddoppiare ogni dodici mesi. Nasce così la cosiddetta **legge di Moore**. Successivamente Moore la correggerà, sostituendo *"dodici mesi"* con *"18-24"* mesi. La "legge" funzionerà in modo sorprendentemente preciso per i quattro decenni successivi[92].

Ted Nelson conia il termine **ipertesto (*hypertext*)** nel suo libro *Literary Machines*[93].

George Heilmeier è il primo a utilizzare i **cristalli liquidi per uno schermo**[94].

**34: Mary Kenneth Keller**

La prima persona a laurearsi in informatica negli Stati Uniti, ottenendo il PhD in informatica all'Università del Wisconsin è Mary Keller[95]. La sua tesi, intitolata *Inductive Inference on Computer Generated Patterns*, riguardava l'elaborazione di algoritmi per la soluzione analitica di equazioni differenziali. Ah, sì, era anche una suora cattolica. Partecipò poi al gruppo che sviluppò il linguaggio di programmazione BASIC.

## -25 (1966) - Programmazione strutturata / fax / Star Treck

Edgar Dijkstra scrive un articolo tecnico che dichiara che la qualità di un programma è inversamente proporzionale al numero di salti incondizionati (GOTO) che contiene: è l'inizio di quella che verrà chiamata **programmazione strutturata**.
Gli italiani Carlo Boehm e Giuseppe Jacopini dimostrano rigorosamente che qualsiasi programma può essere scritto facendo a meno dell'istruzione GOTO, gettando quindi le basi teoriche per la programmazione strutturata[96].

La **Xerox** presenta il **primo fax commerciale**[97].

"Spazio, ultima frontiera. Eccovi i viaggi dell'astronave Enterprise durante la sua missione quinquennale, diretta all'esplorazione di strani, nuovi mondi, alla ricerca di altre forme di vita e di civiltà, fino ad arrivare là dove nessun uomo è mai giunto prima". Con questa frase di apertura inizia l'8 settembre 1966 sulla NBC la serie televisiva di *Star Treck* ideata da Gene Roddenberry. Nel futuro di Star Treck vengono immaginati alcuni degli oggetti che saranno commercializzati solo 40 o 50 anni più tardi: telefoni satellitari, minidischi, tablet e computer palmari, traduttore universale[98].

## -24 (1967) - Pacchetti informatici / Ping-pong / tivvù portatili

Il National Physical Laboratory (NPL) del Middlesex, Regno Unito, sviluppa l'*NPL Data Network* sotto la direzione di Donald Watts Davies, che **conia il termine *packet* (pacchetto) nella sua accezione informatica.** La rete NPL è un esperimento di commutazione di pacchetti che usa linee da 768 kbps[99].

È il 9 o il 13 novembre 1967: viene presentata la prima versione funzionante del **ping-pong elettronico**, realizzata da Ralph Baer, Bill Rush e Bill Harrison[100].

La Sony presenta a New York uno dei primi **microtelevisori portatili**. Il dimostratore, Akio Morita, sarà in seguito l'inventore del walkman[101].

## -21 (1968) - Intel / mouse / 2001 odissea nello spazio

Vengono messe in funzione le **prime reti a commutazione di pacchetti** (*packet-switching network*) presso i National Physical Laboratories nel Regno Unito e presso la Société Internationale de Télécommunications Aéronautiques (1968/1970) in Francia. Lo sviluppo di una rete a commutazione di pacchetti inizia nel 1968 anche negli USA, ma la tecnologia viene consegnata all'Advanced Research Projects Agency (ARPA) solo nel 1969[102].

Il 1968 è l'anno di **2001 odissea nello spazio**, di Stanley Kubrick. Il super computer HAL deriva le sue iniziali dalle lettere di IBM (nell'ordine alfabetico, le lettere di IBM scalate di un posto).

Nell'agosto 1968 viene pubblicata la **prima versione standard del COBOL**, denominata *ANSI COBOL*[103].

Gordon Moore e Bob Noyce fondano la **Intel**[104].

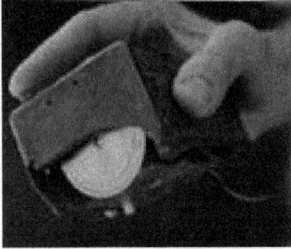

**35: Il primo mouse**

Il 9 dicembre -21 a una conferenza al Convention Center di San Francisco, Stati Uniti, viene presentato il **primo mouse**. Douglas C. Engelbart e i suoi 17 collaboratori all'Augmentation Research Center dello Stanford Research Institute di Menlo Park, California, offrono una dimostrazione pubblica di 90 minuti del sistema online, chiamato NLS, al quale lavorano dal 1962.

Fra le altre innovazioni presentate, l'**ipertesto**: cliccando con il mouse su determinati punti della schermata, compare un altro testo più informativo[105].

Intel inventa il **microprocessore**[106].

Nolan Bushnell (futuro fondatore della Atari) fabbrica *Computer Space*, un videogioco arcade che usa uno monitor TV di tipo *raster*. Non ha successo commerciale, ma è sufficiente a far considerare Bushnell padre dei videogiochi arcade[107].

Il 7 aprile Steve Crocker pubblica la **prima RFC**, "Host Software". Le RFC, o *Request for Comments*, sono inizialmente soltanto proposte tecniche alle quail viene richiesto un commento (donde il nome), ma ben presto assumono il valore di "leggi" della Rete[108].

**36: Logo di ARPANET**

Sempre il 7 aprile, il Dipartimento della Difesa statunitense **commissiona ARPANET**. Man mano che la Bolt, Beranek e Newman costruisce gli IMP, che sono dei minicomputer Honeywell DDP-516 con 12 K di memoria usato come *gateway*, vengono collegati vari computer di modelli differenti, che costituiscono i nodi della nascente Arpanet. Il 2 settembre viene collegato il primo nodo (UCLA); il secondo (lo Stanford Research Institute o SRI) viene collegato l'1 ottobre. L'1 novembre viene collegato l'IBM 360/75 della University of California Santa Barbara o UCSB; a dicembre si attiva il quarto nodo, quello della University of Utah, un DEC PDP-10. Lo schizzo originale della rete è disponibile presso Computerhistory.org[109].

Le più grandi aziende informatiche non partecipano alla gara d'appalto che assegna l'incarico per la realizzazione del primo embrione della rete, secondo i loro esperti il compito da svolgere è praticamente impossibile.

37: Leonard Kleinrock

Il 20 ottobre viene effettuato il **primo login remoto** fra due computer negli Stati Uniti, che può anche essere visto come il **primo e-mail** (messaggio testuale scambiato fra due computer). Il professor Leonard Kleinrock, considerato da molti il padre di Internet, riesce a far dialogare il proprio computer alla University of California di Los Angeles con un altro computer in un centro di ricerca separato, a Stanford, vicino a San Francisco.

Pochi istanti dopo l'invio del messaggio (costituito in tutto da due lettere), il computer va in *crash*. Kleinrock rievoca così quell'evento molti anni più tardi alla TV inglese:

> *"Tutto quello che volevamo fare era fare logon dalla mia macchina sulla loro. E per fare logon bisogna digitare L-O-G"* racconta il professor Kleinrock.
> *"E così il mio assistente digitò la L, e noi dicemmo 'Avete ricevuto la L?' e ci risposero 'Abbiamo ricevuto la L'* [l'assistente era Charley Kline, e gli sperimentatori si parlavano per telefono durante la prova -- Paolo]. *Digitammo la O. 'Avete ricevuto la O?'. 'Abbiamo ricevuto la O'. Digitammo la G. 'Avete ricevuto la G?'. Crash.*
> *La macchina era andata in guasto. Sicché il primo messaggio trasmesso via Internet fu 'hello', o meglio, 'hello, crash'* ['hello' è un gioco di parole sulla pronuncia inglese delle lettere L e O – Paolo.].

Più tardi, quel giorno, fu stabilito un login completo e corretto[110].

38: Linus Torvalds

Il 28 dicembre 1969 nasce a Helsinki **Linus Torvalds**, futuro fondatore del sistema operativo libero *Linux*[111].

## -21 (1970) - ROM / La prima connessione transcontinentale

Vengono annunciate le **ROM**, memorie a semiconduttori a sola lettura[112].

ARPANET cresce rapidamente. Come racconta Carlo Gubitosa nell'e-book *La vera storia di Internet*: Leonard Kleinrock (pioniere di internet) disse al suo amico e collega Larry Roberts:

> "Sai, Larry, questa rete sta diventando troppo complessa per essere disegnata sul retro di una busta".

Gli host di ARPANET iniziano a usare il **Network Control Protocol (NCP)**, il primo protocollo per la comunicazione fra host[113].

La AT&T installa la **prima connessione transcontinentale** negli USA, fra UCLA e BBN, a 56 kpbs[114].

Viene fondato il centro di ricerca e sviluppo *Palo Alto Research Center (PARC)* presso lo Stanford University Industrial Park di Palo Alto, California. Da qui scaturiranno le interfacce grafiche, il mouse e molte altre grandi innovazioni[115].

Nel luglio 1970 diventa attiva *Alohanet*, la **prima rete senza fili a commutazione di pacchetti** (*packet radio network*), sviluppata da Norman Abramson alla University of Hawaii. Verrà collegata ad ARPANET nel 1972[116].

## -20 (1971) - Computer (quarta generazione) / Il floppy / Progetto Gutenberg

IBM introduce le **memorie a semiconduttori**[117].

Inizia quella che viene considerata la **quarta generazione di computer**, caratterizzata da circuiti altamente integrati, ridotta manutenzione, bassi costi e assemblaggio automatico[118].

La rete ARPANET possiede 16 nodi e percorre l'America da costa a costa.

Nell'ottobre 1971 Ray Tomlinson invia quello che gli esperti considerano **il primo vero e-mail su Internet** (anche se la rete non ha ancora questo nome). Tomlinson lavora alla Bolt Beranek & Newman, di Cambridge, Massachusetts, e sta giocherellando con SNDMSG, un programma che consente lo scambio di messaggi fra utenti dello stesso computer. Crea un metodo per scambiare file fra computer distinti, e successivamente migliora il metodo in modo da poter consentire anche l'invio di messaggi. Risale quindi a questo periodo il primo scambio di e-mail. Tomlinson non ricorda il contenuto del fatidico primo messaggio, perché non riteneva che si trattasse di un evento particolarmente importante[119].

**39: Floppy disk da 8 (200 mm), 5 1/4 (133 mm) e 3 1/2 (90 mm) pollici**

Alan Shugart di IBM produce il **dischetto floppy da 8 pollici**[120].

Il giornalista Don Hoefler conia **il termine *Silicon Valley***[121].

Marcian E. Hoff, Jr., tecnico della Intel Corporation, inventa il **microprocessore**[122].

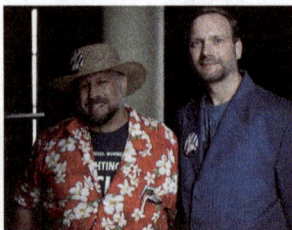

**40: Michael Hart (sinistra) e Gregory Newby (destra)**

Parte il **progetto Gutenberg**, grazie a Michael Hart e a Gregory Newby: l'obiettivo è creare una biblioteca digitale liberamente fruibile con la digitalizzazione di tutti i libri del patrimonio culturale mondiale (soprattutto in lingua inglese)[123].

Il 5 febbraio 1971 nasce il **NASDAQ** (National Association of Securities Dealers Automated Quotation, ovvero: "Quotazione automatizzata dell'Associazione nazionale degli operatori in titoli"[124]) primo esempio al mondo di mercato borsistico elettronico, costituito da una rete di computer. Il NASDAQ è l'indice dei principali titoli tecnologici. Costituito a New York, a Times Square, parte a questa data con valore iniziale di 100 punti. Raggiungerà il massimo storico di 5132 punti il 10 marzo 2000 (vedi: la bolla delle dot-com).

## -19 (1972) - @ / Cray / Atari

Nel marzo 1972 nasce la **chiocciolina**. Sono in corso i primi esperimenti di invio di messaggi via Internet: l'e-mail non era prevista come funzione primaria della Rete; non ci aveva pensato nessuno dei fondatori, perché la Rete era nata per collegare fra loro i computer, non le persone. L'e-mail è stata introdotta quasi per sbaglio, nei ritagli di tempo. Bisogna scegliere un carattere che, nell'indirizzo di un utente, separi il nome dell'utente dal nome del computer presso il quale risiede. Ray Tomlinson, della Bolt, Beranek e Newman, seduto davanti alla sua telescrivente, nota la chiocciolina (che su quel modello, una Model 33, è sopra il 2). La chiocciolina in inglese si chiama "At", che significa "presso", e a Ray viene spontaneo pensare che sarebbe carino se gli indirizzi di e-mail fossero del tipo "utente presso computer", che in inglese è appunto "user AT computer".
Ed è per questo che gli indirizzi di e-mail usano la chiocciolina[125].


Seymour Cray fonda la **Cray Research, Inc**[126].

**41: Karen Spärck Jones**

Nel 1972 Karen Spärck Jones[127] pubblica *"A statistical interpretation of term specificity and its application in retrieval"* che introduce il concetto di *inverse document frequency,* uno dei principali componenti della classifica degli algoritmi per ricavare automaticamente un testo da un indice di documenti. All'epoca era solo una teoria statistica, nel 1994 sarà usata da Mike **Burrows** per dare origine al motore di ricerca Alta Vista.

Viene presentato il MITS 816, **il primo microcomputer digitale per uso personale.** Non ha né tastiera né schermo.
MITS sta per *Micro Instrumentation and Telemetry Systems*, una piccola azienda specializzata in elettronica[128].

**42: La console per videogiochi Atari**

Nel maggio 1972 la Magnavox (filiale americana della Philips) e la Atari iniziano la vendita delle prime **console per videogiochi** per uso domestico negli USA. L'Odyssey 1TL200, progettato da Ralph H. Baer, Bill Rush e Bill Harrison, viene venduto in circa centomila esemplari nel corso dell'anno.

Per giocare con l'Odyssey si devono applicare al televisore delle pellicole trasparenti colorate che fanno da sfondo per i dodici giochi disponibili. È disponibile anche un "fucile" elettronico per giocare al tiro a segno (bisogna colpire il bersaglio che si muove sullo schermo).
L'Odyssey non ha microprocessori e non ha memoria: è interamente analogico. Gli unici semiconduttori sono circa 40 diodi e 40 transistor. Le "cartucce" che contengono i vari giochi sono semplicemente una configurazione di ponticelli (*jumper*)[129].

**43: Schermata di Pong**

È il 24 o 29 maggio 1972: Nolan Bushnell, di lì a poco fondatore della Atari, prova la console per videogiochi Odyssey presso l'Airport Marina Hotel di Burlingame, California. Dalla sua prova nasce l'idea di sviluppare una versione "coin-op" del gioco: il famosissimo **Pong**[130].

Data ufficiale della nascita di Atari è il 27 giugno 1972. Il primo dipendente di Atari è Al Alcom. "Pong" è il suono emesso quando si colpisce la pallina (quadrata).

Poco dopo, la Magnavox fa causa ad Atari per violazione del copyright e vince, per cui Atari deve pagare 700.000 dollari (del 1972) come royalty a Magnavox. **È la prima causa legale nella storia dei videogiochi**[131].

Viene pubblicata la RFC 318, che specifica il funzionamento del comando **telnet**[132].

**44: Adele Goldberg**

Fa la sua apparizione nei laboratori Xerox, uno strano linguaggio di programmazione. Viene chiamato **Smalltalk** ed è opera di Alan Kay, Dan Ingalls e Adele Goldberg. È il primo linguaggio di programmazione ad oggetti e sarà usato nel 1983 per l'Apple Lisa oltre a influenzare i linguaggi di programmazione successivi[133].

## -18 (1973) - Ethernet / TCP/IP

ARPAnet attiva **i primi due host in Europa**: University College di Londra in Inghilterra e Royal Radar Establishment in Norvegia[134].

La SIP lancia l'**RTMI**, il **primo servizio di telefonia radiomobile in Italia**. La copertura si estende a quasi tutto il territorio del paese e consente chiamate dirette dall'utente radiomobile alla rete fissa, ma occorre passare dall'operatore per chiamare un telefono mobile dalla rete fissa[135].

Robert Metcalfe dello Xerox PARC presenta, come tesi di dottorato, le idee di base di *Ethernet*, l'elemento fondamentale per la realizzazione delle reti locali. Le idee vengono adottate per i computer Alto del PAEC e la **prima rete Ethernet** viene battezzata *Alto Aloha System* (maggio 1973)[136].

Vinton Cerf crea il **protocollo TCP/IP**[137]. Nel marzo 1973 Vinton Cerf schizza sul retro di una busta, nella *lobby* di un albergo di San Francisco, l'architettura dei *gateway*[138].

**45: Lena Söderberg**

La ragazza della foto è **Lena Söderberg**, e nel novembre 1972 fu Playmate con il nome di Lenna Sjööblom . Entra nella storia dell'informatica l'anno successivo, nel 1973, quando un tecnico dell'University of Southern California, Alexander Sawchuk, utilizzò questa immagine nei suoi test di digitalizzazione. Altri suoi colleghi richiesero l'immagine, che divenne campione standard di riferimento per valutare i software di compressione ed elaborazione delle immagini[139].

Gli utenti stimati di ARPANET sono circa 2000. Uno studio dell'ARPA rivela che il 75% del traffico di ARPANET è costituito da e-mail[140].

## -17 (1974) - Linguaggio C / processore 8080 / Internet come parola

La Bolt, Beranek & Newman (BBN) apre Telenet, il **primo host commerciale** su ARPAnet[141].

Nasce il linguaggio **C**, sviluppato presso i Bell Telephone Laboratories da Dennis Ritchie[142].

Nell'aprile 1974 Intel rilascia il processore **8080** a 8 bit. Contiene l'equivalente di 6000 transistor ed è in grado di svolgere 0,64 milioni di istruzioni al secondo[143].

Vinton Cerf e Bob Kahn **usano per la prima volta la parola** *Internet*, in un documento riguardante il Transmission Control Protocol (TCP)[144].

## -16 (1975) - Altair 8080 / Micro-soft di Allen e Gates / La rivista Byte

**46: L'Altair 8800 (1975)**

Nel gennaio 1975 il numero di gennaio di *Popular Electronics* recensisce il *MITS Altair 8800*, il **primo personal computer** ad avere un successo commerciale di massa. Usa il **processore 8080 di Intel**, riceve input tramite una serie di interruttori sul pannello anteriore e visualizza l'output tramite una fila di LED. A poco meno di 400 dollari (375 secondo alcune fonti, 399 in kit di montaggio secondo altre), l'Altair offre 256 *byte* di memoria (avete letto bene) ed è privo di monitor e tastiera.

L'articolo di recensione di *Popular Electronics* è la molla che spinge un certo Bill Gates a lasciare Harvard per fondare la Micro-soft insieme al socio Paul Allen. Gates e Allen scrivono il loro primo prodotto per l'Altair: un compilatore BASIC, distribuito su nastro di carta.

Vengono venduti oltre 10.000 esemplari dell'Altair, quasi tutti come kit di montaggio, insieme all'interprete MBASIC, scritto sempre da Paul Allen e Bill Gates[145].

**47: Paul Allen**

Paul Allen e Bill Gates **fondano la *Micro-soft***, poi ribattezzata *Microsoft*[146].

Nel settembre 1975 esce negli Stati Uniti il primo numero della rivista ***Byte***[147].

La Zilog annuncia il **processore Z80**[148].

Steve Walker crea su ARPANET la **prima mailing list**: si chiama *MsgGroup*[149].

## -15 (1976) - Apple I / Apple Computer Inc.

Il CCIITT pubblica lo standard **X.25**, che definisce la connessione tra un terminale e una rete a commutazione di pacchetti[150].

Alan Shugart presenta il **floppy da 5,25"**: il drive costa 390 dollari[151].

Il 26 marzo 1976 la regina Elisabetta II d'Inghilterra invia il **primo e-mail regale** dal Royal Signals and Radar Establishment (RSRE) a Malvern[152].

Steve Wozniak e Steve Jobs creano, negli Stati Uniti, quello che molti considerano **il vero primo personal computer**. Lo chiamano *Apple I*. È basato sul processore 6502[153].

Il 3 febbraio 1976 negli Stati Uniti, la *newsletter* degli utilizzatori di Altair (uno dei primissimi personal computer) pubblica una lettera di **Bill Gates che rifiuta il concetto del software gratuito e libero**, che all'epoca era molto diffuso. Eccone la traduzione e l'originale.

*LETTERA APERTA AGLI HOBBISTI*[154]

di William Henry Gates III

3 febbraio 1976

Secondo me, la cosa più critica nel mercato hobbistico, in questo preciso momento, è la mancanza di corsi e libri di software validi e di software di qualità. Senza software di qualità e un proprietario che s'intenda di programmazione, un computer hobbistico è sprecato. Ma verrà mai scritto del software di qualità per il mercato hobbistico?

Quasi un anno fa, Paul Allen e io, prevedendo un'espansione del mercato hobbistico, abbiamo assunto Monte Davidoff e abbiamo sviluppato l'Altair BASIC. Anche se il lavoro iniziale ci ha richiesto soltanto due mesi, noi tre abbiamo trascorso la maggior parte dell'anno scorso a documentare, migliorare e aggiungere funzioni al BASIC. Ora abbiamo il BASIC 4K, 8K, EXTENDED, ROM e DISK. Il valore del tempo-macchina che abbiamo utilizzato supera i 40.000 dollari.

Le reazioni che abbiamo avuto dalle centinaia di persone che dicono di usare il BASIC sono state tutte positive. Tuttavia sono evidenti due fatti sorprendenti: 1) la maggior parte di questi "utenti" non ha mai acquistato il BASIC (meno del 10% di tutti gli utenti Altair ha acquistato il BASIC); 2) se si considera l'ammontare delle royalty risultanti dalle vendite agli hobbisti, il tempo che abbiamo dedicato all'Altair BASIC vale meno di due dollari l'ora.

Come mai? Come la maggior parte degli hobbisti non può non sapere, la maggioranza di voi ruba il software che usa. L'hardware va pagato, ma il software è una cosa da condividere. A chi importa se la gente che ci ha lavorato viene pagata?

È giusto tutto questo? Una cosa che di certo non riuscite a fare rubando il software è vendicarvi della MITS per qualche problema che avete forse incontrato. La MITS non guadagna dalla vendita di software. La royalty pagata a noi, il manuale, il nastro e i costi amministrativi la rendono un'operazione che chiude in pareggio. Una cosa che invece riuscite a fare è impedire che venga scritto del buon software. Chi può permettersi di svolgere gratuitamente un lavoro di qualità professionale? Quale hobbista può dedicare 3 anni-uomo alla programmazione, al debug, alla documentazione del prodotto e poi distribuirlo gratis? Il fatto è che nessuno, a parte noi, ha investito molto denaro nel software hobbistico. Abbiamo scritto il BASIC 6800 e stiamo scrivendo l'APL 8080 e l'APL 6800, ma l'incentivo a rendere disponibile agli hobbisti questo software è molto scarso. Per dirla esplicitamente, quello che voi commettete è un furto.

E che dire dei signori che rivendono l'Altair BASIC? Non stanno forse lucrando sul software per hobbisti? Certamente, ma coloro che ci sono stati segnalati alla fine ci potrebbero rimettere. Sono costoro che danno una brutta nomea agli hobbisti e dovrebbero essere cacciati a pedate da qualsiasi raduno di club al quale si presentano.

Sarei lieto di ricevere lettere da chiunque voglia pagare il dovuto o abbia suggerimenti o commenti da fare. Scrivetemi all'1180 di Alvarado SE, #114, Albuquerque, New Mexico, 87108. Nulla mi farebbe più piacere che essere in grado di assumere dieci programmatori e inondare il mercato hobbistico di buon software.

Bill Gates

Socio accomandatario, Micro-Soft[155]

**48: Steve Wozniak**

L'1 aprile 1976 Steve Wozniak e Steve Jobs **fondano la Apple Computer Inc**[156].

I Bell Labs della AT&T sviluppano **UUCP** (Unix-to-Unix CoPy)[157].

Viene coniato in Francia il termine **telematica** (télématique) per indicare la convergenza tra informatica e telecomunicazioni. Il termine appare infatti in un documento commissionato dalla Presidenza della Repubblica francese, elaborato da Simon Nora e Alain Minc su *L'informatizzazione della società*[158].

## -14 (1977) - Commodore PET 2001 / Apple II

Kenneth Olson, fondatore della Digital Equipment, pronuncia la storica frase "Ma che bisogno avrebbe una persona di tenersi un computer in casa?"[159]

La Ohio Scientific Instruments mette in vendita il **primo microcomputer che contiene in ROM il BASIC** a virgola mobile della Microsoft[160].

Gary Kildall sviluppa il **CP/M**, il sistema operativo utilizzato dalla prima generazione di veri personal computer[161].

Nel giugno 1977 Alla National Computer Conference di Dallas viene presentato il Commodore PET 2001, **primo personal computer commercializzato su larga scala** al prezzo di 495 dollari[162].

Il 3 agosto 1977 la Radio Shack annuncia il **TRS-80**[163].

La Apple Computer Inc. presenta l'**Apple II**. È un personal computer con architettura aperta, che stimola altri fabbricanti a produrre componenti aggiuntivi per espanderne le prestazioni. Ha 4 kilobyte di RAM e costa 1300 dollari[164].

Viene pubblicata la **RFC 733**, che specifica la struttura dell'e-mail[165].

Il 3 maggio 1978 viene inviato **il primo e-mail classificabile come spam**. Gary Thuerk, un venditore della DEC (un grosso calibro dell'informatica dell'epoca, successivamente assorbito da HP) invia indiscriminatamente a tutti gli utenti di Arpanet, una delle reti da cui poi nascerà Internet, l'invito a partecipare alla presentazione del nuovo computer della sua azienda.

È il primo caso di disseminazione a tappeto di un annuncio commerciale tramite posta elettronica. La reazione della comunità della Rete non si fa attendere: un coro di proteste quasi unanime, con l'eccezione di un giovane Richard Stallman, che inizialmente non capisce perché ci si scaldi tanto. È comunque un episodio isolato, dato che all'epoca Arpanet ha un regolamento ufficiale (acceptable use policy) che ne vieta assolutamente l'uso commerciale[166].

**49: Sony betamax**

La Sony presenta il **videoregistratore Betamax**[167].

Ne riparleremo nel 2015 per vedere come va a finire...

La Atari presenta l'**Atari 800**: 8 K di RAM, espandibili a 48, con un sottosistema grafico fra i migliori dell'epoca. Prezzo: 1000 dollari[168].

Dal Giappone arriva **Space Invaders,** un videogioco che ha immediatamente un successo planetario[169].

Herman Zapf, disegnatore di caratteri tipografici, sviluppa il font **Zapf Dingbats**[170].

Nasce ad opera di Ward Christensen (lo stesso del protocollo Xmodem) **CBBS, il primo BBS al mondo**. Il suo numero di accesso è 001-312-545.8086. Offre soltanto scambio di messaggi: niente download di file[171].

Un hobbista di Chicago, Ward Christensen, scrive un programma chiamato **MODEM** (modulator-demodulator), un protocollo di comunicazione via modem che consente il trasferimento di file senza errori attraverso il filo del telefono da un computer a un altro. In seguito diventerà diffusissimo e sarà noto anche come **Xmodem** o **"Christensen protocol"**[172].

Viene distribuito **Visicalc, il primo spreadsheet**. È anche la **prima killer application**: quella che convince persone altrimenti non interessate che il personal computer è uno strumento indispensabile per la propria attività. Gli autori sono Dan Brickman (secondo altre fonti Bricklin) e Bob Frankston. Funziona su Apple II[173].

Nel marzo 1978 Il TCP viene suddiviso in TCP e IP[174].

Durante gli anni Settanta del Novecento si collegarono ad ARPANET tutte le reti universitarie e quelle di ricerca, vennero messi a punto dei protocolli di rete, un insieme di regole predefinite alle quali i diversi calcolatori dovevano attenersi per parlare fra loro e per comprendersi.

TCP/IP (Transmission Control Protocol / Internet Protocol) è il nome della versione definitiva di questo protocollo, e che ancora oggi rimane alla base delle comunicazioni via Internet.

Nel giugno 1978 Intel rilascia il processore **8086** a 16 bit. È disponibile in versioni a 4,77 MHz, 8 MHz e a 10 MHz. Contiene l'equivalente di 29.000 transistor ed è in grado di svolgere 0,33 milioni di istruzioni al secondo. Viene utilizzato nell'IBM PS/2 Model 25 e Model 30.

Nello stesso mese, Intel rilascia anche il processore **8088** a 16 bit, che viene utilizzato nel primo PC IBM, nel PC/XT, nel Portable PC e nel PCjr. È disponibile in versioni a 4,77 MHz e a 8 MHz. Come l'8086, contiene l'equivalente di 29.000 transistor ed è in grado di svolgere 0,33 milioni di istruzioni al secondo; la differenza rispetto all'8086 è che l'8088 usa un bus dati a 8 bit, mentre quello dell'8086 è a 16 bit[175].

## -12 (1979) - ADA / walkman / DOS / USENET / WordStar

Il Ministero della Difesa statunitense produce il linguaggio di programmazione **ADA**, allo scopo di dare un unico linguaggio a tutti i propri sistemi. Il linguaggio ADA prende nome da Augusta Ada Byron, contessa di Lovelace, considerata la prima programmatrice[176].

**50: Il Sony walkman (TPS-L2) del 1979**

Sony introduce il **walkman**, lettore di cassette analogiche compatto e portatile[177].

La Hayes Microcomputer Products presenta il Micromodem 100, un modem da 100 a 300 bps. Prezzo: 400 dollari[178].

Intel presenta il microprocessore **8088**[179].

La Seattle Computer Products crea la **prima versione del** *Disk Operating System*, meglio noto come *DOS*[180].

Nasce *Compuserve*: è poco più di un BBS con database e giochi per gli utenti, noto originariamente come *MicroNET*. Cambia nome nel 1980, diventando *CIS* (*CompuServe Information Service*) e acquisendo successivamente anche un'interconnessione con Internet[181].

Nasce **USENET**, rete dedicata allo scambio di messaggi in forum chiamati *newsgroup*. I suoi creatori sono Jim Ellis e Tom Truscott, presso la Duke University, insieme a Steve Bellovin. Ellis e Truscott in realtà cercano soltanto un modo per comunicare mentre giocano a scacchi insieme via Internet (o meglio sulla rete che poi si sarebbe evoluta in Internet). L'idea di "forum" dove si possono affiggere messaggi pubblici si diffonde rapidissimamente, al punto di diventare un sistema a portata mondiale che nel 2000 avrà circa 50.000 newsgroup distinti. Usenet viene creata senza scopo di lucro e nessuno degli sviluppatori ne ricaverà mai denaro. Tutti i newsgroup sono riuniti inizialmente sotto la gerarchia *net*.* [182]

Vengono installati in Giappone i **primi telefoni portatili cellulari**[183].

Viene commercializzato Wordstar, il **primo word processor**[184].

Richard Bartle e Roy Trubshaw, presso la University of Essex, creano **il primo MUD** (Multi-User Dungeons), primo gioco multiutente online. Lo chiamano MUD1[185].

Whitfield Diffie e Martin Hellmann ideano un metodo originale di **comunicazione crittografata**, detto "a chiave pubblica", che si basa sull'uso di due chiavi, una delle quali può essere divulgata. Il loro lavoro getta le basi del successo del metodo PGP usato per proteggere la riservatezza delle comunicazioni[186].

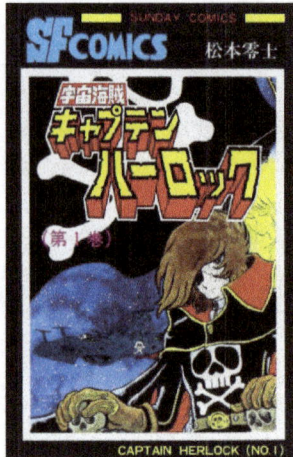

**51: Capitan Harlock**

In Italia viene trasmessa da RAI2 la serie televisiva giapponese di *Capitan Harlock*, derivato da un manga scritto e illustrato da Leiji Matsumoto. Il personaggio di Capitan Harlock ha a che fare con lo sviluppo del filone "pirata" del web.

Il 12 aprile Kevin MacKenzie di MsgGroup, la prima mailing list di Arpanet, **introduce l'emoticon** o "ciberfaccina", ad esempio :-) [187].

## -11 (1980) - Sinclair ZX80 / Comodore VIC-20 / WordPerfect

Viene fondata in Inghilterra la **Psion**, celebre in seguito per i suoi rinomatissimi computer tascabili[188].

**52: Sinclair ZX80**

La Sinclair Research presenta il **Sinclair ZX80**. Prezzo: 200 dollari. È l'inizio dell'era dei personal computer a basso costo[189].

La Satellite Software annuncia un nuovo programma di scrittura per computer Data General: il suo nome è **WordPerfect**[190].

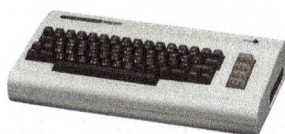

**53: Commodore VIC-20**

Viene messo in vendita il **Commodore VIC-20**. Prezzo: 299 dollari[191].

Alan Shugart presenta il **disco rigido Winchester**. Il nome deriva dal fatto che il disco era in grado di registrare 30 MB su ogni lato del *platter* e quindi era chiamato *3030*; questo faceva venire in mente a molti addetti ai lavori un modello di fucile della Winchester, anch'esso chiamato *30-30*[192].

Bill Gates stringe un accordo di licenza con IBM per usare l'**MS-DOS** come sistema operativo del primo PC IBM[193].

La Apple Computer Inc. rilascia *l'Apple III,* che si rivela un tonfo commerciale: offre ben poche migliorie rispetto al popolarissimo predecessore Apple II ed è affetto da seri problemi di produzione, oltre che da un costo proibitivo (3495 dollari)[194].

WordPerfect Corporation rilascia **WordPerfect**, che in breve diventerà il word processor più diffuso in assoluto[195].


Il 27 ottobre 1980 ARPANET viene **paralizzata da un virus** propagato accidentalmente[196].

## -10 (1981) - Osborne 1 / PC IBM / CGA

**54: L'Osborne 1 (1981)**

Nell'aprile 1981 Adam Osborne commercializza l'*Osborne 1*, il primo computer*"portatile"*. Le virgolette sono necessarie perché l'apparecchio pesa 12 chilogrammi. Le sue dimensioni però consentono di stivarlo sotto i sedili dei passeggeri degli aerei di linea, *bonus* innovativo per l'epoca. Il sistema operativo è il CP/M. L'apparecchio costa 1795 dollari, ha uno schermo da 5 pollici (24x52 caratteri), un processore Z80, 64K di RAM, e due floppy da 5,25 pollici con 91 KB di capienza ciascuno. Il suo sistema operativo era il CP/M 2.2, e il computer veniva venduto insieme a WordStar, SuperCalc, dBase II, e due versioni di BASIC (CBASIC e MBASIC).

Nel 1981, Osborne vende esemplari di questo "portatile" per quasi sei milioni di dollari; alla fine del 1982, le vendite saliranno a quasi 69 milioni di dollari, pari a circa 10.000 esemplari al mese di media.

La Osborne fallirà due anni più tardi, il 13 settembre 1983, in parte a causa di una*gaffe* che portò alla divulgazione prematura delle caratteristiche del successore dell'Osborne 1. Sapendo che di lì a poco sarebbe uscita una versione superiore del PC, nessuno comprò più l'Osborne 1, preferendo aspettare il suo successore (invano, visto il fallimento dell'azienda)[197].


Bill Gates, secondo leggenda, pronuncia la famosa frase *"640 K dovrebbero bastare a chiunque"*. L'episodio è stato citato da numerose fonti autorevoli (compresa *BBC World*), ma Gates nega di aver mai detto qualcosa di simile e nessuna delle fonti è in grado di indicare le circostanze in cui l'avrebbe detto[198].


La Hayes presenta lo *Smartmodem 300*. I suoi **comandi AT** diventeranno lo standard di fatto del settore[199].

IBM introduce il sistema grafico **CGA** (*Color/Graphics Adapter*), che consente ai personal computer di visualizzare testo e grafica a bassa risoluzione. Il formato CGA consente varie modalità testo/grafica, come ad esempio 40 o 80 colonne per 25 righe a 16 colori (solo testo) oppure 640 pixel orizzontali per 200 pixel verticali (grafica a 2 colori) oppure 320 pixel orizzontali per 200 pixel verticali (grafica a 4 colori)[200].

**Microsoft acquista il DOS** dalla Seattle Computer Products[201]. Il prezzo pagato è di 50.000 dollari[202].

Nasce BITNET, abbreviazione di *"Because It's Time NETwork"*: una rete basata sulla cooperazione, creata presso la City University of New York. Inizialmente l'abbreviazione aveva *There* al posto di *Time*. Offre e-mail, server *listserv* e trasferimenti di file[203].

**55: Lo smiley (Smiley face)**

Scott E. Fahlman (sef+@cs.cmu.edu), Principal Research Scientist alla School of Computer Science della Carnegie Mellon University, Pittsburgh, Pennsylvania (USA), interviene sul BBS locale della rete universitaria per proporre una soluzione che chiarisca il tono delle comunicazioni online, che iniziavano a causare incomprensioni e liti quando non venivano capite le intenzioni ironiche o sarcastiche. La sua idea è usare il due punti e la parentesi per creare una **"faccina sorridente"** coricata su un lato, ispirandosi alla *Smiley Face* inventata da Harvey R. Ball nel 1963 (v.). Anzi, già che c'è propone anche di usare l'altra parentesi per creare la "faccina scontenta".
Nasce così, secondo alcune fonti, la **prima emoticon**, che però non si chiama ancora così. Fahlman non si rende conto dell'importanza "storica" della sua proposta, per cui si è persa ogni traccia del suo messaggio originale. Altre fonti indicano che la prima emoticon risale invece al 1979 (v.), ad opera di Kevin MacKenzie[204].

Secondo i *Findings of Fact* del processo antitrust contro Microsoft, Microsoft rilascia la prima versione del suo Microsoft Disk Operating System, noto comunemente come *MS-DOS*[205].

Viene commercializzato lo *Xerox Star 8010*, il **primo computer dotato di mouse e interfaccia grafica**. Prezzo: 16.000 dollari[206].

Viene introdotto lo standard grafico **MDA** (*Monochrome Display Adapter*), in grado di visualizzare solo testo (niente grafica) in un solo colore con una risoluzione di 640 pixel orizzontali per 350 verticali[207].

France Telecom inizia ad offrire il servizio **Minitel** (Teletel) in tutta la Francia[208].

**56: IBM PC con monitor 5150**

Il 12 agosto IBM introduce il **primo PC IBM**, con sistema operativo PC DOS 1.0. Basata sul processore Intel 8088, la versione base ha 16 K di memoria (sì, *sedici*), usa cassette audio per memorizzare i programmi e costa 1565 dollari. Per 3005 dollari è disponibile una versione con 64 K di memoria e un drive per dischetti da 5,25 pollici che contiene 160 K di dati. Tutti i modelli hanno una scheda video monocromatica incapace di visualizzare grafica bitmap. Non sono disponibili versioni con disco rigido. Ne verranno venduti 13.000 esemplari nei primi tre mesi.

Il PC IBM è una tappa fondamentale in quanto usa un'architettura aperta e non proprietaria; questo consente ad altri produttori di sviluppare una sterminata varietà di accessori e addirittura interi computer "compatibili IBM" e permette all'architettura del PC IBM di diventare lo standard di fatto per i decenni successivi.

Il sistema operativo del PC IBM viene sviluppato da Microsoft, e si chiama *MS-DOS 1.0*. Si basa sul CP/M, utilizzato nei computer a 8 bit della fine degli anni 70, e sul DOS della Seattle Computer Products[209].

## -9 (1982) - Lotus 1-2-3 / AutoCAD / Commodore 64

La Lotus presenta lo spreadsheet **1-2-3**[210].

La Autodesk presenta la prima versione di *AutoCAD*, primo software per CAD dedicato ai PC[211].

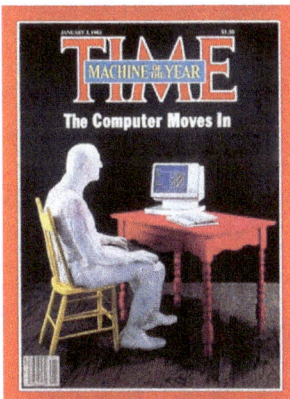

**57: Copertina di Time: The Computer Moves In**

La rivista americana *Time* sceglie il computer come suo "Uomo dell'Anno"[212].

ARPANET cambia nome e diventa *Internet*[213].

La Lotus Development Corporation presenta **Lotus 1-2-3**, che diventa in breve tempo uno degli spreadsheet più diffusi, disponibile per DOS, Windows, OS/2, mainframe IBM, computer VAX della DEC, e workstation della Sun[214].

Febbraio 1982: Intel introduce il processore **286**, a 16 bit, usato da IBM sul suo PC/AT. Può funzionare in due modalità: *reale*, che limita le sue prestazioni a quelle di un processore 8086 e consente di indirizzare 1 MB di memoria; e *protetta*, che impedisce a un'applicazione di far cadere il sistema operativo e consente di indirizzare 16 MB di memoria. Contiene l'equivalente di circa 134.000 transistor e può eseguire 1,2 milioni di istruzioni al secondo[215].

**58: Il Commodore 64**

Febbraio 1982: Esce sul mercato il **Commodore 64**, al prezzo iniziale di 600 dollari; presto viene venduto a un terzo di questo prezzo[216].

Febbraio 1982: Rod Canion, Bill Murto e Jim Harris fondano la **Compaq** a Houston, Texas. Uno dei loro primi prodotti è il **primo PC portatile al mondo** (o almeno il primo portatile a usare il sistema operativo DOS), chiamato semplicemente *Compaq Portable*[217].

## -8 (1983) - Fidonet / Apple IIe / Turbo Pascal / Apple Lisa

Presso la University of Wisconsin viene sviluppato il **name server**, grazie al quale gli utenti non hanno più bisogno di conoscere l'esatto percorso da seguire per raggiungere un determinato sito[218].

ARPANET viene divisa in ARPANET e MILNET; quest'ultima viene integrata nel Defense Data Network creato nel 1982. 68 dei 113 nodi esistenti entrano in MILNET[219].

Tom Jennings sviluppa **Fidonet**, una rete di interconnessione per BBS. È un sistema telematico diverso da internet e con esso in qualche modo interfacciabile[220].

Nato ben nove anni prima del World Wide Web, Fidonet era utilizzato da pionieri della telematica, un gruppo molto esclusivo di esperti e appassionati. Molti tra i suoi utenti furono quindi tra i "costruttori di internet".

La rete Fidonet, creata esclusivamente dal basso, viene in qualche modo considerata l'antenata dei social network.

Ridottasi drasticamente a partire dal 1996 per l'avvento del World Wide Web, Fidonet non è del tutto scomparsa. Tuttavia è di fatto accessibile solo ad esperti ed appassionati con ottime conoscenze telematiche.

I college americani iniziano ad assegnare indirizzi di e-mail ai propri studenti[221].

Esce nei cinema *Wargames* (Giochi di guerra) regia di John Badham. "L'unico modo per vincere una guerra è non farla". Nel 1986 Badham è il regista di *Short Circuit* (Corto circuito) storia di Numero Cinque (che assomiglierà al robottino spazzino di *Wall-E,* 2008 regia di Andrew Stanton). Del 1986 è *Navigator,* film diretto da Randal Kleiser.

La Novell presenta **Netware**[222].

La catena americana Radio Shack presenta il TRS-80 Model 100, **il primo notebook.** Pesa 2 kg e ha un immediato successo fra i giornalisti[223].

IBM rilascia il personal computer *IBM PC-2*, dotato di 64 K di memoria, espandibili a 256 K sulla motherboard, e di un drive per floppy a doppia densità capace di memorizzare 360 K di dati su un dischetto da 5,25". Nello stesso anno, IBM rilascia anche il *PC/XT*, il primo personal computer IBM disponibile con disco rigido (da 10 megabyte) e un massimo di 640 K di memoria sulla motherboard. Usa un processore Intel 8088 a 4,77 MHz e costa 5000 dollari. IBM presenta anche il **PCjr**, che doveva essere una versione spartana ed economica dei suoi PC normali ma si rivela un fallimento clamoroso: troppo caro e troppo sottodimensionato, con una tastiera inutilizzabile[224].

Apple presenta l'**Apple IIe**. Prezzo: 1395 dollari[225].

**59: Apple IIe**

Microsoft annuncia l'inizio dello sviluppo di un ambiente operativo (non *"sistema operativo"*) denominato **Windows**[226].

Motorola introduce il sistema telefonico cellulare *"Dyna-TAC"* a livello commerciale[227].

Philippe Kahn fonda la **Borland International, Inc.**, che produce i linguaggi di programmazione **Turbo Pascal** e **Turbo C** (in seguito noto come **C++**) e il Borland Assembler, prodotti che hanno un successo enorme, diventando standard di fatto nel settore dei linguaggi di programmazione[228].

Fred Cohen è **il primo a usare la parola *virus*** in un contesto informatico[229].

L'1 gennaio 1983 ARPANET, la rete del DARPA, **smette di usare l'NCP, Network Control Protocol,** come proprio protocollo di trasmissione. Questo protocollo era stato introdotto in ARPANET nel 1969. Al posto dell'NCP, viene usato il TCP/IP, che sarà uno dei pilastri di Internet. Questo evento segna in un certo senso la **vera nascita di Internet**, intesa come rete di reti interconnesse e gestite dal protocollo TCP/IP. Il termine *internet* (il sostantivo, non il nome proprio) indica un insieme di reti interconnesse tramite il TCP/IP, mentre il nome "Internet" indica l'insieme delle *internet* collegate tra loro[230].

**60: Apple Lisa**

**Nel gennaio 1983** Apple lancia Lisa, uno dei **primi PC con interfaccia grafica**. Incorpora molte delle idee altamente innovative riguardanti l'interfaccia utente sviluppate dal Palo Alto Research Center della Xerox Corporation: un'interfaccia completamente grafica, un mouse, e una serie di programmi applicativi integrati. Osannato dagli addetti ai lavori, ha ben poco successo commerciale, anche grazie a un prezzo di oltre 10.000 dollari[231].

**Marzo 1983:** Microsoft rilascia l'**MS-DOS 2.0**, che introduce in MS-DOS il concetto di directory gerarchiche (ispirate a UNIX), i pipe, i filtri e la redirezione. È inoltre in grado di gestire un disco rigido fino a 10 MB[232].

## -7 (1984) - DNS / PC/AT / EGA / Apple MacIntosh / Cyberspace

Viene introdotto il Domain Name System (DNS)[233].

Il 17 gennaio 1984 la Corte Suprema statunitense sancisce il principio secondo il quale **se una tecnologia ha usi legittimi "considerevoli", non può essere vietata**. Nel caso specifico, le case di produzione cinematografica avevano tentato di far vietare la vendita, da parte della Sony, dei primi videoregistratori, perché temevano che sarebbero stati utilizzati massicciamente per duplicare film e telefilm. Questa sentenza rende ufficiale il diritto del consumatore di registrare un programma per rivederlo o per conservarlo per uso personale[234].

La **Psion** rilascia il primo dei propri *organiser* (computer tascabili), che domineranno il mercato per i successivi quindici anni[235].

IBM presenta **TopView**, primo tentativo di introdurre il multitasking nel DOS. Non se ne accorge nessuno[236].

La Satellite Software rilascia la versione per PC IBM di **WordPerfect**, gettando le basi del predominio assoluto di questo *word processor* negli anni successivi[237].

I proprietari di PC americani sono **15 milioni.** Di questi, però, una ricerca del Census Bureau rivela che il 47% giace inutilizzato[238].

Gli host su Internet sono per la prima volta più di 1000[239].

IBM e Sears fondano una rete telematica, separata da Internet, di nome *Prodigy*[240].

IBM e Sytek sviluppano il **NetBIOS**, acronimo di *Network Basic Input/Output System*, uno strato di software che collega un sistema operativo di rete all'hardware di rete[241].

IBM introduce il *PC/AT*, personal computer basato sul processore Intel 80286. È il primo personal computer a usare lo standard ISA (*Industry Standard Architecture*) con bus a 16 bit e 8 MHz, dando un throughput massimo di 8 megabyte al secondo. Ha 256 K di RAM e costa 5500 dollari[242].

IBM introduce lo standard grafico **EGA** (*Enhanced Graphics Adapter*), in grado di visualizzare contemporaneamente 16 colori (su una rosa di 64) con una risoluzione di 640 pixel orizzontali e 350 verticali[243].

61: William Gibson

Il romanzo *Neuromancer* di William Gibson **introduce il termine** *cyberspace* **("ciberspazio")**[244].

Esce *Hackers. Eroi della rivoluzione informatica* (Hackers. Heroes of the Computer revolution) di Steven Levy. Ci saranno altre due importanti edizioni nel 1994 e nel 2010. Nel 2002 viene tradotto in italiano ed edito da Shake edizioni[245].

La Hewlett-Packard introduce la **stampante laser HP Laserjet**[246].

Viene creato, presso la University of Wisconsin, il **protocollo DNS** (*Domain Name System*), che converte i nomi degli host in indirizzi IP e viceversa. Il sistema precedente prevedeva l'assegnazione di un nome a ciascun host ed esisteva una singola lista di corrispondenze fra nomi e indirizzi da consultare[247].

Viene distribuito nelle sale cinematografiche *The Last Starfighter*, **il primo film a utilizzare largamente la grafica computerizzata**. Invece di usare i classici modellini animati con il *motion control*, l'intera ambientazione spaziale del film (veicoli, pianeti e sfondi) viene realizzata usando grafica digitale. È uno sforzo eroico, dato che si tratta di creare non solo le scene, ma anche il software per creare le scene stesse. Nel progetto viene coinvolto anche un supercalcolatore Cray. Il film non ha un grande impatto sul pubblico, ma le scene digitali colpiscono gli addetti ai lavori, fra cui Dennis Muren (artefice degli effetti di *Jurassic Park* e di parte della serie di *Guerre Stellari*)[248].

**62: Apple MacIntosh**

Nel gennaio 1984 Apple presenta il **Macintosh**. Questo personal computer offre quasi tutte le caratteristiche del Lisa di Apple, ma a prezzi molto più abbordabili. Diventa ben presto la prima piattaforma per il *desktop publishing* personale. È lento, ha uno schermo piccolo e monocromatico e non è espandibile, ma è comunque un successo: è il primo tentativo riuscito di portare un'interfaccia grafica completa su un personal computer a prezzi da mercato di massa (2500 dollari).

Dotato di 128 K di RAM, due porte seriali, audio migliorato e un drive per floppy da 400K (3,5 pollici), deve parte della propria fortuna al fatto di essere un blocco unico e quindi facilmente trasportabile[249].

Gennaio 1984: Richard **Stallman** lancia l'iniziativa *Gnu's Not Unix (GNU)* allo scopo di creare un clone libero del sistema operativo proprietario Unix. I suoi sforzi condurranno a gettare le basi del sistema operativo Linux e soprattutto della licenza *General Public License (GPL)* con la quale Linux verrà distribuito[250].

**63: Schermata di Tetris**

Il 6 giugno Aleksej Pažitnov mentre lavora all'Accademia delle Scienze dell'URSS, a Mosca, idea **Tetris**. È un gioco che avrà grande successo. Non essendo stato brevettato, il gioco è diventato disponibile praticamente per qualunque dispositivo. Il gioco e molte sue varianti sono disponibili per qualunque console e sistema operativo[251].

Agosto: Microsoft rilascia l'**MS-DOS 3.0**: rispetto alla versione 2.0, aggiunge il supporto per floppy da 1,2 MB e un disco virtuale in RAM[252].

Novembre: Microsoft rilascia l'**MS-DOS 3.1**, che aggiunge alla versione 3.0 un inizio di supporto di rete[253].

## -6 (1985) - America online / Windows / Amiga 1000 / Intel 80386

Viene avviato il progetto Whole Earth 'Lectronic Link (WELL)[254].

Viene assegnato il **primo dominio registrato:** *Symbolics.com*[255].

**64: America online (AOL) logo**

America Online (**AOL**) attiva la connessione del suo primo cliente[256].

Esistono già sistemi cellulari nel Regno Unito, in Scandinavia, in Giappone, a New York, Philadelphia, Pechino e Hong Kong[257].

La General Electric Information Services crea una rete telematica, separata da Internet, di nome *Genie*[258].

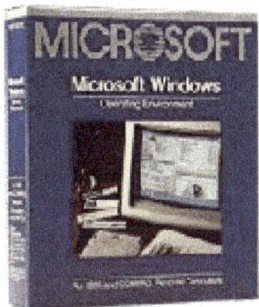

**65: La scatola di Microsoft Windows**

Microsoft inizia la distribuzione di un pacchetto software denominato *Windows*. Il prodotto include un'interfaccia grafica che consente agli utenti di svolgere operazioni selezionando icone e parole sullo schermo usando un mouse[259].

Il primo Windows (20 novembre 1985) è un "ambiente operativo" che gira sopra DOS. L'accoglienza è tiepida, ma finestre e interfaccia grafica entrano nel mondo PC[260].

**66: Radia Perlman**

Lei è Radia Perlman[261] e nel 1985 brevetta, mentre lavora alla Digital Equipment Corporation, un algoritmo che sarà alla base del *protocollo spanning tree*. Serve per permettere di connettere in networking computer e server. Se esiste Internet è perché esiste la possibilità di creare networking informatici.

Steve Jobs fonda la **NeXT**, che produce una workstation basata su Unix con un processore Motorola 68040 a 24 MHz, schermo a colori ad alta risoluzione, audio stereo e disco ottico riscrivibile[262].

L'1 gennaio vengono **attivati i primi top level domain:** .ARPA, .COM, .EDU, .GOV, MIL, .NET, .ORG[263].

Il 15 febbraio viene attivato il **top level domain US** (Stati Uniti)[264].

**67: L'Amiga 1000**

Il 23 luglio viene commercializzato l'**Amiga 1000** da parte della Commodore. Ha un notevole successo tra i giovani utilizzatori dell'epoca.

Il 24 luglio vengono **attivati i primi top level domain non statunitensi:** sono UK e GB[265].

A settembre in Italia entra in funzione a Roma e Milano la nuova rete **RTMS (Radio Telephone Mobile System)**[266].

A ottobre Intel introduce il processore **80386**; in modalità protetta, è in grado di indirizzare 4 GB di memoria. Contiene l'equivalente di 275,000 transistor ed è in grado di svolgere 6 milioni di istruzioni al secondo[267].

A novembre viene definita la specifica **High Sierra** per l'organizzazione dei dati sui CD-ROM, che servirà da base per lo standard ISO 9660[268].

A dicembre Microsoft rilascia l'**MS-DOS 3.2**, che rispetto alla versione 3.1 aggiunge il supporto per i floppy da 3,5 pollici a 720 K, il comando XCOPY e le partizioni fino a 32 MB sul disco rigido[269].

## -5 (1986) - Dial-up freenet / PkZip

L'NSF crea cinque centri di supercalcolo per offrire potenza di elaborazione accessibile tramite la Rete (JVNC@Princeton, PSC@Pittsburgh, SDSC@UCSD, NCSA@UIUC, Theory Center@Cornell)[270].

Viene progettato il *Network News Transfer Protocol* (NNTP)[271] per migliorare le prestazioni dei newsgroup di Usenet news su TCP/IP.

Con l'offerta pubblica di azioni della Microsoft, **Bill Gates diventa miliardario in dollari a 31 anni**[272].

La Case Western Reserve University a Cleveland, Ohio, US, attiva **la prima** *freenet*, ossia il primo ente che gratuitamente permette un accesso pubblico a Internet[273].

La Compaq presenta il **primo personal computer basato su processore Intel 80386**[274].

Phillip W. Katz inventa *PKZIP*, un programma di compressione che diventerà popolarissimo e diffusissimo in breve tempo[275].

**68: Antonio "Blasco" Bonito**

Viene anche attivato il **primo nodo e accesso in Italia per la rete ARPAnet** al CNR di Pisa, grazie al lavoro del ricercatore Blasco Bonito[276].

Viene creata *NSFNET*, la prima *backbone* (dorsale) di Internet. Viaggia a 56 kbps[277].

A gennaio nascono l'Internet Engineering Task Force (IETF) e l'Internet Research Task Force (IRTF)[278].

Il 16 luglio va online la prima *freenet*, quella di Cleveland[279].

## -4 (1987) - VGA / Adobe Illustrator / MacAfee

Sono connessi circa 10.000 computer (host)[280].

IBM introduce lo standard grafico **VGA** per i suoi computer PS/2. VGA sta per *Video Graphics Array*. Consente risoluzioni grafiche fino a 640 pixel orizzontali per 480 pixel verticali e un massimo di 256 colori simultanei, scelti fra i 262.144 disponibili. A differenza degli standard precedenti, che usano monitor digitali, il VGA richiede monitor analogici, consentendo di visualizzare sfumature continue[281].

IBM rilascia il personal computer **PS/2**[282].

Adobe Systems rilascia la prima versione di *Adobe Illustrator*, che diverrà uno dei più diffusi programmi di grafica digitale per personal computer[283].

Apple Computer Inc. rilascia il **Macintosh II**. Rispetto al suo predecessore, offre uno schermo ampio, ottima grafica a colori e audio, ed è molto più espandibile[284].

Borland acquisisce la Ansa Software e il suo popolarissimo database **Paradox**. La Borland rilascia inoltre lo spreadsheet **Quattro 1**[285].

In aprile Microsoft rilascia l'**MS-DOS 3.3**, che rispetto alla versione 3.2 aggiunge il supporto per i floppy da 3,5 pollici a 1,44 MB e partizioni multiple fino a 32 MB ciascuna sul disco rigido[286].

A luglio presso la University of Jerusalem viene visto per la prima volta il **Jerusalem Virus**, noto anche come Israeli virus o Venerdì 13 per il fatto di rallentare il funzionamento del computer e disegnare riquadri neri nella zona inferiore sinistra dello schermo. Se il virus è presente in memoria quando è venerdì 13, tutti i programmi eseguiti vengono cancellati dal disco rigido[287].

Il 23 dicembre viene **attivato il top level domain IT** (Italia)[288].

Gordon Bell e altri propongono il concetto e il piano di realizzazione di una rete nazionale per l'educazione e la ricerca negli USA in un rapporto all'Office of Science and Technology, redatto in risposta a una richiesta al Congresso da parte di **Al Gore**[289].

69: John McAfee

**John McAfee** fonda l'azienda omonima, che si occupa di protezione antivirus: l'anno prima aveva conosciuto Brain, primo virus informatico della storia dei sistemi MS-DOS, ed aveva avuto l'idea di creare un software antivirus[290].

AST Research, Compaq, Epson, Hewlett-Packard, NEC, Olivetti, Tandy, Wyse e Zenith fondano lo standard **EISA** (*Extended Industry Standard Architecture*) che porta a 32 bit il bus AT dei personal computer e consente a più di un processore di condividere il bus. Lo standard nasce in risposta al sistema proprietario *MCA (Micro Channel Architecture)* di IBM ed è compatibile con il precedente standard ISA, consentendo un rapido sviluppo delle schede di espansione per personal computer. Su bus da 8 MHz, consente un *throughput* massimo di 33 megabyte per secondo[291].

Intel introduce il processore **80386SX**, alternativa a basso costo all'80386 originale (o 80386DX)[292].

Leonardo Chiariglione, dello CSELT di Torino, fonda il *Motion Picture Experts Group (MPEG)*, che darà vita a numerosi standard di compressione audio e video, fra cui l'MPEG-1 Audio Layer III, meglio noto come *MP3*[293].

**70: Leonardo Chiariglione**

Motorola rilascia la famiglia **88000** di processori RISC a 32 bit[294].

Nel 1988, all'interno di un preesistente circuito di dibattito antagonista europeo, il gruppo danese «TV Stop» propone di creare una rete telematica antagonista europea – che diverrà in seguito l'European Counter Network E.C.N. - con l'obiettivo di collegare e distribuire materiali antagonisti attraverso il mezzo telematico. La proposta ha come referenti altri gruppi in Francia, Inghilterra (Class War), Germania (gli Autonomen, alcuni gruppi occupanti case ad Amburgo e Berlino, Radio Dreickland a Freiburg al confine con la Svizzera), Italia (l'area che faceva riferimento al Coordinamento Nazionale Antinucleare e Antiimperialista). Viene scelto Remote Access come software da utilizzare e di strutturare prima le singole reti nazionali e successivamente, una volta pronte, unirle. Da questo impulso nascerà la rete ECN in Italia nel 1991[295].

71: Robert Morris jr

Il 2 novembre Internet ha la sua prima crisi con l'*Internet Worm*, un programma autoreplicante che si diffonde via e-mail per tutta la Rete, all'epoca ancora nota come *Arpanet*. Il worm passa alla storia come il *Morris worm*, dal nome del suo creatore, lo studente Robert Morris Jr. della Cornell University. Come conseguenza di questa crisi, viene fondato il *CERT (Computer Emergency Response Team)*.

Il Morris Worm si basa su una delle forme più classiche di attacco, il *buffer overflow*, e colpisce circa 6.000 dei 60.000 host della Rete[296].

A novembre IBM (non Microsoft) rilascia l'**MS-DOS 4.0**, sistema operativo talmente bacato che Microsoft ne deve pubblicare frettolosamente una correzione, chiamata *MS-DOS 4.01*. Rispetto alla versione 3.1, offre una shell grafica e supporta partizioni fino a 2 GB sul disco rigido[297].

Jarkko Oikarinen crea l'**Internet Relay Chat**[298].

Fidonet viene connessa a Internet[299].

## -2 (1989) - Html / Progetto WWW di Tim Berners-Lee / SimCity / Stallman

In Italia, la rete RTMS raggiunge la copertura nazionale e ha più di 100.000 abbonati[300].

Il numero di host supera il traguardo dei 100.000[301].

Borland rilascia lo spreadsheet **Quattro Pro**[302].

**72: Tim Berners-Lee**

Tim Berners-Lee del CERN, a Ginevra, inventa l'**HTML** e battezza il proprio piccolo progetto di interconnessione con il nome *World Wide Web*[303].

"All'epoca Berners-Lee aveva pensato al Web soltanto come sistema di gestione delle informazioni interne del CERN e non come modo per organizzare tutta Internet, e che intendeva chiamare la propria creatura Mesh: solo in seguito, durante la scrittura del software per realizzarla, scelse di chiamarla World Wide Web. La parola "web" ricorre già, comunque, nel testo originale della sua proposta"[304].

Studenti Cinesi usano ARPANET per raccontare al mondo la tragedia di Piazza Tienanmen, la rete diventa quindi un vero e proprio mezzo di comunicazione globale.

Nascono nuove reti alternative ad ARPANET: NSFNET rete accademica cui si appoggiano università americane; MILNET per i militari; BITNET; JANET ecc.

**73: SimCity (versione DOS)**

Will Wright idea **SimCity**, per la Maxis[305]. Si tratta di un game che conoscerà nel mondo dei PC un grande successo. Scopo del gioco è costruire una città e "governarne" lo sviluppo.

**74: Ann Winblad**

Lei è **Ann Winblad**[306], e nel 1989 fonda assieme a John Hummer la Hummer Winblad Venture Partners. Lei è stata tra le migliori programmatrici di quegli anni, ha venduto *cash* la sua sua società Open System Inc fondata nel 1976 per 15 milioni di dollari, è stata la prima moglie di Bill Gates. La HWVP finanzierà decine di start-up, lei sarà chiamata "la donna che ha creato Silicon Valley"[307]. Nel 2002 sarà lei a dire: "Data is the new oil".

Viene fondata la *PC Memory Card International Association* (**PCMCIA**), associazione senza scopo di lucro che raccoglie oltre 320 rappresentanti di industrie del settore informatico, per sviluppare uno standard per adattatori grandi come carte di credito, destinati ai computer portatili. Lo standard omonimo è noto anche come *PC Card*[308].

Motorola presenta il telefono cellulare personale **Micro-TAC**[309].

**75: Richard Stallman**

Il 25 febbraio 1989 viene lanciata da Eben Moglen e Richard Stallman la licenza software GNU General Public Licence (GNU GPLv1)[310] con cui si cerca di impedire ai distributori di software di limitare la libertà del software libero. È l'inizio del *copyleft*[311], che porterà poi nel 2002 alle Creative Common Licences[312]. Stallman aveva lavorato a un interprete LISP, la ditta Symbolics chiese di poter usare l'interprete di Stallman, ma quando Stallman chiese di poter accedere ai miglioramenti apportati da Symbolics, questa si rifiutò. Stallman a partire dal 1984 iniziò a lavorare contro l' "accaparramento del software" (*software hoarding*) da parte dei distributori.

Ad aprile Intel rilascia il processore **80486** a 32 bit. Contiene l'equivalente di 1,25 milioni di transistor ed è in grado di svolgere 20 milioni di istruzioni al secondo[313].

Viene coniato formalmente il termine *firewall*. La prima descrizione pubblicata di un *firewall* (nell'accezione attuale di questo termine) che usi questo termine compare infatti nel libro *Practical Unix Security*, scritto nel 1990 e pubblicato nel 1991. Tuttavia la prima descrizione di un *firewall* (senza però usare questo termine) compare nel 1990, in un lavoro di Bill Cheswick. Esistono tuttavia delle tracce di discussioni online precedenti al 1990 in cui un dispositivo di contenimento dei danni informatici veniva chiamato *firewall*. In particolare, la prima traccia sinora trovata è un e-mail di Steve Bellovin a Phil Karn, nel 1987[314].

**76: MacIntosh Classic**

La Apple Computer Inc. rilascia il **Macintosh Classic**[315].

The World, a Brookline, Massachusetts, diventa il **primo *service provider* Internet** (ISP), consentendo agli utenti dotati di modem di collegarsi a Internet[316].

Alan Emtage e Bill Heelan implementano il primo motore di ricerca Internet: **Achie**[317].

Dopo una serie di incontri in Italia nell'ambito dei gruppi antagonisti e del Coordinamento Nazionale Antimperialista Antinucleare nel 1998, nasce nel 1990 **la rete ECN italiana**: i primi tre nodi sono sono Roma, Firenze e Padova, Nasce Zero BBS dai Nuclei Cyberaut Oll (diverrà poi ECN Torino)[318].

Ad aprile in Italia **viene attivata la rete ETACS** a 900 MHz. In breve tempo la SIP diventa il primo operatore cellulare europeo per numero di abbonati[319].

A maggio Microsoft rilascia **Windows 3.0**[320].

Inizia l'era delle interfacce grafiche diffuse anche sui PC consumer. Windows 3 non è sempre stabile, maggiore stabilità avrà Windows 3.1 e poi Windows 3.11. "Sotto" l'interfaccia grafica c'è ancora il DOS, ma è comunque un passo avanti.

Il **19 giugno** nasce *Omnitel Sistemi Radiocellulari Italiani*[321].

A metà del 1990 nasce e viene diffuso **HotDog**. È un editor HTML, sviluppato all'inizio dall'australiano Steve Outtrim[322] e poi diffuso dalla Sausage Software[323] [324]. È tra i primi editor a essere diffusi, gradevole grazie alle sue interfacce e al simbolo del cane utilizzato. Prima, si faceva tutto con il NotePad o con un editor di testo[325].

**77: Maurizio Codogno (.mau.)**

Novembre 1990, inizia le pubblicazioni **Telematicus**: è probabilmente la prima ezine in lingua italiana, diffusa in Fidonet. Ne è artefice Maurizio Codogno (.mau.). Tutti i collaboratori hanno pseudonimo latineggiante (come in Wile E. Coyote). Dal numero 26 la direzione passa a Renato Rolando. La rivista arriva fino al luglio 1995 (numero 50), mensile, scritta in ASCII[326]. Codogno sarà poi direttore esecutivo della Naming Authority italiana, e portavoce italiano di Wikimedia Italia.

Alla fine dell'anno, a Roma, la SIP installa le **prime centrali GSM italiane** e inizia una lunga sperimentazione[327].

# Nasce ufficialmente il Web

Nei laboratori del CERN di Ginevra prende vita ufficialmente il **World Wide Web**.

ARPANET viene, definitivamente, abbandonato.

Prima pagina di Internet, (http://info.cern.ch/hypertext/WWW/TheProject.html, che oggi rimanda al sito del CERN dove si trova una ricostruzione dell'originale) conteneva informazioni sull'appena nato progetto World Wide Web. (Per digitare l'indirizzo sopra citato bisogna rispettare le maiuscole altrimenti non funziona).

Un istituto di ricerca tedesco, il Fraunhofer Institut, sviluppa una tecnica di compressione dei file che riduce a un decimo le dimensioni di un brano di CD audio. La tecnica viene accolta dal Motion Picture Experts Group (MPEG) come standard ufficiale e viene battezzata *MPEG 1 Audio Layer 3* o, meno formalmente, *MP3*[328].

Mark McCahill e Paul Lindner dell'Università del Minnesota creano **Gopher**, protocollo di rete che permette l'organizzazione di contenuti di un server in struttura gerarchica. Deve il suo nome ad uno dei suoi creatori, Farhad Anklesaria, che si è ispirato al roditore mascotte dell'università. Gopher facilita le cose ai primi motori di ricerca (Archie, Veronica), e declinerà rapidamente con l'introduzione del World Wide Web[329].

IBM rilascia lo standard grafico **XGA** (*Extended Graphics Array*). È disponibile soltanto per l'architettura Microchannel di IBM e supporta risoluzioni di 1024 pixel orizzontali per 768 pixel verticali con 256 colori e di 640 x 480 pixel con 65.526 colori[330].

La Apple Computer Inc. rilascia il **PowerBook**, computer portatile formato *notebook* altamente innovativo, e il **Quadra**, personal computer ad alte prestazioni basato sul processore 68040 di Motorola[331].

La Apple Computer Inc. rilascia **System 7**, sistema operativo per i propri computer, dotato di *multitasking non-preemptive*, una guida online basata su "fumetti" che compaiono accanto al puntatore sullo schermo, la gestione della memoria virtuale, la condivisione di file *peer-to-peer* fra Macintosh collegati in rete senza aver bisogno di un file server, e font tipo *outline* visualizzati sullo schermo e stampabili[332].

Borland acquisisce la Ashton-Tate, produttrice del database **dBASE**, che costituisce uno standard di fatto nel settore[333].

Novell acquista la Digital Research Inc, che aveva sviluppato il DR-DOS[334].

**78: Schermata di Civilization (per Amiga)**

Viene diffuso per la prima volta **Civilization**, game creato da Sid Meier per MicroProse. Scopo del gioco è sviluppare un impero partendo dai primordi della civiltà. È una pietra miliare nei giochi di strategia. Nel 1996 la rivista Computer Gaming World lo inserirà nella lista dei "migliori giochi di tutti i tempi per PC"[335].

Ad aprile Intel rilascia il processore **80486SX** a 32 bit. È un processore 80486 in cui è stata disabilitata la circuitazione del processore a virgola mobile. Con questa stravagante soluzione, viene venduto a un prezzo inferiore al normale 80486. Contiene l'equivalente di 1,185 milioni di transistor ed è in grado di svolgere 16,5 milioni di istruzioni al secondo[336].

A giugno Microsoft rilascia l'**MS-DOS 5.0**, con una shell grafica, un editor a tutto schermo, le utility Unformat e Undelete, un task swapper e il supporto per i floppy da 3,5" e 2,88 MB. Può essere caricato nella memoria alta in modo da lasciare più memoria convenzionale per le applicazioni[337].

Il 25 giugno Linus Torvalds annuncia sul newsgroup *comp.os.minix* di aver iniziato a scrivere, ad aprile del 1991, *open source* del sistema operativo Unix. L'idea nasce puramente come hobby, ma questo annuncio verrà considerato come **data di nascita ufficiale del sistema operativo Linux**[338].

Il 5 ottobre Linus Torvalds, all'età di 22 anni, presenta la primissima versione del sistema operativo che in seguito prenderà il nome di **Linux**[339].

**79: Peacelink (logo)**

Nasce a Taranto la rete telematica per la pace di **Peacelink**[340]. È legata alle BBS italiane, sarà uno dei punti di riferimento del pacifismo italiano web negli anni a venire.

**80: Python (logo)**

Guido van Rossum idea **Python**, linguaggio di programmazione prima ristretto all'uso didattico e poi diffusosi grazie anche all'utilizzo che ne fece Google sui suoi siti. Il nome fu scelto per via della passione di van Rossum per i Monty Python e per la loro serie televisiva Monty Python's Flying Circus[341].

Il 12 dicembre 1991: Il **primo sito Web americano** viene realizzato da Paul F. Kunz nel laboratori dello SLAC (Stanford Linear Accelerator Center) di Stanford[342].

# After the Web: Dopo la nascita del Web

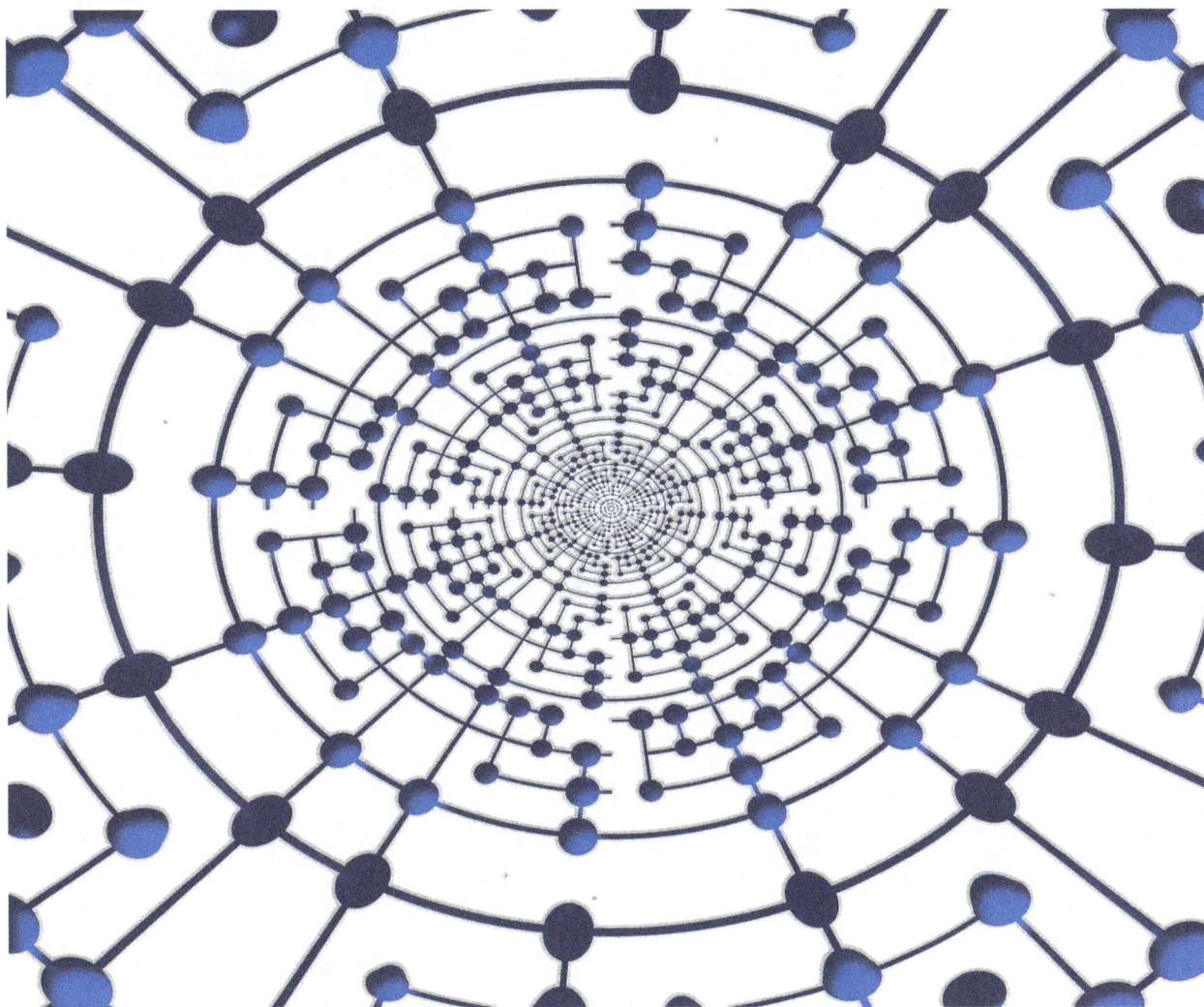

Il Web non sarebbe possibile senza la connessione. La connessione viene fornita agli utenti dagli IPS (Internet Service Provider). Prima c'è il dial-up a pagamento, poi magicamente (in Italia) nasce il free Internet. Una breve parentesi data dal dial-up flat. Poi nasce l'ADSL (e per le aziende, l'HDSL). Si prova la digitalizzazione della comunicazione voce (il VoIP), alcuni provano la fibra ottica e a cablare in maniera indipendente (rispetto all'operatore dominante, Telecom Italia). Si provano soluzioni diverse: il satellite, le tecnologie Wireless (Wi-Fi e Wi-Max)...

In primavera IBM rilascia **OS/2 2.0**, considerato un sistema operativo tecnicamente rivoluzionario, tanto da vincere numerosi premi di settore. Consente il multitasking di un massimo di 240 sessioni DOS separate, insieme a programmi scritti per Windows, e può gestire fino a 4 GB di memoria.

OS/2 era stato inizialmente sviluppato congiuntamente da IBM e Microsoft come successore al DOS; Windows avrebbe dovuto essere una soluzione-ponte fra DOS e OS/2 intanto che OS/2 veniva ultimato. Poi Microsoft aveva deciso di appoggiare il proprio prodotto (Windows) e IBM aveva proseguito separatamente lo sviluppo di OS/2[343].

Viene emanato negli Stati Uniti l'**Audio Home Recording Act**, che sancisce il diritto del cittadino di copiare musica a scopo "non commerciale". L'intento della legge è di consentire formalmente la pratica diffusa di copiare i propri dischi su cassette per salvaguardarne l'integrità o per maggiore comodità. La legge rappresenta un caposaldo nei diritti dei consumatori americani rispetto ai prodotti delle case discografiche, introducendo il concetto che la copia *per uso personale* di un brano è legale[344].

Intel rilascia il processore **80486DX2** a 32 bit. Totalmente compatibile con il suo predecessore 80486, funziona però internamente a velocità doppia. Contiene l'equivalente di 1,25 milioni di transistor ed è in grado di svolgere 40 milioni di istruzioni al secondo[345].

Microsoft acquisisce la **Fox Software, Inc.**, la società che ha creato *FoxPro*, uno dei più rinomati compilatori compatibili con dBASE[346].

A febbraio: **Line Modern Browser** sviluppato da Berners-Lee fu il primo browser multipiattaforma.

A marzo: **Viola WWW Browser** è il primo browser popolare nel mondo, ha già al suo interno fogli di stile e linguaggio di scripting (molto tempo prima rispetto a JavaScript e CSS).

Avete mai sentito parlare di **Veronica**? Era un motore di ricerca per protocollo di rete Gopher. Il suo nome era un acronimo: "Semplicissimo indice diffuso, orientato ai roditori, agli archivi informatici " (Very Easy Rodent-Oriented Netwide Index to Computerized Archives), sviluppato nel 1992 da Steven Foster e Fred Barrie. Con "roditori" si fa riferimento a Gopher[347].

Ad aprile Microsoft rilascia **Windows 3.1**[348].

**81: Les horribles cernettes**

Nel luglio del 1992 Tim Bernes-Lee cerca delle foto da usare e condividere. Usa così anche delle foto dategli da Silvano De Gennaro, tra cui una in cui c'era la sua fidanzata dell'epoca, che si dilettava con una band musicale. Questa è **una delle prime foto diffuse dal Web**. Loro sono *Les Horribles cernettes*[349].

L'1 ottobre in Italia inizia ufficialmente la copertura GSM degli assi autostradali Milano-Napoli e Torino-Venezia[350].

## 3 (1993)

**82: Jacques Delors**

Viene pubblicato il *Libro Bianco per la crescita, competitività e occupazione*. Noto come *Rapporto Delors*, vi si parla anche della "società dell'informazione", designando in questo modo le trasformazioni economico-sociali a livello mondiale proprie della new economy[351].

Il 14 marzo Marc Andreessen, del National Center for Supercomputing Applications (NCSA), pubblica **Mosaic**, il **primo browser grafico** ad avere grande diffusione. Fornendo un'interfaccia grafica semplice e intuitiva per l'uso di Internet, scatenerà il boom di Internet e del World Wide Web[352].
È da questo momento che Internet può essere usato con facilità da chiunque. In tutto il mondo, ancora, esistevano meno di 200 siti web.

Tim Berners-Lee insieme allo IETF (Internet Engineering Task Force, una comunità di tecnici interessata allo sviluppo di Internet) pubblicò "Hypertext Markup Language (HTML)" Internet-Draf, il primo documento ufficiale che proponeva (proposal) una bozza avente lo scopo di formalizzare il linguaggio. A metà del 1994 vengono rilasciate le specifiche per **HTML 2.0**[353].

Il 31 marzo il moderatore USENET Richard Depew pubblica involontariamente duecento messaggi di fila in un newsgroup a causa di un suo software difettoso. Gli utenti furibondi del newsgroup **usano per la prima volta il termine "*spam*"** per indicare l'invio in massa di un messaggio indesiderato[354].

30 Aprile 1993: Il CERN annuncia l'apertura al pubblico del progetto World Wide Web.

Nasce il **sito Web della Casa Bianca** (www.whitehouse.gov)[355].

Esce il primo numero della rivista *Wired*[356].

Nascono i **primi quotidiani online** negli Stati Uniti[357].
Si tratta di *The Tech* del Massachusetts Institute of Technology, e del *San Jose Mercury News*[358].

IBM rilascia **OS/2 2.1**, che rispetto alla versione 2.0 aggiunge il supporto per i programmi per Windows 3.1, compresi quelli che richiedono *l'enhanced mode* di Windows. Offre inoltre il supporto per i chipset SuperVGA a 256 colori, supporto per CD-ROM, schede PCMCIA e interfacce SCSI, e un Advanced Power Management per i computer portatili[359].

In Italia nasce l'abbonamento cellulare **Family** a canone ridotto. Darà il via a un fenomenale boom di abbonamenti[360].

Intel presenta il processore **Pentium** a 32 bit. È il proseguimento della linea 80286-80386-80486, ma non viene chiamato *80586* perché Intel ha perso una battaglia legale per il controllo esclusivo del nome *80586*. Contiene 3,1 milioni di transistor[361].

**83: Newton con, sulla destra, un iPhone**

Apple Computer Inc. presenta **Newton**, uno dei primi *PDA* (*Personal Digital Assistant*), che combina un fax, un sistema di gestione dell'e-mail e altre applicazioni in un apparecchio piccolo abbastanza da stare in tasca[362].
Gran bella idea, ma è un flop commerciale. Rimarrà nella storia del designer.

Id Software rilascia il videogioco **Doom**, evoluzione di Wolfenstein 3D. Diventa popolarissimo non soltanto per la sua trama semplice (molta violenza, azione in soggettiva) ma anche per la sua grafica tridimensionale molto sofisticata rispetto ai giochi suoi contemporanei[363].

Microsoft rilascia **Windows NT**. La prima versione è numerata 3.1, invece del più ortodosso 1.0, per stimolare gli acquirenti ad associarlo a Windows 3.1, che sta avendo uno strepitoso successo di vendite. Non sono mai esistite versioni 1.0 o 2.0 di Windows NT.

Windows NT offre multitasking di tipo preemptive con l'interfaccia grafica di Windows 3.1 ed è in grado di eseguire applicazioni per Windows, DOS e OS/2 (a 16 bit), nonché programmi a 32 bit sviluppati specificamente per Windows NT. Offre anche supporto per le reti peer-to-peer[364].

**84: Red Hat (logo)**

A marzo viene fondata la ACC, meglio nota in seguito come **Red Hat**, società di software dedicata a Linux[365].

Nel 2012 sarà la prima azienda open source a toccare un miliardo di fatturato[366].

In primavera Microsoft rilascia **l'MS-DOS 6.0**, che rispetto alla versione 5.0 aggiunge il programma di compressione *DoubleSpace*, un miglior sistema di backup e restore, un antivirus, un deframmentatore. Molte di queste utility sono incluse su licenza della Central Point Software o della Peter Norton Computing invece di essere scritte da Microsoft.

La versione IBM del DOS 6 include il supporto per i backup su nastro e per le schede PCMCIA[367].

Alla fine dell'anno IBM rilascia **OS/2 per Windows**, destinato agli utenti che già hanno Windows sul proprio computer[368].

Microsoft rilascia **l'MS-DOS 6.2**, leggero aggiornamento (più che altro di manutenzione) della versione 6.0[369].

Si completa la rete di satelliti su cui si basa il **GPS** (Global positioning system)[370].

A partire dal giugno 1993 (fino al 1995) Matthew Gray, che lavora al MIT, attiva il **World Wide Web Wanderer**, probabilmente il primo "web robot". Wanderer è un "crawler" che indicizza in maniera automatica il Web (allora esistente)[371]. Gray non a caso passerà poi a lavorare per Google.

Nasce **InterNIC**, ovvero il Network Information Center, organizzazione di riferimento per i domain internet[372].


Ci sono due milioni di host internet, di cui 500.000 in Europa (18.000 in Italia)[373].

Sta per nascere **Netscape Navigator**...

**85: Yahoo! (logo)**

Due studenti statunitensi, David Filo e Jerry Yang, fondano per hobby la **Yahoo! Inc**[374].

**86: Il primo banner ufficiale della storia del Web**

HotWired.com ospita il **primo banner**, pagato dalla AT&T[375].
"Hai mai cliccato con il tuo mouse proprio qui? →Lo farai".

**Amazon.com** effettua la sua prima vendita online di un libro[376].

L'Unione Sarda diventa il **primo quotidiano online italiano**[377].

Nasce il linguaggio di programmazione **php** ad opera del danese Rasmus Lerdorf, PHP era in origine una raccolta di script CGI che permettevano una facile gestione delle pagine personali. Il significato originario dell'acronimo era Personal Home Page (secondo l'annuncio originale di PHP 1.0 da parte dell'autore sul newsgroup comp.infosystems.www.authoring.cgi)[378].

Viene commercializzato l'editor HTML **HotMetaL**[379], sviluppato da SoftQuad Software, una software-house di Toronto (Canada). HotMetaL per alcuni fu alternativo a HotDog.

**87: GeoCities (logo)**

È fondato **GeoCities**, popolare servizio di web hosting, grazie a David Bonnett e John Rezner. All'inizio si chiama Beverly Hills Internet (BHI), ma assume presto il nome in GeoCities. Continuò a crescere in popolarità fino a diventare nel 1997 il quinto sito web più visitato della rete. Il 28 maggio 1999, durante la bolla speculativa delle dot-com, fu acquisito da Yahoo! per più di tre miliardi e mezzo di dollari. La chiusura del servizio è avvenuta il 26 ottobre 2009[380].

Viene fondato **Excite**, da un gruppo di studenti della Stanford University. Nel gennaio 1996 Excite acquista due motori di ricerca, Magellan e WebCrawler, che vengono rapidamente integrati facendo di Excite uno dei primi motori di ricerca a livello mondiale. Nel 2000 entrerà in crisi, e alcuni dei siti europei saranno acquisiti da Tiscali (nel 2002)[381].

**88: Aruba (logo)**

Viene fondata ad Arezzo la Technorail srl, che userà come brand all'inizio quello di Technet.it. Nel 2000 diventerà Aruba[382].

Nasce il browser **Opera** come progetto di ricerca della Telenor, la più grande compagnia di telecomunicazioni norvegese. L'anno dopo, 1995, fu fondata la Opera Software ASA, che si dedica da allora al suo sviluppo. Un buon browser, rimasto sempre di nicchia, alternativo a Internet Explorer di Microsoft[383].

**89: Marco Calvo**

Il 28 novembre 1994 nasce ufficialmente **Liber Liber**, grazie a Marco Calvo[384] (presidente), Gino Roncaglia, Paolo Barberi, Fabio Ciotti e Marco Zela. Tramite il progetto Manuzio si digitano e mettono online liberamente scaricabili i libri del patrimonio culturale italiano in formato open content[385].

Caldera e SuSE iniziano la distribuzione di **Linux**, il cui kernel è giunto alla versione 1.0[386].

Apple Computer Inc. lancia una serie di computer, chiamata **Power Macintosh**, basati sul processore PowerPC. Sono in grado di eseguire sia il sistema operativo Macintosh, sia DOS/Windows grazie a un'emulazione software. Il Power Macintosh 6100/66 DOS Compatible ha addirittura due processori: un PowerPC e un 486DX2/66 e consente di commutare, con un solo tasto, da un sistema operativo all'altro[387].

Apple computer lancia **eWorld**, un servizio commerciale online basato su schermate grafiche, con scambio di e-mail, notizie e shopping online[388].

L.M. Ericsson inventa la tecnologia *Bluetooth* e si consorzia con Nokia, IBM, Toshiba e Intel per definire uno standard per la comunicazione senza fili a corto raggio (da 10 a 100 metri) fra computer e altri dispositivi. Il nome ("dente blu") deriva dall'appellativo di Harald Blatand, re di Danimarca dal 940 al 981 e unificatore dei danesi sotto il cristianesimo[389].

Western Digital introduce lo standard *Enhanced IDE*[390].

Microsoft crea *MSN (Microsoft Network)*, una rete telematica chiusa, separata da Internet[391].

Novell acquista la WordPerfect Corporation e lo spreadsheet Quattro Pro della Borland International, Inc[392].

Viene pubblicato il gioco **Doom II**[393].

Autunno 1994: **Yahoo!** raggiunge per la prima volta un milione di contatti al giorno[394].

Il 14 marzo 1994 Linus Torvalds rilascia la **versione 1.0 del kernel di Linux.** Gli utenti stimati sono circa 500.000[395].


Il 7 marzo 1994 Intel rilascia le versioni a 90 e 100 MHz del processore Pentium[396].


Il 12 aprile 1994 una società di consulenza legale dell'Arizona, la **Canter & Siegel,** produce il primo invio di e-mail pubblicitario in massa: **nasce lo** *spam* in senso stretto (e-mail commerciale non richiesto). Laurence Canter e Martha Siegel, due consulenti legali specializzati in immigrazione, riempiono Internet con una spedizione di e-mail in massa che pubblicizza i servizi di consulenza della loro azienda. Il messaggio, che fa riferimento alla cosiddetta *Green Card Lottery* che assegna ad estrazione i permessi di soggiorno, raggiunge migliaia di utenti nei newsgroup di Usenet. Per un verso, si tratta di un grande successo, dato che genera un massiccio aumento dei profitti della Canter & Siegel, ma per un altro è un autogol, dato che gli utenti insorgono di fronte a questo comportamento che viola le regole non scritte della Rete, che vietano la spedizione di e-mail pubblicitari non richiesti.

I due scriveranno un libro, *How to Make a Fortune on the Internet Superhighway*, e divorzieranno nel 1996. Laurence Canter cesserà di esercitare nel 1996 e verrà radiato dall'albo dalla Corte Suprema del Tennessee nel 1997, in parte a causa di questa campagna pubblicitaria. Martha Siegel morirà nel 2000[397].


**Italian Crackdown.** L'11 giugno 1994 retata a Pesaro e Torino della polizia contro le **BBS italiane.** Le BBS, nate poco prima della diffusione di Internet in Italia sono chiuse o chiudono per il timore di avere guai con la polizia[398]. A Catania c'era Gocce di Luna, a Taranto PeaceLink... Circa 200 BBS vengono sequestrate con l'accusa di associazione a delinquere, contrabbando, duplicazione di software, violazione di sistemi informatici terzi[399]. La rete Fidonet fu decimata.

Il gruppo di ragazzi che fa capo a **Girodivite** utilizza computer Apple e il programma di impaginazione XPress per realizzare il mensile cartaceo. Grazie al supporto de *I Siciliani* di Catania (guidati da Riccardo Orioles), il mensile antimafia fondato da Pippo Fava, e al progetto sulle piccole testate locali portato avanti da Massimo Malerba. L'utilizzo dei computer e dei programmi di impaginazione consente di abbattere i costi e di andare in tipografia con un prodotto già finito: la pubblicazione di testate locali è "alla portata" di ragazzi anche delle periferie italiane. Passeranno ancora diversi anni prima che anche i giornali tradizionali inizino a utilizzare i computer e impaginare direttamente in fase di produzione dei contenuti[400].

A settembre IBM rilascia il PC-DOS 6.3, sostanzialmente identico al DOS 5.0 ma con l'aggiunta di software accessorio, fra cui il programma di compressione dischi*Stacker* e antivirus[401].

Il 10 ottobre 1994 Intel rilascia la versione a 75 MHz del processore Pentium[402].

Ad ottobre nasce il **World Wide Web Consortium**, noto anche come **W3C**. Ne è fondatore Tim Berners-Lee al MIT (Massachussets Institute of Technology) in collaborazione con il CERN. È una organizzazione non governativa internazionale, ha lo scopo di sviluppare tutte le potenzialità del Web, stabilendo gli standard del Web[403].

A dicembre del 1994 CompuServe Inc. e Unisys Corporation annunciano che gli sviluppatori sono tenuti a pagare una licenza per poter continuare a usare l'algoritmo di compressione incluso nel formato grafico **GIF**, protetto dal brevetto US4558302. Il formato GIF era stato rilasciato da Compuserve nel 1987 come standard aperto e libero (utilizzabile senza royalty), diventando in breve il formato più diffuso dei file grafici nei BBS e nella nascente Internet. Gli sviluppatori e gli utenti insorgono all'idea di dover pagare una royalty per ogni copia di software in grado di leggere e/o scrivere in formato GIF, dato che significherebbe la fine del *freeware* grafico[404].

Alla fine del 1994 IBM immette sul mercato *OS/2 Warp,* un sistema operativo simile a Windows. OS/2 Warp è noto anche come *OS/2 versione 3.0.* Rispetto alla versione 2.1, offre uno dei migliori supporti in assoluto per l'accesso a Internet, la gestione dei fax e una vasta gamma di soluzioni multimediali, insieme a un ampio assortimento di applicazioni[405].

**91: Una Sony PlayStation (2015)**

Il 2 dicembre viene lanciata in Giappone la **PlayStation**, consolle per i videogiochi capace di leggere i CD. È un prodotto Sony. Il 9 settembre inizia la commercializzazione negli Stati Uniti, il 29 settembre 1995 in Europa[406].

Il 15 dicembre viene messo in vendita *Netscape Navigator 1.0,* il **primo browser commerciale**. L'autore del programma è Marc Andreesen, che nel frattempo ha lasciato l'NCSA per fondare la Netscape Communications Corporation[407].

IBM rilascia il **PC-DOS 7.0**[408].

**Video On Line** è il **primo provider nazionale italiano**[409].

All'inizio dell'anno, IBM rilascia **OS/2 Warp Connect**, che rispetto alla versione Warp aggiunge il supporto per il *peer-to-peer networking* fra sistemi OS/2 e gestisce NetWare, LAN Server e LAN Distance di IBM[410].

Diventa disponibile il motore di ricerca/indice **Yahoo**[411].

Earthlink diventa il **primo service provider a offrire una tariffa** *flat*: per 19.95 dollari ci si può collegare quanto si vuole (e in USA le chiamate urbane sono gratuite). In precedenza i service provider offrivano accesso a Internet con tariffe al minuto[412].

Viene condotta la **prima asta online** di eBay[413].

Nasce in Italia la prima rete civica. Si tratta di **Iperbole**, la rete civica di Bologna[414].

**92: FreakNet (logo)**

A Catania Gabriele Zaverio (Absesto Molesto) apre al primo piano del Centro Sociale Auro il **FreakNet**[415], laboratorio per la sperimentazione delle nuove tecnologie. Legati a I Siciliani e al mondo delle BBS, il FreakNet offre servizi di posta elettronica e connessione Internet gratuita a chi non dispone di computer, vengono riutilizzati vecchi computer e costruita una propria rete secondo i principi dell'open source[416].

È attivo il sito ufficiale del **Vaticano**[417].

**93: Buongiorno! (logo)**

Mauro Del Rio inizia a Parma la sua attività inviando le sue email che davano il "buongiorno" agli amici. È in pratica una lista di distribuzione che ha un tale successo che nel 1999 porterà alla nascita della **Buongiorno SpA**.

A gennaio nasce **Dada** (Design Architettura Digitale Analogico) ad opera di Paolo Barberis, Angelo Falchetti, Jacopo Marello e Alessandro Sordi. Si occupano di comunicazione digitale, vogliono creare una città virtuale e interattiva in cui dare spazio alle forme innovative della rete. Nel 1999 sarà la prima società italiana ad essere ammessa allo Shared Registry System per la registrazione dei domini .com, .org e .net. Svolgerà una intesa azione anche all'estero, poi a partire dal 2011 dismetterà parte delle sue strutture (ma rimarrà Register.it)[418].

**94: Lycos (logo)**

Il 13 aprile 1995 viene presentato al pubblico **Lycos**. È un motore di ricerca progettato da Michael Loren Mauldin (Carnegie Mellon University di Pittsburg) e diretto da Bob Davis. Ebbe un buon successo mondiale, divenne un portale, ma perse competitività davanti a Altavista e poi a Google. Fu ceduta a una azienda coreana nel 2004 mentre Lycos Italia cessò il 16 febbraio 2009.

A marzo 1995 esce **Netscape Navigator 1.1**, la nuova versione è il primo browser a permettere l'uso delle tabelle (che vengono usate per creare i layout delle pagine in maniera più "tipografica").

È annunciato con il nome in codice "Mocha" quello che diverrà poi **Javascript**.

Ad aprile in Italia inizia il **servizio commerciale GSM** della SIP[419].

Il 10 aprile 1995 RealNetworks introduce **il formato di compressione Real Audio**, scatenando il fenomeno dello *streaming* (l'ascolto "in diretta" di registrazioni sonore ricevute via Internet, senza più dover attendere lo scaricamento dell'intero file audio[420].

A luglio 1995 Microsoft rilascia **Internet Explorer 1.0**, il suo primo browser. Il software era stato creato da una società di nome *Spyglass* e viene usato da Microsoft su licenza, distribuendolo su un CDROM da 45 dollari pieno di programmi assortiti[421].

Il lancio di IE portò a quella che fu definita la "guerra dei browser", la contesa commerciale tra quale dovesse essere il browser utilizzato dagli utenti. Microsoft stroncò Netscape quando impose il suo Internet Explorer 3 assieme al suo sistema operativo Windows 95. Netscape denunciò Microsoft per la pratica ritenuta illegale e anticoncorrenziale, e il Dipartimento di Giustizia degli Stati Uniti nel 1997 condannò Microsoft, ma nei fatti Microsoft aveva fatto diventare ormai il suo browser quello più usato dagli utenti[422].

Nel corso dell'anno lo IETF rese pubblico un nuovo proposal che introduceva **HTML 3.0**. La specifica non ebbe successo per vari motivi, non ultimo dei quali l'imperversante guerra dei browser che in quel momento storico intercorreva tra Netscape e Microsoft.

Le due aziende decisero di implementare solamente un subset delle funzionalità descritte nelle 150 pagine del documento aggiungendo al contempo estensioni proprietarie che miravano soprattutto al controllo dello stile e del look&feel delle pagine web (visual markup)[423].

**Giro di Vite**

**95: Uno dei primi loghi di Girodivite**

Nel corso dell'anno viene messo online **Girodivite** (ora su: www.girodivite.it) dopo una diffusione sotto forma di dischetti e pagine in HTML. È il periodo della proliferazione dei piccoli provider locali, che offrono ancora a pagamento la connessione dial-up: ci rivolgiamo a uno di questi provider locali, Ser-Tel, che ha la sua base in un garage a Carlentini (Siracusa) e in cambio di pubblicità otteniamo spazio su hard-disk e un URL per essere raggiunti online tramite Internet. Siamo la più antica testata locale italiana a essere su Internet.

Prima testata quotidiana nazionale italiana online è *Il Manifesto*[424].

Il 9 agosto 1995 ha luogo il **collocamento sul mercato della Netscape** (all'epoca il terzo più grande di tutti i tempi nel Nasdaq). Il prezzo delle sue azioni fu più che raddoppiato nel primo giorno di contrattazioni (da 28 a 58,25 dollari) e diede inizio a una vera e propria mania[425].

Il 24 agosto 1995 Microsoft rilascia ufficialmente **Windows 95** sul mercato americano. Internet Explorer 1.0 è incluso nel prodotto[426].

A dicembre in Italia, Omnitel raggiunge il 40% di copertura del territorio e inizia il servizio commerciale[427].

**96: Logo e schermata di Altavista**

Il 15 dicembre fa la sua comparsa il motore di ricerca **Altavista**. Prima di Google, sarà un punto di riferimento delle ricerche sul Web.

Ci sono 14 milioni di host internet (due milioni in Europa) e 19.000 siti web[428].

Diffusione del tradizionale **messaggio natalizio del Papa** (Giovanni Paolo II) anche su Internet, per la prima volta nella storia del Vaticano[429].

## 6 (1996)

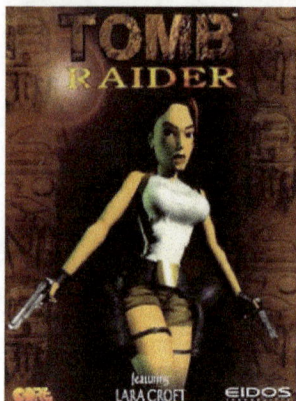

**97: Tom Raider, una delle prime immagini di Lara Croft (1996)**

Viene rilasciato il videogioco **Tomb Raider**. Il suo personaggio principale, Lara Croft, diventerà popolarissimo: è la prima volta che un personaggio principale di un gioco è considerata sexy. Lara Croft è un'archeologa caratterizzata da due tratti fondamentali: va sempre in giro in canotta e pantaloncini, e ha un seno le cui dimensioni sfidano il buonsenso e le leggi di natura[430].

**98: Tux, il pinguino mascotte di Linux**

Larry Ewing disegna **Tux**, il pinguino scelto come simbolo del sistema operativo Linux. Tux non è il prodotto di un'agenzia pubblicitaria, ma di un processo di decisione collettivo guidato da Linus Torvalds. Tux, a differenza di molti altri marchi di prodotti, è liberamente utilizzabile e modificabile da chiunque senza pagare royalties. Ewing, sul suo sito (http://www.isc.tamu.edu/~lewing/linux/), chiede soltanto che lui sia citato come creatore e che venga specificato che Tux è stato disegnato usando GIMP (programma grafico incluso in molte versioni di Linux), ma "soltanto se qualcuno lo chiede esplicitamente".

Torvalds definisce esattamente il concetto di pinguino che ha in mente: vuole un pinguino "soddisfatto" (*contented*), nel senso che "o si è appena fatto una gran scopata, o si è strafogato di aringhe" (*"has either just gotten laid, or it's stuffed on herring"*)... Torvalds precisa che il pinguino deve essere

> "leggermente in sovrappeso, che se ne sta seduto dopo essersi saziato e aver appena fatto un ruttino. Sta seduto con un sorriso beato: il mondo è un bel posto dove stare, quando hai appena finito di mangiare qualche litro di pesce crudo e senti che sta arrivando un altro ruttino"
>
> (*"a slightly overweight penguin, sitting down after having gorged itself, and having just burped. It's sitting there with a beatific smile -- the world is a good place to be when you have just eaten a few gallons of raw fish and you can feel another burp coming."*).

Il nome *Tux* non deriva, come potrebbe sembrare, dal fatto che la livrea dei pinguini sembra uno smoking (*tuxedo* in americano): viene scelto per acclamazione quando un certo James Hughes propone *"(T)orvalds (U)ni(X) -- TUX!"*[431].

Si attiva **Jennicam**, la prima Webcam aperta 24 ore su ventiquattro, sette giorni su sette, che guarda in tutte le stanze di una casa (compresa la camera da letto)[432].

Protagonista è Jennifer Kaye Ringley che il 14 aprile 1996 accende la sua Connectix QuickCam[433] e la lascia accesa fino al 2003. Milioni di curiosi vedono così cosa accade nella sua stanza nel dormitorio del Dickinson College in Pennsylvania e poi quando si trasferisce a Washington DC nel 1998[434].

**99: Clarence**

Gianluca Neri e Roberto Grassilli fondano il sito/portale **Clarence**. È la continuazione dell'esperienza satirica di *Tango* (cartaceo). Sarà acquisito dalla società Dada tra cinque anni, nel 2001[435].

Nasce **Rotten.com**, sito che scatena orrori per quanti vedono in Internet il supernemico e seguitissimo da adolescenti e curiosi. Obiettivo del sito è pubblicare foto di incidenti, omicidi, deformità, perversioni sessuali, autopsie[436].

**100: Internet Archive (logo)**

Nasce l'**Internet Archive**, una biblioteca digitale che prova a memorizzare siti e pagine web dell'Internet mondiale. La sede è a San Francisco, fu fondato da Brewster Kahle e si è sempre battuta per una Internet libera e aperta. Nel 2001 svilupparono la Wayback Machine con cui il processo di acquisizione e archiviazione fu automatizzato[437].

Il W3C pubblica le specifiche **CSS 1**. I CSS (cascading style sheets, fogli di stile) permettono di separare contenuto e formattazione, per gli sviluppatori di pagine web. Il contenuto viene definito dal codice HTML, mentre la formattazione (es. il colore di sfondo, se un carattere va messo in corsivo o deve avere una certa grandezza, ecc.) viene gestita dai CSS in un file separato[438]. Seguiranno nel 1998 le specifiche per il CSS 2, nel 2014 quelle per il CSS 3.

114

Nel corso del 1996 nasce il progetto **Isole nella Rete**, che trasferisce in Internet i principali contenuti della rete ECN. Si tratta soprattutto di mailinglist. Le principali sono: Movimenti, CS-List (iniziative dei centri sociali), International, ECN News, e poi EZLN It (sulle iniziative politiche riguardo i problemi del Chiapas), Cyber-Rights, Shunting Lines (questioni omosessuali)[439].

A gennaio Microsoft acquista dalla Vermeer Technologies Inc. un editor HTML, lo include tra i propri prodotti e comincia a imporlo al mercato. Si tratta di **FrontPage** che terrà banco fino al 2003[440]. Diverrà il primo editor per gli inesperti e per chi vorrà cimentarsi con i propri primi siti in maniera "facile". Il codice generato da FrontPage non è esattamente pulito, include specifiche proprie di Microsoft che cerca anche tramite FrontPage di imporre e diffondere il suo ecosistema proprietario. Editor e webmasters con un minimo di etica lo rifiuteranno in blocco.

Il 9 febbraio 1996 una bomba dell'IRA, organizzazione terroristica nord irlandese, esplode a Docklands, quartiere finanziario di Londra. L'esplosione provoca un centinaio di feriti, di cui otto gravi, e devasta un palazzo di uffici. È il **primo attentato che provoca danni informatici**: numerose aziende, infatti, perdono completamente i propri dati a causa dello scoppio, con danni per milioni di sterline. L'attentato mette a nudo l'impreparazione di molte società verso il *disaster management* (la salvaguardia dei propri dati in caso di incendi, inondazioni, terremoti o, appunto, attentati)[441].

Il 17 febbraio 1996 nasce il sito web di **Punto Informatico**. Andrea De Andreis aveva fondato nel maggio 1995 un quotidiano informatico ancora legato alle BBS assieme al fratello Paolo De Andreis, e a dicembre avevano registrato la testata. Punto Informatico è "la prima testata giornalistica specializzata italiana su Internet con cadenza quotidiana"[442]. Dal 24 ottobre 2008 la testata, ovvero la De Andreis Editore da cui era edita, è stata acquisita dal gruppo Edizioni Master[443], suscitando una certa apprensione nel web italiano riguardo alla tenuta e all'indipendenza della testata[444].

A giugno viene rilasciata la versione 2.0 del kernel di Linux. La comunità degli utenti Linux è stimata intorno ai 3,5 milioni di persone[445].

Ad agosto 1996 Microsoft rilascia **Windows 95 OSR2** e Internet Explorer 3.0[446].

A novembre Netscape **Navigator ha oltre l'80% del mercato** dei browser. Internet Explorer ha il 5%[447].

**101: Logo e pubblicità di Virgilio**

Nasce il 27 novembre 1996 il motore di ricerca italiano Virgilio. È soprattutto una web directory. Ha grande successo, soprattutto grazie alla campagna pubblicitaria (1999-2001) del vecchietto con coppola e sigaretta in bocca e il claim "Virgilio, il bello di Internet". Diventa un portale. Era di proprietà della Matrix Spa (fondata nel 1995 da Paolo Ainio, Carlo Gualandri e Marco Benatti). Nel 1999 diventa una controllata di Seat Pagine Gialle e De Agostini. Nel 2001 passa a TI Media e nel 2004 a Telecom Italia. Telecom Italia lo oscura, preferendo il marchio Alice. Nel 2012 Telecom lo vende e passa a Libero (dal 2013 Italiaonline Srl) e torna ad avere una sua autonomia[448].

Prima di Virgilio c'erano altri motori di ricerca / web directory: ricordiamo Il Trovatore[449], e Ragno Italiano. Dopo Virgilio ci sarà Arianna...

A dicembre in Italia viene **disattivata la rete telefonica radiomobile RTMS**[450].

Il numero di host internet supera i 10 milioni, di cui tre milioni in Europa (150.000 in Italia). Ci sono 340.000 siti web[451].

# La bolla

Tra il 1997 e il 2000 è un periodo di euforia per il Web legato al mondo della finanza e ai mass-media che fanno da cassa di risonanza per la grande "rivoluzione" in atto. È il periodo della "bolla delle dot-com" (Dot-com bubble), la bolla speculativa che raggiunse il suo apice il 10 marzo 2000 quando il NASDAQ raggiunse il suo punto massimo a 5132.52 punti nel trading intraday[452].

In Italia è il periodo dei "portali". L'attenzione delle grandi aziende capitalizzate porta a mettere su siti di grandi dimensioni (anche: sovradimensionati per le false aspettative portate dalla "bolla" internazionale) che offrono servizi web agli utenti (soprattutto l'accesso alla connettività, ma anche news e altri servizi) secondo la logica dell'imbuto: pagina iniziale molto ampia, che attira con le news e con i servizi, finalizzata a convogliare l'utente all'interno, a scegliere l'abbonamento alla connessione Internet con quel dato gestore.

La fine della "bolla" porterà anche alla fine dei portali, e a una trasformazione della stessa struttura del web.

Nasce a Mosca **Kaspersky Lab ZAO** (Лаборатория Касперского), più nota come Kaspersky. Ne è fondatore Evgenij Kasperskij. Due anni dopo sarà la prima azienda a introdurre un software antivirus integrato per workstation, server file e applicazioni con sistema operativo Linux/FreeBSD[453].

**102: Fortunato Di Noto**

Nasce in Italia nel 1997 l'associazione **Meter** guidata dal prete siciliano **Fortunato Di Noto**, attivo nella ricerca della pedopornografia sul Web[454].

Il mondo comincia a sapere dell'esistenza di **Echelon**, il sistema mondiale di sorveglianza elettronica messo su dagli Stati Uniti in collaborazione con la Gran Bretagna[455]. Echelon significa "scaglione, gradino" ed è attivo dal 1948. A svelarne l'esistenza è Margaret Peg Newsham, che aveva lavorato per alcune aziende della NSA americana[456].

Il 26 marzo 1997 trentanove persone della setta di **Heaven's Gate** commettono suicidio collettivo, nella realtà (in una villa di San Diego, California) e sul proprio sito Internet[457].

Pare che l'11 giugno 1997 Philippe Kahn spedì via cellulare dal reparto di maternità dell'ospedale di Santa Cruz l'immagine della figlioletta appena nata Sophie. Dicono sia stata **la prima foto spedita attraverso un telefono cellulare**[458].

Il 18 luglio 1997 è stato scelto come data di nascita simbolica del **blog**, riferendosi allo sviluppo, da parte di Dave Winer, del software che ne permette la pubblicazione (si parla di proto-blog). Il primo blog è stato effettivamente pubblicato il 23 dicembre dello stesso anno, grazie a Jorn Barger, un commerciante americano appassionato di caccia, che decise di aprire una propria pagina personale RobotWisdom per condividere i risultati delle sue ricerche sul web riguardo al suo hobby; coniò la parola weblog per descrivere la lista di link del suo sito[459].

L'8 agosto 1997 nasce **RadioCybernet**, la prima radio italiana sul Web[460]. C'entra Gabriele "Asbesto" Zaverio.

Il 29 agosto 1997 Reed Hastings e Marc Randolph fondano una azienda che noleggia videogiochi e DVD. L'azienda si chiama **NetFlix**[461]. Attiveranno un servizio con cui gli utenti possono prenotare i dischi via internet, ricevendoli direttamente a casa tramite il servizio postale. Nel 2008 attiveranno un servizio di streaming video on demand.

Il 15 settembre 1997 viene registrato il dominio **www.google.com**. Un anno dopo, il 4 settembre 1998 sarà fondata la società Google Inc[462].

Il 30 settembre Microsoft rilascia **Internet Explorer 4.0.** Il prodotto contiene l'Active Desktop, un sistema basato sulla tecnologia *push*[463].

L'1 ottobre l'**IVA sui CD musicali** in Italia sale al 20%[464].

Nel novembre Netscape Navigator ha il 55% del mercato dei browser. Internet Explorer ha il 36%[465].

Il numero di siti Web supera per la prima volta il milione[466].

Chiude lo IETF (Internet Engineering Task Force, la comunità di tecnici interessata allo sviluppo di Internet), formalizzato con la chiusura del proprio HTML Working Group nel 1996, viene pubblicata nel 1997 la prima *Recommendation* del W3C (**HTML 3.2**). Il documento si proponeva di ridurre la distanza tra le estensioni proprietarie promuovendone una sintesi accettabile ed adottando in parte i tags "stilistici" di Netscape. Nel dicembre del 1997 il W3C pubblicò una nuova *Recommendation*: **HTML 4.0** (nome in codice "Cougar") che prevedeva tre varianti:

- Strict: gli elementi deprecati erano proibiti.

- Transitional: gli elementi deprecati erano permessi.

- Frameset: in buona sostanza veniva permesso l'utilizzo dei soli elementi strettamente legati ai frames.

HTML 4.0 inoltre deprecava i tags Netscape relativi allo stile, tra i quali il tag font, caldeggiando in alternativa l'uso dei CSS (Fogli di stile - *Cascading Style Sheets*)[467].


Nasce quello che viene considerato da alcuni come **il primo social network**: si tratta di **SixDegrees**. I social network avranno importanza a partire dal 2002/2003[468]. Fondato da Andrew Weinreich, ispirato alla teoria dei sei gradi di separazione dell'ungherese Karinthy (*Catene*, romanzo del 1929) e dello psicologo Stanley Milgram (1960), ha chiuso nel 2001 per mancanza di utili.


Gandalf alias **Giancarlo Livraghi** apre nel dicembre 1997 il suo sito di informazioni e analisi sul Web (anche se aveva cominciato a scrivere online già da prima)[469].

**103: Macromedia (logo)**

A dicembre, ma solo per MAC OS, viene rilasciato l'editor HTML **Macromedia Dreamweaver**. A marzo 1998 sarà rilasciata la versione 1.2 anche per ambiente Windows. Nel giugno 2000 la versione 3.0 con il nome di UltraDev, poi via via le varie versioni fino all'ultima del settembre 2005 con Macromedia. Dopo, con l'acquisto di Macromedia da parte di Adobe, l'editor è stato rilasciato con il nome di CS (creative suite): CS3 (aprile 2007), CS4 (settembre 2008) ecc. fino alla serie CC (creative cloud) a partire dal giugno 2013[470].

Era un editor proprietario, a pagamento e non più free o diffuso in altre forme più o meno gratuite, ma dotato di solidità e di una serie di strumenti che permettevano la gestione di siti di grosse dimensioni (l'uso del sistema dei templates). Macromedia poi accoppierà Dreamweaver a una serie di tecnologie che divennero popolari sul web: uno su tutti Flash per la creazione e gestione di elementi animati (ok, non lo amiamo ma certamente ha avuto una grande diffusione).

Viene introdotto negli Stati Uniti il *Digital Millennium Copyright Act*. Contestatissima dagli esperti d'informatica, questa legge rende reato realizzare, progettare e persino *discutere* di tecniche e dispositivi per superare sistemi di crittografia[471].

America Online smista **37 milioni di messaggi al giorno**[472].

Apple introduce l'**iMac**, il primo personal computer senza drive per dischetti[473].

**104: iMac G3**

Blue Window, fornitore d'accesso di Swisscom, a fine settembre dichiara **133.800 utenti in Svizzera**[474].

Le aziende informatiche del software dichiarano **mancati guadagni per 17 miliardi di dollari** (circa 28 mila miliardi di lire) a causa delle falsificazioni operate dai "pirati elettronici", secondo i dati presentati in un convegno sul crimine transnazionale tenutosi a Courmayeur[475].

Negli Stati Uniti, il numero di e-mail trasmesso ogni giorno supera il numero di conversazioni telefoniche. Gli utenti americani di e-mail sono 40 milioni. Il numero di messaggi spedito ogni anno è **un milione di miliardi**[476].

Shawn Fanning, studente del Boston College, crea **Napster**[477].

I webmasters scoprono e discutono per la prima volta di **SQL injection**, un tipo di attacco ai siti web che immette codice all'interno delle pagine html e nei database, facendo apparire testi o messaggi indesiderati o comunque "esterni" ai contenuti immessi dai proprietari dei siti[478].

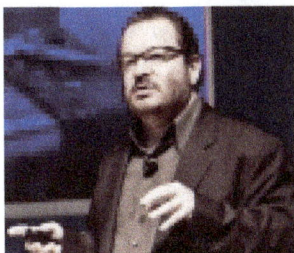

**105: Jeffrey Zeldman**

Jeffrey Zeldman dopo essersi dedicato a una newsletter dà vita nel 1998 al sito *A List Apart* che diventa punto di riferimento per chi vuole creare siti con codice e design non più solo amatoriali. Insomma, nasce il web design[479]. Nel 2010 nasce la versione italiana grazie a Valeria Brigatti.

**106: Renato Soru**

A gennaio viene fondata **Tiscali**, da Renato Soru, a Cagliari. Da marzo 1999 offre accesso gratuito a Internet (da giugno in tutta Italia).

Tra i primi a fornire il free dial-up Internet in Sicilia è Francesco Saluta. Nel 2001 darà poi vita a **Siportal**, dando connessione ADSL, HDSL, servizi VoIP e Wireless[480].

Il 3 febbraio 1998 viene coniato il termine **open source** da parte di Chris Peterson del Foresight Institute[481].

**107: Logo IBS (Internet BookShop Italia)**

Il 3 giugno 1998 apre il sito di **Internet Bookshop Italia** www.ibs.it. Vende libri online (come Amazon) ma prima dell'arrivo di Amazon in Italia è la prima "libreria" online. Pare sia il sito da cui viene effettuato il primo acquisto con carta di credito su Internet in Italia[482].

Il 24 aprile 1998 Bill Gates presenta al pubblico del Comdex di Chicago (la più grande fiera d'informatica degli Stati Uniti) la nuova versione di Windows, denominata *Windows 98*. Durante la presentazione, **Windows 98 va in** *crash* e non c'è verso di farlo ripartire: Gates è costretto a proseguire la dimostrazione su un altro computer, farfugliando che *"c'è ancora qualche problemino da risolvere"* fra le incontenibili risate della platea[483].

**108: Antenati (logo)**

Girodivite mette online **Antenati, storia della letteratura europea** open content. Ok, non usiamo ancora questa parola che entrerà in circolo più diffusamente ancora tra un anno, ma il concetto è quello. Sono 5 mila schede liberamente consultabili e, prima dell'avvento di Wikipedia, sono state ampiamente utilizzate da studenti e insegnanti[484].

Il 25 giugno 1998 Microsoft rilascia sul mercato americano **Windows 98**[485].

Ad agosto viene attivata l'email del Papa (Giovanni Paolo II). Sarà chiusa nell'ottobre dell'anno successivo per eccesso di e-mail[486].

**109: Sergey Brin e Larry Page**

Il 7 settembre 1998 a Menlo Park (California), un garage diventa il primo "ufficio" da cui opera un nuovo motore di ricerca: **nasce Google**. La società, creata da due studenti della Stanford University, Sergey Brin e Larry Page, ha un milione di dollari di capitale, quattro dipendenti, un sistema di ricerca ancora embrionale e gestisce poco più di 10.000 interrogazioni al giorno[487]. Google nasce con il motto: "Don't be evil" (non essere diabolico, non essere cattivo). All'inizio aveva promesso che mai sulle sue pagine sarebbe comparsa della pubblicità.

**110: Google (logo) alle origini**

L'11 settembre 1998 la Fraunhofer e la Thomson iniziano a richiedere **royalty sul formato MP3** a tutti i produttori di programmi di compressione e decompressione[488].

Il 27 settembre 1998 **Google** registra **il record di pagine indicizzate**. Questa data viene da ora in poi festeggiata da Google come data di nascita di questo motore di ricerca[489].

Il 19 ottobre 1998 inizia la **causa antitrust contro Microsoft**[490].

L'1 novembre 1998 vengono pubblicati in Rete gli *Halloween Documents* (http://www.opensource.org/halloween/index.html): documenti interni e riservati di Microsoft, che delineano la campagna di sabotaggio che Microsoft intende adottare nei confronti di Linux e gli altri progetti *open source*. La rivelazione scatena polemiche che arrivano anche su giornali e riviste non specialistiche[491].

Alla fine dell'anno Netscape Navigator e Internet Explorer hanno circa il 50% del mercato dei browser a testa[492].

Il 24 novembre 1998 **America Online** annuncia l'acquisto della **Netscape Corporation**[493].

Ci sono più di 40 milioni di host internet nel mondo, quasi 8 milioni in Europa (400.000 in Italia). Verso la fine dell'anno comincia ad accelerare la diffusione dell'internet in Italia[494].

**Bill Gates dona in beneficenza**, nell'arco dell'anno, 2,4 miliardi di dollari (circa 4.900 miliardi di lire)[495].

Bill Gates diventa la prima persona al mondo a superare i **cento miliardi di dollari di ricchezza personale**[496].

La **percentuale delle famiglie USA che accedono a Internet** è il 37%, in Europa l'8,1%. La **percentuale delle famiglie che hanno un PC** in USA è il 49,3%, in Europa il 24,3%[497].

Nel 1999 Adobe acquisisce (dalla GoNet Communication Inc, azienda con sede a Menlo Park, California; e dalla GoNet Communications GmbH con sede a Ambrugo, Germania), **GoLive**[498]. È un editor WYSIWYG. Adobe lo vorrà porre in concorrenza con Macromedia Dreamweaver, ma senza molto successo. Quando nel 2007-2008 Adobe comprerà Macromedia, dovrà abbandonare lo sviluppo di GoLive a favore di Dreamweaver che era comunque più avanzato.

**111: Gianluca Dettori**

Nasce tra Asti e Torino **Vitaminic**, ad opera di Gianluca Dettori. Dettori, che stato direttore generale di Lycos Italia, scopre gli mp3 e la sua società diventa in breve il primo distributore di musica digitale[499]. Vitaminic attraverso accordi con più di 5 mila case discografiche ha un catalogo di 6 milioni di brani legalmente scaricabili. Nel 2000 si quota in borsa (Vitaminic SpA), poi nel 2002 viene assorbita dentro Buongiorno.

**112: Sherazade (logo)**

Nasce **Sherazade**, iniziativa di Girodivite portata avanti da Pina La Villa. Sherazade è una rivista online che si occupa di storie delle donne[500].

**113: Pina La Villa**

I piccoli e medi Internet service Provider si riuniscono in associazione: nasce l'**AssoProvider** con il compito di rappresentare le nuove realtà imprenditoriali ai "tavoli" governativi e nelle vertenze nei confronti del fornitore principale di connettività in Italia (Telecom Italia)[501].

**114: Carlo Gubitosa**

Nel 1999 il libro di Carlo Gubitosa (PeaceLink, Taranto) *Italian Crackdown* è il primo libro italiano a essere diffuso contemporaneamente in Rete e in libreria, sotto una licenza "copyleft" ideata dall'autore stesso[502].

A gennaio Hewlett-Packard, la Compaq e altre grandi aziende del settore annunciano che inizieranno a vendere computer con Linux preinstallato[503].

Il 16 febbraio 1999 viene lanciata una **campagna per il rimborso di Windows**: un gruppo di utenti Linux chiede e ottiene l'applicazione di una clausola del contratto di licenza Microsoft che prevede il rimborso per le copie preinstallate di Windows se non vengono utilizzate. In sostanza, gli utenti Linux lamentano il fatto di essere costretti a comperare PC con Windows preinstallato, perché praticamente nessuno vende computer senza questo sistema operativo, e di essere costretti quindi a pagare soldi a Microsoft per un prodotto accessorio, non necessario per il funzionamento del PC, che non desiderano ma che si vedono imporre. La campagna suscita molto clamore, ma non ha un grande seguito[504].

All'inizio del marzo 1999 il motore di ricerca **AltaVista** gestisce 385.000 ricerche al secondo[505].

A marzo Internet ha circa **150 milioni di utenti**. Di questi, quasi la metà abita negli Stati Uniti, la cui popolazione rappresenta però il 5% di quella mondiale. Oltre metà degli abitanti del pianeta non ha mai fatto una telefonata, figuriamoci usare Internet[506]. E ci sono 27 milioni di persone nel mondo che vivono in condizione di schiavitù o simile[507].

**115: Ananova**

Il 19 aprile 1999 nasce **Ananova**, uno dei primi personaggi digitali (in questo caso una giovane donna) ad essere animato automaticamente, senza intervento diretto umano in ogni sua movenza. È in grado di leggere le notizie in tempo reale con una voce sintetizzata, dotata di intonazione quasi perfetta, e di gesticolare in modo appropriato per quello che dice. I suoi "telegiornali" sono ricevibili in tutto il mondo via Internet tramite Ananova.com[508].

Tra maggio e giugno inizia ad essere attivo in Rete **Napster**[509].

Nel maggio di quest'anno, secondo l'Osservatorio Internet Italia (http://www.sda.uni-bocconi.it/oii), gli italiani collegatisi a Internet almeno una volta nell'ultimo mese sono 5 milioni. Il conteggio si basa su 10457 interviste telefoniche e copre solo la popolazione sopra i 15 anni. Per quanto riguarda i PC in casa, 14 milioni di italiani ne hanno uno a disposizione. Gli italiani che hanno comperato via Internet sono 400.000. Quelli che partecipano a chat o vanno in rete per intrattenimento sono circa 1,5 milioni. Gli italiani che pur avendo le risorse informatiche non si collegano a Internet sono il 66%[510].

116: DeForrest Kelley

Il 12 giugno muore, dopo lunga malattia, l'attore **DeForest Kelley**, notissimo come il dottor Leonard McCoy nella serie *Star Trek*. È il primo lutto fra gli attori della serie originale del telefilm, che è un punto di riferimento costante e fondamentale nella storia e nella cultura di Internet. La comunità di Internet è legatissima a *Star Trek*[511].

A luglio la rivista americana *Nature* calcola che a febbraio del 1999 le pagine Web indicizzabili, cioè non protette da password e accessibili pubblicamente, sono circa **800 milioni**. Il motore di ricerca più grande, a febbraio 1999, è Northern Light, che indicizza il 16% delle pagine Web accessibili, seguito da Altavista e Snap (15.5%)[512].

A luglio, numero di **telefonini in Italia** (58 milioni di abitanti): 26 milioni. Numero di **telefonini in Germania** (80 milioni di abitanti): 17 milioni. **Numero di host** dedicati alla rete ogni mille abitanti:
Italia 8,7
Spagna 9,2
Francia 10,4
Germania 17,9
Regno Unito 25,4
Finlandia 87,7[513]

Dall'1 agosto 1999 le **tariffe telefoniche italiane non sono più decise dal governo** ma direttamente dai singoli operatori[514].

Nell'agosto, Sun Microsystem compra StarDivision, software tedesca che produce la suite per ufficio **Star Office**. Sun vuole competere con Microsoft nel settore delle suite per l'ufficio. Da Star Office nascerà poi **Open Office** nel 2002[515].

Il 24 agosto 1999 è il caso del **primo utente italiano a ottenere il rimborso per il Windows preinstallato e non utilizzato.** Si tratta dello svizzero-londinese Paolo Attivissimo :-)[516]

Il 3 settembre 1999 Tiscali lancia l'abbonamento per accedere a **Internet senza canone** (si pagano soltanto gli scatti telefonici in rete urbana). Lo stesso fanno Telecom Italia e Infostrada[517].

117: Akio Morita con uno dei primi televisori portatili

Il 3 settembre 1999 muore a 78 anni **Akio Morita**, co-fondatore (insieme a Masaru Ibuka) della Sony. È considerato il padre del Walkman (inventato nel 1979); insieme a Ibuka (la mente "tecnica" della Sony), ha introdotto tecnologie fondamentali e di enorme successo commerciale come il cinescopio Trinitron, il lettore/registratore Discman e la Playstation[518].

A ottobre 2,4 milioni di utenti si collegano per assistere a Net Aid, un concerto di beneficenza trasmesso sul World Wide Web, stabilendo un nuovo record per **il più grande numero di spettatori** di una trasmissione via Internet[519].

A ottobre un'ora di Internet via modem, in rete urbana, **costa al massimo 2600 lire.** Con gli sconti Telecom Italia, nelle fasce orarie economiche si scende a 700 lire[520].

Ad ottobre viene chiusa la prima email del Papa (Giovanni Paolo II) ufficialmente per eccesso di email ricevute[521].

118: Indymedia (logo)

Il 24 novembre 1999 viene creata la rete di **Indipendent Media Center** (Indymedia, o IMC)[522]. È una rete di comunicazione di massa, fatta da giornalisti ma soprattutto da militanti dei movimenti che non si riconoscono nel sistema dominante. Lo slogan è: "Non odiare i media, diventa i media" (Don't hate the media, become the media). L'occasione è data dal sostegno alle proteste contro la World Trade Organization a Seattle. Nel 2002, a tre anni dalla fondazione, le IMC sparse per il mondo erano 89, localizzate in 31 stati e 6 continenti. Nei soli Stati Uniti d'America si trovavano ben 39 Indipendent Media Center, mentre in Canada 11. Indymedia diffonde video, audio, e testi di controinformazione da tutto il mondo.

L'1 novembre 1999 **entra in vigore in Italia la TAT**, la tariffa a tempo, in cui vengono conteggiati i secondi effettivi di conversazione invece degli "scatti". Lo "scatto" rimane soltanto per le cabine telefoniche[523].

Ai primi di dicembre, Galactica, Internet provider di Milano, batte sui tempi Telecom Italia ed è la **prima società italiana a offrire connessioni a Internet tramite ADSL**. Il costo è di 150.000 lire mensili di canone, 128 kbps in uscita, 640 kbps in entrata, con connessione 24 ore su 24, senza costi telefonici e lasciando libera la normale linea telefonica utilizzata. In realtà, a causa di pastoie burocratiche con l'Antitrust, passeranno ancora diversi mesi prima che il servizio venga offerto agli utenti comuni[524].

A dicembre viene presentata online Webbie Tookay, la **prima modella virtuale**. Composta da elementi tratti dalle misure delle varie *top-model* reali e dotata di una carnagione "multietnica" (grosso modo caffellatte), sullo schermo dei computer e dei televisori cammina elegantemente per sfilate di moda e pubblicità TV. È un altro passo avanti verso un realismo quasi perfetto nell'animazione digitale[525].

Alla fine dell'anno 1999, gli **utenti Internet nel mondo** sono:
USA: 95.000.000
Europa: 61.000.000
Giappone: 19.000.000
Resto del mondo: 55.000.000
TOTALE: 230.000.000


Il numero di host internet supera i 60 milioni, di cui 10 milioni in Europa (più di 700.000 in Italia)[526].


31 dicembre 1999: vengono al pettine i nodi del cosiddetto **millennium bug.** Molti sistemi informatici gestiscono soltanto le due ultime cifre dell'anno (ad esempio abbreviano *1978* in *78*), per cui il passaggio al 2000 (interpretato come *00*) comporta notevolissimi problemi nel calcolo dei tempi, perché questi sistemi pensano che *00* sia *precedente* a *99*[527].

Entra in vigore **la nuova legge italiana sul diritto d'autore (248/2000)**, che in caso di duplicazione abusiva di programmi prevede sanzioni penali che comprendono la reclusione da sei mesi a tre anni e la multa da 5 a 30 milioni di lire[528].

**Bill Gates dona in beneficenza**, nell'arco dell'anno, 5 miliardi di dollari (circa 11.000 miliardi di lire), nonostante le azioni della Microsoft scendano del 63% nello stesso periodo. La fortuna personale rimanente di Gates ammonta a 60 miliardi di dollari (circa 123.000 miliardi di lire)[529].

Nel corso dell'anno 2000, in Europa vengono scambiati **quindici miliardi** di SMS (i messaggi brevi di testo consentiti dai telefoni cellulari GSM)[530].

Apple acquista sviluppatori e brevetti di SoundJam MP, applicativo che gestisce gli mp3 musicali, e fa nascere **iTunes**[531].

Nel corso dell'anno, Sun Microsystem decide di rendere disponibili i sorgenti del suo **StarOffice**, con licenza open source[532].

Nasce attorno a un gruppo di appassionati, che diventa presto una comunità, **PHP-Nuke**. È un CMS (content management system) basato sul linguaggio di programmazione PHP. Raggiunge una certa diffusione soprattutto tra i piccoli e medi siti. La sua diffusione sarà presto rintuzzata dalla predominanza di altri CMS diffusi gratuitamente e più robusti.

**119: Homepage di AlterVista (2014)**

Nasce nel corso dell'anno **AlterVista**, progetto individuale di Gianluca Danesin, allora studente di ingegneria informatica al Politecnico di Torino. Danesin spende 30 mila lire per affittare il suo primo server a Bedford (Texas). È una piattaforma che permette di aprire un sito web a chiunque, i banner pubblicitari non sono imposti, la piattaforma ha un notevole successo. Nel 2005 altervista.org supera i 3 milioni di visitatori unici mensili piazzandosi al quarto posto tra i siti più visitati in Italia[533]. Nel 2006 sarà assorbito dal gruppo Banzai.

A gennaio Bill Gates lascia il posto di CEO della Microsoft, cedendolo a Steve Ballmer, per prendere il ruolo di *"chief software architect"*[534].

Il 26 gennaio 2000 viene ufficializzato l'**XHTML** (eXtensible HyperText Markup Language) tramite una Recommendation W3C. Non avrà grande successo[535].

Fa la sua apparizione il linguaggio di programmazione **C#** (pronuncia "si sciaap"[536]) per iniziativa di Microsoft. Derivato in parte dal C e teso a soppiantare ASP (che da quel momento viene indicato come ASP Classic), Microsoft lo lancia per farlo diventare, nelle sue intenzioni, linguaggio di punta per il proprio software e per la programmazione sul Web, per quella che viene indicata come la "tecnologia .NET" (dot-net). Chi lavora all'interno del mondo Microsoft deve fare i conti con questo nuovo linguaggio che nel tempo subisce tutta una serie di revisioni, adattamenti e ampliamenti[537].

Il W3C pubblica la prima versione ufficiale di **RSS** (*Resource description framwork site summary*)[538] [539]. Era stato lanciato per la prima volta da Netscape e aveva avuto una notevole diffusione. Permetteva alle cose che si venivano pubblicate di essere diffuse in maniera automatica e capillare. Associati ai blog, e con la nascita degli aggregatori (blog aggregator), i singoli lettori potevano formarsi comodamente liste di news con cui seguire in contemporanea più blog invece di doverli andare a visitare ognuno di volta in volta.

120: Raphael Gray

A febbraio Raphael Gray, un diciottenne di Clynderwen (Pembrokeshire, Galles), usando un normale personal computer riesce a penetrare in numerosi siti Internet commerciali allo scopo di dimostrarne l'insicurezza. Viene rintracciato dall'FBI e dalla polizia inglese e processato: fra le accuse più spettacolari figura l'**invio di Viagra a Bill Gates**, presso la sede americana della Microsoft, pagato a quanto pare usando i dati della carta di credito di Gates stesso (questo dettaglio è stato in seguito smentito; la spedizione di Viagra è confermata). Le sue azioni mettono a nudo in modo imbarazzante la pericolosa mancanza di sicurezza nelle transazioni commerciali effettuate via Internet[540].

L'8 febbraio 2000 una serie di attacchi informatici brutali e per nulla raffinati (semplici *denial of service*) da parte di pirati non identificati mette in ginocchio per diverse ore i siti Web della CNN. Nei giorni successivi vengono paralizzati alcuni dei siti più celebri di Internet: Yahoo, Amazon.com, eBay e e*Trade. A maggio 2000 viene arrestato un ragazzo canadese di quindici anni, noto soltanto con il suo *nickname*, Mafiaboy, con l'accusa di essere uno degli esecutori degli attacchi. Il fatto che basti un quindicenne per mandare in tilt l'Olimpo commerciale di Internet scuote l'opinione pubblica, diffondendo dubbi sull'effettiva affidabilità di Internet per scopi commerciali[541].

A febbraio viene messo in circolazione su Internet il programma **Napster**, che facilita lo scambio di file MP3[542].

Il 17 febbraio 2000 viene ufficialmente presentato e messo in vendita il sistema operativo *Microsoft Windows 2000*, evoluzione di Windows NT[543].

gnutella.com

121: Gnutella (logo)

A marzo Justin Frankel e Tom Pepper della Nullsoft (autori del famosissimo programma *WinAmp*) sviluppano il protocollo *peer-to-peer* **Gnutella**. Lo sviluppo viene presto interrotto su divieto di America Online, nel frattempo diventata proprietaria della Nullsoft, perché il protocollo si presta allo scambio illegale di musica protetta da copyright. Tuttavia il protocollo Gnutella viene reso pubblico e liberamente utilizzabile, e così il lavoro di sviluppo viene proseguito dalla comunità degli utenti Internet, dando vita a una vasta rete di utenti interconnessi senza un server centrale (a differenza del contemporaneo circuito Napster, che dipende da un sito centrale). Molti di loro, prevedibilmente, usano Gnutella per scambiare musica, video e altri file non liberamente distribuibili, come temeva appunto America Online[544].

**Statistiche del 21 marzo 2000:** Nei dodici mesi precedenti, Microsoft ha avuto ricavi per 21,7 miliardi di dollari, ripartiti in questo modo: sistemi operativi (Windows, Windows CE, Windows NT Workstation eccetera) 42%; programmi applicativi (Excel, Internet Explorer, Outlook, Word, PowerPoint, eccetera) 45%; altro (Hotmail, MSN, giochi, hardware eccetera) 13%. In termini monetari, Microsoft si è aggiudicata l'82% del mercato per i sistemi operativi e il 94% del mercato per i programmi applicativi[545].

23 marzo 2000: Yaser Doleh, un tecnico del software di Warwick, N.Y., ottiene l'aggiunta del suffisso **ps** per i domini in territorio palestinese. È la prima aggiunta all'elenco primario dei suffissi dal 1998. Ufficialmente questa aggiunta, pari per importanza all'aggiunta di un suffisso rappresentante uno stato (come **it** per l'Italia), non costituisce un riconoscimento della nazione palestinese, ma è comunque un passo emotivamente molto sentito[546].

L'1 aprile 2000 Google annuncia il **MentalPlex**[547]: la capacità di Google di leggere la mente delle persone per facilitare i risultati della ricerca. Sì, è uno scherzo per il "primo d'aprile".

Aprile 2000: **800.000 italiani acquistano abitualmente via Internet.** Ci sono 8 milioni di personal computer in Italia. 590.000 piccole e medie imprese sono collegate a Internet. Oltre 2000 aziende italiane vendono online. Ci sono circa 83.000 nuovi siti Web italiani nati nel 1999. 90 banche italiane offrono servizi di *virtual banking* e *Internet banking*. Sono collegate a Internet le comunità locali di 1335 città italiane. Ci sono circa 5000 imprese italiane legate a Internet, che fatturano 10.000 miliardi di lire[548].

Ad aprile la Technorail srl di Arezzo affianca a quello di Technet.it il brand Aruba.it. Diventerà il brand principale dell'azienda (nel 2004 diverrà Aruba SpA). L'azienda si farà le ossa prima con il free Internet dial-up, poi con le registrazioni dei nomi a dominio e l'hosting web illimitato[549].

4 aprile 2000: Dopo due anni di processo antitrust, il giudice federale statunitense Jackson emette la sentenza: **la Microsoft è colpevole di monopolio** e i suoi comportamenti sono illegali. La Microsoft ha violato la legge americana sia per mantenere la sua posizione di predominio nel settore dei sistemi operativi, sia nel tentativo di imporre il browser Internet Explorer sul mercato legandolo a Windows[550].

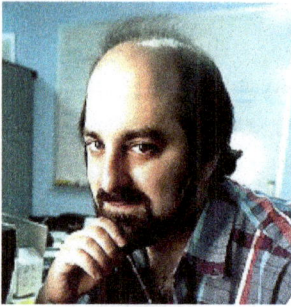

**122: Philip Walter Katz**

14 aprile 2000: Phillip W. Katz, l'autore del famosissimo programma gratuito di compressione **PKZIP**, viene trovato morto per eccesso di consumo di alcolici in un motel, con una bottiglia d'alcol ancora in mano e altre cinque sparse per la stanza. Aveva 37 anni. Le *PK* di *PKZIP* erano, ovviamente, le iniziali del suo nome[551].

24 aprile 2000: L'effetto combinato della sentenza antitrust del 4 aprile e di un assestamento della bolla speculativa che da mesi investe tutti i titoli collegati a Internet quasi dimezza la quotazione del titolo Microsoft: da 120 dollari a fine 1999 scende a 67 dollari. **Bill Gates perde il primo posto** nella classifica degli uomini più ricchi del mondo[552].

27 aprile 2000: Viene proposta la pena conseguente alla sentenza antitrust del 4 aprile: la **divisione di Microsoft in due tronconi**, uno per i sistemi operativi e uno per gli applicativi d'ufficio, più una lunga serie di altre condizioni. Tuttavia la pena non viene applicata per il momento perché Microsoft ha diritto a fare controproposte e a ricorrere in appello. Microsoft quindi continua a lavorare come prima[553].

Maggio 2000: Il virus/worm *Iloveyou/LoveBug* dimostra ancora una volta le gravi falle di sicurezza del client di posta Microsoft Outlook e l'impreparazione informatica della massa degli utenti, della quale il virus ha bisogno per potersi diffondere. Il virus si diffonde via Internet come messaggio contenente un allegato che, una volta aperto, legge la rubrica degli indirizzi dell'utente Outlook e manda una copia di se stesso a tutti gli indirizzi contenuti nella rubrica. Gli altri client di posta non sono affetti dal virus. Per attivare il virus è necessario aprire l'allegato, e per indurre gli utenti a farlo il messaggio si intitola *"I love you"*. Questo semplice espediente psicologico è sufficiente a generare un'enorme massa di messaggi che mette in crisi molti server di posta, obbligando spesso la loro temporanea chiusura e isolando dal resto della Rete molte aziende e siti istituzionali, compresi il Pentagono e il Parlamento britannico, con danni stimati a 15 miliardi di dollari (circa 30.000 miliardi di lire).

Onel De Guzman, uno studente ventitreenne dell'AMA Computer College di Manila (Filippine), viene accusato di essere il creatore del virus. I suoi compatrioti, lungi dal considerarlo un criminale, lo stimano per aver dimostrato al mondo che anche le Filippine possono contare nel mondo dell'alta tecnologia, sfornando giovani in grado di competere e battere le migliori menti dei paesi tecnologicamente avanzati. Il *Manila Standard* definisce De Guzman come *"The country's first world-class hacker"*. Fra l'altro, all'epoca dei fatti i vandalismi informatici come quelli di Iloveyou non sono punibili secondo la legge delle Filippine[554].


Il 12 giugno 2000, IBM inizia ad offire Linux sui propri computer portatili, in alternativa a Windows[555].


Il 14 luglio 2000 Google celebra la presa della Bastiglia cambiando il proprio logo. È la nascita della tradizione Google dei **doodles**.

Settembre 2000: La **Secure Digital Music Initiative (SDMI)**, un consorzio di società interessate ad evitare la pirateria della musica digitale, sfida pubblicamente la comunità informatica mondiale a superare le protezioni antipirateria che ha sviluppato e offre anche un modesto premio in denaro.

Ai concorrenti vengono forniti soltanto file musicali protetti con le varie soluzioni adottate da SDMI e non viene fornita alcuna documentazione, indizio o software che mostri come sono stati creati i file protetti. Molti esperti si rifiutano di partecipare, perché il loro lavoro aiuterebbe gratuitamente le case discografiche. Nelle tre settimane della sfida, dal 15 settembre all'8 ottobre, tutte le protezioni vengono scardinate con disinvoltura[556].

Il 14 settembre 2000: Viene messo in vendita in tutto il mondo *Windows ME*, alias *Windows Millennium Edition*, successore di Windows 98[557].

Spoiler: sarà un flop.

Il 22 settembre 2000 fa la sua comparsa *Phage*, il **primo virus per agende elettroniche (PDA)**, destinato a colpire i Palm Pilot e gli altri apparecchi che usano il sistema operativo Palm OS. È poco diffuso e rimane principalmente una curiosità da laboratorio[558].

Alla fine dell'anno 2000: viene rilasciato il browser **Netscape 6.0**, ma nonostante circa due anni di lavorazione il programma viene duramente criticato anche dai suoi utenti più affezionati a causa dei suoi numerosissimi bachi. Microsoft Internet Explorer, giunto alla versione 5.5, domina incontrastato il mercato. Esistono vari altri browser, come Neoplanet, Amaya e Opera: quest'ultimo è uno dei più piccoli e veloci (circa 2 megabyte nella versione senza Java), è disponibile per i sistemi operativi Windows, EPOC, Linux e BeOS, ma è a pagamento (39 dollari) a meno che si sia disposti a sopportare un banner pubblicitario[559].

Il 27 ottobre 2000: La **Microsoft ammette che intrusi informatici sono riusciti a penetrare nella sua rete di computer interna** e prendere visione del codice sorgente dei suoi prodotti, senza però (a quanto pare) modificarli. Si ritiene che l'origine dell'incursione sia San Pietroburgo (Russia). Secondo fonti esterne a Microsoft (Sophos Anti-virus), gli incursori hanno usato un worm chiamato *QAZ*. L'incursione è ancora più sorprendente in quanto QAZ è un worm estremamente ben noto e già riconosciuto, al momento dell'attacco, da tutti i programmi antivirus più diffusi.

Cosa ancora più preoccupante, al di fuori di Microsoft e delle aziende sue collaboratrici, solo questi intrusi hanno avuto accesso al codice e quindi ne conoscono i dettagli più segreti: questo consente loro di confezionare metodi di intrusione estremamente letali, calibrati specificamente sulle falle di sicurezza del software Microsoft[560].

A novembre 2000: Viene ratificato e introdotto dall'ITU (*International Telecommunication Union*) lo **standard V.92** per i modem. Anche se si stanno gradatamente diffondendo metodi alternativi per collegarsi a Internet, l'accesso via modem rimane la soluzione più universale e comune (secondo IDC, il 92% dei 25 milioni di telelavoratori americani accede a Internet via modem). Come il precedente standard V.90, il V.92 consente velocità di download fino a 56 kbps, ma a differenza del suo predecessore offre velocità di upload maggiori (fino a 48 kbps contro i 33.6 kbps del V.90). Le altre migliorie riguardano il tempo di "negoziazione" (il tempo richiesto per stabilire una connessione), che si riduce del 25%, e la possibilità di gestire l'avviso di chiamata (*call waiting*): mentre i toni dell'avviso di chiamata interferivano con i modem aderenti agli standard precedenti (spesso facendo cadere la connessione), i modem V.92 sono in grado di sospendere la connessione per alcuni minuti (fino a un massimo di un quarto d'ora circa) intanto che si risponde alla chiamata, riprendendo la connessione al termine senza dover rifare il numero. Tuttavia i modem che supportano lo standard restano a lungo pochi, anche perché gli utenti acquirenti non ne hanno beneficio se i loro provider non hanno anche loro un modem (o concentratore) V.92, cosa che pochi provider intendono fare[561].

A novembre 2000: *Liberty Crack* è il **primo virus per agende elettroniche (PDA) ad avere una circolazione significativa**. Colpisce i PDA che usano il sistema operativo Palm. Tecnicamente è un *trojan*: si camuffa da giochino, ma quando lo si installa e lo si esegue, azzera immediatamente tutti gli altri programmi presenti sull'agenda[562].

Il 12 dicembre 2000: Prendono corpo iniziative commerciali a sostegno del sistema operativo Linux. Lou Gerstner, CEO (direttore generale) dell'IBM, stanzia un miliardo di dollari (circa 2000 miliardi di lire) per l'introduzione e lo sviluppo di Linux sui sistemi IBM nel 2002[563].

Il 31 dicembre 2000: I **telelavoratori in Europa** sono il 6% degli occupati totali. In Italia sono il 3,1% della forza lavoro[564].

Alla fine dell'anno ci sono 100 milioni di host internet, di cui 16 milioni in Europa. Ci sono circa 20 milioni di siti web.

C'è più di un milione di host internet in Italia; per la prima volta il nostro paese si colloca fra i primi dieci nel mondo nell'uso della rete[565].

# Lo sboom

Tra il 2000 e il 2001 è la grande crisi delle dot-com e dei portali. Il crollo del NASDAQ porta a fallimenti (è il caso di Pets.com) e a forti ridimensionamenti: Cysco System perde l'86% del valore delle proprie azioni, mentre Amazon passa da 107 a 7 dollari per azione[566].

Una crisi tutto sommato benefica, che eliminò molte aziende basate sulla pura speculazione finanziaria e sul sovradimensionamento. Sopravvissero le aziende solide e redditizie (Cysco System, Amazon appunto), nuove aziende si affacciarono sul mercato a condizionare mercato e abitudini di milioni di utenti.

Nasce nel 2001 il progetto **OpenOffice.org**[567].

Nasce **Wikipedia**, enciclopedia online a contenuto aperto, collaborativa, multilingue e gratuita, sostenuta e ospitata dalla Wikimedia Foundation[568]. Nata come servizio di Nupedia.com, a gennaio diventa indipendente con il dominio wikipedia.com. A fine anno è già online la versione italiana. la versione in latino è del 2003, quella in sardo nell'aprile del 2004, quella siciliana ad ottobre del 2004. Artefici iniziali di Wikipedia sono Jimmy Wales (CEO di Bomis) e Larry Sanger (redattore di Nupedia).

**123: Jimmy Wales**

**124: Wikipedia (logo)**

**125: Larry Sanger**

Antonio Genna, scrittore, mette online il 29 settembre 2001 **Il mondo dei doppiatori**, risorsa importante e "lavoro pazzesco"[569].

Nel 2001 divenne progetto open **Drupal**, creato originariamente da Dries Buytaert come bulletin board system, e diventato un CMS (content management system). Il nome Drupal è la traslitterazione inglese per la parola olandese druppel che significa goccia. Il nome nasce dal defunto drop.org, sito il cui codice si evolse lentamente fino a trasformarsi in Drupal. Buytaert voleva chiamare il sito «dorp» (in olandese «villaggio», riferendosi all'orientamento «per community» del progetto), ma commise un errore di digitazione quando controllò la disponibilità del dominio. Rileggendo, decise che drupal suonava meglio[570]. Drupal è diventato un CMS abbastanza diffuso tra chi "fa" i siti Web.

**126: CitiesOnLine (logo)**

Muore **Cities on line**. era stato un provider, creato nel 1995 da Francesco Mazzola come Catania on line. La rapida espansione l'aveva trasformata in Cities on line, veicolando una serie di innovazioni che la posero tra le più promettenti aziende web italiane. Nel 1998 è il primo Internet service provider d'Europa a raggiungere la certificazione di qualità ISO 9001. Assieme all'emittente Telecolor manda il primo telegiornale in streaming (con tecnologia VDOlive). Con l'aiuto di Cisco System è il primo operatore italiano a commercializzare servizi VoIP con carta prepagata. Alla fine del 1999 lancia una piattaforma di FreeCommerce, piattaforma web che permette a chiunque di aprire un negozio virtuale su Internet, senza costi. In accordo con Alcatel e Anas avvia un progetto di cablaggio a Catania (dal settembre 2000) in fibra ottica. La liquidazione della società avviene nel 2002[571].

Il 18 gennaio 2001 compare *Ramen*, il **primo virus per Linux** di portata significativa. Molti server Web che utilizzano il sistema operativo Linux vengono infettati da questo programma, che usa il server infettato per replicarsi e diffondersi ulteriormente. In sé il virus (più propriamente un *worm*) non è distruttivo: si limita a sostituire la pagina principale con un'altra che mostra un pacchetto di Ramen (prodotto vagamente simile agli spaghetti) e la dicitura *Hackers looooooooooooove noodles*.

Tuttavia molti siti vengono pesantemente rallentati perché Ramen ne intasa le risorse alla ricerca di altri server da infettare. Ramen colpisce specificamente i server che usano le distribuzioni Red Hat 6.2 e 7.0 di Linux: cerca delle falle di configurazione ben note di questi sistemi operativi e le sfrutta per installarsi sulle macchine lasciate incautamente aperte. Una volta installatosi, Ramen installa un altro programma che chiude queste falle e poi inizia a sondare il Web alla ricerca di altre macchine da infettare[572].

127: Sergio Bellucci

Viene presentato il primo sito di un partito politico italiano che mette a disposizione **il servizio WAP**[573]. A presentarlo è Sergio Bellucci, responsabile dell'informazione e della comunicazione del Partito di Rifondazione Comunista. Bellucci[574] continuerà poi a essere un importante studioso del mondo economico e sociale dell'era digitale.

128: Claude Elwood Shannon

A febbraio muore, a 84 anni, **Claude Shannon**, il matematico che ha gettato le fondamenta della trasmissione e registrazione digitale con la sua teoria dell'informazione (1948)[575].

Il 15 febbraio 2001 Microsoft inizia una serie di attacchi verbali contro Linux e il software open source in generale. Secondo Microsoft, il modello open source è addirittura "antiamericano" (*un-American*), un termine che non si sentiva più dai tempi della caccia ai comunisti del maccartismo anni Cinquanta[576].

Il 28 febbraio 2001 secondo IDC, la quota stimata di Linux nel mercato mondiale dei server è il **27 per cento**[577].

A marzo per la prima volta in vent'anni, **il numero degli utenti Internet cala.** La flessione è in sé modesta (-0,29% nel primo trimestre del 2001), ma se confrontata con i ritmi di crescita di tutti i trimestri precedenti (mediamente del 20%), è una violenta frenata. Secondo un sondaggio condotto da Telecommunications Reports International, a fine marzo gli utenti USA sono 68,5 milioni. Il calo può essere dovuto al raggiungimento della saturazione (chi voleva essere online lo è, gli altri non lo sono perché non sono interessati a Internet), ma anche al crollo di molti provider gratuiti (il 19% degli utenti ha perso il proprio accesso in occasione di questi recenti fallimenti e non lo ha rinnovato)[578].

Il 2 marzo 2001 **Girodivite** registra il suo dominio Internet autonomo, www.girodivite.it. È ancora mensile su carta, ma è soprattutto online con aggiornamenti settimanali e (nel suo piccolo) la tendenza a fare contro-informazione e parlare di ciò che i grandi giornali snobbano. Dopo la chiusura de I Siciliani, abbiamo la copertura giornalistica di Marcello Baraghini (Stampa Alternativa)[579].

A marzo nasce il collettivo A/I, nato dalla convergenza di autistici.org e inventati.org, con lo scopo di fornire strumenti di comunicazione liberi e gratuiti, non sottoposti alle logiche commerciali. Uno degli strumenti sarà il **Noblogs.org**, piattaforma di blogging aperta alle associazioni e agli attivisti della Rete.

**129: Gabriele "Asbesto" Zaverio**

Gabriele "Asbesto" Zaverio costruisce il **primo laptop in legno** (in legno riciclato)[580].

Il 24 marzo 2001 Apple mette in commercio **Mac OS X**, nuova versione del proprio sistema operativo, caratterizzata da un'interfaccia grafica esteticamente molto ricercata di nome *Aqua* e soprattutto dal fatto di essere il primo sistema operativo Apple che segue (almeno in alcuni componenti) la filosofia *open source*[581].

Ad aprile il numero di utenti GSM nel mondo supera il **mezzo miliardo**. In altre parole, **un essere umano su 12 ha un cellulare GSM.** I paesi che supportano il GSM sono oltre 168. Oltre il 70% dei cellulari del pianeta usa lo standard GSM. Quasi il 40% degli utenti è non-europeo (nonostante il GSM sia nato come iniziativa dell'Unione Europea). La Cina ha il maggior numero di utenti (82,4 milioni). Ci sono 10 milioni di cellulari GSM nel Nord America[582].

Il 4 aprile 2001 il governo italiano approva, con l'accordo di gran parte dell'opposizione, la **legge 62/2001** (legge sull'editoria, del 7 marzo 2001), che prevede (almeno stando al testo della legge) che qualsiasi sito Web che venga aggiornato periodicamente e fornisca informazioni al pubblico (praticamente ogni sito, anche amatoriale, insomma) debba registrarsi in tribunale come testata giornalistica, pagare l'obolo di registrazione e trovarsi un "direttore responsabile" che appartenga all'Ordine dei Giornalisti, nonché indicare chiaramente lo "stampatore" del sito (la legge parla proprio di *stampatore*).

Oneri insostenibili per un sito amatoriale, tant'è vero che molti utenti della Rete insorgono contro questa legge, considerata liberticida e censoria. La rivista online *Punto Informatico* lancia una petizione per l'abrogazione della legge, che nel giro di poche ore raccoglie più di trentamila firme e l'adesione di alcuni movimenti politici minoritari (Radicali, Rifondazione comunista, Giovani Socialisti e alcuni gruppi dei Verdi).

Vari esponenti del governo spiegano pubblicamente che la legge ha tutt'altra intenzione e non è stata capita, e si cerca di minimizzare la questione; tuttavia la protesta continua e molti siti adottano un banner che promuove la petizione.

Cosa peggiore, a causa della mancanza di chiarezza della legge, nel dubbio molti preziosi siti amatoriali italiani decidono di non aggiornarsi più, o addirittura di sospendere o cessare la propria attività[583].

Il 9 aprile la RIAA, associazione dei discografici americani, ingiunge al professor Edward Felten della Princeton University di **non pubblicare i risultati dei suoi tentativi**, coronati da successo, di superare le protezioni antipirateria musicale proposte dal progetto **SDMI**. Se lo farà, verrà fatto oggetto di causa legale secondo i dettami della legge americana (*Digital Millennium Copyright Act*).

Una bozza del rapporto del professor Felten viene però trafugata e circola in Rete. Pur essendo un documento molto tecnico, smaschera la superficialità con cui sono state implementate le protezioni SDMI e fa nomi e cognomi di società che vendono software di protezione anticopia del tutto inaffidabile[584].

**130: Scott Fahlman**

Il 13 aprile muore, a 79 anni, **Harvey R. Ball, inventore della *Smiley Face*,** la "faccina che sorride", capostipite di tutte le "faccine" o "emoticon" usate in Internet per esprimere gli stati d'animo e le intonazioni delle frasi scritte.

Ball, comproprietario di un'agenzia pubblicitaria negli USA, creò la *Smiley Face* nel -28 nell'ambito di una campagna per sollevare il morale dei dipendenti di due compagnie assicurative che si erano fuse di recente.

Per il suo lavoro fu pagato 45 dollari dalla State Mutual Life Assurance Cos. of America (ora nota come Allamerica). Non chiese mai la registrazione del marchio o diritti d'autore. Al picco della popolarità della *Smiley Face*, nel 1971, furono vendute oltre 50 milioni di spille recanti il simbolo. Nel 2000 il servizio postale statunitense emise un francobollo raffigurante la *Smiley Face*.

Almeno secondo alcune fonti, fu però un'altra persona, Scott Fahlman, a proporre di usare il "due punti" e la parentesi per creare una faccina sorridente coricata per chiarire il tono della comunicazione online, nel 1981. Altre fonti fanno risalire il primo uso telematico della faccina al 12 aprile 1979 (v.)[585].

Ad aprile il **Minitel**, rete telematica francese in funzione da vent'anni, ha tuttora 15 milioni di utenti, mentre gli utenti francesi di Internet sono 8 milioni. Pur offrendo grafica decisamente più modesta rispetto a Internet, ha il vantaggio di basarsi sull'uso di un terminale molto economico e semplice da usare (anziché richiedere un personal computer costoso, macchinoso e incline ai *crash*) e di offrire un ambiente sicuro per chi vuole fare commercio elettronico, con la possibilità di farsi pagare persino ogni singola pagina vista. Molte grandi società orientate a Internet progettano quindi di estendere al Minitel i propri servizi: Yahoo e Wanadoo consentono già di consultare l'e-mail di Internet tramite Minitel. Il servizio Minitel è sempre stato un successo economico, a differenza dei tentativi di *e-commerce* via Internet. France Telecom fa pagare circa 2 centesimi di dollari per minuto di connessione. Le singole società che offrono informazione o servizi via Minitel chiedono da 5 centesimi a 1,2 dollari al minuto (con rari picchi ancora più elevati. Nel 2000, France Telecom ha ricavato 614 milioni di dollari dal Minitel, girandone 319 alle società che vi operano. Il ricavato è in calo del 12% rispetto al 1999 e il traffico sta calando regolarmente dal 1993[586].

L'1 maggio 2001 dopo molti rinvii, viene rilasciata la **versione 2.4 del kernel di Linux**, che costituisce un salto di qualità importante per questo sistema operativo, aumentandone grandemente il supporto per le periferiche (specialmente USB, già supportate in forma embrionale nelle versioni precedenti) e la gestione di grandi quantità di memoria[587].

A maggio i gestori cellulari Tim, Blu e Wind iniziano a offrire in Italia il servizio **GPRS**, portando la velocità di connessione a Internet da cellulare da 9600 bps a circa 25000 bps (la velocità teoricamente raggiungibile dal GPRS è 171.000 bps, ma soltanto se la rete cellulare libera tutti e otto i timeslot e il telefono è in grado di usare otto timeslot, cose che per ora non avvengono). Oltre alla velocità, cambia il criterio di tariffazione: non più a tempo, ma a traffico: il cellulare GPRS è infatti sempre collegato alla rete. Il cellulare GPRS (disponibile anche come scheda PCMCIA) costa circa un milione di lire, e le tariffe variano dalle 60.000 + IVA mensili di TIM per 60 megabyte mensili di traffico, più tre lire + IVA per ogni kilobyte dopo i primi 60, alle 20.000 lire per 2 megabyte mensili più 10 lire + IVA per ogni kilobyte in eccedenza. Wind non ha ancora definito le proprie tariffe ma offre il servizio gratuitamente in forma sperimentale. Omnitel non ha ancora formulato una tariffa, pur essendo stata la prima a iniziare la sperimentazione[588].

A maggio 2001 il *DeCSS*, un microprogramma realizzato da appassionati originariamente per consentire agli utenti Linux di leggere i DVD anche se nessuna società di software forniva un programma di lettura per questo sistema operativo, viene dichiarato illegale nel corso di un'azione intentata dalla MPAA (*Motion Picture Association of America*) contro uno dei diffusori di questo programma informatico, l'americano Eric Corley.
Il programma ha anche applicazioni meno ortodosse: infatti consente non solo di leggere i DVD, ma anche (in teoria) di duplicarli, e quest'idea non piace all'associazione dei produttori cinematografici USA.
La distribuzione del programma è proibita, ma DeCSS circola lo stesso usando metodi non ortodossi: la Copyleft vende T-shirt con stampigliato sul davanti l'intero codice del programma; un gruppo musicale, i *Don't eat Pete*, produce una canzone (distribuita in formato MP3) il cui testo non è altro che il codice integrale del DeCSS. Esiste anche un haiku che in 456 strofe di tre versi ciascuna riproduce il programma. La cosa ironica è che questi "supporti" del programma sono protetti dal diritto di espressione e sono addirittura tutelati dal diritto d'autore, per cui non è possibile vietarne la circolazione. Alcuni mesi dopo DeCSS verrà invece dichiarato legalmente distribuibile, perlomeno sotto forma di codice sorgente[589].

A maggio Singapore Airlines introduce il **primo sistema Internet sugli aerei di linea**. Consente di sfogliare parzialmente il Web e soprattutto di mandare e ricevere e-mail durante il volo. Il servizio è disponibile per i passeggeri di qualsiasi classe, e viene introdotto inizialmente sulla rotta Singapore-Los Angeles[590].

Maggio 2001: Il numero degli **italiani su Internet** è stimato a **9,3 milioni** da Doxa e dall'istituto Mori. Solo il 15% degli utenti Internet italiani fa acquisti online (nel resto d'Europa la media è il 56%). Nella pubblica amministrazione e nelle scuole italiane, c'è un personal computer ogni sette persone; negli Stati Uniti, c'è un computer per *ogni* persona[591].

Maggio 2001: Telecom Italia lancia il servizio **Broad Band Box** per l'accesso a Internet. Per 83.000 lire al mese più IVA (99.600 lire in tutto), più 250.000 lire + IVA 20% di installazione (inizialmente gratuita). È un servizio ADSL che ha una velocità teorica di 256 kbps in ricezione e 56 kbps in trasmissione. Il costo del traffico è incluso nel canone e la linea è aperta su Internet 24 ore su 24.
Contemporaneamente, Infostrada presenta *Libero ADSL Light*, che per 79.167 lire al mese (95.000 lire IVA inclusa), più 299.000 lire (358.800 IVA inclusa) di installazione non richieste nel periodo promozionale, offre le stesse funzioni del servizio Telecom Italia, ma con velocità teorica di 300 kbps[592].

L'8 maggio 2001 **Napster** aggiunge ai propri filtri la tecnologia di riconoscimento dei file audio della Relatable. Questa tecnologia estrapola una "impronta digitale" univoca che descrive la struttura di ciascun brano musicale. In questo modo è teoricamente possibile riconoscere un brano a prescindere dal nome del file che lo contiene. Anche questo filtro, come i precedenti, non è molto efficace, ma contribuisce alla fuga degli utenti da Napster[593].

**131: Douglas Adams**

L'11 maggio 2001 muore di infarto, a 49 anni, **Douglas Adams**, autore di *The Hitchiker's Guide to the Galaxy*, noto in italiano come *La Guida Galattica per gli Autostoppisti*, libro venerato dalla comunità di Internet, con 15 milioni di copie vendute nel mondo[594].

Il 22 maggio 2001 inizia a diffondersi via Internet *Cheese*, il primo **virus benefico**. Cheese cerca su Internet i server Web che usano Linux e guarda se sono stati infettati da *Lion*, un virus/worm che ha iniziato a circolare a marzo 2001 e ruba le password di accesso ai server, consentendo loro intrusioni potenzialmente devastanti e attacchi tipo *denial of service* ad altri siti.

Se il server è infetto, Cheese installa una *patch* (correzione), crea una copia di se stesso e poi usa il computer "guarito" per cercare altri server infetti da "curare". Anche se l'intenzione del suo anonimo creatore è chiaramente benefica, come testimoniato dai messaggi nascosti nel codice di Cheese (*This code was not written with malicious intent*), non è comunque prudente avere software non autorizzato che scorrazza per i propri server[595].

Il 31 maggio Microsoft rilascia **Office XP**, la nuova versione della sua popolarissima *suite* di applicazioni per ufficio. In Italia la versione Standard, contenente Word 2002, Excel 2002, Outlook 2002 e PowerPoint 2002 (notare la stravagante indicazione dell'anno), costa 1.400.000 lire per chi non ha licenze Office precedenti e 685.000 lire per chi fa l'upgrade sulla base di una licenza Office precedente. A differenza delle sue versioni precedenti, Office XP è protetto da un sistema anticopia che obbliga l'utente a registrarsi online o telefonicamente presso Microsoft, pena il blocco del programma dopo 50 utilizzi[596].

A giugno 2001 Macromedia rilascia **ColdFusion** 5.0[597]. ColdFusion è una tecnologia server che si basa su un linguaggio di programmazione specifico (CFML, ColdFusion Markup Language) che era stato sviluppato a partire dal 1995 dalla Altaire. ColdFusion cercherà di trovare un suo spazio accanto a PHP, ASP e altri linguaggi, rimanendo tutto sommato minoritario (più diffuso negli Stati Uniti, pochi esempi in Italia[598]). Le pagine erano riconoscibili perché avevano l'estensione .cfm o .cfml. Dopo l'acquisizione di Macromedia da parte di Adobe, ColdFusion continuerà a vivacchiare (ultima versione conosciuta: 2012).

Il 2 giugno 2001 viene spento il server sul quale gira *MCS*, il software che per anni ha gestito **Agorà**, uno dei primi BBS italiani a consentire l'accesso a Internet. Sin dal 1993 e fino al giorno della disattivazione, Agorà è accessibile tramite telnet puro e semplice (solo testo, niente grafica). All'inizio del servizio ogni e-mail costava 200 lire (anche in ricezione) e occorreva un accredito di 50.000 lire per avere diritto a un indirizzo di e-mail con il suffisso *@agora.stm.it*. La velocità di connessione è da 2400 a 9600 bps. Agorà nasce nel 1989 su un computer 486 con una scheda multiseriale e alcuni modem, presso la sede del Partito Radicale. Agorà è concepita come forma di espressione alternativa, concepita dal leader radicale Marco Pannella per consentire di diffondere informazioni sull'attività del proprio partito, quasi completamente oscurata dai *media* tradizionali. Il servizio più utilizzato e popolare di Agorà sono le conferenze a tema (una sorta di newsgroup, ma a livello esclusivamente locale)[599].

**132: Napster (logo)**

Il 6 giugno 2001 viene siglato l'accordo per cui **Napster diventa a pagamento**: diventa distributore del progetto *MusicNet* predisposto da tre delle cinque principali case discografiche (AOL Time Warner, EMI e BMG Entertainment). Del vecchio Napster resterà soltanto il nome: a partire dalla fine dell'estate, streaming e download saranno a pagamento. Lo scopo dell'accordo è risolvere la disputa legale che ha visto contrapposti Napster e l'industria del disco. In sostanza, l'accordo sancisce la **fine di Napster**, anche se continua ad essere possibile, usando qualche acrobazia, scaricare da Napster musica teoricamente vietata.

Le altre due case discografiche principali (Sony e Vivendi) hanno nel frattempo costituito *Duet*, con lo stesso scopo di vendere musica online[600].

No, Duet non avrà alcun successo.

Il 14 giugno 2001 Thomson rilascia **mp3Pro**, un formato di compressione audio che dimezza le dimensioni dei brani rispetto alla versione codificata con il formato MP3 tradizionale[601].

**133: Il manifesto dell'HackMeeting di Catania, 22-24 giugno 2001**

Dal 22 al 23 giugno 2001 l'**HackMeeting di Catania**, presso il centro sociale Auro e organizzato dal FreakNet. Vengono presentati il progetto A/I (autistici.org / inventati.org), si parla di reverse engineering (come modificare il comportamento di un programma senza conoscere il codice sorgente). FreakNet propone l'adozione del software libero alle facoltà scientifiche dell'Università di Catania.

Il 28 giugno 2001 una decisione di una corte d'appello federale statunitense **rigetta la sentenza del processo antitrust contro Microsoft,** che prevedeva lo smembramento della società. La corte d'appello conferma che Microsoft detiene in effetti un monopolio sul mercato dei sistemi operativi e che mantiene tale monopolio usando metodi contrari alle leggi antitrust statunitensi; tuttavia la pena proposta (lo smembramento) viene rifiutata perché il giudice che l'ha emanata, Thomas Penfield Jackson, ha violato le norme etiche che impongono ai giudici di non esprimere commenti pubblici su liti in corso, cosa che Jackson ha invece fatto più volte e con vigore, ad esempio paragonando Bill Gates a Napoleone. Questo ha dato l'impressione che Jackson non fosse imparziale e che la pena proposta derivasse da un suo astio personale piuttosto che dall'applicazione della legge. Il processo dovrà quindi tornare alla corte distrettuale (*District Court*) ma sotto la direzione di un altro giudice. In sostanza, per il momento Microsoft può continuare ad operare indisturbata[602].

Il 29 giugno 2001 vengono attivati formalmente i primi due nuovi *top level domain* generici, *.biz* e *.info*, dei sette che costituiranno la prima aggiunta ai domini non geografici di massimo livello di Internet dal 1990 (anno in cui era stato attivato *.nato*, che però non è un dominio aperto a tutti; *.com*, *.edu* e simili erano stati attivati nel 1985). L'attivazione è un'operazione puramente tecnica: i primi siti Web registrati con questi nuovi suffissi non sono ancora attivati e dovrebbero esserlo verso settembre 2001[603].

Il 29 giugno 2001 muore a 45 anni **Jim Ellis, uno dei padri di Usenet.** Usenet è stato il primo sistema di newsgroup di Internet. Fu fondato nel 1979 alla Duke University da Ellis e Tom Truscott. La nascita di Usenet fu fortuita: Ellis e Truscott cercavano un modo per comunicare mentre giocavano a scacchi insieme via Internet (o meglio sulla rete che poi si sarebbe evoluta in Internet). Inizialmente, la comunicazione era soltanto fra la Duke University e la University of North Carolina, ma il concetto si diffuse rapidissimamente, al punto di diventare un sistema a portata mondiale con circa 50.000 newsgroup distinti. Usenet fu creata senza scopo di lucro e nessuno degli sviluppatori ne ha mai ricavato denaro[604].

**134: SPIP (logo)**

L'1 luglio 2001 nasce ufficialmente **SPIP 1.0**. A ottobre è la volta di SPIP 1.2. SPIP è un acronimo è sta per "système de publication pour Internet". Unendo PHP e database MySQL, permette di gestire siti di tipo redazionale (blog, riviste ecc.) . È un software francese[605] e per una volta tanto si cerca di sfuggire all'egemonia statunitense. Diventa il software usato da *Le Monde Diplomatique* e da allora ha una certa diffusione nel mondo francofilo. È il motore usato da Girodivite a partire dal 2003.

Il 2 luglio 2001 il sistema di scambio file **Napster chiude**. Tecnicamente si tratta soltanto di una interruzione volontaria, dovuta a problemi tecnici comparsi durante l'aggiornamento del sistema allo scopo di rispettare appieno l'ingiunzione che le vieta di offrire materiale musicale di cui non è autorizzata la libera duplicazione. Tuttavia un portavoce di Napster dichiara che non vi sono previsioni di date di ripresa del servizio, che comunque riaprirebbe invano: già nei giorni immediatamente precedenti era diventato praticamente impossibile scambiare brani tramite Napster, per cui gli utenti erano migrati in massa verso altre soluzioni concorrenti[606].

L'11 luglio 2001 **Psion** cessa la produzione dei suoi rinomatissimi computer tascabili a seguito del crollo della propria quota di mercato (precipitata all'8,9% nel 2001)[607].

Ad agosto 2001 il numero di utenti italiani di Internet viene stimato in **14 milioni**[608].

Il 29 agosto 2001 Dmitry Sklyarov, programmatore russo di 27 anni, arrestato il 19 luglio 2001 a Las Vegas dopo aver parlato al pubblico a una conferenza sulla sicurezza informatica, viene incriminato formalmente per cinque violazioni del copyright in base al *Digital Millennium Copyright Act* (DMCA) e rischia un'ammenda di 250.000 dollari.

Prima del suo arresto, Sklyarov aveva presentato, durante la conferenza, il prodotto software del suo datore di lavoro, la ElcomSoft Co. Ltd di Mosca: un programma in grado di scavalcare le protezioni del formato degli e-book di Adobe. Il programma è perfettamente legale in Russia, dato che la legge locale dà al consumatore il diritto di creare una copia di backup dei prodotti software acquistati (cosa che invece il formato di Adobe cerca di impedire).

La Adobe aveva segnalato all'FBI che la ElcomSoft vendeva il programma negli USA a 99 dollari ("negli USA" nel senso che lo vendeva tramite un servizio di pagamento online situato a Issaquah, Washington, e tramite un sito fisicamente ubicato a Chicago). Si leva immediatamente un coro di proteste all'idea che si punisca un semplice dipendente (Sklyarov) per un atto commesso dalla società per la quale lavora (la ElcomSoft) e soprattutto per un atto che è perfettamente legale nel paese in cui è stato commesso. Vista l'indignazione generale, con conseguente danno all'immagine aziendale, la Adobe aveva ritirato (il 23 agosto 2001) le accuse, ma il sistema giudiziario americano non si ferma[609].

Il 29 agosto 2001 nasce ufficialmente l'**elaborazione distribuita "parassita"**. Vari progetti hanno già sfruttato i tempi morti dei milioni di computer collegati a Internet per creare un supercomputer virtuale, ma sempre con il consenso dei proprietari dei computer (che per partecipare al progetto dovevano installare intenzionalmente un programma apposito). Per la prima volta, invece, questo consenso non è più richiesto: dei ricercatori alla University of Notre Dame (Indiana, Stati Uniti) hanno infatti risolto un complesso problema matematico usando le risorse di calcolo di alcuni server di Internet (situati in Nord America, Europa e Asia) senza dover chiedere alcun permesso e senza richiedere che l'utente installi del software. In sostanza, con il loro metodo diventa possibile attingere alla potenza di calcolo dei computer altrui, se collegati a Internet, senza averne l'autorizzazione.

Il metodo consiste nel suddividere il problema in pacchetti, ciascuno associato ad una possibile risposta. I pacchetti vengono poi annidati all'interno del *checksum*, un componente del normale protocollo di trasmissione usato su Internet, e spediti ai server altrui da utilizzare. Il computer che riceve i dati non ha scelta: è costretto ad analizzare i dati ricevuti, come farebbe con i dati ricevuti per la normale trasmissione via Internet, e restituire una risposta basata sul loro contenuto. Questa risposta elaborata torna al computer dei ricercatori, dove viene ricombinata con le altre per rivelare la soluzione al problema.

Il tutto avviene a insaputa dei computer-bersaglio: all'apparenza si tratta di un normale scambio di dati fra siti Internet. Non c'è un vero pericolo di intrusione, ma l'uso a scrocco della potenza di calcolo altrui è una prospettiva comunque inquietante che può portare a un rallentamento delle prestazioni delle macchine utilizzate.

Il lavoro dei ricercatori statunitensi è puramente dimostrativo, dato che in realtà il rendimento di questo sistema è molto modesto e non confrontabile con quello di un'elaborazione distribuita da parte di utenti consenzienti, ma non è detto che non si possa affinare in futuro[610].

L'11 settembre 2001 terroristi islamici dirottano aerei di linea, schiantandoli contro le torri gemelle del World Trade Center, a New York, e contro il Pentagono, a Washington. Negli impatti muoiono migliaia di persone: i dirottatori, i passeggeri degli aerei e gli occupanti degli edifici. Entrambe le torri del World Trade Center crollano poco dopo, travolgendo tutti coloro che non sono riusciti a lasciare in tempo gli edifici. I danni alle strutture del Pentagono sono relativamente modesti ma il bilancio di vite umane è comunque tragicamente alto. Lo shock dell'attacco, e la sua fredda, inumana ferocia lasciano attonito il mondo.

Anche l'informatica paga un tributo di sangue: a bordo del volo 11 dell'American Airlines, uno dei due lanciati contro il World Trade Center, muore **Danny Levin, cofondatore di Akamai Technologies.** Akamai è una delle più importanti aziende di Internet in quanto offre tecnologie per rendere più veloce il traffico della Rete, utilizzate da tutti i principali siti commerciali[611].

A seguito degli attentati dell'11 settembre, il 26 ottobre 2001 viene emanato l'**USA PATRIOT Act** (Uniting and strengthening America by providing appropriate tools required to intercept and obstruct terrorism act of 2001). Tra le disposizioni prese: la possibilità di effettuare intercettazioni telefoniche, l'accesso a informazioni personali, prelevamento delle impronte digitali nelle biblioteche, l'intercettazione e il rilevamento del traffico Internet ai provider da parte delle agenzie federali FBI e CIA senza mandato della magistratura[612].

Il 25 ottobre 2001 Microsoft rilascia ufficialmente **Windows XP**, la nuova versione del proprio sistema operativo[613].

A novembre viene attivato a titolo provvisorio il suffisso **.museum**[614].

L'1 novembre 2001 il codice sorgente del programma **DeCSS viene dichiarato legale**. Il programma, scritto da Jon Johansen, offre agli utenti un metodo alternativo per decodificare e leggere i DVD, era stato dichiarato illegale, ma la sentenza viene annullata sulla base del Primo Emendamento della costituzione americana che tutela la libertà di espressione. La corte californiana incaricata del processo riconosce che il codice sorgente di DeCSS è "una espressione scritta delle idee dell'autore e delle sue informazioni sulla decifrazione dei DVD senza CSS" [*"DeCSS is a written expression of the author's ideas and information about decryption of DVDs without CSS"*]. Il codice compilato, invece, non gode della tutela della libertà di espressione. La sentenza è una pietra miliare nel rapporto spesso contrastato tra leggi, diritti d'autore e informatica[615].

L'1 novembre 2001 compare il **primo virus distribuito tramite DVD**. Il DVD contenente l'episodio *Meet the Beat Alls* del cartone animato *The Powerpuff Girls*, prodotto dalla Warner, viene ritirato frettolosamente dal mercato statunitense perché è stato scoperto che contiene il virus Funlove, un virus risalente a circa un paio d'anni fa che colpisce i computer che usano Microsoft Windows[616].

Il 2 novembre 2001 il Dipartimento di Giustizia statunitense e Microsoft **raggiungono un accordo nel processo antitrust**. Le condizioni dell'accordo prevedono effetti soltanto marginali sulla politica commerciale di Microsoft. Sostanzialmente, Microsoft può continuare ad operare come prima[617].

Il 15 novembre 2001, giovedì, Giovanni Paolo II fa mettere in Rete in esclusiva il documento ufficiale relativo all'esortazione apostolica Ecclesia in Oceania.

"Il testo è l'esortazione apostolica che il Papa ha elaborato a conclusione della assemblea speciale per l'Oceania del sinodo dei vescovi, tenutasi in Vaticano alla fine del '98. Giovanni Paolo II firmerà il documento nella Clementina per poi trasmetterlo via Internet a tutte le diocesi dell'Oceania.

Una nota vaticana spiega la novità: "Data la dispersione geografica del continente la comunicazione elettronica ha avuto un ruolo di rilievo durante tutto il processo sinodale sin dalla preparazione iniziale. L'invio elettronico del documento pontificio ad opera del Papa, un primato nella storia della Chiesa, sottolineerà notevolmente questo aspetto".

**In occasione di precedenti sinodi continentali papa Wojtyla ha consegnato personalmente in un paese del continente in questione il testo dell'Esortazione apostolica"**[618].

**135: Microsoft XBox**

Il 15 novembre 2001 viene commercializzata negli Stati Uniti **XBox**, la consolle per videogiochi di Microsoft[619]. La commercializzazione nel resto del mondo avverrà nel corso del 2002: il 22 febbraio in Giappone, il 14 marzo in Europa e Australia.

Ci sono 147 milioni di host internet nel mondo, 22 milioni in Europa e più di due milioni in Italia. La diffusione dell'internet in Italia continua a crescere, ma meno velocemente che nei due anni precedenti[620].

**136: Bob Young**

Nasce nel 2002 **Lulu** (si legge lùlu) dedicato ai libri e alla diffusione del sistema del print-on-demand. Ne è artefice Bob Young, uno dei creatori di Red Hat.

"Bob Young ha creato Lulu.com in seguito a una deludente esperienza di pubblicazione del suo libro "Under the Radar", in cui racconta i successi ottenuti come cofondatore di Red Hat (NYSE: RHT). Bob era seriamente intenzionato a creare una modalità di pubblicazione più efficace e redditizia. Questo è tuttora il principio fondamentale dell'attività di Lulu.com: semplificare e migliorare la creazione e la fruizione di contenuti per gli utenti di tutto il mondo".[621]

Secondo Young il

"sistema editoriale funziona per i best seller, ma non lascia spazio ai titoli che non promettono vendite dell'ordine dei milioni. Gli editori si rifiutano di pubblicare, molto spesso, non perché il libro (il cd o le foto) non sia di pregio, ma perché il titolo non ha mercato"[622].

Tramite Lulu

"gli autori provvedono personalmente alla confezione editoriale della propria opera (in formato cartaceo o multimediale); una catalogo online, al quale gli utenti accedono per acquistare le opere in formato digitale o cartaceo (in questo caso stampate su richiesta); una biblioteca digitale, coi testi liberamente consultabili online. Lulu fornisce agli autori un sistema automatizzato per la produzione editoriale, dalla creazione della copertina al formato del libro; ma si possono creare anche ebook, calendari e album fotografici. Era possibile creare anche CD musicali e DVD video, ma il servizio è stato dismesso nel 2003"[623].

**137: Salvatore Aranzulla**

Inizia nel 2002 la sua attività il siciliano **Salvatore Aranzulla**, che offre consulenza per *dummies* sull'uso delle nuove tecnologie web e non solo[624].

138: Dario Meoli

All'inizio del 2002 viene registrato ed entra online il sito di informazione sul mondo del Web e delle nuove tecnologie **ZeusNews** "l'Olimpico informatico"[625]. Ne è fra i fondatori Dario Meoli[626]. Per ZeusNews scriveranno negli anni e faranno parte della redazione: Paolo Attivissimo, Edoardo Prandin, Matteo Schiavini, Pier Luigi Tolardo.

139: Caterina Fake

Nasce **Flickr**, un social network che permette di condividere le foto. A fondarlo è una compagnia canadese (la Ludicorp) diretta da Stewart Butterfield e Caterina Fake. Flickr sarà acquisito nel marzo 2005 da Yahoo![627]

Il 9 gennaio 2002 viene attivato il suffisso **.coop**[628].

Il 14 gennaio 2002 è attivato il suffisso **.name** per i siti Internet. Per circa 30 dollari l'anno, un individuo può registrare un nome di sito nella forma*nome.cognome.name* ed avere un indirizzo di e-mail nel formato *nome@cognome.name*. Questo è il settimo nuovo suffisso aggiunto dagli anni -10s, quando fu creato il *domain name system* (DNS) o sistema dei nomi di dominio. Gli altri sono *.info*, *.biz*, *.aero*, *.pro*, *.museum* e *.coop*. Tuttavia *.aero* e *.coop* non sono ancora stati attivati e si prevede di attivarli nell'arco del 2003[629].

Il 22 gennaio 2002 **Amazon.com dichiara il suo primo utile.** In tempi in cui le società basate su Internet, le cosiddette "dotcom", sono massicciamente in crisi e chiudono con fallimenti spettacolari dopo l'ebbrezza spendacciona degli anni precedenti, è un traguardo molto significativo per una delle più grandi aziende online. L'utile netto per l'ultimo trimestre 2001 ammonta a 5 milioni di dollari, a fronte di ricavi per 1,12 miliardi di dollari per lo stesso periodo. Nello stesso trimestre del 2001, Amazon.com aveva dichiarato perdite per 545 milioni di dollari[630].

Il 25 gennaio 2002 muore a 71 anni **Pier Giorgio Perotto**, considerato **padre del personal computer** in quanto inventore della *Perottina*, il primo vero computer per ufficio. La sua scomparsa viene ignorata dai *media* italiani non specialistici[631].

**140: Massimo Mantellini**

Il 30 gennaio registra il suo sito (in parallelo al blog manteblog) **Massimo Mantellini**, uno dei nostri guru di riferimento sul web[632]. Lui è tra le tante cose autore anche del libro "La vista da qui: Appunti per un'Internet italiana" (2014) che è tra le cose da leggere[633].

Il 22 marzo 2002, dopo due anni di esistenza, **viene lasciato decadere il dominio .ps**. È solo un dettaglio in una tragedia terribile fatta di attentati suicidi e occupazioni militari, ma è un segno di quanta strada si era fatta e quanta se ne è persa nella questione israelo-palestinese[634].

Nasce a marzo a Mountain View (California) il social network **Friendster**, il primo a avere un successo consistente. Creato da Johnatan Adams. Raggiunge nel giro di pochi mesi i 3 milioni di utenti[635].

Aprile 2002: Secondo dati di Jupiter Media Metrix, **il 31% dei 26 milioni di famiglie inglesi ha un televisore interattivo.** È un primato mondiale; a titolo di paragone, negli ipertecnologici USA, ce l'ha l'8%. Per contro, e sembra assai probabile un nesso, solo il 46% delle famiglie inglesi ha un PC, contro il 68% statunitense, e soltanto il 32% delle famiglie inglesi accede a Internet[636].

Il 12 luglio 2002 viene lanciato **MeetUp**, un social network specializzato negli incontri.

> Fondamentale, per la formazione di questo social network, è stato l'attacco al World Trade Center di New York, l'11 settembre 2001. Il cofondatore Scott Heiferman ha dichiarato pubblicamente che il modo in cui la gente di New York si è riunita a seguito di tale evento traumatico lo ha ispirato a utilizzare Internet per rendere più facile per le persone connettersi con gli sconosciuti della loro comunità[637].

Con MeetUp l'utente inserisce la località in cui si trova e l'argomento di proprio interesse per visualizzare i gruppi attivi in quella località su quel dato argomento. In Italia MeetUp diventa famoso nel 2005 perché scelto da Beppe Grillo e dal suo movimento politico come mezzo di incontro e collegamento locale.

**141: eMule (la mascotte)**

Nasce il 13 agosto 2002 il progetto **eMule** grazie al programmatore tedesco Hendrik Breitkreuz, conosciuto come Merkur, insoddisfatto del client eDonkey. Merkur radunò intorno a sé altri sviluppatori con lo scopo di creare un programma eDonkey-compatibile ma con molte più funzioni. Il programma si afferma rapidamente come client di punta sulla rete grazie alle sue caratteristiche innovative.

Il 7 luglio 2002 viene reso disponibile su Sourceforge il solo sorgente della prima versione. Ma la versione effettivamente utilizzabile uscirà il 9 agosto[638].

Ad ottobre viene pubblicata online la prima versione del programma *peer-to-peer* **BitTorrent**, scritto da Bram Cohen con la sponsorizzazione di John Gilmore (ex Sun). Il suo aspetto innovativo è che risolve il collo di bottiglia dei sistemi *peer-to-peer* precedenti trasformando ogni utente in *downloader* e simultaneamente *uploader*, mentre prima la maggior parte degli utenti scaricava e basta, senza contribuire al circuito di scambio. In questo modo, più è alto il numero di utenti che vuole scaricare un file, più è alto il numero di utenti che lo offre e quindi più aumenta la velocità di download. Con i sistemi precedenti, se un file era richiesto da un elevato numero di persone si aveva la paralisi dei download[639].

Bram Cohen, è un programmatore di San Francisco. In precedenza, Cohen aveva scritto "Moyonation", un programma che frammentava i file e li inviava via web.

BitTorrent è scritto in linguaggio Python e fu originariamente distribuito sotto Licenza MIT. Dalla versione 4.0.0 del 7 marzo 2003 la licenza è cambiata in BitTorrent Open Source License[640].

Nel 2002 fa la sua comparsa **Skype**, software di messaggistica e VoIP. Gli sviluppatori dell'idea sono Niklas Zennström e Janus Friis, che avevano prima realizzato il popolare client di file sharing Kazaa, ossia la Sharman Networks[641]. Skype sarà presto acquisito da aziende e gruppi di finanziatori finché nel maggio 2011 sarà acquistato da Microsoft.

Nel 2002 il W3C rilascia il primo draft per un nuovo linguaggio che non prevedeva la retrocompatibilità né con XHTML 1.x né con HTML 4.01.

**XHTML 2.0** doveva adottare XML DOM al posto del Document Object Model, tra le novità prevedeva che ogni elemento avrebbe potuto comportarsi come un link a fronte della sola aggiunta di un attributo href e includeva tra gli altri un nuovo tag nl per implementare liste di navigazione[642]. L'XHTML 2.0 fu un flop.

Ci sono 170 milioni di host internet nel mondo, 27 milioni in Europa, più di tre milioni in Italia. Il numero di persone online in Italia continua ad aumentare[643].

Nasce **MySpace**, grazie a Tom Anderson e Chris DeWolfe. È uno spazio web che offre ai suoi utenti blog, profili personali, gruppi, foto, musica e video. Comunità virtuale e social network insieme[644].

**142: Girodivite (il logo)**

**Girodivite,** che ha il proprio URL ufficiale, assume il sottotitolo di "segnali dalle città invisibili" e soprattutto sceglie di essere un sito dinamico, utilizzando come "motore" interno il CSM francese SPIP. Direttore è Lucio Shinning Tomarchio (*I Siciliani*, Freaknet).

**Tiscali** raggiunge uno dei suoi apici: persegue il piano di creare un provider pan-europeo con acquisizioni europee, e trasferisce la sua sede al Campus Tiscali, in località *Sa lletta*, alle porte di Cagliari (la sede sarà venduta nel febbraio 2007).

Aruba inaugura ad Arezzo la sua webfarm, uno spazio di 2000 metri quadrati in cui ospita i suoi web server[645].

A circa un anno dall'uscita di BitTorrent, in concomitanza con la sua diffusione su vasta scala, Andrej Preston, conosciuto anche come Sloncek, aprì la prima grande community BitTorrent: **Supernova.org**. Sul sito era possibile scaricare gratuitamente torrent di ogni genere, anche quelli che non rispettavano le leggi sul diritto d'autore[646]. Sarà chiuso il 2005.

**143: Anonymous (uno dei primi loghi)**

Fa la sua prima comparsa **Anonymous**. È l'avatar di un gruppo di attivisti che compiono negli anni una serie di azioni eclatanti di attivismo politico, con l'intenzione di mostrare le debolezze del sistema politico e tecnologico dominante. Slogan: "We are Anonymous. We are legion. We do not forgive. We do not forget. Expect us! " (Noi siamo Anonymous. Siamo legione. Non perdoniamo. Non dimentichiamo. Aspettateci!)[647].

Il 25 febbraio 2003 irrompe in Internet il worm *SQL Hell* o *Slammer*. Si intasa il traffico della Rete. L'attacco informatico è abbastanza massiccio da portare alla completa paralisi il traffico Internet in Corea del Sud, il paese più cablato del mondo. Il 28 gennaio le Poste italiane sono costrette a fermare i computer nei loro 14.000 uffici postali. Cinque dei tredici *root DNS server* della Rete cadono sotto l'attacco. Anche Microsoft ne viene colpita. È il peggiore attacco a Internet mai sferrato[648].

Viene presentato alla conferenza MacWorld del 7 gennaio 2003 la prima public beta di **Safari**, il browser di Apple[649]. La prima versione ufficiale è del 23 giugno 2003, diventa uno standard per il Mac OS X.

Il 3 marzo 2003 il Tribunale di Bergamo (primo grado) condanna l'imprenditore Luca Armani a consegnare il nome dominio **armani.it** alla Giorgio Armani SpA. Questo nonostante il fatto che il piccolo produttore di timbri avesse registrato il nome di dominio nell'ottobre 1997, precedendo la casa di moda milanese. Fu un caso molto discusso[650] e che ebbe un lungo strascico giudiziario[651].

Il 28 aprile 2003 viene inaugurato **iTunes Store**: è il negozio di vendita di musica digitale video e film di Apple[652]. Fino al 12 settembre 2006 si chiamerà "iTunes Music Store). Per accedervi occorre avere l'app iTunes (in contemporanea fu lanciata la versione 4 di iTunes app[653]). Associato all'iPod, con un catalogo molto ben fornito e un prezzo per il download dei brani appetitoso, fu un successo per Steve Jobs che aveva voluto questo store: nella prima settimana aveva venduto 1 milione di brani e raggiungerà cifre notevoli negli anni successivi.

144: LinkedIn (logo)

Il 5 maggio 2003 viene lanciato **LinkedIn**, social network per i contatti professionali[654]. L'idea è quella di creare una comunità d'incontri tra professionisti, che attraverso le conoscenze reciproche possano innescare servizi indiretti utili per avanzamenti di carriera e affari. Una specie di istituzionalizzazione della raccomandazione non più nascosta o dietro le quinte ma esplicita e trasparente.

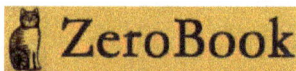

145: ZeroBook (logo)

Girodivite si mette a fare anche **ZeroBook**, casa editrice che fa libri elettronici (ebook) e print-on-demand. Un anno prima era nata in Canada **Lulu.com**[655] grazie a Bob Young il fondatore di Red Hat: Zerobook si appoggia a Lulu.com per il print-on-demand. E grazie ai software open source che appariranno negli anni a venire, come Sigil[656], OpenOffice, Calibre[657], impariamo a fare gli ebook (in formato epub[658], oltre che nei formati proprietari come mobi, pdf ecc.).

Il 12 maggio 2003 SCO, la società che detiene i diritti di Unix, dichiara che **il kernel di Linux conterrebbe parti di codice copiate** dal suo Unix e che pertanto distribuire e utilizzare Linux sarebbe illegale. L'annuncio semina il panico nella comunità negli utenti Linux, ma anche la reazione delle aziende che in Linux hanno investito ingenti somme, come IBM, che invitano SCO a presentarsi in tribunale per dimostrare la propria affermazione (SCO non è disposta a indicare pubblicamente quali sono le parti copiate; pretende un accordo di riservatezza che nessun esperto si sente di accettare). In una coincidenza che molti considerano sospetta, pochi giorni dopo Microsoft paga svariati milioni di dollari a SCO per una licenza del suo software. L'ipotesi più diffusa è che SCO stia facendo un complesso *bluff* per indurre IBM a comperare SCO a un prezzo inflazionato. Vere o false, le accuse di SCO gettano dubbi durevoli sulla legalità dell'uso di Linux, che si va comunque gradatamente affermando[659].

La prima versione di **WordPress** è pubblicata il 27 maggio 2003 dai fondatori Matt Mullenweg e Mike Little come fork di b2/cafelog. Il nome WordPress fu suggerito da Christine Selleck. WordPress era un CMS (content management system) per il personal publishing, molto diffuso tra i siti di fascia personale e per le piccole aziende[660].

31 maggio 2003: Per la prima volta, il numero di e-mail di **spam supera quello di messaggi regolari.** Secondo una ricerca della società MessageLabs, il 55% degli e-mail che ha esaminato a maggio 2003 era costituito da spam; nel mese precedente lo spam era poco meno del 40%[661].

Il 18 giugno 2003 parte ufficialmente **AdSense** di Google, il sistema di pubblicità tramite banner, che diventa presto dominante permettendo a Google entrate notevoli, ma anche ai piccoli siti di poter avere una parte degli introiti pubblicitari veicolati tramite il traffico[662].

Il 23 giugno 2003 viene lanciato **Second Life**, mondo virtuale, curato dalla società statunitense Linde Lab[663]. Ebbe un immenso successo e attirò la curiosità dei media tradizionali, per poi spegnersi dopo qualche anno.

**146: Second Life (logo)**

Il 15 luglio 2003 nasce **Mozilla Foundation**, in seguito alla decisione di AOL di ritirarsi dal progetto Mozilla e dismettendo così la linea di sviluppo del browser indipendente Netscape[664]. MF sarà intestataria di una serie di progetti, alcuni dei quali hanno avuto successo altri decisamente meno. Soprattutto fornirà al "popolo della Rete" un browser indipendente (da Internet Explorer) come Firefox, e un client di posta come Thunderbird.

Il 12 agosto 2003 inizia a diffondersi il virus (più propriamente *worm*) **Blaster**, detto anche **Lovsan** o **MsBlast**. In un paio di giorni infetta circa 280.000 computer. Ha effetto soltanto sulle versioni recenti di Windows (Windows NT 4.0, Windows NT 4.0 Terminal Services Edition, Windows 2000, Windows XP,Windows Server 2003): ironicamente, quelle vecchie (Windows 95, 98, ME) ne sono immuni. Sono immuni anche Linux e tutti gli altri sistemi operativi non-Microsoft.
L'effetto del worm è che Windows inizia a spegnersi da solo e riavviarsi ogni 60 secondi, con un ironico conto alla rovescia sullo schermo; le macchine infette, inoltre, vengono programmate per scatenare un attacco *DoS* (Denial of Service) contro il sito Windows Update di Microsoft il 16 agosto (l'attacco verrà respinto, anche grazie a causa di un errore banale nel codice del worm)[665].

Il 19 agosto 2003 inizia la circolazione del virus/worm **Sobig F**, che infetta centinaia di migliaia di utenti e arriva ad infettare 1 e-mail su 17 di media e stabilisce un nuovo record di diffusione[666].

Il 21 ottobre 2003 inizia la sua attività pubblica **The Pirate Bay**, creato da Fredrik Neij, Peter Sunde e Gottfrid Svartholm[667].

Ci sono 233 milioni di host internet nel mondo, 34 in Europa, 5 in Italia[668].

# L'era dei social network

Alla fine del 2004 si tenne la Web 2.0 conference di O'Reilly Media, una iniziativa di Tim O'Reilly. Qui ebbe il suo battesimo l'idea di **Web 2.0**[669]. Dopo gli anni di affanno seguiti alla crisi del 2000, era il modo con cui il sistema dei grandi mass-media, delle grandi aziende capitalizzate, e dei venturist che facevano affari con il web trovarono il modo di ripresentarsi come parte avanzata della "rivoluzione" digitale e informatica. Nella narrazione marketing del Web 2.0 quello era il momento del "nuovo" web, legato al paradigma del Web dinamico (contrapposto al web statico del Web 1.0), l'uso di ajax, l'e-commerce e il social network che nel frattempo erano nati.

Al di là delle strombazzate "novità" tecnologiche (che tali non erano), è il momento del ricambio generazionale portato avanti dai nuovi protagonisti dei fondatori rampanti dei social network che darà un nuovo impulso alla "rivoluzione" tecnologica e dei costumi in atto.

A pochi anni dalla grande crisi che aveva sgonfiato la "bolla" telematica, è un modo come un altro per annunciare che il Web non era morto ma che con esso si potevano fare buoni affari. La macchina mediatica e pubblicitaria che accompagna il Web ripartì e tutti tornarono sorridenti a provare a fare business con il Web.

173

Solo **il 29% degli italiani naviga su Internet.** Per confronto: Germania 60%, Gran Bretagna 54%, Francia 43%, Canada 71%, USA 68%. Aumentano del 262% le connessioni in banda larga in Italia. Italia ultima in Europa per spesa ICT (5,47% del PIL, rispetto a una media UE del 6,74%). Solo il 14,4% delle PMI usa Internet per il proprio business. **Gli utenti italiani sono 13.700.000** (+1 milione, ossia +10%, rispetto al 2004). Dal 1990, sono più gli internauti domestici che quelli dall'ufficio. Le connessioni scolastiche calano a 1,5 milioni, dopo un picco di 1,8 milioni nel 1990. La classifica della diffusione della Rete nelle regioni vede prima la Liguria (36,7%), seguita da Lombardia (36.4%), Triveneto (35.5%) ed Emilia-Romagna (33.1%); in coda sono Sicilia (18.7%) e Basilicata-Calabria (17.8%). Gli utenti interessati a fare acquisti online erano 1.7 milioni a fine 2003 e sono 2.14 milioni a fine 2004. A novembre 2004, il 21% degli utenti Internet ha un collegamento ADSL (sei mesi prima erano il 12%)[670].

Ci sono 318 milioni di host internet nel mondo, 54 in Europa, 9 in Italia. Con l'entrata di dieci nuovi membri il numero di host internet nell'Unione Europea sale a 49 milioni (il 90 % dell'Europa)[671].

Viene presentato Google Libri (**Google books**, ma per ora si chiama ancora Google Print) al Buchmesse di Francoforte: l'idea è quella di scansionare i libri del patrimonio universale e metterli a disposizione in formato facsimile digitale[672].

In Sicilia si prova a uscire dalla crisi seguita allo sboom delle dot-com con il **progetto Etna Valley** portato avanti da Carmelo Cutuli e altri imprenditori della Sicilia Orientale[673]. È l'ultima volta che si sente parlare di "Etna Valley" in Italia.

Il 9 gennaio 2004 viene promulgata la **Legge Stanca**[674] con le sue "disposizioni per favorire l'accesso dei soggetti disabili agli strumenti informatici". Il suo nome deriva dal firmatario Lucio Stanca, il ministro per l'Innovazione e le Tecnologie del Governo italiano allora guidato da Silvio Berlusconi. I decreti attuativi arriveranno nella prima metà del 2005. Si tratta di una legge importante, frutto della elaborazione di alcuni anni precedenti di gruppi attivi nel mondo informatico[675]. Una legge che non aveva significato solo per il mondo della disabilità. Si affermava pubblicamente il valore dell'**usabilità** di un sito web, della sua **accessibilità** per tutti attraverso tecniche di buona scrittura di codice che avrebbe dovuta essere pratica quotidiana "normale" e tale non lo era e non lo sarà neppure dopo, soprattutto per siti della Pubblica Amministrazione che dovevano fare comunicazione e trasparenza con i cittadini. La sciatteria dei siti governativi rimase, complice anche la poca diffusione della reale comprensione di come ci si doveva rapportare con i cittadini. È stata una occasione persa non solo per la Pubblica Amministrazione italiana. il caso emblematico divenne **il sito www.italia.it**[676] che dopo 45 milioni di euro spesi fu messo online solo nel febbraio 2007, pieno di bug e non rispettante le stesse norme della Legge Stanca[677].

Il 27 gennaio 2004 si diffonde il virus/worm **Mydoom/ Novarg/ SCObig/ MiMail.R/ Shimgapi**, battendo ogni record precedente di diffusione virale[678].

Il 13 febbraio 2004 Microsoft conferma che **il codice sorgente di Windows 2000 e Windows NT4 è stato parzialmente trafugato e circola liberamente ma illegalmente su Internet.** Avendo a disposizione il codice sorgente, teoricamente segreto e visionabile solo da una ristretta cerchia di enti governativi e società altamente fidate, si prevede che per gli aggressori sarà molto più facile capire il funzionamento di Windows, trovarne le falle e sfruttarle per i loro attacchi. Il problema riguarda a quanto pare anche chi usa Windows XP, dato che contiene parti tratte dalle altre versioni di Windows di cui è stato divulgato il codice. Dato che parte del modello di sicurezza di Microsoft si basa sulla *security through obscurity*, ossia non sulla robustezza intrinseca del codice ma sulla sua segretezza, la falla (la seconda dopo l'incidente analogo del 2000) è particolarmente imbarazzante e pericolosa[679].

A febbraio 2004 viene lanciato **Facebook**, servizio di rete sociale (social network) gestito da Facebook Inc. Lo ha fondato Mark Zuckerberg e altri suoi colleghi dell'Università di Harvard[680].

Il 24 marzo 2004 **la Commissione dell'Unione Europea si pronuncia contro Microsoft**. Il Tribunale di Primo Grado dell'UE confermerà nel 2007 buona parte delle decisioni prese nel 2004. Microsoft deve pagare una multa, ma soprattutto deve adottare una serie di provvedimenti che limitano la sua posizione dominante e le sue pratiche scorrette:

> "impone a Microsoft di condividere con i concorrenti le specifiche di funzionamento del proprio software di comunicazione a livello server, in modo da consentire ai concorrenti di interoperare, ossia realizzare prodotti pienamente compatibili con quelli di Microsoft e quindi consentire agli utenti di scegliere fra più fornitori ed evitare distorsioni del mercato. Il Tribunale ha confermato che Microsoft non ha rispettato quest'ordine.
>
> Lo stesso ordine prevede anche che Microsoft fornisca al mercato una versione di Windows priva di Windows Media Player, perché obbligando di fatto gli utenti ad acquistare WMP insieme a Windows (o regalandolo insieme a Windows, a seconda dei punti di vista), Microsoft ha approfittato della propria posizione dominante nel settore dei sistemi operativi per tentare di creare un'altra posizione dominante nel settore della riproduzione audio-video.
>
> Infatti è chiaro che se l'utente si trova Windows Media Player preinstallato, difficilmente andrà a procurarsi un altro software analogo (non che sia impossibile, ma la pigrizia è una grande forza di mercato), e questo di fatto ha strangolato i concorrenti: prima che Microsoft prendesse il sopravvento con questa strategia contestata dall'UE, il mercato dei file multimediali era appannaggio di altri nomi, come per esempio Real Networks"[681].

Commissario europeo alla concorrenza era allora (nel 2004) Mario Monti[682].

L'1 aprile 2004 viene lanciato da Google, **Gmail**. Passano 5 anni prima di passare alla release pubblica (il 7 luglio 2009). È fin dall'inizio un successo: Gmail dà spazio per i tempi notevole (1 Gb, sarà poi di 2 Gb a partire dall'1 aprile 2005, poi fino a 15 Gb in tandem con Google Drive)[683].

**149: Tony Siino**

Nel luglio 2004 mentre è a Bruxelles, a Tony Siino viene in mente di realizzare **Rosalio** (si legge: rosalìo), multiblog locale che parla di Palermo e della palermitanità[684]. Siino si era già dato molto da fare con i blog. Oltre al suo blog personale Deeario[685], aveva messo su anche BlogItalia[686] e YouniPa (blog dell'Università di Palermo)[687].

Ad agosto 2004, **liberalizzazione dei domini .it italiani**. I privati possono ora registrare tutti i domini che vogliono (prima, dal 15 dicembre 1999, potevano farlo solo le "partite IVA"). Una possibilità che escludeva gli italiani, e invece era permessa in Europa solo in Germania e Inghilterra[688].

Il 7 ottobre 2004 la sede inglese di **Indymedia** subisce la rimozione dei server (sono i server del provider statunitense Rackspace in Inghilterra). È un'azione dalle dubbie motivazione e dalla giurisprudenza complicata: la richiesta di rimozione pare sia venuta dall'FBI americana, in territorio inglese. Per alcuni giorni i nodi collegati ai server inglesi subiscono gravi impedimenti nel lavoro normale di messa online e diffusione delle notizie: così Indymedia Italia che si appoggiava proprio a quei server. Il 13 ottobre i server sono restituiti. del grave episodio se ne discute sulla stampa e su alcune televisioni[689].

177

In quegli stessi giorni anche il giornalista Pino Scaccia[690] viene denunciato per alcuni commenti trovati nei forum del suo blog[691].

Il 20 ottobre 2004 è la prima pubblicazione di **Ubuntu**[692]. È Mark Shuttleworth a volere questo nuovo sistema operativo, una distribuzione Linux basata su Debian. Lo slogan è: "Ubuntu: Linux per eseri umani" (Ubuntu: Linux for human beings). Il nome Ubuntu deriva dallo nguni bantu e significa più o meno "umanità verso gli altri", il termine teorizza il legame di scambio universale che unisce l'intera umanità. Con Ubuntu si cerca di fare un Linux facile da usare, e per questo si orienta presto a avere una interfaccia grafica (nell'aprile 2011 la nuova versione detta Natty Narwhal, utilizza come interfaccia grafica Unity che però fu aspramente criticata).

**150: FireFox (una delle ultime versioni del logo)**

Il 9 novembre 2004 viene lanciato **Firefox**, browser alternativo a Internet Explorer, curato da Mozilla Foundation[693].

Esce il 7 dicembre 2004 la prima release di **Thunderbird**, programma di gestione posta. È nell'ambito di Mozilla Foundation[694]. Ha un ottimo successo tra gli "indipendenti".

A dicembre 2004, secondo la britannica British Phonographic Industry, l'acquisto di canzoni singole online supera quello dei single venduti attraverso i supporti tradizionali: "Fra i più scaricati degli ultimi tempi in UK, Gwen Stefani, U2, Destiny's Child, Green Day"[695].

**PayPal** prova anche in Italia a espandersi con la sua rete "fisica" di carte di credito[696]. Non avrà molto successo, ma testimonia la progressiva colonizzazione del settore finanziario tradizionale da parte di soggetti nati e provenienti dal Web.

**Fastweb** annuncia di voler investire 3 miliardi sulle infrastrutture per espandere la sua rete in Italia[697].

Nasce ad Ivrea il progetto **Arduino**[698]. C'entra poco con il Web, ma a noi piace metterla, questa informazione. Arduino è più di una scheda elettronica, "è una piattaforma di prototipazione elettronica open-source che si basa su hardware e software flessibili e facili da usare. La scheda Arduino è in grado di interagire con l'ambiente in cui si trova ricevendo informazioni da una grande varietà di sensori, e controllando luci, motori e altri attuatori. Il microprocessore sulla scheda è programmato utilizzando il linguaggio di programmazione Arduino (basato su Wiring) e l'ambiente di sviluppo Arduino (basato su Processing)"[699]. Ci lavorano Massimo Banzi, David Cuartielles, Tom Igoe, Gianluca Martino, e David Mellis. Il nome della scheda e del progetto è quello di un bar di Ivrea frequentato da alcuni dei fondatori del progetto[700].

Nasce a Palazzolo Acreide (Siracusa) il **Museo dell'informatica funzionante**. È Gabriele Asbesto Molesto Zaverio che si trasferisce dal centro sociale Auro di Catania a Palazzolo, e si porta appresso assieme ad alcuni compagni, le macchine che riesce a far ri-funzionare. Il Museo accaglierà oltre 2 mila computer (il PDP-11 di DEC, il Data General Eclipse, l'RS/6000 di IBM, il DPS-6 di HoneyWell, e i primi computer di Apple)[701] [702].

**151: Giuseppe Piero Grillo (detto Beppe)**

Il 6 gennaio 2005[703] fa la sua comparsa il sito di **Beppe Grillo** (http://www.beppegrillo.it/). Viene presentato come un blog, ha subito un enorme successo calamitando l'attenzione dei media tradizionale. In realtà non è un blog, essendo proprio del blog di essere gestito da una sola persona e destinato all'espressione personale. Il sito di Beppe Grillo diventa veicolo e aggregato di un movimento che si trasforma ben presto in una forza politica (il Movimento Cinque Stelle, M5S).

A gennaio **i domini .it raggiungono quota un milione**. Ne dà l'annuncio il CNR che gestisce il register italiano. L'Italia è quarta in classifica per numero di domini registrati nel mondo. Ad aggiudicarsi quota un milione è lucavullu.it, gestito dal 25enne nisseno Luca Vullo[704].

Si ha notizia a gennaio della nascita della **prima associazione di e-commerce in Italia**. Si chiama **Assecom** e nasce dall'unione di sette commercianti italiani che si ritrovano registrati alla Camera di Commercio di Genova[705].

Nel febbraio 2005 parte in Italia la **PEC**[706], posta elettronica certificata. Il sistema dovrebbe permettere la certificazione di chi invia, la sicurezza sulla messaggio che si sta inviando, e che il messaggio giunga realmente al destinatario secondo protocolli di autenticazione e certificazione. Il sistema delle email (e delle chat) era stato finora gratuito e lasciato al libero sviluppo tecnologico, la sua gratuità aveva assicurato al Web uno dei motivi del suo successo e della sua diffusione. Tramite la PEC il Governo italiano prova a fare ordine[707] e magari a costruire un sistema redditizio simile al sistema postale. Il sistema si scontra contro il maggior vantaggio dato dal servizio email normale, dalla mancanza di uno standard internazionale al riguardo (che fa della PEC in pratica un sistema unico al mondo). Lentezze nella diffusione ed errori (come il servizio CEC-PAC ufficiale del Governo italiano che verrà progressivamente sospeso nel 2015) non ne facilitano la diffusione.

«Il momento è arrivato». Si conclude così il lungo addio di **Ivan Noble**, il giornalista della Bbc che, ammalatosi di cancro al cervello, ha tenuto per due anni un diario su Internet della sua quotidiana lotta per sopravvivere, coinvolgendo e commuovendo migliaia di persone"[708].

**152: YouTube (logo)**

**YouTube** è fondato a febbraio da Chad Hurley (amministratore delegato), Steve Chen (direttore tecnico) e Jawed Karim (consigliere), in precedenza tutti dipendenti di PayPal[709].

Il primo video (*Me at the zoo*, Io allo zoo), caricato da Karim alle 20:27 del 23 aprile, ha una durata di 19 secondi ed è stato girato di fronte alla gabbia degli elefanti dello zoo di San Diego. Jawed Karim è anche il primo utente registrato sul sito, con l'user-name jawed.

L'8 febbraio 2005 viene lanciato **Google Maps**[710]. Ecco una cosa che prima non c'era assolutamente e che Google si inventa, creando persino un mercato nel "lungo tempo".

L'1 maggio 2005 Gianluca Neri attraverso il suo blog **MacchiaNera** pubblica una versione del rapporto statunitense sulla morte di Nicola Calipari, epurata dagli omissis con cui i militari americani pensavano di riservare alcune parti del rapporto[711].

Il 4 maggio 2005 Indymedia Italia è sottoposta a procedimento giudiziario della Procura della Repubblica di Roma per vilipendio nei confronti della religione cattolica: l'accusa è di aver pubblicato una vignetta/fotomontaggio raffigurante papa Benedetto XVI in divisa da Gioventù Hitleriana[712].

**153: Arianna Huffington**

A maggio nasce l'**Huffington Post**, aggregatore di news e blog. Ne è artefice la greca-americana Arianna Huffington[713]. Nel 2012 l'edizione italiana diretta da Lucia Annunziata.

**154: Reddit (logo)**

Nel giugno 2005 nasce **Reddit**, a Medford, nel Massachusetts, da Steve Huffman e Alexis Ohanian, all'epoca entrambi ventiduenni appena laureati alla Università della Virginia. In quello stesso mese, Reddit ricevette un finanziamento dalla società Y Combinator per una somma di 100.000 dollari. Il team, quindi, si espanse con l'assunzione di Christopher Slowe nel novembre del 2005. Reddit "è un sito Internet di social news e intrattenimento, dove gli utenti registrati (chiamati "redditors") possono pubblicare contenuti sotto forma di post testuali o di collegamenti ipertestuali (links). Gli utenti, inoltre, possono attribuire una valutazione, "su" o "giù", ai contenuti pubblicati: tali valutazioni determinano, poi, posizione e la visibilità dei vari contenuti sulle pagine del sito. I contenuti del sito sono organizzati in aree di interesse chiamate subreddits"[714].

A luglio 2005, la Intermix Media proprietaria parziale di **MySpace**, viene acquistata per 580 milioni di dollari da News Corporation di Rupert Murdoch[715]. È l'inizio della fine di MySpace, incapace di reggere alla concorrenza ci Facebook e di Twitter, trova una sua nicchia come insieme di siti musicali e di autopromozione di band musicali, ma alla fine decade. MySpace Italia viene aperta nel maggio 2007, e chiuso il 26 giugno 2009.

**155: Joomla! (logo)**

A settembre viene lanciata la prima versione di **Joomla!**. È un CMS (content management system) per la realizzazione di siti web, nato sotto la direzione di Andrew Eddie in polemica contro la direzione presa dal progetto Mambo (della australiana Miro Corporation). Joomla ha scelto l'open source, è distribuito sotto GNU General Public License, il team che ne fa parte si è unito in associazione no-profit (Open Source Matters). Il nome del progetto deriva dal termine *jumla* che in swahili significa "tutti insieme"[716].

Viene prodotto e distribuito **Revolution OS 2**, primo documentario italiano riguardante l'open source, diretto da Arturo Di Corinto[717].

Ci sono 395 milioni di host internet nel mondo, 71 in Europa, più di dieci in Italia.

Ci sono circa 16 milioni di persone online in Italia, di cui 11 milioni fanno un uso relativamente "abituale" della rete. Il numero continua a crescere, ma più lentamente dell'attività online come misurata dal hostcount[718].

Viene sviluppato a partire dal 2006 **Spotify**, servizio di streaming musicale, dalla Spotify AB a Stoccolma in Svezia. L'azienda è stata fondata da Daniel Ek, ex CTO di Stardoll e da Martin Lorentzon, cofondatore di TradeDoubler. Sarà immesso nel mercato a partire dal 2008[719].

**156: Julian Assange**

Viene lanciato **WikiLeaks**. Creato da Julian Assange e altri attivisti, coordina un gruppo di giornalisti, attivisti e scienziati impegnati nella diffusione e denuncia di notizie. Il nome "leaks" rimanda al significato di "perdita", "fuga di notizie". Sulla prima pagina del sito è una frase dal Siddhartha: "Tre cose non possono essere nascoste a lungo: la Luna, il Sole e la Verità". Le notizie sono ricevute in forma anonima tramite un box protetto da sistemi di cifratura; i documenti vengono vagliati dal comitato di esperti, e ridiffusi tramite il sito web. Il primo scoop di WikiLeaks riguarda il caso di un documento (dicembre 2006) che provava il complotto per assassinare i membri del governo somalo, firmato dallo sceicco Hassan Dahir Aweys[720].

**157: Simbolo del Piratpartiet (il Partito Pirata svedese)**

All'inizio del 2006 nasce in Svezia il **Partito Pirata** (Piratpartiet) su iniziativa di Rickard Falkvinge[721]. Si impegna nella lotta contro il copyright, e diviene modello per altri partiti con lo stesso nome, in altri paesi europei (in Germania, Islanda ecc.).

**158: Antonio Tombolini**

Antonio Tombolini dà vita a Loreto alla **Simplicissimus Book Farm**, casa editrice specializzata in libri elettronici (ebook). È tra i pochi editori italiani a voler scommettere sul nuovo mercato degli ebook[722]. Cercherà di importare anche in Italia e diffondere i lettori e-ink[723], darà poi vita a una piattaforma web rivolta ai piccoli editori e agli autori interessati all'auto-pubblicazione. Nel 2014 annuncerà la nascita della Antonio Tombolini Editore[724].

Inizia a diventare popolare il termine **cloud computing**[725]. I grandi protagonisti del Web e dell'industria della new economy creano la propria "nuvola" e offrono servizi a privati e aziende. Così l'Elastic Compute Cloud di Amazon, Microsoft Azure (alla fine del 2008), IBM SmartCloud (marzo 2011), Oracle Cloud (7 giugno 2012). Gli utenti e le aziende invece di avere software e dati risiedenti nei propri computer, li affidano alla "nuvola" cioè a una base dati centralizzata. La cosa non sembra convincere molti.

A giugno **YouTube** comunica che quotidianamente vengono visualizzati circa 100 milioni di video, con 65.000 nuovi filmati aggiunti ogni 24 ore. L'azienda di analisi Nielsen/NetRatings valuta che il sito abbia circa 20 milioni di visitatori al mese. L'incremento di popolarità che il sito ha avuto dalla sua fondazione gli ha permesso di diventare il terzo sito più visitato nel mondo dopo Google e Facebook[726].

L'Oxford English Dictionary aggiunge la parola "google" (verbo).

Il 15 luglio 2006 è il lancio di **Twitter**. È un social network e un microblogging: si possono mandare messaggi ma non superiori ai 140 caratteri. Ne è creatore Jack Dorsey[727].

**159: YouPorn (logo)**

Il successo di YouTube origina tentativi di concorrenza e di emulazione. Il caso di maggiore successo è però quello di **YouPorn**, sito dedicato ai video pornografici. Di proprietà della Midstream Media International N.V., il dominio è stato creato proprio nel 2006, mentre il primo video è stato postato il 28 agosto 2006. Già nel novembre del 2007 viene segnalato come il più grande sito pornografico su Internet per numero di accessi[728].

Il 10 ottobre 2006 Google Inc. compra **YouTube** per 1,65 miliardi di dollari pagati in azioni proprie[729].

A novembre **Indymedia Italia chiude**. Si registrano una serie di difficoltà che inducono a prendere questa decisione: la mancanza di disponibilità di server indipendenti disposti a ospitare il nodo italiano; la difficoltà nel controllo del flusso di notizie ospitate e nei forum; la sensazione di un distacco intervenuto tra chi gestiva il nodo e parte degli attivisti attivi nei forum e nelle sezioni dedicate alle notizie. Si avvia una discussione tra i vari soggetti militanti per trovare il modo di riaprire il nodo.

**160: Parisa Tabriz**

Entra in Google come addetta alla sicurezza informatica nel 2006 Pariza Tabriz[730]. Diventerà presto responsabile della sicurezza, e a capo della protezione hacker di Chrome. Lei è nata nel 1983. La chiamano "la principessa della sicurezza". Le piace il gelato e il trekking. Ok, sono innamorato di lei, peccato che lei non mi conosce.

Attacchi di **Anonymous** nel corso del 2006:

Habbo, un famoso social network progettato come un hotel virtuale subisce un primo attacco importante (conosciuto come il "Great Habbo Raid of '06")[731].

**161: WikiLeaks (logo)**

Diventa un caso internazionale l'azione di **WikiLeaks** che, coordinata da Julian Assange, mette online milioni di documenti segreti e intercettazioni della "diplomazia" segreta internazionale[732]. Nello staff di WikiLeaks erano entrati a far parte alcuni volontari esperti nell'uso del software anonimizzatore Tor. Grazie a questo software fu possibile intercettare milioni di conversazioni; fu intercettato anche il traffico di alcuni hackers cinesi che facevano incetta di informazioni sui governi occidentali. Nella seconda metà del 2007 la pubblicazione di migliaia di documenti riguardanti l'equipaggiamento militare nella guerra in Afghanistan, la corruzione in Kenya, la gestione del campo di prigioni di Guantánamo suscitarono un grosso impatto sui media.

**162: Immagini di iPhone**

Il 9 gennaio 2007 Steve Jobs presenta al MacWorld l'**iPhone**. A giugno comincia ad essere venduto negli Stati Uniti[733].

Il 30 gennaio 2007 viene diffuso e venduto pubblicamente il sistema operativo **Windows Vista**[734]. Poveracci quelli che l'hanno usato.

A fine febbraio 2007 viene messo online **il sito www.italia.it**, sito governativo voluto dai governi Berlusconi e Prodi. Tutta l'Italia informatica ridacchia e si indigna: l'enorme spesa fatta (un finanziamento di 45 milioni di euro spalmati negli anni), e un sito assolutamente inutile e per di più pieno di errori e bug. Meno di un anno dopo verrà chiuso. Nuovo finanziamento di 10 milioni di euro e riapertura nel luglio 2009[735]. Rimane per anni esempio del pressappochismo con cui Governi e Amministrazioni pubbliche hanno affrontato le cose del Web in Italia.

Il 25 maggio 2007 Google lancia **Google Street View**, rilevazione fotografica del mondo attraverso le sue strade, che si aggancia ai servizi già operativi di Google Maps e Google Earth: "Quel giorno c'erano solo 5 città: Denver, Las Vegas, Miami, New York, e San Francisco. Il 7 agosto dello stesso anno, San Diego, Los Angeles, Houston, e Orlando. Il 9 ottobre altre 6 città, Filadelfia, Phoenix, Pittsburgh, Portland, Tucson, Chicago (e il suo sobborgo Naperville). Il 10 dicembre: Boston; Providence; Detroit; Minneapolis-Saint Paul; Indianapolis; Dallas-Fort Worth. Sempre nello stesso mese e nello stesso anno vengono introdotte alcune strade della città di Sydney, in Australia."[736]. Con notevole sforzo organizzativo ed economico, Street View coprirà presto tutte le terre emerse.

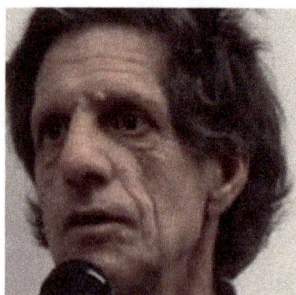

**163: Franco Carlini**

Il 30 agosto 2007 muore a 63 anni a Genova **Franco Carlini**. Era stato giornalista e grande esperto delle nuove tecnologie e di internet. Aveva dato vita tra l'altro a *Chips & salsa*, il nome del suo blog che era poi diventato un supplemento cartaceo su Il Manifesto[737].

Si diffonde sul Web a partire da agosto l'**hashtag**. Nasce su Twitter, è una parola chiave (o tag) con cui l'autore di un post richiama l'attenzione del lettore sul tema di cui parla il post.

Ad ideare questa modalità di comunicazione fu Chris Messina, un avvocato di San Francisco che il giorno 23 agosto 2007, su Twitter, postò la frase:

> « how do you feel about using # (pound) for groups. As in #barcamp [msg]? »
>
> (Chris Messina su Twitter)

Il primo che ne fece uso su un profilo molto seguito fu però Nate Ritter, che nell'ottobre del 2007 incluse #sandiegofire nei suoi frequenti messaggi che parlavano degli incendi che stavano colpendo la contea di San Diego. A livello internazionale invece, è diventato comune quando fu utilizzato nelle proteste in Iran durante le Elezioni presidenziali in Iran del 2009[738].

HP introduce **il primo modello di tablet** destinato al mondo consumer: si tratta dell'HP Pavilion serie tx1x00[739].

Il 16 ottobre 2007 viene presentato il modello **Asus Eee Pc**[740] primo modello ad avere grande successo come netbook.

**164: David Karp**

Viene lanciato **Tumblr**, creato da David Karp e Marco Arment. È una piattaforma di microblogging che permette di riprendere i post degli altri, formando delle vere e proprie catene di pubblicazioni e riprese: testi immagini e video possono essere annotati, commentati ed è possibile risalire a chi per primo ha postato quel determinato materiale[741].

Viene chiuso **Oink**, sito e tracker di BitTorrent britannico, per pirateria. Era nato tre anni prima, nel 2004[742].


Nel corso dell'anno riaprono alcuni nodi locali di Indymedia Italia (ma non ancora il nodo nazionale): sono i nodi toscano, napoletano, emiliano, piemontese, romano, ligure, lombardo, calabrese e abruzzese. A novembre si svolge un meeting nazionale presso il centro sociale Forte Prenestino a Roma.


Ci sono 540 milioni di host internet nel mondo e 120 milioni in Europa. Il numero di siti web su scala mondiale è salito a 150 milioni (ma quelli "attivi" crescono meno del totale). Il numero delle persone che usano la rete continua a crescere, ma in Italia lo sviluppo è più lento che in altri paesi. Si conferma una tendenza già rilevata nel 2006: per numero persone online l'Italia è stata "sorpassata" dalla Francia (e, rispetto alla popolazione, anche dalla Spagna)[743].


Anche nel 2007 **Anonymous** si pubblicizza attraverso i suoi "attacchi" pubblici mirati[744].

**Facebook** si espande in Italia, ed è subito boom (agosto del 2008).

**Yahoo!** ha ormai perso la sua battaglia nei confronti di Google, non è più aggiornato manualmente da una serie di operatori e dai siti segnalati dagli utenti. Si limita a proporre i risultati di Bing, il motore di ricerca di Microsoft, che dispone di un'indicizzazione automatica dei siti, come il principale concorrente Google[745].

**WikiLeaks** viene chiuso per decisione di un tribunale californiano dietro le pressioni della banca svizzera Julius Bär, ritenutasi diffamata da documenti che l'accusavano di supportare l'evasione fiscale e il riciclaggio di denaro sporco[746]. Lo stesso giudice californiano che aveva ordinato la chiusura ne ordinò la riapertura il 29 febbraio, citando il primo emendamento e problemi legati alla giurisdizione.

**165: Cory Doctorow**

Viene pubblicato il romanzo di **Cory Doctorow** *Little Brother* (X, in italiano): "Non fidarti di nessuno sopra i venticinque" è lo slogan che riprende, abbassandola di età, lo slogan analogo del Movement degli anni Sessanta.

Il 31 gennaio 2008 parte un processo contro **The Pirate Bay**, accusato dalla procura svedese di infrazione del diritto d'autore. Sono inquisiti Fredrik Neij, Gottfrid Svartholm, e Peter Sunde, che gestiscono il sito; e Carl Lundström, un imprenditore che vendeva servizi al sito. Il 17 aprile 2009 fu pronunciata la condanna[747]. Gli ISP (internet service providers) svedesi si rifiutarono di bloccare il sito, e partì un vasto movimento politico (appoggiato dal Partito Pirata).

Dopo il meeting nazionale svoltosi presso il centro sociale XM24 di Bologna (giugno 2008), a luglio riapre ufficialmente **Indymedia Italia** con il nome di "Indymedia Italia Beta"[748]. La piattaforma sarà resa stabile a partire dal giugno 2011 basandosi su Drupal, aperta anche alla pubblicazione diretta (fino ad allora, tra il 2008 e il 2011, erano pubblicati solo articoli provenienti dai nodi locali e controllati dal collettivo editoriale)[749].

L'1 settembre 2008 viene annunciato il nuovo browser di Google, tramite un fumetto di Scott McCloud. Si chiama **Chrome** e nel giro di pochi mesi diventa tra i browser più usati dalla Rete[750].

**166: Android (logo)**

Il 23 settembre 2008 viene rilasciato ufficialmente la prima release di **Android**. Android è un sistema operativo per dispositivi mobili (mobile OS) sviluppato da Google Inc. basato su kernel Linux.

Nell'ottobre 2003 Andy Rubin (cofondatore di Danger), Rich Minerva (cofondatore di Danger e di Wildfire Communications), Nick Sears (vicepresidente di T-Mobile) e Chris White (principale autore dell'interfaccia grafica di Web TV), fondarono una società, la Android Inc. per lo sviluppo di quello che Rubin definì «...dispositivi cellulari più consapevoli della posizione e delle preferenze del loro proprietario».

Inizialmente la società operò in segreto, rivelando solo di progettare software per dispositivi mobili. Durante lo stesso anno il budget iniziale si esaurì, motivo per cui fu fondamentale un finanziamento di 10 000 dollari da parte di Steve Perlman (amico intimo di Rubin) per poter continuare lo sviluppo. Steve Perlman consegnò a Rubin il denaro in una busta ma rifiutò ogni proposta di partecipazione al progetto.

Il 17 agosto 2005 Google ha acquisito l'azienda, in vista del fatto che la società di Mountain View desiderava entrare nel mercato della telefonia mobile. È in questi anni che il team di Rubin comincia a sviluppare un sistema operativo per dispositivi mobili basato sul kernel Linux. La presentazione ufficiale del "robottino verde" avvenne il 5 novembre 2007 dalla neonata OHA (Open Handset Alliance), un consorzio di aziende del settore Hi Tech che include Google, produttori di smartphone come HTC e Samsung, operatori di telefonia mobile come Sprint Nextel e T-Mobile, e produttori di microprocessori come Qualcomm e Texas Instruments Incorporated. Il primo dispositivo equipaggiato con Android che venne lanciato sul mercato fu l'HTC Dream, il 22 ottobre del 2008[751].

Android rivoluzione il mercato mobile finora ristretto e dominato da Apple, Nokia e Blackberry. Compaiono nuovi operatori che si accaparrano quote sempre più consistenti di un mercato in enorme espansione: Samsung è l'azienda che nella fase iniziale ha la massima espansione. Nokia e Blackberry riducono la propria presenza o sono costrette a cambiare. Google rilascia periodicamente aggiornamenti di Android, facendone il sistema operativo più diffuso nel settore del mobile.

Il 7 ottobre 2008 viene distribuito **Spotify**[752] che prova a fare streaming di files musicali in accordo e non contro le case discografiche.

Ci sono 625 milioni di host internet nel mondo e 140 milioni in Europa. Il numero di siti web è salito a 185 milioni (ma la percentuale di quelli "attivi" è scesa al 40 % del totale). Cresce il numero di persone online in Italia, ma non con una velocità sufficiente a ridurre lo svantaggio rispetto ai paesi più evoluti. La presenza femminile in rete in Italia è salita al 43 % (55 % fra le "nuove" persone online nel 2007-2008)[753].

167: Anonymous (il logo di V)

Nel corso del 2008 le azioni più eclatanti di **Anonymous**:

Il progetto Chanology, atto di protesta contro la chiesa Scientology; il **14 gennaio** 2008, un video prodotto da Scientology con un'intervista a Tom Cruise è stato prelevato da Internet e caricato su YouTube. Scientology ha accusato YouTube di violazione di copyright, chiedendo la rimozione del video. In risposta, Anonymous ha ideato il Progetto Chanology. Considerando l'azione di Scientology una forma di censura, i membri del Progetto Chanology hanno organizzato una serie di attacchi DoS (Denial of Service) contro i siti di Scientology, scherzi telefonici e fax neri ai suoi centri[754].

**Verso la fine di giugno** del 2008, gli utenti identificatisi come Anonymous hanno rivendicato la responsabilità di una serie di attacchi contro il sito SOHH (Support Online Hip Hop). L'attacco ha avuto inizio come vendetta agli insulti fatti da membri di SOHH sul forum "Just Bugging Out" contro gli utenti di 4chan. L'attacco contro il sito web è avvenuto in più fasi, dal momento che gli utenti di Anonymous hanno inondato i forum di SOHH, che in seguito sono stati chiusi. Il **23 giugno** 2008 il gruppo identificatosi come Anonymous ha organizzato degli attacchi DdoS contro il sito, eliminando con successo più del 60% della capacità di servizio del sito (espressione da controllare). Il **27 giugno** 2008 i cracker hanno utilizzato cross-site scripting per alterare la pagina principale del sito web con immagini satiriche e titoli recanti numerosi stereotipi razziali e insulti e sono così riusciti a rubare informazioni dagli impiegati SOHH[755].

Viene abbandonato il progetto XHTML, ci si avvia verso l'**HTML 5.0**[756].

**168: Bitcoin (logo)**

L'anonimo conosciuto con lo pseudonimo di Satoshi Nakamoto lancia (dopo aver presentato l'idea sul Web alla fine del 18AW) **bitcoin**, la moneta virtuale: "La rete Bitcoin consente il possesso e il trasferimento anonimo delle monete; i dati necessari a utilizzare i propri bitcoin possono essere salvati su uno o più personal computer sotto forma di "portafoglio" digitale, o mantenuti presso terze parti che svolgono funzioni simili a una banca. In ogni caso, i bitcoin possono essere trasferiti attraverso Internet verso chiunque disponga di un "indirizzo bitcoin". La struttura peer-to-peer della rete Bitcoin e la mancanza di un ente centrale rende impossibile per qualunque autorità, governativa o meno, di bloccare la rete, sequestrare bitcoin ai legittimi possessori o di svalutarla creando nuova moneta"[757].

Nasce da Jan Koum e da Brian Acton, due ex-impiegati di Yahoo!, l'applicazione di messagistica **WhatsApp**. Il nome deriva dall'unione dell'espressione inglese What's up, che significa *Come va?*, e App, ovvero applicazione[758]. Sarà acquistata da Facebook nel 2014 per 19 miliardi di dollari.

eBay vende il 70% delle quote di **Skype** a un gruppo di investitori privati, valutando la società 2,75 miliardi di dollari[759].

**169: Indoona (logo)**

Nasce **Indoona**, applicazione di messaggistica istantanea e social network. Ne è sponsor Tiscali guidata da Renato Soru. All'inizio si chiama wiPhone, ma ad Apple la cosa non piace a allora viene usata una parola sarda. Indoona significa "tutto in una una" (*in d'una*). Nell'agosto 2012 raggiunge 1,2 milioni di download[760].

Si fa conoscere a livello nazionale la siciliana **Mandarin**, fondata nel 2008 da

Vincenzo De Caro, che acquista licenze WiMax. Nel 2009 annuncia un piano di espansione in Irak[761].

23 gennaio 2009: per la "XLIII Giornata mondiale delle comunicazioni sociali", papa **Benedetto XVI** invita i cattolici a essere in Internet. Il Vaticano apre un canale su Youtube[762].

A fine marzo il browser **Firefox 3**, con una percentuale di utilizzo del 35,05% degli internauti, diventa per la prima volta il browser più popolare in Europa[763].

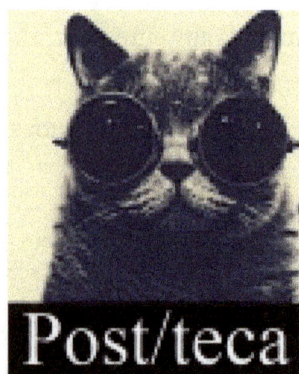

170: Post/teca (logo)

Ad aprile 2009 iniziano le pubblicazioni, dopo una fase sperimentale, della rivista digitale **Post/teca**, una iniziativa di Girodivite. La rivista esce come mensile in formato pdf, è una antologia che accoglie il "meglio/peggio" di quello che abbiamo letto/trovato sul Web (con particolare riferimento ai blog di alcuni amici e tumbler)[764].

A luglio 2009 viene diffuso in rete il caso di Amazon che, accortosi che alcuni editori avevano diffuso ebook di cui non detenevano in realtà i diritti, li rimuove dai suoi stores. La rimozione - è questo il punto che fa discutere la Rete - non riguarda solo gli stores ma anche i lettori stessi che avevo acquistato quei libri: dai kindles (i dispositivi hardware venduti da Amazon per leggere gli ebook venduti nei propri stores) dei lettori scompaiono i libri incriminati. E con essi le note che i lettori avevano apposto ai libri nel corso della lettura. I lettori scoprono così che in realtà essi non "posseggono" i libri che hanno acquistato: il costo pagato a Amazon è in pratica solo un affitto di lettura. Gli ebook, per Amazon (e non solo) sono un servizio, non un prodotto concreto. Si rileva l'ironia del caso: a essere rimossi sono *1984* e *La fattoria degli animali* di George Orwell, libri che narrano proprio la distopia di mondi soggetti al controllo totalitario di regimi autoritari[765]. Si scopre che Amazon aveva utilizzato lo stesso metodo anche nei confronti di altri autori (J.K. Rowling, e Ayn Rand con il suo *La rivolta di Atlante*)[766].

A maggio Google fa vedere ai giornalisti come, nella sede centrale di Mountain View, per tagliare l'erba senza produrre $CO_2$ industriale e ridurre il pericolo d'incendio, vengono usate le capre di un'azienda locale[767].

A settembre 2009, "manifesto" di alcuni blogger e giornalisti tedeschi sull'informazione ai tempi di Internet[768].

171: Vittorio Pasteris

Il quotidiano *La Stampa* è il primo giornale italiano ad essere distribuito anche in versione Kindle (tramite Amazon). Lo si deve soprattutto a Vittorio Pasteris[769], tra i primi a scrivere su giornalismo e new media, e all'editore digitale Antonio Tombolini[770].

A novembre viene annunciato ufficialmente **Go**, linguaggio di programmazione sviluppato da Google, nato a partire dal settembre del 2007 ad opera di Robert Griesemer, Rob Pike e Ken Thompson.

Il 31 dicembre 2009 viene calcolato che gli utenti di Internet sono circa 1 miliardo in tutto il mondo.

Ci sono 733 milioni di host internet nel mondo, 153 milioni in Europa e 22 milioni in Italia. Il numero di siti web nel mondo ha superato i 200 milioni.

"Sembra esserci una leggera accelerazione nell'aumento del numero di persone online in Italia (che nell'ottobre 2009 ha superato, per la prima volta, i 20 milioni)"[771].

Azioni di **Anonymous** nel corso del 2009:

Nel **gennaio 2009** i membri di Anonymous hanno bersagliato l'adolescente californiano McKay Hatch che gestisce l'associazione anti-imprecazioni, un sito web contro il turpiloquio[772].

Il **20 giugno** 2009 sulla pagina web principale del sito The Pirate Bay esponenti di Anonymous, appoggiati probabilmente da membri del sito, invitarono a sostenere l'"Iranian Green Party", un partito politico iraniano, di cui alcuni membri sono in esilio, che supporta valori ecologici e i diritti dei gay.

Nel **settembre 2009** il gruppo si è risvegliato a seguito dei piani del governo australiano per la censura di internet a livello ISP. All'inizio della serata del **9 settembre**, Anonymous ha reso offline il sito del primo ministro australiano con un DDoS. Il sito è stato offline per circa un'ora. La mattina del 10 febbraio 2010, Anonymous ha lanciato un attacco più grosso con nome in codice "Operazione Didgeridie". È stato defacciato il sito del primo ministro, è stato reso offline il sito del Parlamento Australiano per tre giorni e si è quasi riusciti a rendere offline il Dipartimento del sito Comunicazioni.

# L'appizzazione del Web

Con la nascita dell'ipad di Steve Jobs (vedi avanti), la diffusione del touch che vorrebbe soppiantare l'uso del mouse, e con i telefonini che diventano smartphone la bilancia dell'innovazione si sposta sempre di più a favore del mobile mentre i computer tradizionali e il Web sembra arrancare. Sempre più spesso - soprattutto negli ultimi anni -, si sente parlare di "app" al posto di "sito web". I siti web diventano essi stessi app, applicativi HTML e dinamici, ma per la fruizione su telefonino e su ipad. Più di altre forme tecnologiche (il cloud, il mondo dei big-data - termine era stato utilizzato negli anni Novanta del XX secolo, diffuso da John Mashey e poi tornato in voga negli anni Dieci del XX secolo) è probabilmente questa la cosa più evidente e caratterizzante gli ultimi anni, a livello di utilizzatori diretti del Web.

**172: Steve Jobs presenta l'iPad**

Il 27 gennaio viene presentato da Apple l'**iPad**[773]. È una genialata di Steve Jobs, che presenta al mondo un prodotto innovativo, senza tastiera e con l'uso dominante della tecnologia del touch.

**173: Apple iPad Air 2**

Il 27 gennaio 2010 **Sun Microsystem** viene acquistata da Oracle Corporation[774]. Sun controllava molte tecnologie in pratica in maniera open source (MySql, OpenOffice, Java e javascript) e la cosa suscita molte preoccupazioni.

Google annuncia di aver rilevato a gennaio un attacco informatico dalla Cina, e dichiara di non essere più disposto a censurare i propri servizi su Google.cn. Gli utenti della Cina continentale accedono al servizio di ricerca tramite Google.com.hk[775].

Per il primo d'aprile 2010 Google cambia il nome in **Topeka**. La città di Topeka (Kansas) aveva cambiato nome in Google per convincere la multinazionale a portare la rete di fibra ottica sperimentale Fiber in quella città.

Ad aprile, il giornale online **ProPublica** ha vinto il premio Pulitzer per il giornalismo investigativo. ProPublica è un sito internet fondato nel 2006, non ha fini di lucro e vive grazie alle donazioni di privati cittadini e fondazioni filantropiche. Il suo direttore è Paul Steiger, direttore del Wall Street Journal fino all'acquisto del quotidiano finanziario statunitense da parte di Rupert Murdoch, la sua redazione è formata da 32 giornalisti.

L'inchiesta premiata si riferisce ai giorni immediatamente successivi all'uragano Katrina, quando in un ospedale di emergenza allestito nella città di New Orleans medici e infermieri furono costretti a scelte particolarmente drammatiche e dolorose, di fronte al numero gigantesco di feriti gravi e alla mancanza di strumenti e medici. L'inchiesta è stata realizzata da Sheri Fink, medico e giornalista di ProPublica, ed è stata pubblicata ad agosto sul magazine del New York Times. "Un articolo", si legge nelle motivazioni del premio, "che testimonia le decisioni cruciali – vita o morte – che fu costretto a prendere un medico esausto, quando il suo ospedale si trovò di fatto isolato a seguito dei danni provocati dall'uragano". **Si tratta della prima volta che un sito internet vince un premio Pulitzer**[776].

La terza sezione della Corte di Appello di Torino ha stabilito che il ruolo di blogger non è equiparabile a quello di direttore di giornale, e che quindi l'autore di un blog non è responsabile per quello che scrivono sul suo blog i commentatori. Il caso riguardava **Roberto Mancini**, un blogger aostano che era stato condannato in primo grado a tremila euro di ammenda e a ottomila euro di risarcimento per il reato di omesso controllo. L'appello ha stabilito invece che tutti i commenti non riconducibili all'autore del blog sono da considerare anonimi, perché non è possibile verificare con certezza l'identità del commentatore[777].

Il 13 aprile 2010 persino **Silvio Berlusconi** apre la sua presenza su Facebook, ne dà notizia Il Giornale[778]. Sul Web il leader italiano non ha molto successo: le sue performance rimangono legate al mezzo televisivo.

**174: Il Post (logo)**

Il 19 aprile 2010 nasce **Il Post**, quotidiano online diretto da Luca Sofri[779].

Il 21 aprile 2010 **Facebook** lancia il tasto "mi piace"[780].

A maggio la BBC diffonde una notizia inesatta. In pratica parla a proposito di un uomo, Mark Gasson, ricercatore del Cybernetic Intelligence Research Group, che sarebbe stato infettato da un virus informatico. BBC è costretta a chiedere scusa. In Italia la notizia falsa viene ripresa dai giornali e **Paolo Attivissimo** interviene per fornire le informazioni esatte[781].

A maggio Microsoft acquista per 8,5 miliardi di dollari **Skype**[782].

A maggio scoppia il **caso giudiziario di Eutelia**. Eutelia è un operatore telefonico (il quinto in Italia) con sede ad Arezzo, ha reti proprie ed è attiva nel VoIP. Il brand è nato l'1 gennaio 2004, nell'agosto 2003 Plug It aveva acquistato EdisonTel SpA e poi altre società (Getronics Italia, Bull Italia). Nell'aprile 2009 comunica la cassa integrazione da luglio per 2000 lavoratori e inizia per essi una lunga odissea. Angiolo Landi (presidente del CdA) decide di cedere il ramo IT a una controllata di Eutelia (la Agile srl): i lavoratori vengono prima passati a questa controllata, poi al gruppo Omega. È costretto il Governo Letta a intervenire per imporre alla società di interrompere le procedure di mobilità. Eutelia è dichiara insolvente e messa sotto commissario. Nel maggio 2010 i vertici di Eutelia sono accusati di aver sottratto 33 milioni di euro portandoli in Svizzera tramite false fatturazioni. otto ex manager di Agile-Eutelia e Omega sono raggiunti da mandati d'arresto[783]. Quattro manager sono condannati dal Tribunale di Roma il 17 febbraio 2011. Seguono una serie di cause e condanne[784] che si protraggono fino al 20 aprile 2015. Nel frattempo rimane aperta la questione dei lavoratori: 150 di essi l'11 maggio 2011scrivono al presidente della Repubblica e alle più importanti cariche dello Stato (presidente del Consiglio è Silvio Berlusconi). L'11 maggio 2012 il Tribunale del lavoro di Roma dichiara la nullità della cessione di 6 lavoratori da Eutelia ad Agile (avvenuta il 15 giugno 2009). Nel gennaio 2012 il ramo TLC dell'azienda viene rilevato per 15 milioni da una società di investimenti (la Piero della Francesca, composta dal fondo di private equity Hirtsch IIp III e da Cloud Italia), e nasce Clouditalia Telecomunicazioni. I rami dell'azienda IT e il call center (ex Agile) sono acquistati da TBS It Telematic Biomedical S.r.l.: non tutti i dipendenti sono riassunti nelle nuove strutture[785].

Il giovane russo Andrey Ternovskiy, 18 anni, attira l'interesse dei media occidentali e del web, grazie al suo sito di chat **Chatroulette**[786].

Giugno 2010: Bradley Manning, un ventiduenne analista dell'intelligence sospettato di aver passato un video sui massacri statunitensi a Bagdhad e divulgato da **WikiLeaks**, viene arrestato dall'FBI[787].

Utilizzando **Foursquare**, social network che consente di far conoscere in tempo reale ai propri amici su Internet dove ci si trova nel mondo, numerosi cinesi hanno deciso di incontrarsi virtualmente in piazza Tiananmen per ricordare l'anniversario della protesta sedata nel sangue dalle autorità cinesi. L'iniziativa non è stata gradita dalle autorità di Pechino che hanno cercato di limitare l'accesso al social network[788].

A luglio viene rilasciata la app **FlipBoard**, che permette di sfogliare comodamente i giornali sui propri telefonini[789].

Sentenza della Corte di Cassazione italiana, a luglio, sulla responsabilità dei direttori di testate online. Il caso specifico è quello di merateonline.it. Ne nasce un dibattito tra giornalisti e giuristi[790].

Accordo tra YouTube e la SIAE italiana. L'azienda statunitense è costretta a riconoscere una percentuale alla SIAE per ogni video cliccato[791].

Il 5 aprile 2010, nel corso di una conferenza stampa, viene mostrato da **WikiLeaks** un video di 17 minuti che mostra l'assassinio (il 12 luglio 2007) di almeno 12 civili iracheni e di due giornalisti della Reuters da parte di due elicotteri Apache statunitensi che avevano confuso la videocamera dei giornalisti per un'arma[792].

Il 25 luglio 2010 **WikiLeaks** svela nuovi documenti segreti (sono 91.731 documenti), che vengono diffusi dai quotidiani New York Times, The Guardian, e dal settimanale Der Spiegel: si tratta in gran parte di documenti riguardanti la guerra in Afghanistan: l'uccisione di civili, l'occultamento di cadaveri. L'esistenza di una unità segreta americana dedita a uccidere i talebani senza processo. Il doppio gioco del Pakistan[793]. È probabilmente il momento di maggiore notorietà del gruppo WikiLeaks che nel corso del 2009 ha raggiunti i 1200 volontari registrati. Oltre ad Assange fanno parte del consiglio direttivo Philip Adams, Wang Dan, C.J. Hinke, Ben Laurie, Tashi Namgyal Khansitang, Xiao Qiang, Chico Whitaker e Wang Youcai.

A maggio viene arrestato il soldato americano Chelsea Manning, con l'accusa di aver divulgato il video afgano e centinaia di migliaia di altri documenti riservati.

A ottobre è la divulgazione di oltre 300 mila documenti riservati sulla guerra in Irak: abusi, violenze, torture commesse da statunitensi.

A ottobre il numero due dell'organizzazione, Daniel Domscheit-Berg, si dimette dopo dissidi con Assange. Il 7 dicembre, dopo essersi costituito, Assange viene arrestato nel Regno Unito.

Il 28 novembre è la pubblicazione di 251.287 documenti riguardanti la diplomazia statunitense, provenienti da 274 ambasciate americane di tutto il mondo. I documenti vengono ridistribuiti da El País, Le Monde, The Guardian, The New Tork Times, e dal settimanale Der Spiegel. L'imbarazzo è grande per la diplomazia statunitense.

Il sito wikileaks.org è sottoposto a attacchi informatici di tipo DDoS (distribuited denial of service).

L'1 dicembre 2010 Barack Obama crea la Interagency Policy Committee for Wikileaks, per contrastare nuove fughe di documenti dagli uffici dell'amministrazione americana.

Il 2 dicembre EveryDNS.net (società del gruppo Dyn Inc) fornitore del dominio wikileaks.org interrompe la fornitura. L'oscuramento viene aggirato grazie alla solidarietà internazionale degli attivisti che mette a disposizione una serie di mirror alternativi. Il 4 dicembre WikiLeaks utilizza Twitter per la diffusione dei documenti, il 14 dicembre il Dipartimento di Giustizia degli Stati Uniti cita in giudizio Twitter intimando di fornire informazioni sugli accounts iscritti o associati a Wikileakas: Twitter decide di informare i propri utenti di quello che stava accadendo.

**175: Prima pagina di Wired: The Web is dead.**

Nel numero di agosto 2010 di **Wired**, editoriale di Chris Anderson: "**il Web è morto**"[794] (The Web is dead. Long live the Internet)[795].

**176: Marissa Mayer, CEO di Yahoo! dal 2012**

Accordo tra Yahoo! (rilanciato da Marissa Mayer) e Microsoft. Il search di Yahoo! dà ora i risultati di **Bing**, il motore di ricerca di Microsoft[796].

Settembre 2010: La Libia prova a cancellare l'accesso ai siti ritenuti **non in regola con le leggi islamiche**[797].

I giornalisti italiani ci provano a essere sul Web con prodotti di informazione specifici. Nasce a ottobre **Lettera43**[798].

A ottobre 2010 il giornalista Vittorio Zucconi chiude il suo blog su La Repubblica, in polemica con i commentatori ritenuti molesti[799].

A ottobre 2010 Google annuncia che anche il Polo Sud è stato visitato dal servizio **Street View**, completando in questo modo la rilevazione fotografica dei sette continenti[800].

Google annuncia lo sviluppo di tecnologie in grado di far sì che le automobili si possa guidare da sole.

Riccardo Luna, direttore di Wired Italia, si dà da fare per ottenere il Nobel a Internet[801].

Indagine di Business Week a ottobre, sul sistema di delocalizzazione di Google che consente a questa società di pagare meno tasse (utilizzando Bermuda e Irlanda come paesi d'appoggio)[802].

A novembre 2010, Nicaragua e Costa Rica litigano sui confini a causa di un errore nell'interpretazione delle mappe di Google Maps[803].

**177: Stefano Rodotà**

Il 29 novembre 2010 il giurista e politico libertario **Stefano Rodotà** presenta all'Internet Governance Forum una proposta per fare adottare dalla Commissione Affari Costituzionali un articolo (il 21bis) così formulato: "Tutti hanno eguale diritto di accedere alla rete internet, in condizione di parità, con modalità tecnologicamente adeguate e che rimuovano ogni ostacolo di ordine economico e sociale"[804]. L'attenzione di Rodotà per Internet sarà una costante del suo impegno di questi anni (vedi 2014).

Il 6 dicembre 2010 parte **Instagram**. È un social network che permette agli utenti di scattare foto, applicare filtri, e condividerle su numerosi altri servizi social. Raggiunge in breve un notevole successo. L'applicazione è stata sviluppata da Kevin Systrom e Mike Krieger[805].

Ci sono 818 milioni di host internet nel mondo, 166 milioni in Europa e 24 milioni in Italia. I siti web nel mondo sono 250 milioni (meno di 100 milioni risultano "attivi"). Il 7 dicembre 2010 il numero di domain internet registrati in Italia ha superato i due milioni. Continua la crescita del numero di persone online in Italia (che nel novembre 2010 ha superato i 23 milioni)[806].

Gli attacchi più eclatanti di **Anonymous** nel corso del 2010:

Nel 2010, diverse società di Bollywood hanno comprato del software di Aiplex per lanciare attacchi DDoS su siti web che non si erano attenuti alle notifiche di takedown (invito a rendere offline le risorse di un sito). Gli attivisti hanno creato l'Operazione Payback nel settembre 2010 per rappresaglia. Il piano originale era quello di attaccare la società "Aiplex Software" direttamente, ma qualche ora prima di attuare il piano DDoS previsto un altro anonimo aveva già reso offline il sito dell'azienda per conto proprio. L'Operazione Payback cambiò obiettivo lanciando attacchi contro i siti delle organizzazioni che tutelano il diritto d'autore, studi legali e altri siti web. Nel dicembre 2010 gli organizzatori di Operazione Payback hanno concentrato la loro attenzione e gli attacchi DDoS su siti web di aziende che si oppongono a WikiLeaks.

Dopo la dichiarazione fatta al congresso 2010 del MIPCOM, da parte di Gene Simmons dei KISS (la rock band), i siti sono stati nuovamente attaccati e messi offline[807].

I siti del governo della Tunisia sono stati presi di mira da "Anonymous" a causa della censura dei documenti di WikiLeaks e delle proteste da parte dei tunisini in corso tra il 2010 e il 2011. Anonymous ha pubblicato un messaggio online che denuncia il giro di vite (clampdown) del governo sulle proteste popolari in atto nel Paese e lo ha pubblicato sul sito del governo tunisino. Anonymous ha chiamato questi attacchi come facenti parte della "Operation Tunisia". Anonymous ha attaccato otto siti del governo tunisino[808].

## 21 (2011)

**178: Schermata di LibreOffice**

Il 25 gennaio 2011 nasce **LibreOffice**[809], che si distacca da OpenOffice entrata nell'orbita di Oracle.

Il **Google Art Project** lanciato a febbraio permette di fare un "tour virtuale" all'interno dei maggiori musei del mondo.

**179: Daniele Silvestri, autore de "La chatta" 2011 (foto del 2012)**

Ai primi del 2011 il cantautore Daniele Silvestri pubblica, all'interno dell'album SCOTCH, la canzone *La chatta*, dedicata al mondo delle chat (vi si cita MacchiaNera e Silvestri duetta con Gino Paoli: la canzone è una riscrittura aggiornata e nostalgica de "La gatta")[810].

Il 10 giugno 2011 la polizia spagnola cattura tre membri di **Anonymous** a Gijón, Barcellona e Valencia.

> "L'operazione disattivava il server principale da cui i tre uomini coordinavano attacchi DDoS. Questo gruppo, in particolare, aveva fatto attacchi sui server web del PlayStation Store, BBVA, Bankia, e sui siti web dei governi di Egitto, Algeria, Libia, Iran, Cile, Colombia e Nuova Zelanda. L'operazione ha rivelato che la loro struttura consisteva in "celle" che in un dato momento avrebbe coordinato attacchi attraverso il download di un software. Hanno coordinato questi attacchi via chat room. La polizia nazionale spagnola ha dichiarato che questa operazione corrisponde al fatto che il governo spagnolo e la NATO ritengono che questo gruppo di cracker sia una minaccia alla sicurezza nazionale"[811].

È una retata che coinvolge anche altri paesi europei. Il 5 luglio 2011 la **polizia postale italiana**, dopo lunghe indagini del CNAIPIC (Centro nazionale anticrimine informatico per la protezione delle infrastrutture critiche), compie all'alba 36 perquisizioni in Italia e in Svizzera[812].

A fine marzo 2011, gli Anonymous attaccano Enel. L'attacco è stato fatto al sito web dell'azienda fornitrice di energia elettrica dal gruppo successivamente ad alcuni comportamenti dell'Enel, che «ancora una volta mostra di perseguire i propri interessi in modo indegno. Al fine di costruire impianti idroelettrici in Guatemala, nel municipio di Cotzal, l'Enel assolda 500 mercenari [...] per occupare la comunità indigena maya Ixil di San Felipe Chenla, che dal 3 gennaio sta protestando contro Enel». L'attacco è stato eseguito nella notte del 25 marzo 2011 dalle 19 GMT alle 23 GMT circa, come comunica la pagina Facebook degli Anonymous per le OperationGreenRights.

Il 28 giugno 2011, la rete Anonymous ha posto sotto attacco il sito dell'Autorità per le Garanzie nelle Comunicazioni, nel nome della libertà per Internet. In particolare, si denuncia: "L'Agcom vorrebbe istituire una procedura veloce e puramente amministrativa di rimozione di contenuti online considerati in violazione della legge sul diritto d'autore.

Il 3 settembre 2011 Anonymous e LulzSec Italia annunciano l'inizio dell'operazione Banche Al Sicuro, volta a mettere in luce la vulnerabilità del sistema bancario informatizzato italiano. I due gruppi di attivisti cracker hanno dimostrato come sia possibile rubare le credenziali di accesso di un utente bancario in soli 15 minuti, attaccando un server preso a caso da una ricerca su

Google. Le credenziali (parzialmente censurate) sono state pubblicate su Twitter e su Pastebin insieme al comunicato ufficiale dell'operazione. I dati sensibili sottratti non sono comunque stati utilizzati a scopi maligni[813].

Il 15 giugno 2011 Google rilascia il sistema operativo **Chromebook**, basato sul kernel Linux e sul browser Google Chrome. Questa prima versione stabile è installata sui notebook Acer ZGB e Samsung series 5 (processori Intel)[814]. L'idea è quella di diffondere un sistema operativo snello, che faccia funzionare computer come terminali per il collegamento, tramite Internet, a servizi che sono sulla "nuvola" cioè nei database centrali di Google e di altri operatori.

Il 28 giugno 2011 viene lanciato **Google+**, prima solo su invito poi, dal 20 settembre libero. È il social network di Google[815], ma non ha il successo che Google si aspettava (rispetto al concorrente Facebook).

Il 5 ottobre 2011 muore a Palo Alto (California) **Steve Jobs**, patròn di Apple[816]. Hollywood si affretta a celebrarlo con una serie di film sulla sua vita. Viene rilanciato il suo "stay hungry":

> «Il vostro tempo è limitato, quindi non sprecatelo vivendo la vita di qualcun altro. Siate affamati, siate folli, perché solo coloro che sono abbastanza folli da pensare di poter cambiare il mondo lo cambiano davvero»[817].

**180: Samsung N7000 Galaxy Note**

Alla fine del 2011 Samsung diffonde il Samsung N7000 Galaxy Note. È il primo phablet della serie Samsung Galaxy[818]. Un telefonino che per dimensioni e funzionalità si pone tra lo smartphone e il tablet.

Il 31 dicembre 2011 si calcola che gli utenti di Internet sono circa 2 miliardi in tutto il mondo.

Ci sono 888 milioni di host internet nel mondo, 178 milioni in Europa e 25 milioni in Italia. È in forte aumento il numero di siti web, che ha superato i 550 milioni nel mondo (ma rimane bassa la percentuale di siti "attivi"). Il numero di persone online in Italia ha superato i 25 milioni, ma rimane scarso, rispetto alla popolazione, in confronto alla media europea e ai paesi più avanzati nel resto del mondo[819].

## 22 (2012)

**181: Kim Schmitz "Dotcom"**

Alla fine di gennaio del 2012 viene arrestato in Nuova Zelanda **Kim Dotcom** (il suo vero nome è Kim Schmitz), e il suo network di siti al cui capo è **Megaupload** viene chiuso. Violazione di copyright e riciclaggio di denaro sporco sono le accuse. Una vicenda che si protrarrà negli anni. Intanto si registra la reazione di Anonymous, il cui gruppo effettuerà una serie di attacchi *denial service*[820]. Sul web italiano interviene sensatamente Paolo Attivissimo:

> La reazione isterica (denial of service a raffica) di Anonymous alla chiusura di Megaupload e Megavideo da parte dell'FBI fa esattamente il gioco di chi vuole difendere lo status quo del copyright e inasprirne le leggi.

> Proprio adesso che si stava arrivando a liquidare SOPA e forse anche PIPA, Anonymous realizza un autogol attaccando i siti di FBI, Dipartimento di Giustizia USA, Universal Music, RIAA e altri. Adesso le varie lobby potranno puntare il dito e dire "Visto? Ve l'avevamo detto che l'accusa di censura e la difesa della libertà d'espressione erano foglie di fico per poter continuare a scroccare."

> Prima di prendere le difese di Megaupload, leggete i capi d'accusa in sintesi o per intero. I suoi titolari non sono stati arrestati per semplice file sharing di materiale sotto copyright. Hanno fatto ben di peggio: riciclaggio di denaro, tanto per dirne una.

> Inoltre sono diventati multimilionari scroccando le fatiche altrui (proprio come certi magnati della musica e del cinema). Non stiamo parlando di un gruppo di ragazzini che mette su un server per condividere le puntate introvabili di Magnum PI o sottotitolare in russo Doctor Who rimettendoci tempo e soldi. Stiamo parlando di gente che s'è fatta cinque Mercedes AMG e decine di milioni di profitti con Megaupload. Sicuri di volerli presentare come paladini della lotta contro la censura per la libertà di Internet? Un conto è il file sharing senza scopo di lucro; un altro è lucrare sul file sharing[821].

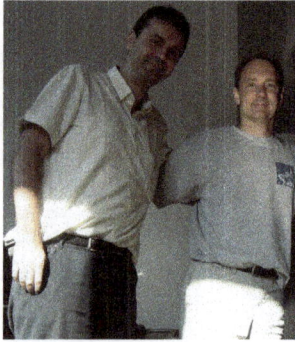

**182: Massimo Marchiori (sulla sinistra) e Tim Berners-Lee (sulla destra)**

Il 6 febbraio 2012 i giornalisti di tutto il mondo sono convocati per la presentazione di un nuovo motore di ricerca che viene presentato come capace di battere la concorrenza di Google. Siamo all'Università di Padova, e a tirare il coniglio dal cappello è Massimo Marchiori. Il coniglio si chiama **Volunia**, e il mondo dei ricercatori italiani fa una figura barbina. Marchiori lascerà presto la direzione tecnica del progetto che continuerà come start-up[822].

Il 19 febbraio 2012 nel 500esimo episodio de *I Simpson*, i protagonisti sono costretti a lasciare Springfield, per recarsi in un ghetto, "Le Outlands" dove si rifugiano alcuni fra i più noti nemici dichiarati del Governo degli Stati Uniti. Fra questi Julian Assange, che con WikiLeaks - rappresentata come un enorme edificio ricoperto di antenne paraboliche - diventa vicino di casa dei Simpson[823].

Il 29 febbraio 2012, 25 presunti hacker di **Anonymous** sono stati arrestati in Argentina, Cile, Colombia e anche Spagna per aver commesso attacchi informatici contro siti istituzionali[824].

Ad aprile viene lanciato pubblicamente da Google il progetto **Glass**: occhiali interattivi[825]. Nonostante il *battage* pubblicitario e l'attenzione dei media non sembra che il progetto riesca a decollare.

Nel corso del 2012 gli attacchi di **Anonymous** più eclatanti in Italia sono stati:

L'operazione denominata FuckPoliticiansFebruary, in italiano: VaffanculoPoliticiFebbraio [che ha preso] di mira i politici italiani. L'attacco iniziò con la manomissione sito del senatore del PDL Maurizio Paniz per l'oscuramento del sito Vajont.info. Il 22 febbraio 2012 è stato defacciato il sito del politico Paola Binetti, e il sito di Miss Padania chiaramente in funzione anti-leghista[826].

Altri attacchi:

Il **7 marzo** 2012 [...] viene attaccato e reso inagibile il sito del Vaticano, il gruppo di hacker rilascia una comunicazione attraverso Pastebin dove denuncia la Chiesa per la sua "attività di censura e di anti-progresso nei confronti della medicina" [...]. Il **12 marzo** il sito del Vaticano viene reso inaccessibile per un paio di ore a causa di un secondo attacco. Anonymous ha inoltre hackerato il database della Radio Vaticana in segno di protesta "per aver usato ripetitori con potenze di trasmissione largamente fuori dai limiti di legge" che potrebbero causare gravi malattie neoplastiche quali la Leucemia, il cancro e svariate altre terribili patologie.

Il sito del Vaticano viene nuovamente reso off-line per una terza volta, l'attacco è stato messo a segno per portare in risalto la presunta omertà da parte della Chiesa nel non denunciare casi di pedofilia.

Sono variamente attaccati i siti di Trenitalia, Equitalia, Enel, Ministero dell'Interno[827], Polizia di Stato[828].

Il **16 marzo** il sito di Vittorio Sgarbi è stato defacciato[829]. [...]

Il **19 novembre** 2012 Anonymous ha attaccato circa 700 siti istituzionali israeliani per protestare contro l'esercito di Tel Aviv che ha sferrato una nuova offensiva contro il popolo palestinese. Durante l'attacco è stato cancellato il database del Ministero degli Esteri[830].

Dal 13 marzo 2012, dopo 244 anni dalla sua prima pubblicazione, l'**Enciclopedia Britannica** sarà disponibile solo online[831].

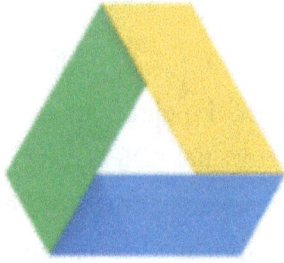

**183: Google Drive (logo)**

Il 24 aprile 2012 è introdotto **Google Drive**, spazio gratuito online per gli utenti (gratuiti) ai servizi Google. Il servizio comprende il file hosting, il file sharing e la modifica collaborativa di documenti inizialmente fino a 5 GB[832].

Il 4 luglio cessano le trasmissioni televisive analogiche del ripetitore di Monte Pellegrino a Palermo: con questa operazione viene completato il passaggio al **digitale terrestre in Italia**.

Il 17 luglio 2012 Marissa Mayer diventa amministratore delegato di **Yahoo!** che in questo modo prova a rilanciarsi (rispetto alla concorrente Google)[833].

**184: Schermata iniziale desktop di Windows 8.0**

Il 24 settembre 2012 Microsoft rilascia il sistema operativo **Windows 8**[834]. L'anno successivo sarà la volta di **Windows 8.1**. Dopo il flop di Vista, Windows 8 appare come un sistema operativo abbastanza stabile. Gli utenti lamentano la scomparsa del tasto "start" e non tutti gradiscono la grafica a rettangoli del desktop: per questo Windows 8.1 riproporrà il tasto "start". Il mercato tuttavia non è ancora pronto per il salto, afflitto dalla recessione ancora dominante, e così molte aziende continuano a usare il vecchio XP e i vecchi computer. Nel gennaio 2016 Microsoft annuncerà la fine delle vendite di Windows 8.0 e 8.1 nel corso dell'anno[835] (nel frattempo era nato Windows 10).

Il primo ottobre 2012 **Google** supera **Microsoft** nel valore capitale in borsa, registrando, alla chiusura, 249,19 miliardi di dollari americani, rispetto ai 247,44 di Microsoft[836].

Il 10 dicembre 2012 **Google Books** inizia le scansioni dei libri della Biblioteca Nazionale Centrale di Firenze e di quella di Roma: parte dell'accordo che prevede la scansione in Italia da parte di Google di almeno mezzo milione e al massimo un milione di libri nel pubblico dominio[837].

Il 12 dicembre 2012 Benedetto XVI apre un account su Twitter. Il primo tweet è datato 12.12.12 ore 11.28, l'account è @pontifex (per gli italiani, @pontifex_it)[838].

Il 21 dicembre 2012, il video del singolo rap di PSY "Gangnam Style" è il primo a raggiungere 1 miliardo di visualizzazioni su **YouTube**.

Ci sono 964 milioni di host internet nel mondo, 186 milioni in Europa e 25,7 milioni in Italia. Più di 600 milioni di siti web (meno di 200 milioni risultano "attivi")[839].

Il web viene investito in maniera massiva dal malware **Ransomware**. I computer colpiti vengono bloccati e appare una finestra in cui si comunica che, per sbloccare il sistema, occorre pagare un riscatto (ransom) in bitcoin. Il primo ransomware noto era stato il trojan AIDS (o PC Cyborg) scritto nel 1989 da Joseph Popp. Seguirono altri ransomware, che utilizzavano sistemi di crittografia sempre più sofisticati (maggio 2005, metà del 2006, giugno 2008 con Gpcode.AK ecc.[840]). Nel luglio 2013, un uomo di 21 anni della Virginia, il cui computer conteneva effettivamente foto pornografiche di una ragazza minorenne con cui aveva intrattenuto comunicazioni inopportune, si consegnò alla polizia dopo aver ricevuto ed essere stato ingannato da un ransomware che mostrava un falso messaggio dell'FBI che lo accusava di possedere materiale pedopornografico. Un'indagine fece emergere le foto incriminanti, e l'uomo fu accusato di abusi su minori e possesso di materiale pedopornografico[841].

Il 19 aprile 2013 viene lanciato da Tiscali il motore di ricerca **Istella** (= stella, in sardo). Nato per volere di Renato Soru, in collaborazione con l'Università di Pisa e con il CNR. Un motore di ricerca italiano, che indicizzi meglio il Web e abbia maggiore rispetto della privacy degli utenti (rispetto a Google)[842].

Ad aprile, **Skype** che era stato acquistato da Microsoft cambia il nome in Windows Live Messenger, e cessa dunque di esistere formalmente[843].

Il 20 maggio 2013 Marissa Mayer, capo di Yahoo!, annuncia l'acquisizione di **Tumblr**[844].

**185: Edward Snowden**

Il 10 giugno 2013 **Edward Snowden** svela dettagli sull'esistenza di diversi programmi di sorveglianza di massa del governo statunitense e britannico. È quel che viene chiamato lo scandalo del *Datagate*[845].

Viene rilasciato da Google il 13 luglio 2013 il **Chromecast**, dispositivo economico che consente di trasmettere sullo schermo TV i contenuti provenienti da telefonino, tablet o computer[846].

A settembre il numero di host internet nel mondo è arrivato a un miliardo. Ce ne sono 202 milioni in Europa e 26 milioni in Italia. A dicembre 861 milioni di siti web (ma nessun aumento nel numero di siti "attivi", che rimangono meno di 200 milioni)[847].

Da ottobre lo spazio dentro **Google Drive** è portato fino a 15 GB gratuiti (inclusivi dello spazio di memorizzazione di Gmail e delle foto di Google+)[848].

Il 17 ottobre 2013 viene rilasciato il sistema operativo **Windows 8.1**. È il primo aggiornamento maggiore (major update) di Windows 8: sarà anche l'ultimo della serie 8. Nel luglio del 2015 sarà la volta direttamente di Windows 10[849].

Nel corso dell'anno gli attacchi dimostrativi di **Anonymous** più eclatanti sono:

La rete informatica del Massachusetts Institute of Technology (MIT) è stata attaccata il **13 gennaio** 2013 e il **22 gennaio** 2013, in entrambi i casi per protesta contro la vicenda legata alla morte dell'attivista Aaron Swartz, avvenuta l'11 gennaio 2013.

Il **20 maggio** 2013 dopo l'arresto dei quattro hacktivisti accusati degli attacchi informatici di Anonymous Italia, l'organizzazione si vendica e blocca il sito del tribunale di Roma.

Il **28 maggio** 2013 annunciano di aver portato a termine un'operazione contro il Ministero dell'Interno, grazie alla quale hanno ottenuto documenti messi poi liberamente a disposizione.

Il **28 giugno** 2013 viene attaccato il sito della Casaleggio Associati con lo scopo, ottenuto, di defacciarlo e commentando l'operato del Movimento 5 Stelle dall'elezione nazionale al 2013[850]. [851]

**186: Giancarlo Livraghi "Gandalf"**

Muore il 22 febbraio 2014 **Giancarlo Livraghi**, conosciuto in rete come Gandalf, pubblicitario ma soprattutto osservatore attentissimo delle cose che riguardano Internet. Era nato a Milano il 25 novembre 1927[852]. Aveva aperto il suo sito nel dicembre 1997[853].

A marzo, in una intervista pubblica svoltasi per la TED Conference di Vancouver 2014, **Larry Page** di Google dichiara che è meglio donare, alla propria morte, il proprio patrimonio a capitalisti con grandi idee capaci di cambiare il mondo piuttosto che fare beneficenza indifferenziata[854].

L'1 maggio 2014 muore **Radhia Cousot**. Aveva ideato l'*abstract interpretation*, usato in analisi statistica[855].

**187: Lila Tretikov**

Nel maggio 2014 diventa direttrice esecutiva di **Wikimedia Foundation** (San Francisco) **Lila Tretikov**. Viene inserita dalla rivista *Forbes* nella lista delle 100 donne più potenti del mondo[856].

L'8 maggio 2014 muore **Roger L. Easton**, che aveva lavorato al GPS (assieme a Ivan A. Getting, e Bradford Parkinson)[857].

Il 19 maggio 2014, **primo doodle di Google in 3D**: viene così commemorata la nascita del cubo di Rubik[858].

Il 21 maggio 2014, in occasione delle elezioni in Ucraina, il gruppo denominato CyberBerkut compromette la Commissione Centrale delle Elezioni (CEC) disabilitando i nodi del network e numerosi componenti del sistema di elezioni: il 25 maggio, per diverse ore, appare sul sito del CEC una immagine che dà la vittoria delle elezioni al leader filorusso Dmitry Yarosh (che invece aveva perso le elezioni)[859].

Il 30 settembre 2014 Microsoft annuncia il prossimo sistema operativo, **Windows 10**[860].

Per la prima volta **la velocità media di connessione Internet globale supera la soglia di 4 Mbit/s**[861].

Ad ottobre il giurista **Stefano Rodotà** presiede la commissione parlamentare "internet, bill of rights" incaricata di redigere i principi generali della comunicazione via Internet. La Commissione voleva fare da indirizzo per le leggi italiane e spunto per il dibattito internazionale (europeo e statunitense)[862].

Dal 16 ottobre 2014 è disponibile al pubblico il sistema operativo **OS X Yosemite**, undicesimo sistema operativo di Apple[863].

Il 28 ottobre 2014 è la *recommendation* ufficiale di **HTML 5**. Nel 2004 era nato il gruppo di lavoro Web Hypertext Application Technology Working Group (WHATWG) (fondato da sviluppatori appartenenti ad Apple, Mozilla Foundation e Opera Software) che

> "si era posto come obiettivo quello di progettare specifiche per lo sviluppo di applicazioni web, focalizzandosi su miglioramenti e aggiunte ad HTML e alle tecnologie correlate. Inizialmente in contrasto con il World Wide Web Consortium per le lungaggini nel processo di evoluzione dello standard html e per la decisione del W3C di orientare la standardizzazione verso l'XHTML 2 che non garantiva retro compatibilità, lo stesso W3C ha poi riconosciuto valide tali motivazioni, annunciando di creare un apposito gruppo per la standardizzazione dell'HTML5 e abbandonare l'XHTML 2.0. Dal 2007 il WHATWG ha collaborato con il W3C in tale processo di standardizzazione, per poi decidere nel 2012 di separarsi dal processo di standardizzazione del W3C, creando di fatto due versioni dell'HTML5: la versione del WHATWG viene definita come "HTML Living Standard" e quindi in continua evoluzione, mentre quella del W3C sarà una unica versione corrispondente ad uno "snapshot" del Living Standard. La prima Candidate Recommendation è stata pubblicata dal W3C il 17 dicembre 2012, e la prima versione dello standard è stata pubblicata come Recommendation il 28 ottobre 2014. Il World Wide Web Consortium ha annunciato che la successiva, l'html5.1 lo sarà per il 2016"[864].

Il 18 novembre 2014 **Anonymous** ruba gli account Twitter del Ku Klux Klan e rivela le identità dei suoi membri nella zona di St. Louis, nel Missouri, come rappresaglia e avvertimento nei confronti dei suprematisti bianchi del Klan che avevano minacciato di usare la "forza letale" nei confronti degli abitanti di Ferguson che avessero manifestato per ottenere la condanna di Darren Wilson, il poliziotto responsabile dell'uccisione del diciottenne afroamericano Michael Brown, loro concittadino. La notizia della #OpKKK era stata annunciata con un video postato su Youtube: "Non vi attacchiamo per ciò in cui credete, in quanto combattiamo per la libertà di parola, vi attacchiamo perché avete minacciato di usare la forza letale contro di noi nelle proteste di Ferguson"[865].

Il 2 dicembre 2014 viene annunciato che per la prima volta, la **stampa 3D** è stata utilizzata per creare circuiti elettronici funzionanti in semiconduttori e altri materiali[866].

Il 5 dicembre 2014 università e archivi americani annunciano il rilascio del corpus di oltre 30.000 documenti di Albert Einstein, disponibili online nel  Digital Einstein[867].

Il 31 dicembre 2014 viene calcolato che gli utenti di Internet sono circa 3 miliardi in tutto il mondo.

L'1 marzo 2015 SanDisk annuncia la prima scheda **microSD** da 200GB, con un incremento del 56% rispetto al precedente record di 128GB appena un anno prima[868].

Il 12 marzo 2015 la US Federal Communications Commission (Commissione federale delle comunicazioni statunitense) rilascia i dettagli specifici delle regole sulla **neutralità della rete** (net neutrality)[869]. Il 13 aprile 2015 saranno rilasciate le regole definitive[870].

L'8 aprile 2015 il DARPA annuncia un nuovo progetto che mira a creare **un programma informatico** in grado di scansionare continuamente il proprio ambiente, **evolvendosi e adattandosi autonomamente** per 100 anni[871].

21 aprile 2015: ricercatori dimostrano la fattibilità del **WiFiFO** (WiFi Free Space Optic), una tecnologia in grado di aumentare la larghezza di banda dei sistemi WiFi di dieci volte, utilizzando la trasmissione dati ottica tramite luci a LED[872].

Il 2 maggio 2015 **Anonymous** Italia mette offline il sito delle prevendite di biglietti dell'**Expo**, ripristinato dopo alcune ore. Alcuni giorni dopo è stato modificato il sito del Padiglione Italia, sostituendo le varie parti del sito con immagini degli Anonymous. Best Union, la ditta che si occupa della vendita dei biglietti dell'Expo, ha dovuto assumere dei programmatori per monitorare gli attacchi al sito da parte degli attivisti[873].

5 maggio 2915: ricercatori sviluppano un sistema di posizionamento **GPS** basato su una precisione di centimetri, che potrebbe rivoluzionare la geolocalizzazione delle cuffie, dei cellulari, dei droni e di altre tecnologie VR[874].

15 maggio 2015: ricercatori hanno migliorato la possibilità di produrre **grafene** in grandi quantità, utilizzando la deposizione di vapori chimici per produrre compositi contenenti fogli da 2 pollici per 2 di materiale[875].

Giugno 2015: nuova ondata di documenti riservati provenienti da NSA e svelati da **WikiLeaks**, riguardanti i presidenti francesi[876].

Viene ripresa in Italia la vicenda dell'artista multimediale Jesse England che **fotocopia gli ebook** che acquista su Amazon, al fine di preservarne la memoria (si veda cosa è successo nel 2009 con la rimozione degli ebook fatta da Amazon dai kindles dei lettori). England fotocopia anche 1984 di Geroge Orwell: "È la mia copia di riserva e a lunga conservazione, la realizzazione fisica di un romanzo memorizzato elettronicamente, per assicurarmi che un qualche webmaster non possa venire un giorno a casa mia, entrare di nascosto e riprendersi pure quella"[877].

Luglio 2015: il 5 cominciano a filtrare dai siti statunitensi notizie sull'hackeraggio compiuto contro **Hacking Team**[878]. Veniamo a scoprire così cosa era questa azienda italiana e di cosa si occupava[879].

È una delle cose più grosse che sia accaduto nel corso dell'anno, ed è interessante che coinvolga proprio una azienda italiana.

Il 5 luglio 2015 l'account Twitter della società italiana fu violato da uno sconosciuto che pubblicò l'annuncio di una fuga di dati. Il messaggio iniziale recitava «Visto che non abbiamo nulla da nascondere, stiamo pubblicando tutti i nostri messaggi di posta elettronica, file e codici sorgente...» e dava i collegamenti a oltre 400 gigabyte di dati, tra cui e-mail ad uso interno, fatture e codice sorgente; il tutto propalato via BitTorrent e Mega. L'annuncio di tale fuga fu rilanciato su Twitter da WikiLeaks e molti altri social media.

Il materiale era ingente e ad un primo esame risultava che Hacking Team avesse fatturato all'esercito libanese e al Sudan e che avesse venduto strumenti di spionaggio al Bahrein e al Kazakistan.

Hacking Team è stata fondata a Milano nel 2003 da David Vincenzetti, avviata dai programmatori Alberto Ornaghi e Marco Valleri, è una società di information technology specializzata nella vendita di servizi di intrusione offensiva e sorveglianza per privati ma anche per governi e polizie e servizi segreti di tutto il mondo[880].

Venerdì 10 luglio 2015 Ellen Pao, avvocato e dirigente d'azienda statunitense, ha lasciato la carica di CEO del social network Reddit. Pao era CEO di **Reddit** da circa otto mesi. Negli ultimi anni Pao ha ottenuto una certa notorietà – oltre che per le cariche importanti ottenute a Reddit – per aver fatto causa alla sua vecchia società per discriminazione sessuale. A marzo del 2014 Pao ha perso la causa, ma della vicenda – e della presenta diffusione della discriminazione sessuale nelle aziende di tecnologia americane – si è parlato per mesi. Il nuovo CEO di Reddit è Steve Huffman, che nel 2006 aveva contribuito a fondare Reddit[881].

**189: Satoru Iwata**

Il 12 luglio 2015 muore a 55 anni Satoru Iwata, presidente di **Nintendo**. Fu nominato presidente nel 2002 ed è stato il primo presidente nella storia di Nintendo a non essere legato alla famiglia Yamauchi, che fondò la società[882].

23 luglio 2015: Intel e Micron presentano 3D XPoint, una nuova tecnologia riguardanti le memorie, 1000 volte più veloce di NAND e 10 volte più densa della DRAM convenzionale[883].

Dal 29 luglio 2015 viene diffuso il sistema operativo Microsoft **Windows 10**[884]. Non è malvagio.

Settembre 2015: Durante una conferenza a San Francisco del CEO di **Microsoft**, Satya Nadella, il sistema di riconoscimento vocale di Microsoft chiamato "**Cortana**" – in concorrenza a Siri, sviluppato da Apple – non è riuscito a riconoscere una frase piuttosto semplice durante una prova dal vivo di alcune sue funzioni[885].

Il 3 settembre 2015 Philips introduce il primo **monitor a punti quantitativi** (quantum dot monitor) al mondo[886].

14 settembre 2015: Una Corte d'appello federale statunitense ha dato ragione a una donna, **Stephane Lenz**, un cui video era stato rimosso da YouTube dopo un reclamo di una casa discografica. Nel video si sentiva una canzone di Prince ma la Corte ha stabilito che il video la utilizzava entro i limiti del cosiddetto "fair use", cioè dei criteri in base al quale una citazione o incorporazione di materiale protetto da copyright nell'opera di un altro autore può considerarsi lecita. Secondo la stampa americana la sentenza è molto importante perché riguarda potenzialmente tantissimi altri casi, diventati sempre più comuni su internet e sui social media, di utilizzo di canzoni e opere protette da copyright come sottofondo e porzione di opere autoprodotte[887].

Il 30 settembre 2015 viene diffuso **OS X El Capitan**, dodicesima versione del sistema operativo OS X di Apple[888].

Secondo w3schools.com[889] i browser più popolari in Rete sono, a settembre: Chrome (65, 9%), Firefox (20,6%), Internet Explorer (7,2%), Safari (3,6%), Opera (1,4%).

Ottobre 2015: Waterstones è la più grande catena di librerie del Regno Unito (con più di 270 punti vendita), ed è di proprietà del miliardario russo Alexander Mamut. La catena ha deciso di togliere dagli scaffali di molte delle sue librerie il Kindle – il lettore di ebook prodotto da Amazon dal 2009 – a causa delle scarse vendite[890].

Ottobre 2015: EMC Corp., l'azienda statunitense che fornisce servizi informatici alle imprese, è acquisita da Dell, uno dei più grandi produttori di computer al mondo con sede negli Stati Uniti. L'accordo è stimato intorno ai 67 miliardi di dollari[891].

Dal 12 ottobre 2015: **Firefox**, browser che dopo l'entrata in lizza di Chrome ha vissuto un periodo di crisi pur rimanendo tra i browser più utilizzati sul web, viene diffuso anche in ambiente OS tramite l'app store di Apple, come applicativo per iPad e iPhone[892].

Il 15 ottobre 2015 a **Chattanooga** dicono che un'infrastruttura pubblica offrirà il primo servizio a banda larga a 10 gigabit in tutto il territorio della comunità[893].

**190: Candy Crush**

2 novembre 2015: La casa di videogiochi **Activision Blizzard** – che produce Warcraft e Call of Duty – ha comprato King Digital – produttrice di **Candy Crush** – per 5,9 miliardi di dollari[894].

**191: Le videocassette betamax**

Novembre 2015: **Sony** annuncia che nel marzo del 2016 non produrrà più videocassette **Betamax**[895].

Novembre 2015: **Facebook** pubblica **il primo video a 360 gradi disponibile per dispositivi mobili**, in Corea del Nord: è sulla pagina personale di Mark Zuckerberg[896]. Sì, è una minchiata...

La notte del 13 novembre 2015, in pieno caos e mentre ancora risuonano gli spari degli attentatori a Parigi, su **Twitter** qualcuno apre l'hashtag: #PorteOuverte (porte aperte), che diventa in breve un'ancora di salvezza e punto di riferimento per le migliaia di persone in giro per Parigi in quelle ore[897].

Email spam/truffaldina del 15 novembre 2015:

Da: Olga Pretty [mailto:pep976@alice.it]
Inviato: domenica 15 novembre 2015 10:16
A: XXXX
Oggetto: Come stai.

Ciao! Come stai. sono Olga. Sono socievole, ragazza interessante, ma io sono molto sola, purtroppo. Nella vita reale, non riuscivo a trovare un compagno, e cerchero di farlo su Internet. Vi diro di piu su di me in queste lettere. Non avevo mai avuto datazione su Internet. Recentemente ho imparato che si puo trovare un sacco di amici su Internet. Cosi ho deciso di cercare di trovare il suo destino come ha fatto per molte donne in tutto il mondo. Come ho detto sono Olga, io vivo in Russia. Sono ragazza molto timida, e se io vi ho amato, che ti chieda domande, ho sempre risposto. Mi piace fare sport, costretti ad andare in palestra piu volte alla settimana. A volte mi trovo a visitare la piscina. Atteggiamento negativo per alcool. Ma a volte non mi posso permettere di rilassarsi in compagnia di amici. Vivo da solo per molto tempo. E spero che avremo presto conoscere e di diventare piu. Ho anche allego la mia immagine, spero piaccia. Inoltre, assicurarsi di inviarmi la vostra immagine. Non vedo l'ora di attendere la sua risposta alla mia lettera : Scrivi a me con il tuo nome, in modo da poter correttamente riferimento a te. Un giorno saro in grado di effettuare una chiamata. Mi auguro che saremo buoni amici! Essere sicuri di scrivermi. Vorrei anche rispondere immediatamente quando vedo la vostra lettera. Tua Olga[898].

18 novembre 2015: gli ingegneri dell'Università di Washington segnalano lo sviluppo di una nuova tecnologia che utilizza **un router Wi-Fi per alimentare i dispositivi**[899].

L'amministratore del portale online Nuovocadore.it è condannato per aver ospitato un commento anonimo ritenuto diffamatorio dall'ex-parlamentare Maurizio Paniz. Nonostante la rimozione e nonostante la natura non giornalistica del sito [900].

**192: Ian Murdock (nel 2008)**

Muore il 28 dicembre 2015 Ian Murdock. Il 6 gennaio 1994 aveva rilasciato il *Manifesto Debian*, in contemporanea con il sistema operativo **Debian** 0.91. Debian univa il sistema operativo GNU con il kernel Linux, il nome era stato scelto dalle prime lettere del suo nome e di quello della sua fidanzata dell'epoca, Debra[901].

**193: La parola dell'anno 2015 secondo l'Oxford Dictionary**

**Parola dell'anno** per Oxford Dictionary viene nominata la "faccina con lacrime di gioia". Secondo alcune proiezioni questa faccina rappresenta il 20% di tutte le emoji inviate dagli inglesi e il 17% di quelle digitate dagli statunitensi, con una crescita sul 2014 del 4% e 9% rispettivamente[902].

# Cronologia 2016-2020

Qui si passa dalla cronologia storica, momento in cui è ancora possibile per lo storico cercare di individuare gli elementi ritenuti "più importanti" e le linee di sviluppo di fondo, alla cronologia degli eventi che si susseguono e su cui lo storico declina ogni responsabilità. Non sappiamo, nel mentre le cose accadono, cosa o quali saranno le cose più importanti e cosa no. Possiamo provare a registrare le cose su cui veniamo a sapere e accumulare materiale per il futuro – tra qualche anno – forse.

Per seguire le cose che accadono giorno per giorno abbiamo aperto una rubrica all'interno di Girodivite, CronoWeb (http://www.girodivite.it/-CronoWeb-.html)[903] le cui pagine riportiamo qui come aggiornamento.

## 26 (2016)

### 7 gennaio 2016

Il GIMPS individua un numero primo di Mersenne[904].

Spiegazione: il **Great Internet Mersenne Prime Search** (Grande ricerca su Internet dei numeri primi di Mersenne)[905] è un progetto di calcolo distribuito con lo scopo di ricercare numeri primi di Mersenne, ovvero numeri primi nella forma 2p-1, dove p è a sua volta un numero primo. Si può dimostrare facilmente, infatti, che se 2p-1 è un numero primo, allora lo è anche p (mentre l'implicazione inversa non è vera).

Calcolo distribuito significa che esiste un computer centrale, cui vengono connessi (tramite software installati e la connessione Internet) i computer personali di migliaia di volontari che mettono a disposizione la potenza di calcolo inutilizzata dei propri PC per permettere al sistema la potenza di calcolo necessaria.

Insomma, una specie di "democrazia" del computer.

Il progetto GIMPS è nato nel 1996 grazie a George Woltman.

### 13 gennaio 2016

La tecnologia SSD (solid state driver) raggiunge i 13 Tb[906].

### 16 gennaio 2016

"Adesso sto studiando: sono alla terza lezione su dieci di Internet" (Silvio Berlusconi) [907].

**24 gennaio 2016**

Muore Marvin Minsky[908], matematico e cofondatore dell'Artificial Intelligence Project al MIT.

**15 febbraio 2016**

L'università di Southampton annuncia passi avanti nella direzione della tecnologia 5D, che permetterebbe di archiviare dati in grado di sopravvivere diversi miliardi di anni[909].

**19 febbraio 2016**

**194: Umberto Eco (nel 1987)**

Muore **Umberto Eco**. Le sue prese di posizione riguardo Internet facevano discutere per un po' i grandi giornali italiani[910].

**9 marzo 2016**

Google il 27 gennaio aveva annunciato di aver fatto passi in avanti nel campo dell'Intelligenza Artificiale, mettendo a punto un programma (DeepMind)[911] capace di battere un umano a Go.

Il 9 marzo il sistema DeepMind AlphaGo[912] di Google sconfigge il campione sud-coreano Lee Se-dol nella prima di una serie di partite di Go a Seoul[913].

**21 marzo 2016**

Muore Andrew Grove, fondatore di Intel[914].

## 12 aprile 2016

Muore a Maccagno (Varese) Gianroberto Casaleggio. Aveva una certa influenza su quelli del M5S che si occupano di chattare/postare su Internet[915].

## 10 maggio 2016

Samsung annuncia una scheda microSD da 256 Gb[916].

## 17 maggio 2016

Gli scienziati di IBM Research annunciano di aver trovato il modo di memorizzare in modo affidabile tre bit di dati per cella usando una nuova tecnologia di memoria conosciuta come "memoria di modifica di fase" (PCM). I risultati potrebbero fornire un modo per memorizzazione in maniera veloce e facile per far fronte alla crescita esponenziale dei dati che si prevede in futuro[917].

## 18 maggio 2016

**LinkedIn** annuncia che oltre 100 milioni di password di propri utenti sono da 4 anni in vendita nel mercato clandestino[918].

Nella conferenza per gli sviluppatori di I / O, Google rivela che sta lavorando a un nuovo chip, noto come **Tensor Processing Unit** (TPU), che fornisce "maggiori prestazioni di un ordine di grandezza per watt rispetto a tutte le GPU e FPGA disponibili in commercio"[919].

## 23 maggio 2016

BBC News dà notizia di un ladro, scoperto a Birmingham e arrestato, dopo che era stato riconosciuto da una delle sue vittime cui Facebook aveva proposto come "amico"[920].

## 25 maggio 2016

Anche in Italia entra in vigore (è una direttiva europea finora disattesa) il "**diritto all'oblio**" sul Web[921].

## 31 maggio 2016

Esistono anche i "**cacciatori di hackers**". Uno di questi è Mikko Hypponen. Ne parla Paolo Attivissimo qui[922].

## 2 giugno 2016

Attacco di tipo denial of service sui server DNS di **TeamViewer**, la popolare azienda che produce l'app per il controllo remoto dei computer. "Gli aggressori hanno preso di mira gli account Web degli utenti di TeamViewer e li hanno usati per collegarsi ai computer di questi utenti, prendendo il controllo dei browser per vuotare conti PayPal, accedere alla mail e fare acquisti su Amazon e eBay"[923].

## 17 giugno 2016

Segnalata l'ennesima falla in **Flash Player**[924]. Ma insomma, che aspettate a disinstallarlo dai vostri computer e browsers?

## 20 giugno 2016

La Cina presenta il Sunway TaihuLight, il più veloce supercomputer del mondo, in grado di 93 petaflops e con prestazioni di picco da 125 petaflops[925].

## 24 giugno 2016

**Il laptop tappato**: "Ha suscitato molto interesse e qualche polemica la foto nella quale **Mark Zuckerberg** festeggia il traguardo dei 500 milioni di utenti raggiunto da Instagram. I più attenti, infatti, hanno notato che sullo sfondo c'è un laptop nel quale la telecamera e la presa per il microfono sono tappati da quello che sembra essere nastro adesivo nero..."[926].

## 2 luglio 2016

Muore a Gainesville l'ungherese Rudolf Emil **Kálmán**, matematico e ingegnere, tra i "padri" del **GPS**[927].

**195: Rudolf Emil Kálmán**

## 7 luglio 2016

**Avast** acquisisce per 1,8 miliardi di dollari AVG. Il mercato degli antivirus si compatta[928].

## 15 luglio 2016

Parte ufficialmente anche in Italia **Pokémon Go**. (Pokémon Go è un gioco di proprietà Nintendo che si avvale di smarphones, mappe stradali, realtà virtuale)[929].

## 21 luglio 2016

Notizia del giorno è l'**arresto di Artem Vaulin, fondatore di KickassTorrents** (KAT). È una delle tante azioni delle multinazionali del copyright contro i diffusori di contenuti "protetti". Quello che è singolare è la vicenda dell'arresto: Vaulin è un trentenne ucraino, è arrestato in Polonia ed estradato negli Stati Uniti; viene beccato dagli investigatori che si spacciano per acquirenti di banner su KAT: Vaulin usa lo stesso IP per fare un acquisto su iTunes e per accedere alla pagina Facebook di KAT. Ne consegue (secondo l'accusa) che Artem Vaulin è il gestore di KickassTorrents[930].

La giapponese Funai annuncia che **non produrrà più videoregistratori per il formato VHS**. Era l'ultima azienda nota al mondo rimasta[931].

## 25 luglio 2016

Il motore di ricerca Yahoo cede per 4,8 miliardi di dollari le sua attività internet al colosso statunitense delle telecomunicazioni Verizon, che nel 2015 aveva già acquistato per oltre 4 miliardi American online. **L'accordo segna la fine di Yahoo come società operativa**, lasciandole una quota del 15% nel leader cinese dell'e-commerce Alibaba e una partecipazione in Yahoo Japan[932].

Yahoo! era stato fondato nel 1994. Dopo l'arrivo di Google era entrato in crisi. Nel 2013 aveva acquisito Tumblr.

## 5 agosto 2016

"Ha fatto scalpore la notizia, pubblicata da Reuters, che dei ricercatori informatici (Collin Anderson e Claudio Guarnieri) hanno denunciato la **violazione di alcuni account della popolare app di messaggistica cifrata Telegram** appartenenti ad attivisti politici iraniani e sono riusciti a identificare i numeri di telefono di circa 15 milioni di utenti Telegram del paese"[933].

## 6 agosto 2016

**Anniversario dei primi 25 anni del Web nel mondo**. Il primo sito al mondo: "Era info.cern.ch, messo online dal Centro di ricerca di Ginevra il 6 agosto 1991 dopo che l'informatico Tim Berners-Lee nel marzo del 1989 aveva depositato un documento con la sua idea della Rete, idea che ha rivoluzionato il modo di vivere, comunicare, l'economia e l'informazione. A distanza di 25 anni nel mondo ci sono oltre un miliardo di siti e quasi 3,5 miliardi di utenti" (fonte: LaRepubblica.it)[934].

**Girodivite** pubblica l'incipit della nuova introduzione al CronoWeb, la cronologia del Web e di Internet curata da Sergio Failla. Link: Il CronoWeb : i primi 25 anni del Web[935].

Chiude **Torrentz.eu**, motore di ricerca per i file di tipo .torrent. Era uno dei maggiori e più "anziati" motori di ricerca di questo tipo. Fonte: ZeusNews.it[936].

## 11 agosto 2016

**Arianna Huffington abbandona la direzione dell'Huffington Post** che aveva fondato[937].

## 12 agosto 2016

**La truffa della Nigeria**: "L'Interpol e la Commissione sui Crimini Economici e Finanziari della Nigeria segnalano l'arresto di "Mike", un quarantenne nigeriano a capo di una rete criminale internazionale che aveva messo a segno truffe per oltre 60 milioni di dollari ai danni di centinaia di vittime. Una di queste vittime era stata imbrogliata al punto da inviare 15,4 milioni di dollari ai truffatori.

Le tecniche di truffa usate dalla banda (circa 40 persone sparse fra Nigeria, Malesia e Sud Africa) erano ben collaudate: non solo la fattura leggermente alterata e la creazione di falsi ordini di pagamento provenienti dagli indirizzi di mail dai dirigenti aziendali, ma anche truffe sentimentali"[938].

## 15 agosto 2016

Corriere.it e Gazzetta.it sono detacciati, e i loro URL fatti puntare a un indirizzo bulgaro. Al posto della home dei due giornali, due immagini/avvertimento cracker. Fonte: Ne parlano in maniera dettagliata: Luigi Rosa su Siamo Geek[939], e Paolo Attivisissimo sul Disinformatico[940].

## 18 agosto 2016

Viene annunciata la chiusura del sito di informazione **Gawker**, aperto dal 2002. Fonte: Il Post con un sunto efficace su tutta la vicenda[941]. Fonte notizia su Gawker[942].

"La decisione è stata annunciata il 18 agosto, due giorni dopo che Univision Communications Inc. – la società editoriale che possiede Univision, il più importante canale tv statunitense in lingua spagnola – ha vinto l'asta per l'acquisto del gruppo editoriale Gawker Media. Univision ha comprato Gawker Media in un'asta che si è aperta dopo che a giugno il gruppo aveva dichiarato bancarotta, una decisione dovuta soprattutto alla condanna a pagare un risarcimento di circa 125 milioni di euro all'ex wrestler Hulk Hogan: il processo era iniziato dopo che il sito aveva ottenuto e pubblicato parti di un video in cui lo si vedeva avere un rapporto sessuale con la moglie di un suo amico".

## 19 agosto 2016

Vengono diffusi contenuti e notizia dell'attacco cracker subito da NSA, ad opera di Shadow Brokers[943].

## 22 agosto 2016

I ricercatori di Princeton dimostrano la fattibilità di un chip open source da 25-core che può essere facilmente assemblato per creare un computer da 200.000 core[944].

## 29 agosto 2016

Enrico Mentana utilizza il termine **webete** per riferirsi agli idioti che nei social network creano solo zizzania. Il termine viene accolto con entusiasmo. I linguisti si accorgono che già negli anni Novanta il neologismo era utilizzato, anche se con accezione leggermente diversa. Fonte: Mentana e "Webete", il neologismo che non lo è / di Andrea Nepori, in: La Stampa, 29 agosto 2016[945].

Questo ci fa ricordare: Il gergo telematico / di Maurizio Codogno[946].

## 30 agosto 2016

Il 30 agosto Bruxelles stabilisce che la **Apple dovrà restituire a Dublino 13 miliardi di euro** perché ha beneficiato di aiuti di stato illegali sotto forma di sconti fiscali in cambio della creazione di posti di lavoro. Apple e l'Irlanda hanno dichiarato che faranno ricorso[947].

La notizia dal punto di vista Apple: La Ue: Apple deve risarcire 13 miliardi per vantaggi fiscali illegali in Irlanda. Cook: effetti negativi su investimenti e lavoro / Beda Romano, in: Il Sole 24 ore, 30 agosto 2016[948].

Il Body of European Regulators for Electronic Communications (BEREC) pubblica le linee guida finali sulla **net neutrality europea**. Ne parla Punto-Informatico: Le nuove regole della net neutrality europea / di Alfonso Maruccia, in: PI del 31 agosto 2016[949]. Il documento della BEREC[950].

## 2 settembre 2016

Per la prima volta viene dimostrata la superiorità dei transistor di nanotubi di carbonio rispetto a quelli al silicio[951].

## 5 settembre 2016

Ottimo articolo di Marco Calamari sugli **hacker meeting**, su Punto-Informatico: <u>Cassandra Crossing/ Exit the ESC</u>, 5 settembre 2016[952].

## 8 settembre 2016

La Corte di giustizia europea dice che **pubblicare un link a materiale pirata è violare il diritto d'autore**. Vedi l'articolo su <u>Curia.europa.eu</u>[953]. UE, basta un link per violare il copyright, in: <u>ZeusNews, 12 settembre 2016</u>[954].

## 9 settembre 2016

Leggiamo da ZeusNews come la Gran Bretagna da anni intercetti il traffico mondiale telefonico, cellulari e sms compresi. La base si trova a <u>Menwith Hill</u>[955]. Leggi: <u>ZeusNews</u>[956].

Sulla brutta nuova legge italiana che si vuol dibattere in Parlamento (sul **cyberbullismo**) vedi quanto scrive <u>Massimo Mantellini</u>[957].

## 12 settembre 2016

Beh, io penso di averlo letto solo oggi per cui lo metto qui: Paolo Attivissimo parla del <u>sistema watermark di Cinavia</u>. (L'articolo è datato 26 dicembre 2014!)[958].

## 16 settembre 2016

Della serie: propensione dei giornali italiani a parlare di Web in maniera pruriginosa: "Hacker trans di Taiwan che diventa ministro per il digitale"[959].

## 19 settembre 2016

Twitter attiva la nuova gestione di immagini, video, link che non andranno ad impattare sul numero di caratteri disponibili.

Say more about what's happening! Rolling out now: photos, videos, GIFs, polls, and Quote Tweets no longer count toward your 140 characters. <u>pic.twitter.com/I9pUC0NdZC</u>[960]

## 21 settembre 2016

"... Una legge brutta, pensata male e scritta peggio, nata per affrontare un fenomeno della psicologia evolutiva che sta trovando sfogo e amplificazione nella Rete, ma che è diventata poco prima del traguardo una legge-simbolo, il tentativo della maggioranza parlamentare di intestarsi una generica battaglia contro l'hate speech sfruttando l'emotività dell'opinione pubblica. La mentalità è quella paternalista per cui si deve proteggere le persone da loro stesse, approfittandone anche per mettere a tacere il Web che è tanto antipatico. Bisognava portare a casa il risultato ad ogni costo ed è stato fatto..."

Fonte: Cyberbullismo, la legge passa alla Camera : Cronistoria di una brutta legge[961].

## 22 settembre 2016

Sembra che **la Corea del Nord abbia ben 28 siti web**. Fonte: Vice[962].

## 23 settembre 2016

Viene confermata la notizia che circola da qualche giorno: **500 milioni di login Yahoo sono stati violati nel 2014**: " Gli hacker sono riusciti a sottrarre nomi, indirizzi email, numero di telefono, date di nascita e in alcuni casi anche le domande di sicurezza, complete delle relative risposte". Fonte: ZeusNews[963].

## 24 settembre 2016

Facebook e Israele annunciano ufficialmente una collaborazione per censurare i contenuti sui social media. Fonte: Pressenza[964]. L'originale: ActivistPos.com[965].

## 27 settembre 2016

"**Google è maggiorenne**: i primi 18 anni di BigG. Correva l'anno 1997. Negli Stati Uniti prendeva il via il secondo mandato presidenziale di Bill Clinton, sul mercato videoludico debuttava un titolo indimenticabile come Final Fantasy VII e in Scozia nasceva il primo mammifero clonato, la pecora Dolly. Nella Silicon Valley prendeva invece vita un gruppo destinato a cambiare per sempre il modo di intendere e utilizzare la grande Rete: Google..." (fonte: WebNews)[966]. Vedi anche: IlPost[967].

Il fondatore di SpaceX, l'imprenditore **Elon Musk**, rivela il suo piano di inviare esseri umani su **Marte** su una nuova nave spaziale, con voli senza equipaggio già nel 2022[968].

Altra notizia del giorno:

Si parla del **restauro di una delle prime musiche** ("la prima...") prodotta tramite un computer: leggi la notizia su WebNews[969].

## 29 settembre 2016

**Il Commodore 64 che ancora funziona in Polonia**... (http://sploid.gizmodo.com/this-old-ass-commodore-64-is-still-being-used-to-run-an-1787196319)[970].

altre notizie del giorno:

Libero e Virgilio si accordano con Bing (Microsoft) (http://www.webnews.it/2016/09/29/libero-e-virgilio-abbracciano-bing/)[971].

Riccardo Luna dice addio al suo ruolo di "digital champion" (Huffingtonpost.it)[972]. Vedi anche su WebNews.it[973].

## 30 settembre 2016

Diego Piacentini, commissario dell'**Agenda Digitale**, cerca gente per il suo team (Webnews.it)[974].

## 1 ottobre 2016

La gestione dei DNS passa completamente in mano all'ICANN. Beh, Internet è un po' meno Stati Uniti-dipendente, ma non è detto che i nuovi equilibri funzionino meglio. Fonte: ZeusNews.it. Vedi anche: Punto-Informatico[975].

## 3 ottobre 2016

Arduino LLC e Arduino SRL hanno firmato un accordo che prevede la nascita di **Arduino Holding**, la nuova società che distribuirà le schede in tutto il mondo. Fonte: WebNews.it[976].

## 4 ottobre 2016

**Wikileaks** festeggia dieci anni. E promette nuove diffusioni di documenti top secret. Fonte: WebNews.it[977].

Video su Youtube sulle 10 cose più importanti pubblicate da Wikileaks[978].

L'agenzia stampa Reuters dice che da qualche anno **NSA aveva accesso agli account di posta di tutti gli utenti di Yahoo**, e li teneva sotto controllo. Fonte: ZeusNews.it[979]. La notizia su Reuters[980]. La cosa è esaminata e letta in maniera più complessa da Punto-Informatico.it[981].

## 6 ottobre 2016

Qui si parla di chi è il nuovo **commissario per il digitale italiano** (Diego Piacentini)[982].

Dal 6 al 9 ottobre c'è l'**Internet Festival** a Pisa. Sito ufficiale[983].

Il primo appuntamento è stato il 5-8 maggio 2011 (vedi sito)[984], secondo appuntamento il 4-7 ottobre 2012 (vedi sito[985] ma non funziona molto bene), terzo appuntamento il 9-12 ottobre 2013 (vedi sito)[986], quarto appuntamento l'8-11 ottobre 2014 (vedi sito)[987], stessa data l'8-11 ottobre 2015 per il quinto anno (vedi sito)[988].

Dicono che parte oggi l'**Accademy di Napoli**, scuola di formazione per sviluppatori Apple[989]. Giubilo del governo Renzi.

Paolo Attivissimo ci ricorda chi fu **il primo a far sintetizzare a un computer della musica** (leggi l'articolo su ZeusNews)[990].


## 10 ottobre 2016

Secondo Cisco, il 70% del traffico internet è fatto di video (streaming ecc.). Se ne parla su Wired.it[991].


## 11 ottobre 2016

Samsung comunica ufficialmente lo stop alle vendite del Galaxy Note 7 in tutto il mondo. Questo cellulare appena uscito e venduto aveva registrato diversi casi di esplosioni e batterie auto-combuste. A niente era servito un primo ritorio e sostituzione: anche il nuovo modello aveva mostrato analoghi problemi. Vedi: WebNews[992].

Non sappiamo se questo avrà ripercussioni sull'azienda Samsung, che negli ultimi anni aveva tentato la concorrenza nei confronti di Apple - nella fascia alta dei telefonini, quelli più costosi e "fashion".


## 12 ottobre 2016

Sono annunciati i progetti di 'Asgardia' - il primo stato nazionale nello spazio[993].


## 13 ottobre 2016

Sony diffonde, per la sua nuova versione di playstation PS4, **PlayStation VR**: un visore per la "realtà virtuale". Vedi: WebNews.

Questa dei visori per la "realtà virtuale" è un'ondata (moda, offerta) tecnologica degli ultimi mesi. Non sappiamo se la proposta gadget avrà reale successo o sarà solo una moda passeggera[994].

Altre notizie: **La programmatrice russa che crea un bot con cui "parla" con il morto.** Vedi: Giornalettismo[995].

<u>Dodicenne riceve una fattura di 100.000 euro da Google: ha confuso AdWords e AdSense</u>, di Paolo Attivissimo[996].

"Il blog è diventato con gli anni una faccenda personale, una sorta di diario, mi sono raccontato in una maniera piu' intima. L'ho fatto con piacere ma alla fine mi creava stress, ho pensato che fosse piu' elegante e rispettoso dire a tutti: quello che potevo dire l'ho detto, il mio privato l'ho offerto, non posso mettere in piazza piu' di questo". Il DJ Linus annuncia la chiusura del suo blog (ottobre 2016)[997].

L'Ambasciata dell'Ecuador a Londra limita l'Internet a **Julian Assange**, su richiesta delle autorità americane. Fonte: <u>ZeusNews</u>[998].

Un nuovo sistema automatizzato che può raggiungere la parità con gli esseri umani nel riconoscimento vocale nelle conversazioni è annunciato dai ricercatori di Microsoft[999].

Metà dei DNS del nordamerica non sono raggiungibili, pare per un attacco. Vedi: <u>Gizmodo.com</u>[1000].

Altre notizie:

Come funziona **Mirai**, il malware che ha spento Internet, su <u>Wired</u>[1001].

Cosa sappiamo dell'attacco DDoS che ha spento mezza Internet, su <u>Wired</u>[1002].

Cracker mettono in ginocchio molti big del web, su <u>WebNews</u>[1003].

Chi ha rotto Internet venerdì?, su <u>ilPost</u>[1004].

Le chiavi di Internet sono nelle mani di 14 persone, su <u>Wired</u>[1005].

DNS, il venerdì nero di Internet, su <u>Il Punto Informatico</u>[1006].

"L'Attacco delle Centomila Telecamere che ha paralizzato Internet", su <u>Il Disinformatico</u> di Paolo Attivissimo, il 28 ottobre 2016[1007].

Segnalazioni: <u>È bastata una mail per fregare l'account di posta al capo della campagna Clinton.</u> di Paolo Attivissimo[1008].

<u>Donald Trump usa server obsoleti e insicuri e finti contatori di donazioni</u>, di Paolo Attivissimo[1009].

<u>Archeoinformatica: 25 anni di **Sosumi**</u>, di Paolo Attivissimo[1010]: "Il suono Sosumi, infatti, risale all'ormai lontano 1991 ed è una creazione di Jim Reekes (che è anche l'autore dell'inconfondibile suono di avvio dei Mac)."

**Anniversari**. Non c'entra con il web se non "in prospettiva". Era un walkman non più analogico ma digitale. Ma i consumatori impazzirono, lo trovarono cool e "stiloso" e tutte queste cose. Era un pezo del vecchio mondo digitale che veniva fagocitato dal mondo digitale e informatico. "Mille canzoni in tasca": lo slogan con cui Jobs lanciò **l'iPod** rivoluzionando il mercato (23 ottobre 2001).

**Anniversari**: "Sembrava che il mondo fosse pronto per la strategia e fosse pronto per giochi che prevedono di costruire le cose invece di distruggerle", Sid Meier a 25 anni dal lancio di **Civilization** (ottobre 2016)

Beh, Civilization è stato uno dei giochi che più ho amato su PC. L'azienda sta ora lanciando Civilization VI.

**NetFlix** sembra abbia 3,6 milioni di nuovi abbonati. Vedi su: <u>Linkiesta</u>[1011].

Su 01Net si parla di "Industria 4.0". <u>Leggi qui</u>[1012]. È un articolo di Leo Sorge, e leggo tra l'altro che GAFA sarebbe l'acronimo di Google, Apple, Facebook ed Amazon usato in Francia (?) per parlare dei problemi fiscali dei big USA in Europa.

Per la prima volta nella storia del Web, Microsoft presenta un prodotto che sembra migliore di quelli presentati, nello stessa stagione da Apple (decisamente spenta): <u>MacBook Pro contro Surface Studio: le novità di Apple umiliate da quelle di Microsoft</u>, di Paolo Attivissimo[1013]. Con "soli" 4000 dollari il nuovo prodotto Surface Studio di Microsoft, però finalmente non si ha un prodotto indietro di anni rispetto ad Apple.

No, non si tratta di prodotti davvero innovativi. Non c'è nessuna "rivoluzione" tecnologica in atto, da qualche anno a questa parte.

Una analisi: Il mondo capovolto di Apple e Microsoft / Massimo Mantellini, su <u>Il Post</u>.[1014]

## 29 ottobre 2016

Anonymous butta giù **il sito ufficiale del Comune di Alessandria**, come "azione" di appoggio (dicono quelli di Anonymous) al movimento No-TAV (leggi)[1015].

"Ieri Bill Gates ha spento 61 candeline. Poi le ha riavviate. " (by FatalQuiete)[1016].

## 2 novembre 2016

Dati opinabili, ma indicano una linea di tendenza: "A ottobre per la prima volta nella storia della rete il numero di pagine internet visualizzate con uno smartphone ha superato quelle visitate seduti davanti a un pc". Lo riporta: RaiNews24.it[1017].

## 7 novembre 2016

Ulteriore passo della fusione tra Wind e Tre Italia, operatori di telefonia mobile. Leggi su Hdblog. Nasce **WindTre.it** (leggi su: Punto-Informatico)[1018].

## 8 novembre 2016

Toh, **i nuovi MacBook Pro portatili non hanno più il suono d'avvio**: leggi Paolo Attivissimo, su ZeusNews[1019].

Mentre il resto del mondo sceglie l'open source e il software libero, il Ministero della Difesa italiano è tra i pochi che sceglie Windows 10 "per ragioni di sicurezza" (leggi su WebNews)[1020]. Complimenti.

(In Brasile, dove nei fatti è avvenuto un colpo di Stato "democratico", il nuovo presidente Temer come primo atto ha eliminato l'uso del software libero nella pubblica amministrazione a favore dei prodotti Microsoft. Leggi)[1021].

Marco Calamari è decisamente contrario all'attuale sistema **SPID** (leggi su: Punto-Informatico)[1022].

## 9 novembre 2016

Ehi, ma lo sapete da dove deriva **il termine software** e chi l'ha usato per la prima volta? Ce lo ricorda Paolo Attivissimo, su: ZeusNews[1023]. In inglese leggi ulteriori info in una delle fonti online indicate da Paolo[1024].

Marcello Mari su Wired ci dice perché quest'anno il **Web Summit** si tiene a Lisbona e non a Dublino[1025].

GoDaddy consente di registrare domini composti da faccine (emoji): ne parla Wired[1026].

Wired ci dice che fine ha fatto **la voce umana che diceva "C'è posta per te" su AOL**[1027]. Lui si chiama Elwood Edwards, e registrò nel 1989 una delle clip più diffuse in Internet.

## 10 novembre 2016

La Francia istituisce il *Titres Electroniques Securisés*, database biometrico per 60 milioni di francesi (ne parla: Punto-Informatico)[1028].

Mega-retata in Italia per proteggere il business dello streaming e del video-on-demand (leggi la notizia qui e anche qui)[1029].

## 12 novembre 2016

La Corte di Giustizia UE dà il via libera al **prestito bibliotecario dei libri elettronici**, ma con limitazioni (leggi su: ZeusNews)[1030]. Per Punto-Informatico si tratta di un complicare le cose[1031]...

## 16 novembre 2016

I siti di webnews parlano della app di Google che permette di scansionare "fotografandole" le vecchie foto (vere, fisiche) digitalizzando così il "vintage": **Foto scan**. Su Wired, WebNews, HDBlog[1032]... Non buttate mai le vecchie foto fisiche! Saranno le uniche a sopravvivere tra qualche anno!

**Parola dell'anno**, per l'Oxford Dictionaries è... **post-truth**. Leggi su: The Guardian[1033]. Benvenuti nella nuova era.

## 17 novembre 2016

Tra le notizie diffuse oggi:

**Microsoft entra a pieno titolo nella Linux Foundation. Google entra nella .Net Foundation**. Ne parlano: HDBlog[1034], e Punto-Informatico[1035].

I vent'anni di vita di **ICQ** viene ricordato su Wired[1036].

## 22 novembre 2016

196: Margaret Hamilton nel 1995

**Margaret Hamilton** riceve dal Presidente degli Stati Uniti Obama la Medaglia Presidenziale della Libertà, la più alta onorificenza che possa essere data ad un civile americano, per il suo fondamentale contributo nella missione Apollo. Non c'entra molto con la storia del Web ma con la storia dell'informatica e della tecnologia, delle grandi imprese umane. La bio su Wikipedia[1037].

197: Margaret Hamilton nel 1969 accanto al codice sorgente dell'Apollo Guidance Computer.

## 25 novembre 2016

Paolo Attivissimo ci ricorda da dove deriva la parola "**hacker**" (su ZeusNews)[1038].

## 28 novembre 2016

Su Wired un riassunto della vertenza tra WordPress e Wix, quest'ultima accusata di violazione di licenza GPL[1039].

## 29 novembre 2016

In collaborazione con la Camera dei Deputati, **convegno dedicato alle bufale**: "Non è vero ma ci credo - Vita morte e miracoli di una falsa notizia". Tra gli altri c'era Paolo Attivissimo e Luca Sofri. In streming qui. Grazie a Luigi Rosa per la segnalazione della notizia[1040].

## 30 novembre 2016

Ti piacciono le emoji? Vai su Emojipedia[1041], un search e una enciplopedia riguardante le **emoji** :-) l'ho appena scoperta.

## 2 dicembre 2016

**Internet Archive** vuole trasferirsi in Canada a causa di Trump? Ne parla Wired[1042].

## 5 dicembre 2016

È in atto la **Festa della Rete**[1043]. Ce lo ricorda Massimo Mantellini[1044]: "Una volta c'erano i blog. Era più di dieci anni fa. I loro curatori (li chiamavamo tenutari allora) erano in fondo quattro gatti. In genere mediamente sfigati e sconosciuti a chiunque. Gianluca Neri ebbe l'idea di creare il primo incontro di questa variegata marmaglia e poiché l'uomo aveva lo sbuzzo per gli eventi chiamò questa cosa (non so se da subito, non ricordo) Blogfest..."

## 7 dicembre 2016

UE, via libera a Microsoft per l'acquisizione di **LinkedIn**. Un'operazione da 26,2 miliardi di dollari (ne parla ZeusNews).

Raggiunti i 3 milioni di domini .it (la notizia su RaiNews24)[1045].

## 9 dicembre 2016

Sorpresa, **il vinile vende più degli MP3**. Sono sempre di più gli amanti dei dischi, che li acquistano anche se non hanno un giradischi (ZeusNews)[1046].

## 14 dicembre 2016

Sembra che la parola più cercata su Google italiano nel 2016 sia stata **Pokémon Go**. Ne parla tra gli altri WebNews[1047].

## 15 dicembre 2016

Da Yahoo dicono di aver avuto nel 2013 un attacco che ha compromesso la segretezza di 1 miliardo di account. Vedi su Wired[1048].

## 16 dicembre 2016

Importante inchiesta di Paolo Attivissimo sui siti che diffondo notizie false in Rete, anche guadagnandoci: Il cinico business delle bufale. Prima parte: Liberogiornale.com[1049].

## 19 dicembre 2016

C'è anche questo: **Popcorn Time**, il ransomware che ti sblocca se infetti due amici[1050].

*A che serve Internet? A non citare* Pasolini a caso. Ne parla Massimo Mantellini[1051]. Ragazzi, attenti alle citazioni...

## 22 dicembre 2016

Viene annunciata la chiusura del servizio **OKNOtizie** (a partire dall'1 febbraio 2017). La comunicazione ad opera dello staff di Virgilio, per conto dell'azienda proprietaria, Italiaonline S.p.A.[1052]

## 30 dicembre 2016

Secondo https://netmarketshare.com/[1053], Chrome è il browser più utilizzato, mentre Internet Explorer è crollato al 20% dello share. Risibile lo spazio che si è conquistato Edge, il nuovo browser di Microsoft. (Info su HDBlog)[1054].

## 27 (2017)

### 1 gennaio 2017

Dal 1 gennaio 2017, le aziende francesi devono garantire ai propri lavoratori il "diritto a essere disconnessi" al di fuori dell'orario di lavoro. Leggi su Punto Informatico[1055].

### 2 gennaio 2017

Si torna a parlare di responsabilità penale da parte dei gestori dei siti, per i commenti pubblicati: c'è una sentenza della Corte di Cassazione: ne parla La Repubblica[1056].

Altri articoli su: Punto Informatico[1057].

### 5 gennaio 2017

Apple ha rimosso le app del **New York Times** dal suo store cinese. Nel parla tra l'altro Wired[1058].

### 11 gennaio 2017

Anche l'Italia finalmente ha il suo nuovo scandalo riguardante la cybersicurezza: le Forze dell'Ordine operano due fermi: si tratta di due cittadini italiani. Secondo l'accusa avrebbero infettato e spiato i dispositivi informatici di politici e personaggi della finanza. Ne parla Punto-Informatico[1059]. Paolo Attivissimo[1060] prova a fare un po' di chiarezza...

In Norvegia le radio iniziano a trasmettere solo in digitale. A partire da oggi, lo switch off ha inizio nella località di Bodø, nell'estremo nord del Paese. Ne parla WebNews[1061].

### 12 gennaio 2017

Il Parlamento europeo approva una risoluzione contenenti norme di diritto civile sulla robotica. Ne parla Alessandro Morelli[1062].

### 18 gennaio 2017

Dicono che **Chelsea Manning** sarà libera il 17 maggio 2017. Leggi su Wired[1063]. Nel frattempo, la Russia proroga il permesso di soggiorno a **Edward Snowden** (RaiNews24)[1064].

In Italia il numero di utenti che hanno aperto l'account SPID ha superato un milione. Ne parla WebNews[1065].

## 22 gennaio 2017

Muore Masaya Nakamura, padre putativo di **Pac-Man** (ne parla Wired)[1066].

## 31 gennaio 2017

Wired parla di **ICQ**[1067].

## 1 febbraio 2017

Ricercatori dell'Università di Sussex pubblicano il primo report (blueprint) pratico per costruire un computer quantistico[1068].

## 2 febbraio 2017

Su Wired[1069] si parla del motore di ricerca Qwant[1070].

## 13 febbraio 2017

LinkInchiesta parla del motore di ricerca per le creative commons[1071].

**Laura Boldrini manda una lettera a Zuckengerg** perché Facebook si impegni contro la diffusione dell'odio. Ne parla: Punto Informatico[1072].

## 14 febbraio 2017

Marco Calamari fa il punto della situazione a proposito dello **SPID**[1073].

Da prendere con le pinze, la lista delle aziende più innovatrici nel 2016, su Hdblog[1074].

## 16 febbraio 2017

Alfonso Maruccia su Punto Informatico dice di Microsoft che vorrebbe una "convenzione di Ginevra" digitale[1075].

Mark Zuckerberg capo di Facebook vuol costruire una comunità globale. Ne parla: Punto Informatico[1076]. Il post di Zuckerberg è qui[1077].

## 21 febbraio 2017

**Chiude Medium Italia**: l'annuncio in lingua marketing qui[1078], la notizia da Il Post[1079]. Medium è una piattaforma di pubblicazione online, creata nel 2012 da Evan Williams (cofondatore di Twitter)[1080].

## 24 febbraio 2017

Google annuncia di aver violato la **crittografia SHA-1**: ne parla ZeusNews[1081].

## 28 febbraio 2017

"**Technology for people**", il più grande passo avanti dagli albori dell'era informatica: è il titolo di un articolo di Linkiesta[1082], che è poi un rilancio di un articolo apparso su Tendenze online[1083] del 2 febbraio. Fuffa o sugo?

Alcuni server del **cloud di Amazon** vanno giù, e diversi siti risultano irraggiungibili - anche se per poche ore. Ne parla Slashgear[1084], e "La notte in cui Amazon ruppe Internet" su: Punto Informatico[1085]. In un articolo successivo di HDBlog[1086] si colgono alcuni aspetti direi folkloristici della vicenda" "La server farm US-East-1 - localizzata nella Virginia del nord, una delle più grandi e più vecchie della rete AWS - stava avendo alcuni problemi di prestazioni e un team di dipendenti erano al lavoro per risolverli. Si è così deciso di mandare offline un piccolo quantitativo di server. Purtroppo l'operatore ha commesso un errore di battitura nell'immissione di uno dei comandi e ha disconnesso molti più server del previsto."

## 2 marzo 2017

Su Motherboard/Vice intervista a Claudio Guarnieri, hacker che si occupa di sicurezza[1087].

## 3 marzo 2017

Su Wired: Olivetti P101, il primo pc da tavola torna in funzione con Arduino[1088].

## 7 marzo 2017

Il figlio scarica un audiolibro, padre condannato. Succede in Germania. Leggi l'articolo su Zeus News[1089]: "L'uomo è stato riconosciuto negligente per non aver spiegato i rischi della pirateria al figlio".

**La piattaforma di Julian Assange pubblica 8mila documenti** e file che svelano alcuni documenti segreti della Central Intelligence Agency statunitense. Ne parla Wired[1090]. Ne parla in maniera ponderata Paolo Attivissimo su ZeusNews[1091].

*"Le tre cose da cambiare per salvare internet, secondo Tim Berners-Lee"*: su Wired[1092]: "Sono almeno tre le dinamiche che minacciano il web come spazio aperto e luogo delle opportunità: perdita del controllo dei dati personali, diffusione di disinformazione, pubblicità politica senza trasparenza."

*"Wikileaks rivela il "cacciavite sonico" della CIA per colpire i Mac"*, l'articolo di Paolo Attivissimo su ZeusNews[1093].

*Tutto il mondo open source di Google in un sito Web*, articolo di Gabriele La Torre su Punto Informatico[1094]: "Mountain View apre un nuovo grande portale per ricercatori e appassionati. Raccoglierà tutti i progetti open source della compagnia per favorire il progresso tecnologico condiviso".

La notizia è che **Sir Tim Berners-Lee ha ricevuto il premio A.M. Turing Award** (leggi su HdBlog[1095]). La notizia è stata in molti siti commerciali lanciata come "ha ricevuto il nobel per l'informatica". Ovviamente non esiste un nobel per l'informatica, e comunque i nobel dovrebbero avere un altro scopo, quello di promuovere persone promettenti che con i finanziamenti ricevuti possono continuare a produrre ricerche e scoperte - per Sir Tim Berners-Lee è un premio alla carriera. Comunque, glielo consegneranno il 24 giugno 2017.

Ancora non ufficiale, ma sembra certo: **AOL e Yaooh! scompaiono**, e vengono accorpate in una cosa orribile dal nome di: Oath (che pare significhi "promessa" ma è anche una imprecazione, e un moccolo di candela). Tutto sotto l'ala del proprietario Verizon. Addio a una parte significativa della storia del web. Nel parla Punto Informatico[1096].

Sembra che **Android** sia il sistema operativo più diffuso al mondo, mentre Windows resiste nel mercato dei desktop. Leggi su Punto Informatico[1097].

Fuffa all'italiana? Su Vice si parla di un film italiano dedicato al mondo delle cosiddette start-up (italiane)[1098].

## 15 aprile 2017

**Addio al supporto per Microsoft Vista**. Ne parla tra l'altro Paolo Attivissimo su ZeusNews[1099].

## 18 aprile 2017

Annuncio: **Amazon Pay** arriverà in italia nella seconda metà del 2017. Ne parla Wired[1100].

## 27 aprile 2017

Da un po' di tempo si parla di "fake news". Mi rifiuto di parlarne qui e segnalare gli squallidi interventi che mi tocca leggere. Segnalo questo di Punto Informatico, meno peggio di altri[1101].

Il Post parla del **primo banner** della storia del web[1102]. Vedi il cronoWeb al 1994.

Verso l'addio alla "neutralità della Rete": "Il presidente della Federal Communications Commission, Ajit Pai, ha pubblicamente dichiarato guerra al modello di neutralità della Rete faticosamente adottato e difeso ai tempi di Obama. Lo ha fatto con un discorso che è già considerato propedeutico al voto del Congresso che di fatto chiuderà la vicenda, riportando la regolamentazione della banda larga nelle mani dell'autorità" (su WebNews)[1103].

## 28 aprile 2017

"Il prossimo 30 aprile saranno 31 anni da quando, da Pisa, sede del Centro nazionale universitario di calcolo elettronico (Cnuce), venne realizzata la prima connessione via satellite alla rete globale". Ne parla Giornalettismo[1104].

Il nostro carissimo amico Asbesto è su Wired[1105]! Ne parlano a proposito del Museo sull'informatica vintage di Palazzolo (ne abbiamo già parlato...). Ne siamo davvero felicissimi :-)

## 3 maggio 2017

Microsoft tenta di arginare Google Chrome nelle scuole (statunitensi) con una versione **Windows 10 S**, che però costringe tutti a usare Edge e le app di Microsoft: scommettiamo che non avrà successo? Nel frattempo cerca di offrire hardware per il mercato dei più ricchi con Surface & C.: ma a noi, che ce ne frega se Microsoft vuole imitare Apple? Per notizie comunque, leggi Punto Informatico[1106]. E su: ZeusNews[1107].

Un altro tassello del Web diviso in aree continentali-regionali alla Orwell, come abbiamo delineato qualche anno fa su CronoWeb: la Cina si vuole costruire la propria Wikipedia a proprio uso e consumo. Leggi su Punto Informatico[1108].

## 5 maggio 2017

Ennesima notizia che riguarda le multinazionali nate col Web, e il Fisco: **Google si pacifica con il Fisco Italiano cedendo 300 milioni di euro per tasse arretrate**. Gli Stati nazionali hanno fatto crescere, nei decenni scorsi, la new economy, e ora cominciano al "redde rationem" cioè a normalizzare (parzialmente) il mercato: attraverso la ripresa del controllo militare e fiscale. - Sulla notizia, tra i tanti siti: Wired[1109].

## 8 maggio 2017

**Archeoinformatica**: è quella cosa che diverranno (spero) queste pagine, quello che abbiamo cercato di fare con il CronoWeb. Forse il maggiore esperto studioso storico del settore è Paolo Attivissimo. Non me ne vogliano gli altri storici informatici.

Questo per linkare il breve cenno a un virus informatico, apparso nel maggio 2000: si chiamava "I love you" e ce lo ricorda Paolo Attivissimo su ZeusNews[1110].

## 9 maggio 2017

Anniversari: **vent'anni di mp3**. Ne parla Attivissimo su ZeusNews[1111].

Oggi ho trovato questo: I dieci siti più spaventosi del web[1112]. Paura, eh?

Su Wired[1113] si parla di Fuchsia, sistema operativo che dovrebbe prendere il posto di Android, secondo Google. La notizia su Punto Informatico[1114].

## 11 maggio 2017

La notizia era nell'aria da qualche tempo. Ora è definitiva: Mozilla scarica Thunderbird (ok, è il client di posta che uso da almeno dieci anni a questa parte...). La notizia su ZeusNews[1115]. Thunderbird diventa indipendente e che gli dèi ci assistano...

## 12 maggio 2017

Alessandro Gilioli parla del vergognoso **caso Gucci**[1116]: "In sostanza, uno che non si chiama Gucci impedisce a uno che si chiama Gucci di aprire un ristorante che si chiama Gucci".

Avete mai visto, o sapevate dell'esistenza, del primo server del Web[1117]?

Sul *Corriere della Sera* si afferma che fu Philippe Kahn a fare la prima foto "social" della storia, vent'anni fa. L'articolo di Elena Tebano[1118].

Un centinaio di Paesi sono colpiti da un "attacco" ransomware. Si tratta di **WannaCry/WanaCryptor** e ne parla Paolo Attivissimo[1119]. Sembra che sono colpiti sistemi operativi vecchi o non aggiornati al marzo 2017.

Aggiornamento alla notizia: persino i mass media hanno parlato di questo attacco, per tutta la settimana seguente e oltre. Su Punto Informatico[1120] una analisi tecnica ulteriore (nel frattempo anche l'articolo di Attivissimo è stato aggiornato per cui continua a essere uno dei punti di riferimento sull'argomento).

Altro articolo di riferimento, sempre Paolo Attivissimo, su ZeusNews, con aggiornamenti[1121].

## 13 maggio 2017

Lo leggo oggi, ma risale al 9 maggio un pezzo di Massimo Mantellini su Il Post. Il "rosario di benedizioni"[1122] che dovrebbe essere presente a ognuno di noi sempre, ogni giorno del nostro tempo su Internet:

> – *Leggi di più e scrivi di meno.*
>
> – *Conta fino a cento prima di postare. Poi rileggi.*
>
> – *Stai lontano da Internet almeno alcune ore al giorno (ogni tanto anche qualche giorno intero).*
>
> – *Indignati un po' meno.*
>
> – *Posta le cose che ti piacciono, non solo quelle che detesti.*
>
> – *Guarda un film.*
>
> – *Leggi un libro per un'ora senza interruzioni.*
>
> – *Vai a vedere tua figlia che gioca a tennis senza cellulare*
>
> – *Cammina.*
>
> – *Cammina.*
>
> – *Cammina.*

## 15 maggio 2017

Su WebNews si parla di mp3 (che non sta molto bene)[1123].

## 16 maggio 2017

In Italia "per la prima volta" gli utenti che accedono a Internet attraverso **tablet e telefonini** superano quelli che utilizzano i desktop. La notizia su Prima Comunicazione online[1124].

## 17 maggio 2017

Da oggi in Italia si ha la possibilità di pagare nei negozi con l'Apple Pay[1125]. Ovviamente solo i (pochi) negozi e circuiti che aderiscono e da parte dei possessori dei costosi devices Apple (vedi un articolo di Wired)[1126]: insomma, una cosa (ancora) per pochi. Riuscirà il sistema a diffondersi anche per i meno abbienti? E sarà una cosa buona e giusta?

Esce di prigione **Chelsea Manning**, "la whistleblower che diede a WikiLeaks oltre 700mila documenti". Diversi i siti che ne parlano, noi indichiamo Wired[1127].

## 24 maggio 2017

**Julian Assange** non è più accusato di stupro (18 maggio), ma rimane confinato in ambasciata. Leggi su Punto Informatico[1128].

## 25 maggio 2017

Paolo Attivissimo scrive su ZeusNews di **Wannacry**[1129]. Un attacco ransonware planetario.

## 29 maggio 2017

È uno dei (tanti) fili del CronoWeb. La chiamano "la guerra dei browser". Lo riprendiamo qui perché Wired dice che (per ora) ha vinto **Google Chrome**...[1130]

## 30 maggio 2017

Come è andato il vertice del G7 di Taormina? Tutti divisi su tutto. Tranne che nel proporre restrizioni ad Internet: ne parla WebNews[1131]. Mentre nel mondo si fanno sempre più netti i "muri digitali" all'interno degli Stati-Macroregione: oltre al "firewall" della Cina, c'è quello della Turchia (ne parla Wired[1132]. Tra non molto, anche Gran Bretagna e Europa dovranno dividere l'Internet e fare un bel muro di confine... e noi ci ritroveremo in prigione all'interno di una di queste zone. Proprio il contrario di quello che avremmo voluto fossero Internet e il web :-(

Alessandra Corbetta su Gli Stati Generali parla del Gruppo **Ippolita** e delle sue pubblicazioni riguardanti il Web, i social network ecc.[1133]

Attenti quando mettete "mi piace" su Facebook: un tizio è finito sotto processo in Svizzera[1134].

## 31 maggio 2017

Su HDblog[1135] e Wired[1136] ci ricordano che Sony ha smesso la produzione della consolle **Playstation 3**.

## 1 giugno 2017

L'Etiopia ha bloccato l'accesso a Internet: ne parla Il Post[1137].

Il fondatore e CEO di SpaceX **Elon Musk** pubblica: *Fare degli esseri umani una specie multi-planetaria*, in cui mette nero su bianco i suoi progetti per la futura colonizzazione di Marte[1138].

## 6 giugno 2017

Ennesima "strage" attribuita a militanti islamici di Daesch, e i Paesi occidentali rispondono automaticamente promettendo restrizioni alle libertà sul web. In questo caso, in Gran Bretagna, si ventilano restrizioni sull'uso della crittografia. Ne parla Paolo Attivissimo riportando quanto ne pensa Cory Doctorow su ZeusNews[1139].

Su Punto Informatico si parla delle diverse versioni "inedite" scoperte in maniera indiretta, di Windows 10[1140] (Sbadiglio).

Report europeo su come siamo messi riguardo connessioni ecc.: leggi su Punto Informatico[1141]. Beh, in Europa (lo sapevamo) siamo messi bene... ma l'Italia sembra abbia recuperato (secondo le statistiche).

Pierluigi Sandonnini ci informa (Punto Informatico)[1142] sulla pubblicazione del primo documento di indirizzo strategico ed economico per guidare la trasformazione digitale. Servirà a coordinare i 4,6 miliardi di fondi stanziati per centrare gli obiettivi fissati dalla strategia Crescita Digitale.

Apple ha fatto una presentazione pubblica delle sue "novità" (su ZeusNews)[1143]. Anticipo: non ci sono novità.

## 7 giugno 2017

Relazione annuale del garante italiano della Privacy, Antonello Soru (ad es. su Webnews[1144], o su Punto Informatico[1145]). Qui quel che ne pensa Massimo Mantellini al riguardo[1146].

## 8 giugno 2017

Su 01.Net si parla del progetto teorico di **Blockstack**[1147]: non mi sembra avrà molta probabilità di essere applicato, ma testimonia comunque di un problema: la vulnerabilità del web nella sua attuale struttura fisica.

WebNews ricorda che era l'8 giugno 1978 quando Intel lanciò i microprocessori della serie x86[1148].

## 9 giugno 2017

Su ZeusNews una serie di articoli di Paolo Attivissimo sul problema delle bugie presenti e diffuse in Internet (ora le chiamato "fake news") che diventano operazioni di disinformazione organizzata e pianificata. Il titolo è "carinissimo" (come si direbbe nei social...): "Dai gattini bonsai alla disinformazione pianificata"[1149].

## 12 giugno 2017

Articolo di Paolo Attivisissimo su ZeusNews su " come vengono sfruttati in concreto i dati delle nostre navigazioni"[1150].

## 13 giugno 2017

Su ZeusNews 4 consigli su come difendersi da **ransomware**[1151].

## 14 giugno 2017

Punto Informatico parla di Crash override[1152]. Beh da qualche anno a questa parte è in atto una vera e propria guerra informatica, di cui ogni tanto i cittadini vengono a sapere qualcosina (piccoli indizi, notiziole secondarie...).

Verizon ha definitivamente fagocitato **Yahoo!**, e **Clarissa Mayer** se ne va (WebNews)[1153]. Vedi anche: Punto Informatico[1154].

È morto Charles **Thacker:** progettò lo Xerox Alto, da cui discendono i moderni Pc, e fu co-inventore dello standard Ethernet (ZeusNews)[1155].

## 15 giugno 2017

La Corte di Giustizia Europea si esprime sulle responsabilità del tracker torrent e sulla violazione del diritto d'autore messa in atto. Gli ISP europei dovranno bloccare l'accesso alla Baia e ai suoi simili. Articolo di Mirko Zago su Punto Informatico[1156].

## 19 giugno 2017

**Cinque anni di permanenza di Julian Assange** nell'ambasciata ecuadoriana di Londra. Lo ricorda Wired[1157].

Su Wired leggiamo di Twitter che ha bloccato gli account di esponenti e enti governativi del Venezuela[1158]. Di solito è un Paese (dittatoriale) che blocca i social network che protestano sonoramente e gridano alla censura.

## 20 giugno 2017

Il nuovo Codice Penale italiano prevede l'uso dei "captatori informatici": ne parla ZeusNews[1159].

Su Wired i "dieci social network di cui ci eravamo dimenticati"[1160].

Gli hacker colpiscono Alfano: online informazioni del Ministero degli Esteri (leggi su Giornalettismo)[1161]. Se ne parla su vari siti anche nei giorni successivi. Leggi tra l'altro: Punto Informatico[1162].

## 21 giugno 2017

Massimo Mantellini dice cose che condividiamo pienamente a proposito della **degenerazione estetica di Apple**[1163].

## 23 giugno 2017

**Muore Stefano Rodotà**. Aveva difeso i diritti in Rete. (Leggi su Girodivite[1164], e la scheda bio su Wikipedia)[1165].

## 27 giugno 2017

Pare che Microsoft ha avuto trafugato parte del codice sorgente di Windows 10 (ne parla Punto Informatico)[1166].

**Fireball, il malware cinese che ha infettato 250 milioni di Pc**: se ne parla su ZEUS News[1167].

L'**Unione Europea ha multato Google per 2,4 miliardi di euro**: l'accusa è aver danneggiato la libera concorrenza nelle ricerche per comprare cose online (Il Post)[1168].

## 29 giugno 2017

Sul web suonano campanelli d'allarme su nuovi blocca-computer: Alfonso Maruccia parla di "Petya/NotPetya tra vaccini e analisi" (su Punto Informatico)[1169].

## 4 luglio 2017

Espansione di **OpenFiber**: a luglio 81 città raggiunte con FTTH a 1Gbps. Ne parla Punto Informatico[1170].

## 6 luglio 2017

Grossi guai per **Gli Stockisti**: "La polizia e l'ufficio delle Dogane hanno eseguito diverse misure cautelari contro l'e-shop Stockisti per reati come l'evasione fiscale" (WebNews)[1171].

## 14 luglio 2017

"Gangnam Style" non è più il video più visto di tutti i tempi su Youtube[1172]. Di peggio in peggio.

"In Pakistan è in corso il cosiddetto **Fontgate**: dei documenti che scagionerebbero il primo ministro Nawaz Sharif dall'accusa di aver accumulato denaro illecitamente sono scritti con il font Calibri. Solo che il Calibri è disponibile al grande pubblico dal 2007, mentre i documenti scagionanti che lo usano sono datati 2006, per cui il sospetto che siano falsi è molto alto". Ne parla Paolo Attivissimo[1173].

## 15 luglio 2017

*La Stampa* dà la notizia della chiusura di extremeLot: lo definiscono il "gioco di ruolo via chat più vecchio d'Italia", iniziato nel 1999. Articolo di Gianmaria Tammaro[1174].

## 17 luglio 2017

Il 17 luglio (a partire dal 2014) si festeggia il **Giorno delle Emoji**. Ne parla WebNews[1175].

**I blogger Lucarelli, Neri e Soncini sono scagionati** dall'accusa di "accesso abusivo a sistema informatico, intercettazione illecita di comunicazioni informatiche o telematiche, violazione di corrispondenza" (leggiamo su Il Messagero)[1176].

## 20 luglio 2017

Marco Calamari ci ricorda che il 4 agosto 2017 inizia **SHA2017**, il megaraduno hacker europeo (ZeusNews[1177], Punto Informatico[1178]), quest'anno a Zeewolde, a 55 km da Amsterdam.

Google pubblicizza la nuova estensione di Street View, che permette ora di "camminare" anche all'interno della Stazione Spaziale Internazionale (tra i tanti articoli: WebNews)[1179].

L'INPS va in tilt per l'intera giornata. Secondo il sindacato di base USB è tutta colpa dell'esternalizzazione informatica fatta negli ultimi anni[1180].

## 21 luglio 2017

Wired dice che l'Interpol internazionale ha chiuso due store che i poliziotti dicono appartenga al "dark web"[1181]. La notizia anche su HDBlog[1182]. Qualsiasi cosa significhi dark web.

WebNews parla di **Expeditions** (Spedizioni), nuova app di Google per la realtà virtuale o realtà aumentata[1183].

**Retrocomputing**: su Motherboard/Vice si parla di uno sfondo Windows famoso, usato ai tempi di XP[1184].

## 24 luglio 2017

Marco Calamari torna a parlare di **SPID**, e noi condividiamo le sue perplessità su questa forma di autenticazione governativo/privata[1185].

Su Linkiesta si parla di **nomadi digitali**[1186].

## 25 luglio 2017

Marco Belpoliti prova a spiegare che "C'è un motivo se stiamo sempre a smanettare con il cellulare" (L'Espresso).[1187]

Wired[1188] parla del **retrogaming** e delle "nuove" consolle che replicano le vecchie consolle.

Tutti[1189] dicono che al prossimo aggiornamento Windows 10 non avrà più né Outlook né Paint.

**Retro-computing**: "Da Winamp a MSN Messenger, i programmi che non ci sono più o che esistono ancora all'insaputa di molti" (su Il Post)[1190].

## 26 luglio 2017

Marco Calamari su Il Punto Informatico: "In Italia basta una richiesta dell'autorità giudiziaria, anche per fatti legati al diritto d'autore o al monopolio statale del gioco di azzardo, per far scomparire dalla Rete domini e addirittura indirizzi IP, anche se situati all'estero." "Sono in corso, per fortuna, reazioni intense contro l'ennesimo emendamento liberticida infilato in una legge. Ma sono sincere? E quanto?"[1191]. Da leggere, e noi condividiamo.

**La notizia chissenefrega di questo mese**: Adobe non darà più supporto a Flash (uno dei software più odiati da sempre del web e più amato dai boccaloni). Tra i tanti siti che fanno copia-incolla sulla velina emessa dall'azienda, scegliamo uno dei pochi che almeno ci fa un po' di riscrittura: Il Post,[1192] e WebNews[1193].

Che fine ha fatto The million dollar homepage[1194]? Ce lo svela MotherboardVice[1195].

Il browser **Chrome** di Google è giunto alla versione 60 (Webnews).[1196]

## 27 luglio 2017

**WhatsApp** ha 1 miliardo di utenti giornalieri attivi (tra i tanti siti che ne parlano: WebNews)[1197].

Dovremmo forse dire di Unicredit e dei suoi problemi con l'hackeraggio dei dati di login dei suoi utenti[1198], ma no davvero non ne abbiamo voglia.

Cose che si perdono passando dalla prevalenza del desktop alla prevalenza del mobile, il processo che abbiamo individuato come proprio della attuale fase della storia del web[1199]: il caso di Google Instant Search[1200].

## 28 luglio 2017

**Kaspersky** torna a diffondere un antivirus free (ne parlano, tra gli altri, Pierluigi Sandonnini su: Punto Informatico)[1201].

**Gilioli è stato bannato da facebook per una vignetta**, e ne ha scritto un articolo interessante[1202].

Muore l'**iPod** (WebNews)[1203].

Straniero alla terra pubblica "Qualcuno era un sistemista - monologo da terziario"[1204]. E a me piacque.

## 31 luglio 2017

In Italia il presidente della Regione Lombardia, Roberto Maroni, fa il fighetto parlando di "voto elettronico". L'articolo di Umberto Stentella su Tech.Everyeye.it dice che "Alla DefCon le macchine per il voto americane sono state craccate in 90 minuti".[1205]. La notizia in inglese su The Hill[1206].

## 2 agosto 2017

Il Movimento 5 Stelle (M5S) presenta la piattaforma web rinnovata: si tratta di Rousseau[1207], un progetto destinato alla comunicazione interna e alla democrazia partecipata di questo partito. L'indomani, un hacker dice di aver "bucato" la piattaforma, mostrandone le vulnerabilità dal punto di vista della sicurezza informatica (articolo su La Repubblica[1208]). La faccenda ha scatenato un po' di articoli sulle testate generaliste. Alcune note di Paolo Attivissimo: Due parole sule vulnerabilità di Rousseau[1209]. Vedi anche ValigiaBlu[1210], e Clodo[1211].

"Fa un video a pagamento su Internet e finisce accusata di terrorismo" (se ne parla su ZeusNews[1212]).

Da una costola di BitCoin nasce Bitcoin Cash (ZeusNews[1213]).

## 3 agosto 2017

Si parla del virus che colpisce (da gennaio) i Mac: FruitFly (su ZeusNews[1214]).

Mondadori vince una causa contro alcuni siti che permettevano i download di alcune riviste del gruppo, in violazione dei diritti di copyright (su ZeusNews[1215]).

## 4 agosto 2017

Larry Page (Google) diventa cittadino onorario di Agrigento. Se ne parla su RaiNews24[1216]. "Dal 2014 Google organizza annualmente The Camp, summit riservato ai grandi personaggi del mondo della finanza e dell'informatica, ad Agrigento".

L'hacker Marcus Hutchins che aveva collaborato a fermare WannaCry, viene arrestato, accusato di aver diffuso un trojan bancario (su ZeusNews[1217]).

Toh, ci sono "poche donne nel settore della sicurezza informatica" (su ZeusNews[1218]).

## 10 agosto 2017

Per distrazione o solo perché è agosto, il quotidiano di Confindustria, Il Sole 24 ore, pubblica un articolo di John Thornhill intitolato "Perché Facebook dovrebbe pagarci un salario minimo"[1219] preso dal Financial Times.

Facebook Watch permette di vedere video in streaming, condividendoli e commentandoli con gli amici (su ZeusNews[1220]).

Ricercatori della Brown University dicono di aver effettuato una trasmissione di dati tramite un multiplexer a terahertz, a 50 gigabit al secondo, il che potrebbe portare a una nuova generazione di Wi-Fi ultra veloce (se ne parla su Science Daily[1221], EurekAlert![1222], The Daily Telegraph[1223]).

## 11 agosto 2017

"James Damore, il dirigente di Google licenziato per aver scritto e fatto circolare un documento discriminatorio, ha mandato una lunga lettera al Wall Street Journal che oggi l'ha pubblicata sul suo sito online. Nel testo, l'ingegnere sostiene che il suo sforzo in buona fede per discutere liberamente delle differenze tra uomini e donne nel settore tecnologico non poteva essere tollerato in una compagnia «ideologica»" (se ne parla su La Stampa[1224]).

Microsoft presenta Windows 10 Pro for Workstations (su ZeusNews[1225]).

## 14 agosto 2017

Il 23 luglio 1972 veniva lanciata in orbita la prima delle sonde per l'osservazione del pianeta Terra del tipo Landsat. La NASA celebra il 45esimo anniversario della missione con un video che mostra l'evoluzione delle foto in time lapse (su Wired[1226]).

Sui giornali si parla di Sarahah, network cui si accede in maniera anonima (ne riparla Wired[1227]). (Sbadiglio). Pochi giorni dopo sembra che la moda sia passata (Wired[1228]).

Il browser internet di Samsung è disponibile su tutti gli Android. Insomma, pare che Samsung voglia fare concorrenza a Google? (su Wired[1229]; su ZeusNews[1230]).

Circola uno studio della Ben Gurion University secondo cui l'uso delle emoji nelle email, quando si è al lavoro, riduce le capacità di comprensione e e condivisione delle informazioni (leggi su EurekAlert[1231] - "'Smiley' emojis in formal workplace e-mails could create frowns, says Ben-gurion University study". EurekAlert!. 14 August 2017). Sarà vero?

## 16 agosto 2017

FaceBook Marketplace è attivo in Italia (HDBlog[1232])

## 17 agosto 2017

"Quello che sta succedendo in USA a margine della chiusura del sito web dei Nazisti di Daily Stormer è molto importante e andrà seguito con attenzione. Non tanto per i nazisti in sè e nemmeno per gli imbarazzanti silenzi di Donald Trump al riguardo, ma per il futuro di Internet come la conosciamo". A scriverlo è Massimo Mantellini[1233] e crediamo abbia ragione.

"Bitcoin dallo Spazio, ecco i satelliti per accedere alla criptovaluta anche se non hai Internet": su Wired[1234] si parla dell'iniziativa di BlockStream che ha avviato programma satellitare in grado di dare accesso ai bitcoin da (quasi) qualunque punto della Terra.

"Cina, diciottenne muore in un centro per curare la dipendenza da internet: «Il corpo pieno di cicatrici»" (Il Messaggero[1235]). La cosa sarebbe successa in Cina il 3 agosto. Questo giornale dice che in Cina ci sono i boot camp, "centro di riabilitazione per la dipendenza da internet".

"L'emoji preferito di Angela Merkel è lo smiley". La notizia chi-se-ne-frega del mese? (Il Post, 17 agosto 2017[1236]).

## 18 agosto 2017

"La top 5 dei malware in Italia: Submelius colpisce ancora" (ZeusNews[1237]). Submelius colpisce in particolare siti per la visione di film online, a testimonianza come sempre più gli italiani siano orientati verso lo streaming online dei film.

Notizia improbabile del mese: Motorola brevetta lo schermo che si ripara da solo (ZeusNews[1238]). Serve per i telefonini.

"Google paga Apple 3 miliardi all'anno per rimanere sull'iPhone": nell'articolo de La Stampa (Andrea Nepori, 18 agosto 2017[1239]) si dice che Google ha pagato nel 2014 1 milioni di dollari Apple per restare il motore di ricerca predefinito all'interno del browser Apple (su iPhone e iPad). "Ora quella cifra potrebbe essere salita ancora e aver raggiunto i 3 miliardi di dollari l'anno. Lo sostengono gli analisti di Bernstein Research in una recente relazione in cui dettagliano i rapporti economici tra i due giganti della Silicon Valley".

## 21 agosto 2017

Google annuncia Android 8 (nome scelto: Oreo), sistema operativo per telefonini (AndroidWorld.it[1240]). Quasi due terzi dei dispositivi Android connessi a Internet sono ancora fermi a Marshmallow e Lollipop (ora diventate la terz'ultima e quart'ultima versione del sistema operativo) secondo Wired[1241].

## 22 agosto 2017

C'è chi è stato a SHA2017, il raduno hackmeeting di Amsterdam: Riccardo Coluccini su Motherboard/Vice[1242].

## 23 agosto 2017

C'è tanta voglia di Microsoft in Google? "Google lancia Chrome Enterprise per le aziende" (WebNews[1243]), "una soluzione per la gestione dei dispositivi basati su Chrome OS e utilizzati in professionale".

Neppure The Village Voice uscirà più in versione cartacea ma solo online (Il Post[1244]).

## 24 agosto 2017

Ancora vessazioni da parte dei legali della case discografiche nei confronti degli ex gestori di The Pirate Bay: "Fondatori di The Pirate Bay condannati per 405.000 euro. Da anni non hanno più nulla a che fare col sito, ma le major continuano a braccarli" (ZeusNews[1245]).

## 25 agosto 2017

Sui giornali discutono di Telecom Sparkle (Corriere della Sera[1246]). La società controlla un pezzo importante della rete primaria Internet e l'Italia scopre all'improvviso l' "interesse strategico nazionale". È solo un "gioco delle parti"[1247]?

Il Giappone rimane senza Internet per alcune ore. Cosa è successo? Google "ha ammesso di aver sbagliato un Border Gateway Protocol (BGP) modificando il percorso del segnale inviandolo per errore a Verizon e bloccando di fatto l'accesso alla rete per tutti gli utenti NTT Communications e KDDI" (HDBlog[1248]).

## 28 agosto 2017

Massimo Mantellini su Il Post[1249] ci dice come la parola "troll" ha preso il posto di "hater". A proposito di un politico di questi anni (Matteo Salvini, del partito di destra Lega Nord).

**29 agosto 2017**

Nuovi documenti WikiLeaks: la CIA che spia anche FBI e le altre agenzie "sorelle" (su Punto Informatico[1250]).

"L'app per creare ransomware in pochi secondi, senza saper programmare" (se ne parla su: ZEUS News[1251]).

**30 agosto 2017**

Un articolo interessante su come "utilizzare le tessere sanitarie e le CNS per i servizi online della PA" (Punto Informatico[1252]), ma occorre avere un lettore di carte (costa 5 euro) e un sistema operativo Linux/Debian.

YouTube ha cambiato logo e (un po') la grafica (Il Post[1253]).

Nella moda attuale delle criptovalute ci sono anche i WhopperCoin e hanno a che fare con Burger King: sì, proprio quelli dei panini (ZeusNews[1254]).

**31 agosto 2017**

Wired[1255] parla delle false email (finalizzate al phishing) dell'Agenzia delle Entrate.

**1 settembre 2017**

Sembra che "Apple si schiera a favore della net neutrality" (WebNews[1256]) con un po' di ritardo rispetto alle altre company, per quel che vale...

**4 settembre 2017**

"Puoi mentire a tutti, tranne a Google" è il titolo scelto da Linkiesta[1257] per la breve recensione a un libro dell'ex data scientist di Google Seth Stephens-Davidowitz.

**5 settembre 2017**

Ma tu guarda che sorpresa... "Google sospettata di censurare le voci scomode":

"Non è la prima volta che Google viene sospettata di esercitare fosche pressioni su gruppi di potere e stakeholder. D'altronde Google ha speso solo tra aprile e giugno di quest'anno 5,4 milioni di dollari in attività di lobby politica. Recentemente il New York Times ha riportato la notizia di un licenziamento sospetto all'interno della New America, importante fondazione statunitense la cui voce ha da sempre un ruolo fondamentale nei dibattiti pubblici. Recentemente, il responsabile dell'iniziativa ribattezzata Open Markets, Barry Lynn, critico nei confronti del potere predominante dei giganti hi-tech, è stato licenziato. Nonostante il presidente della fondazione abbia confermato che la decisione è da attribuirsi a "ripetuti rifiuti di aderire agli standard di apertura e collegialità istituzionali della New America", in molti credono che il fulcro del problema sia da rintracciare specificamente nella pubblicazione di un articolo di compiacimento per la recente sanzione per abuso di potere dominante elevata dall'Unione Europea ai danni di Google." (il resto dell'articolo di Mirko Zago su Punto Informatico[1258]).

"Reddit chiude i sorgenti del suo codice. Tirando le somme da 9 anni di esperienza, il celebre sito di social news decide di abbandonare la community open source, considerata ora "un male" per chi vuole essere competitivo" (Punto Informatico[1259]).

"Uno dei più grandi siti per salvare l'audio dei video da YouTube in MP3 chiude per violazione del copyright". Si tratta di YouTube-MP3.org. Ne parla Il Post[1260] e Punto Informatico[1261].

Apple ha deciso di terminare l'esperienza dell'Apple Music Festival presso la storica location della Roundhouse di Londra. La notizia su WebNews.[1262]

## 6 settembre 2017

Huawei supera Apple e diventa il secondo produttore di smartphone al mondo (HDBlog[1263])

## 8 settembre 2017

La Corte di Strasburgo si pronuncia su diritto dei lavoratori, uso delle email e controllo dei datori di lavoro: "Nel 2007 un dipendente di un'azienda rumena era stato licenziato per l'uso della posta elettronica a scopi privati. Il monitoraggio della corrispondenza, avvenuto a sua insaputa, è una violazione del diritto alla vita privata" (Punto Informatico[1264]).

Su ZeusNews[1265] si parla di assistenti vocali: " Siri, Alexa, Cortana e gli altri obbediscono a comandi che gli esseri umani non possono udire".

"Sorpresa Pec: 8,5 milioni di italiani usano la posta certificata" (Wired[1266]).

Su MotherBoard/Vice[1267] si parla di SOCMINT e di OSINT. Un indizio su cosa cavolo sono? "Un software utilizzato dalla Polizia di Stato ascolta e trascrive l'audio dei contenuti che postiamo online..."

I dati di 143 milioni di clienti di Equifax sono stati rubati in un attacco hacker (Il Post[1268], Paolo Attivissimo[1269]).

Link: Grafton9[1270] è un "archivio libero dal copyright di digitalizzazioni di riviste indipendenti, libri e zines sull'attivismo, l'autogestione e le culture hacker in italia nella fine dello scorso millennio". (Thanks to/Ne ha parlato: Motherboard[1271]).

Attacco al sito del quotidiano Libero (Giornalettismo[1272], Il Fatto[1273]).

L'appuntamento più imbarazzante avuto con una ragazza? Leggi Paolo Attivissimo[1274] su una vicenda realmente accaduta.

Non credo di averne parlato: una omissione a ragion veduta perché fin dall'inizio mi era parsa una cavolata. Ne parlo ora perché i giornaletti italiani certificano che si era trattata di una bugia (in questo periodo le stanno chiamando fake news). L'argomento è il presunto "blue whale" (Giornalettismo[1275]). Fastidio & pezzentismo.

**11 settembre 2017**

Grazie a Masuoka che lo segnala sul suo tumbrl[1276]: "Google Honors Grace Hopper...and a "bug"" (su Wired[1277] inglese). Sul cronoWeb ne abbiamo parlato.

**12 settembre 2017**

**198: Lofti Zadeh**

Notizia della morte di Lofti Zadeh (Il Post[1278]). Si era occupato di teoria degli insiemi, e della logica fuzzy.

Qui[1279] si parla di "contagio" sui social network.

Il Parlamento europeo approva il progetto di WiFi libero WiFi4EU (ne parla HDBlog[1280]).

C'è chi scommette[1281] nel protocollo FIDO per superare il sistema di autenticazione tramite password.

**13 settembre 2017**

Apple vuol vendere telefonini iPhone X (si legge "ai fon ten": Wired[1282]). Tecnologia non entusiasmante, una semplice evoluzione (ad alto prezzo) dell'esistente. La sintesi di Massimo Mantellini[1283] ci trova d'accordo. Alla presentazione, il riconoscimento facciale non funziona (Giornalettismo[1284]): "Sbloccarlo è semplice quanto guardarlo" ha detto Craig Federighi poco prima dell'epic fail del Face ID. Forse l'unica cosa interessante è che si tratta del primo keynote dallo Steve Jobs Theater del nuovo Apple Park (HuffingtonPost.it[1285]).

A futura memoria: riconoscimento facciale, sblocco tramite impronte digitali, assistenti virtuali (almeno come sono oggi): si tratta tutte di cacate markenditesche, roba per polli.

Facebook Messenger elimina gli Instant Articles introdotti nel 2015 (ne parla Filippo Vendrame su WebNews[1286]).

Brian Acton, uno dei due fondatori di WhatsApp, ha deciso di lasciare la compagnia (acquisita da Facebook) per dedicarsi a nuovi progetti no-profit (HDBlog[1287]).

## 14 settembre 2017

Massimo Mantellini su Il Post[1288] parla di "fascisti su Internet".

## 15 settembre 2017

Kaspersky ha un po' di guai negli Stati Uniti (Punto Informatico[1289]).

## 18 settembre 2017

Bitcoin ha problemi con la Cina, e con JPMorgan (ne parla Punto Informatico[1290]).

Anna Magni spiega "Perché più di 20mila persone sono convinte che io sia Alda Merini" (su Vice[1291]).

## 19 settembre 2017

Su Sapiens[1292] intervista a Salvatore Aranzulla.

La rivista Nature dice che grazie un team australiano per la prima volta nella storia, la luce è stata trasformata in un suono dentro a un microchip (HDBlog[1293]).

Dicono[1294] che Pirate Bay approfitti degli utenti collegati per utilizzarli, a loro insaputa, come miner per cripotovalute. Negli stessi giorni, si viene a sapere[1295] che anche una estensione di Chrome svolgeva lo stesso lavoro, sempre all'insaputa degli utilizzatori.

## 21 settembre 2017

"Bill Gates dice che è molto pentito per l'invenzione di Ctrl+ Alt+ Canc" (Il Post[1296], ZeusNews[1297]).

Wired[1298] fa una piccola pubblicità a Eolo.

## 22 settembre 2017

"Microsoft ha annunciato il completamento di Marea, il "cavo internet sottomarino più tecnologicamente avanzato ad attraversare l'Oceano Atlantico". È lungo ben 4.100 miglia, poco meno di 6.600 chilometri, e connette Bilboa, in Spagna, con Virginia Beach, città nello stato della Virginia, USA. Raggiunge profondità fino a 11.000 piedi, circa 3,3 chilometri." (leggi il resto su HDBlog[1299]).

Probabilmente la notizia del mese è: la UE ha nascosto per anni un report dell'UE stessa, che dimostra come la "pirateria musicale" è una fesseria. Ne cominciano a parlare diverse fonti: Punto Informatico[1300]. Nel report si afferma: "i risultati non mostrano solide evidenze statistiche relativamente ad eventuali danni alle vendite causate dalle violazioni online di copyright [...]. Questo non significa necessariamente che la pirateria non abbia alcun effetto, ma semplicemente che l'analisi statistica non permette di dimostrare tale legame con sufficiente correlazione da dire che un effetto c'è". Amen.

## 23 settembre 2017

Il sito di fact-checking Snopes, nato nel 1995, ha problemi: ne parla Il Post[1301].

## 25 settembre 2017

Si parla di blockchain[1302]. (Ma anche su Il Tascabile qualche giorno dopo[1303]).

"Indizi di una Internet meno libera" è il titolo di un articolo de Il Post[1304] che fa il punto sulla situazione attuale, almeno per quel che se ne sa attraverso le news generaliste.

## 26 settembre 2017

Microsoft rilascia una versione Linux del suo SQL, e Richard Stallman avverte che Microsoft vuole in realtà distruggere Linux (ZeusNews[1305]).

## 27 settembre 2017

Twitter annuncia di voler passare dai 140 ai 280 caratteri (RaiNews24[1306], Il Post[1307]).

La morte di Hugh Hefner ("quello di Playboy") viene ricordata in vario modo. Paolo Attivissimo[1308] ci ricorda una cosa avvenuta nel 1973 e che riguarda la storia dell'informatica...

## 29 settembre 2017

Retromania (è una delle tendenze degli ultimi dieci anni): un'azienda mette in commercio un simil-Commodore 64 (su HDBlog[1309]). Su WebNews[1310] si parla della SNECS MIni.

## 30 settembre 2017

Per chi interessa, lo stato dei rapporti tra il presidente degli Stati Uniti Trump e Facebook(su Punto Informatico[1311]).

## 3 novembre 2017

The Economist mette in copertina i social media (es_ Facebook) che minacciano "la democrazia" (vedi su Il Post[1312], qui l'editoriale dell'Economist[1313]).

Paolo Attivissimo ci ricorda come è nato PowerPoint, l'usatissimo strumento diabolico di presentazione di diapositive, poi passato a Microsoft. (Su Il disinformatico[1314]). Per la cronaca, nacque il 14 agosto 1984[1315].

Per 11 minuti il presidente degli Stati Uniti sarebbe rimasto senza Twitter, grazie a un dipendente della corporation che, prima di andarsene, ha voluto graziare milioni di statunitensi e di giornalisti dalla mania presidenziale di post/tweet a getto continuo. Ne parla HuffingtonPost Italia[1316].

## 7 novembre 2017

Durante una dimostrazione ufficiale dei prodotti Azure, il browser di Microsoft (Edge) smette di funzionare. E il tecnico installa Chrome (ne parla Zeus News[1317]). Della serie: qual è il browser più cretino che esista?

Si comincia a indagare i "costi" dei bitcoin in termini di energia, dopo l'abbuffata di articoli che si limitavano a registrare il "fenomeno" (su Vice Motherboard[1318]).

## 8 novembre 2017

Riportiamo da Wired[1319] ma la notizia è su tutti i siti che seguiamo: Twitter ha deciso di passare a 280 caratteri per post. Mantellini[1320] dice alcune cose su cui siamo d'accordo.

## 9 novembre 2017

Dicono[1321] che The New York Times abbia aperto un sito su TOR. Nella vulgata, si parla al solito di "dark web".

Google mette a disposizione una libreria 3D per la realtà aumentata, e la chiama Poly (ne parla tra gli altri 01Net.it[1322]).

Alcuni articoli generalisti che segnaliamo:

Marco Calamari[1323] segnala un testo sull'argomento del voto digitale.

Mirko Zago[1324] riferisce del report della ONG Freedom House, sul tema della democrazia online.

La tecnologia di riconoscimento facciale Face ID di Apple non sembra funzionare proprio bene (Punto Informatico[1325]). Ma vah...!

Le cose continuano ad andare bene ad Alibaba, il network di vendite progettato da Jack Ma diciotto anni fa (Punto Informatico[1326]).

Nuovi documenti WikiLeaks: la CIA si spacciava per Kaspersky Lab nelle sue operazioni di spionaggio (Punto Informatico[1327]). Niente di nuovo sotto il sole, ma è interessante come la guerra dei dossier continui. (Aggiornamento: se ne parla anche su Punto Informatico di dicembre[1328]).

Bitcoin continua a salire, anche per il fallimento del tentativo si creare una fork di questa criptomoneta (ancora Punto Informatico[1329]). Per tutto il mese si continua a parlare di bitcoin e di come il "valore" di questa criptomoneta continui a crescere (Punto Informatico[1330]).

Non sono buone notizie sul fronte dei processori: la concorrenza in questo settore è basilare, ma Intel ha acquisito una predominanza rispetto alla rivale AMD (ricordate Coca-Cola vs Pepsi cola?). Ora dopo un colpo di coda qualche mese fa di AMD, la notizia che Intel e AMD si sono accordate per progettare assieme un nuovo prodotto (Zeus News[1331]), e un designer grafico di AMD ha deciso di passare alla rivale Intel (Punto Informatico[1332]).

Un articolo sulle origini dell'Intelligenza artificiale[1333].

C'è voluto un intervento legislativo apposito[1334] per fermare la trovata dei gestori di telefonia che hanno stabilito che il mese dovesse essere di 28 giorni, lucrando in questo modo sulle tariffe applicate ai propri clienti e avendone guadagni per milioni di euro. Complimenti alla furbizia delle aziende interessate: che aspettano i loro clienti a scaricarle per sempre?

Migliorie nel browser FireFox che si affranca da Google e da Chrome (Punto Informatico[1335]).

Hackers del collettivo Anonymous hanno attaccato alcuni siti governativi italiani, ma pare che siano stati sgamati (Wired[1336]).

Monaco abbandona Linux e LibreOffice e torna a Windows (ZeusNews[1337]).

## 21 novembre 2017

"A Firenze è partita la digitalizzazione dei documenti storici della Ue. Obiettivo: salvaguardare anche i file, sempre più numerosi e a rischio illeggibilità" (su Wired[1338]). È un argomento su cui sono particolarmente interessato.

Uno dei primi usi documentati della parola "internet" connessa a una qualche tecnologia, qui[1339].

## 22 novembre 2017

Paolo Attivissimo[1340] ci parla di dark web.

Geoblocking addio, dal 2018 potremo comprare online su qualsiasi sito europeo (Wired[1341]). L'economia furba di chi ci comanda.

Su Vice[1342] si parla del Nero di WhatsApp. Beh, se volete sapere di cosa si tratta basta leggere l'articolo... :-)

## 23 novembre 2017

Su Punto Informatico[1343] si parla di tracciamento degli utenti del Web. E Alfonso Maruccia sembra decisamente pessimista.

## 24 novembre 2017

Su Wired[1344] si parla del libro "Pinocchio in Emoj italiano" scritto da Chiusaroli Francesca, Monti Johanna, Sangati Federico ed edito da Apice[1345].

## 25 novembre 2017

ZeusNews[1346] parla della faccenda della neutralità della Rete.

## 27 novembre 2017

La notizia è stata pubblicata da diversi giorni: Intel ha annunciato l'addio al BIOS nel 2020 (Punto Informatico[1347]).

## 28 novembre 2017

David Karp si dimette da CEO di Tumblr (Il Post[1348], Recode.net[1349]).

"La parola cryptojacking è un neologismo in voga in questo periodo, e sta ad indicare l'hack di siti e servizi Internet attuato con lo scopo di sfruttare indebitamente le CPU degli utenti per minare criptovalute" (ne parla Elia Tufarolo su Punto Informatico[1350]).

Gli specialisti nell'invenzione delle notizie che non lo sono e nella propaganda manipolata parlano in questo periodo di fake news (termine inglese che viene coniugato all'italiana, bassamente, come "bufala"). Dobbiamo registrare, con rammarico imbarazzo e tristezza, questo basso libello di pubblicistica in atto. Un commento su Punto Informatico[1351] tra i tanti. Abbiamo resistito per diverse settimane a cercare di non alimentare questo falso dibattito e finora non avevamo segnalato alcun articolo al riguardo. Mi scuso se sono stato trascinato a farlo ora. Altre info: ValigiaBlu[1352] e qui[1353].

## 29 novembre 2017

Su Il Tascabile[1354] spiegano cos'è il podCast.

## 30 novembre 2017

La notizia che ci vergogniamo di pubblicare questo mese: Google cambia l'emoji sbagliata del cheeseburger (su Wired[1355]).

"Nuova Zelanda, IA si candida a primo ministro" (titolo di Punto Informatico[1356]). IA = intelligenza artificiale.

Ventata neo-puritanista dagli Stati Uniti: Andy Rubin, tra i creatori di Android, sarebbe stato allontano da Google per una presunta relazione con una sua sottoposta (Punto Informatico[1357]).

## 1 dicembre 2017

Lercio[1358] inventa il Trash Day, giorno in cui buttare gli acquisti inutili del Black Friday.

## 4 dicembre 2017

Su WebNews Filippo Vendrame,[1359] e Giacomo Dotta[1360] ci ricordano i 25 anni degli SMS (3 dic 1992).

"Windows 10 festeggia i 600 milioni di utenti. Ma Windows 7 è ancora il più usato". (su ZeusNews[1361]). Su HDBlog[1362], che riporta altre statistiche interessanti, si dice che le diversità statistiche derivano dalle diversità dei metodi di raccolta dei dati...

Grazie a un doodle di Google si parla dei linguaggi di programmazione per bambini (Il Post[1363]). (Nella versione ebook e cartacea del cronoWeb ne parliamo...).

Vidme, piattaforma di video sharing lanciata nel 2015 chiuderà il 25 dicembre (WebNews[1364]).

"Il 4 dicembre, l'Italia ha celebrato il decennale della riforma dell'Intelligence, avvenuta nel 2007" e si è svolto un convegno sulla cybersicurezza(ne parla un paio di giorni dopo Gli Stati Generali[1365]).

## 5 dicembre 2017

In Italia ci sono 87 mila aziende attive nel settore IT (Information Technology) che offre lavoro a 430 mila addetti. Questi e altri dati su Punto Informatico[1366]. Su WebNews[1367]: "Agenda Digitale, l'Italia ancora agli ultimi posti".

## 6 dicembre 2017

"Bitcoin: apre il primo negozio in Italia per acquistarli" (su Wired[1368]). A Rovereto (Trento).

La fesseria del giorno la leggiamo su WebNews[1369]. Imperscrutabili motivi per cui certe aziende hanno idee simili...

## 7 dicembre 2017

Aneddotica: "L'uomo che gettò in discarica una fortuna in Bitcoin" (ZeusNews[1370]).

Su Wired[1371] si parla dell' "Errore 404: la storia della "Pagina non trovata" più frequente di Internet".

## 9 dicembre 2017

Su Linkiesta[1372] dicono che "La rivoluzione digitale di Diego Piacentini è la cosa più importante che sta succedendo in Italia". Sarà vero?

## 11 dicembre 2017

Apple compra Shazam (Il Post[1373], Webnews[1374]).

## 12 dicembre 2017

Cosa è successo dal punto di vista della sicurezza informatica nel corso del 2017, ne ha fatto una sintesi Kaspersky[1375].

## 13 dicembre 2017

Trump firma le legge che vieta i software Kaspersky (WebNews[1376]).

## 14 dicembre 2017

Se ne parla sui diversi siti online da un paio di giorni, noi seguiamo il link di Punto Informatico[1377]: "Chamath Palihapitiya si è unito al coro di quelli che sparano alzo zero contro Facebook e gli altri social network". Palihapitiya è stato vice-presidente di Facebook.

Cronaca: "Sedicenne arrestato, gestiva sito di pirateria Tv. Il servizio che gli faceva guadagnare 3.000 euro al mese, ora rischia tre anni di prigione" (ZeusNews[1378]).

"È morto Heitaro Nakajima, inventore del compact disc" (su Wired[1379]).

Disney corporation acquista diverse cose di Fox, mette le mani su Simpson Griffin ecc_, e aumenta la sua presenza nel settore dello streaming video web (WebNews[1380]).

## 15 dicembre 2017

Sull'addio statunitense alla cosiddetta net neutrality vedi: Wired[1381], WebNews[1382], Il Post[1383], Massimo Mantellini[1384].

Chiude dopo 20 anni di attività l'Instant Messenger di AOL (HDBlog[1385]).

## 18 dicembre 2017

Opera software diventa Otello corporation (HDBlog[1386]).

## 19 dicembre 2017

"Gli Stati Uniti hanno accusato formalmente la Corea del Nord per l'attacco informatico globale col virus WannaCry" (Il Post[1387]). Dubitativo ZeusNews[1388].

## 23 dicembre 2017

Ops! È crollato il valore del bitcoin, la criptomoneta preferita dagli speculatori finanziari internazionali. (La notizia su tutte le testate web più o meno importanti, noi rimandiamo a RaiNews24[1389]).

Ma che bravi quelli di Apple...: "Rallentiamo i vecchi iPhone di proposito" "Ma abbiamo un ottimo motivo" (ZeusNews[1390]).

## 24 dicembre 2017

"Quanto guadagna il gaming italiano?": se lo chiede Wired Italia[1391], che credo se lo richieda di tanto in tano, ciclicamente.

## 28 dicembre 2017

C'è chi torna a chiedere la nazionalizzazione dell'Internet. Se ne parla come di una curiosità sul Corriere della Sera[1392] del 19 dicembre che leggo solo ora.

Sul tema bitcoin è sintomatica di questi tempi la bugia individuata in rete da Paolo Attivissimo[1393]: "Antibufala: incassa 1 milione di dollari vendendo Bitcoin contraffatti col pennarello".

## 28 (2018)

*Pare[1394] ci siano 4,02 miliardi di utenti Internet, 1,3 miliardi di siti web. Il gruppo di siti di Google è quello con maggior numero di utenti collegati. Nel corso dell'anno Tesla Roadster viene lanciata nello spazio. Cambridge Analytica raccoglie 50 milioni di profili Facebook e...*

### 2 gennaio 2018

Ornella Tajani scrive su "Metamorfosi del ricordo ai tempi dei social" (Nazione Indiana[1395]). Thanks to: Giulio Cavalli[1396].

### 9 gennaio 2018

A proposito di Spectre e Meltdown, due problemi di sicurezza che interessano tutti i processori prodotti negli ultimi anni, Intel ha fatto il punto della situazione. Sul Il Post[1397] una sintesi.

### 11 gennaio 2018

L'Ecuador ha dato la cittadinanza a Julian Assange, fondatore di Wikileaks (Il Post[1398]).

Il ministro della Giustizia sudcoreano Park Sang-ki ha annunciato che il governo sta preparando una legge per vietare lo scambio di criptovalute sulle piattaforme online locali, una decisione simile a quella presa nelle scorse settimane dal governo cinese (Il Post[1399]).

### 12 gennaio 2018

Oggi girovagando sul web (grazie a Informatici[1400]) sono incappato in Susan Kare. Lei è quella che ha realizzato alcune delle iconcine più caratteristiche del primo Mac (Apple), font e altri elementi grafici. Ho trovato notizie su Wikipedia[1401], e sul sito Susan Kare graphic disegn[1402]. Ehi, e ne avevano parlato Il Post[1403] e Personal Report[1404] nel 2011...

**199: Susan Kare**

## 13 gennaio 2018

Sulla vicenda dell'Archivio storico dell'Unità, vedi: Repubblica[1405], La storia le storie[1406], e la pagina su NoBlogs[1407]. Noi come ass OpenHouse / Girodivite quando ci siamo accorti che l'archivio non era più disponibile avevamo chiesto a Sergio Staino prima, che però era già in rotta con la proprietà e ci ha risposto molto gentilmente, e all'amministratore delegato. La nostra proposta era di gestire noi come associazione no profit l'archivio, mettendo a disposizione per gli studiosi e gli storici questo patrimonio che sicuramente non aveva valore commerciale. Non ci è stato mai risposto dalla dirigenza amministrativa di quella società.

Su Pressenza[1408] si parla di Exe.it, data center italiano che si presenta come "Il Primo Green data center in Italia". (Articolo originale su ItaliaCheCambia.org[1409]).

## 15 gennaio 2018

"Hacker sequestrano i server di un ospedale. Vogliono un riscatto in Bitcoin. L'attacco ha paralizzato l'intera rete informatica" (leggi su: ZeusNews[1410]).

## 17 gennaio 2018

"I siti americani The Awl e The Hairpinchiuderanno a fine gennaio" (Il Post[1411]).

Qui[1412] si parla del "progetto AMP" di Google, che riguarda i telefonini che si collegano con il Web.

MotherBoard[1413] dice che Kaspersky Lab ha scovato un nuovo spyware, e che avrebbe origini italiane. E noi che ci lamentavamo della scarsa inventiva degli informatici italiani...

## 19 gennaio 2018

Massimo Mantellini annuncia un nuovo suo libro[1414] che non vediamo l'ora di leggere.

## 23 gennaio 2018

In Cina si sperimenta la rete internet quantistica (Wired[1415]).

## 30 gennaio 2018

"Revocato un record mondiale su Atari 2006 dopo 35 anni": ne parla HDBlog[1416]: "Dopo ben 35 anni un videogiocatore si è visto revocare un record mondiale ottenuto nel lontano 1982 sull'Atari 2006 nel gioco Dragster. Si tratta di un titolo di corse e il giocatore in questione si chiama Todd Rogers che era riuscito a stabilire un record mondiale con un tempo di 5.51 secondi. Alcuni speedrunner però hanno deciso di contestare il risultato e, dopo un lungo procedimento, Twin Galaxies, organizzazione che tiene traccia di record eseguiti nei videogiochi, ha rimosso dal suo albo tutti i punteggi di Rogers."

## 1 febbraio 2018

Nell'agosto 2017 La Stampa, per la firma di Simona Siri[1417] titolava un pezzo: "Il podcast nuova moda d'America". Articolo a metà tra l'informativo, il balneare (un tipico articolo agostano...) e l'osservazione da quel mondo strano e nello stesso tempo leader che sono gli Stati Uniti.

Dal primo febbraio 2018 La Stampa diffonde una edizione poscast del giornale[1418]. Già l'ente televisivo pubblico italiano, la RAI, attraverso il suo difficoltoso sito[1419] diffondeva molte sue trasmissioni in podcast, costituendo un utile servizio e un prezioso archivio storico.

Qui ci si chiede se in Italia l'iniziativa de La Stampa possa avere un qualche esito positivo. (Si ricorda che dal marzo 2016 La Stampa fa parte del gruppo L'Espresso/Repubblica, vedi qui[1420]).

Altre notizie del giorno:

"eBay ha deciso di abbandonare PayPal come piattaforma di pagamento preferenziale, decidendo di abbracciare Adyen". Un processo non immediato, ne parla WebNews[1421].

## 5 febbraio 2018

Su Wired[1422] si parla del mercato dello streaming musicale.

## 6 febbraio 2018

"L'open source compie 20 anni: breve storia di un'espressione che ha cambiato l'informatica" (ZeusNews[1423]).

## 8 febbraio 2018

Infrastrutture: TIM forse scorpora la rete dal resto della società; Open Fiber è in ritardo sui cantieri... La situazione al momento su Wired[1424]. Dello scorporo delle reti dalle società privatizzate se ne parla da più di trent'anni, da quando Prodi e i suoi amichetti iniziarono a "privatizzare" con gli effetti che abbiamo conosciuto in questi decenni, mentre alcuni di noi dicevano che sarebbe stato meglio mantenere pubbliche le reti. Ora, una generazione dopo, sembra che Calenda e gli altri ci sono arrivati. Il problema però nel frattempo è cambiato...

Sulla faccenda che tanto interessa delle fake news leggiamo un intervento di Alessandro Gilioli[1425].

## 9 febbraio 2018

Preoccupazioni internazionali per il passaggio a una società cinese del cloud gestito da Apple (iCloud): possibilità per il Governo cinese di controllare maggiormente dati e info riservate (fonte: HDBlog[1426]).

Addio a John Perry Barlow, autore dei testi delle canzoni dei Grateful Dead, ma anche autore della Dichiarazione di indipendenza del cyberspazio[1427] del 1996 (Wired[1428], Paolo Attivissimo[1429]).

## 12 febbraio 2018

Massimo Mantellini su Il Post[1430] analizza quello che mettono in programma i partiti italiani che si presentano alle elezioni politiche del 4 marzo 2018 riguardo al digitale e al web. Molto schietto e sostanzialmente concordo con i suoi giudizi. Ok, sono un po' più indulgente verso Potere al Popolo rispetto a Mantellini, gli avrei dato un 5 e non un 2...

## 15 febbraio 2018

La potente agenzia fotografica Getty costringe Google a un accordo che riguarda l'uso delle immagini sul motore di ricerca (ne parla Alfonso Maruccia su Punto Informatico[1431]). Sulla vicenda leggi anche ZeusNews[1432] che ha un titolo esplicito: "Google elimina il pulsante Vedi Immagine per compiacere i signori del copyright".

## 16 febbraio 2018

Segnalo l'articolo di Massimo Mantellini: "Google, la pubblicità e altre storie divertenti"[1433].

## 19 febbraio 2018

Microsoft dice che vorrebbe utilizzare le tecnologie blockchain per l'identità personale decentralizzata (Punto Informatico[1434]).

Sbaglio o la ricerca e la traduzione inglese-italiano di Google è peggiorata negli ultimi tempi? avete anche voi questa impressione?

## 20 febbraio 2018

Su Wired[1435] un po' di dati riguardo la situazione del digitale in Italia. Spoiler: siamo un pochino indietro.

## 22 febbraio 2018

Wikipedia implementa gli oggetti 3D (Wired[1436]).

## 27 febbraio 2018

Una curiosità: il sistema operativo ReadStarOSLinux-modificato dalla Corea del Nord (su Punto Informativo la scheda e il link per il download[1437]): "Un esempio di pessimo uso della libertà del software è sicuramente Red Star OS, il sistema operativo ufficiale della Corea del Nord. Si tratta di una versione di Fedora modificata dagli esperti della dittatura coreana per limitare le libertà degli utenti."

"Cosa fanno oggi i fondatori di Google, Larry Page e Sergey Brin" ce lo dice HDBlog[1438].

## 2 marzo 2018

"Il Department of Justice (DOJ) statunitense ha condannato Taylor Huddleston a 33 mesi di galera più due anni di rilascio in libertà vigilata, una pena comminata al giovane per aver sviluppato e venduto a terzi il trojan ad accesso remoto (RAT) noto come NanoCore" (Punto Informatico[1439]).

## 5 marzo 2018

Ci sono indizi secondo cui Microsoft ha la tentazione di eliminare Windows Media Player(WebNews[1440]).

Intervista su MinimaMoralia[1441] a Massimo Mantellini e sul suo nuovo libro.

## 6 marzo 2018

Almeno, le elezioni politiche del 2018 sono servite a far aumentare gli accessi ai siti che hanno seguito queste vicende italiane.

Notizia collegata in qualche modo, anche se non sappiamo in che modo: Wired[1442] assicura che "Il più grande sito web di realtà virtuale" è un sito porno (VRporn.com).

## 12 marzo 2018

C'è un Libro Bianco[1443] dell'Agenzia per l'Italia Digitale su: "L'Intelligenza artificiale al servizio del cittadino". Dopo le "bombe intelligenti" della Guerra del Golfo, va di moda in questi anni il termine "intelligenza artificiale". Ma quanta intelligenza sotto i ponti... :-)

Link a un meme[1444] che fu lanciato da Davide Berardi (DAW) nel 2005.

Pare ci sia una lettera di Tim Berners-Lee contro l'attuale dominio delle company come Google ecc_ sul web. In italiano su Giornalettismo[1445]. Leggi anche HDBlog[1446] che ricorda i 29 anni del web. Il testo originario in inglese è sul sito della Web Foundation[1447].

## 14 marzo 2018

Muore Stephen Hawking. (Tra le centinaia di link possibili, scegliamo quello di WebNews[1448]). Se ne parla anche su Girodivite[1449].

## 15 marzo 2018

Su Punto Informatico[1450] si parla di "Windows 10 e il vizietto dell'upgrade forzato". Ovvero: come le corporation stanno facendo sempre di più che non si possieda più le cose; se il capitalismo è nato con il possesso dei mezzi di produzione, il nuovo sistema al potere sempre di più si impossessa anche degli oggetti di consumo, spossessando in questo modo i "consumatori" cui non è più dato neppure la vanità del "possesso". La spossessione attuale è parte della perdita dei diritti "progressivamente" in atto? C'è stato un periodo in cui "progressivamente" si pensa lo sviluppo come ampliamento dei diritti, mentre oggi "progressivamente" assistiamo al restringimento dei diritti. Ci si collega qui anche alle "preoccupazioni" di Berners-Lee riguardo al web di cui abbiamo parlato qualche giorno fa.

Triboo acquista Blogo (che era andato in fallimento): lo riporta Il Post[1451] e Wired[1452].

## 16 marzo 2018

Italia on line (Iol) licenzia 400 dipendenti (ZeusNews[1453]).

## 20 marzo 2018

Riguarda i social-network e la politica. Facebooknei guai perché la sua società di analisi avrebbe utilizzato i dati personali di suoi utenti per condizionare la campagna elettorale presidenziale e quella del referendum inglese per la Brexit. Notizie su Giornalettismo[1454], Il Post[1455], "Il caso Cambridge Analytica, spiegato bene" da Il Post[1456] ecc_.

## 21 marzo 2018

Il primi 12 anni di Twitter su Wired[1457].

"Il cofondatore di WhatsApp consiglia di cancellare Facebook. «È il momento», ha scritto Brian Acton" (su Il Post).

## 25 marzo 2018

"Mark Zuckerberg ha pubblicato sui quotidiani britannici ed americani un lettera di scuse per quanto accaduto a seguito dello scandalo Cambridge Analytica" (WebNews[1458]). Una ricostruzione della vicenda Facebook/Cambridge da parte di Paolo Attivissimo[1459].

"Ora che è chiaro a chiunque che i social network sono delle gigantesche macchine di schedatura e profilazione usabili non solo per scopi commerciali ma anche per operazioni di manipolazione politica e di sorveglianza di massa, oltre a cambiare queste impostazioni di privacy è probabilmente il caso di ripensare come si usa Facebook e riportarlo a quello che era inizialmente: un posto per condividere barzellette, foto di gattini e altre frivolezze che non fanno male a nessuno." (Paolo Attivissimo[1460]).

## 3 aprile 2018

"È stata annunciata in via ufficiale la chiusura del servizio messo a disposizione dal gruppo di Mountain View per l'abbreviazione degli indirizzi", ovvero goo.gl (WebNews[1461]).

"Il cellulare compie 45 anni: il 3 aprile 1973 Motorola faceva la prima chiamata" (HDBlog[1462]). Qui[1463] invece cosa scriveva lo stesso sito nel 2013...

## 4 aprile 2018

Si parla di PLATO (Programmed Logic for Automatic Teaching Operations), un antesignano di Internet, su Punto Informatico[1464].

Aggiornamenti sulle vicende di Kim-Dotcom (ne parlavamo sul cronoWeb cartaceo e ebook del 2016, pensa te!) su Punto Informatico[1465].

Sul numero 596 del mensile Le Scienze, che trovate in edicola (a meno che non siate abbonati...) oltre alle rubriche di Piergiorgio Odifreddi e Paolo Attivissimo trovate un libro che parla delle bugie nell'era Internet, e un articolo di Walter Quattrociocchi "La Babele di Internet". Il sito a questo link[1466].

## 6 aprile 2018

Per chi può andarci c'è "La storia dei personal computer al Vintage Computer Festival Italia 2018" (HDBlog[1467]).

Il sito di BufaleUnTantoAlChilo è stato sequestrato. Sulla vicenda vedi su Il Post[1468].

## 9 aprile 2018

Su Venerdì di Repubblica ci si ricorda che in Estonia la vita digitale e amministrativa è un po' più avanzata che in Italia ("Addio burocrazia: vado a vivere in Estonia"[1469]).

Si parla di "11 aprile operazione Faceblock" (su HDBlog[1470]).

Sembra che il primo video di gatti fu caricato sul web il 22 maggio 2005 da Steve Chen co-fondatore di YouTube. Lo dice TheDodo[1471]. Risale al 1894, pare, il primo film con dei gatti protagonisti, grazie a Thomas Edison.

## 10 aprile 2018

È il giorno in cui Zuckerberg testimonia davanti al Congresso (Il Post[1472]). Sempre nell'ambito dello "Scandalo Cambridge Analytica", viene bloccato CubeYou, azienda guidata da un CEO italiano (Wired[1473]). - Per come sia andata, il giorno dopo sui siti italiani e internazionali, secondo Wired[1474] e nello stesso sito/rivista il commento di Gaia Berruto[1475]. - E in Italia hanno pubblicato una pagina umoristica che genera automaticamente risposte randomiche del meme-Zuckerberg: il link, fin quando sarà possibile vederlo, è qui[1476].

Per i nostalgici: "Il File Manager di Windows 3 diventa open source dopo 28 anni. E funziona anche con Windows 10" (ZEUSNews[1477]).

HDBlog[1478] parla del report pubblicato da Mozilla Foundation, "The Internet Health Report" (link al testo inglese[1479]).

WebAuthn è un nuovo sistema di autenticazione. Viene proposto per superare l'autenticazione tramite password sul web e nel mobile. (HDBlog[1480]).

"Una blockchain per i cittadini: nasce l'alleanza tra gli Stati europei" (Wired[1481]): "All'alleanza hanno aderito Austria, Belgio, Bulgaria, Repubblica ceca, Estonia, Finlandia, Francia, Germania, Irlanda, Lettonia, Lituania, Lussemburgo, Malta, Paesi Bassi, Norvegia, Polonia, Portogallo, Regno Unito, Slovacchia, Slovenia, Spagna e

Svezia. L'Europa vuole approfondire la possibilità di utilizzare la blockchain come tecnologia pilastro del mercato unico digitale". Aspetta... chi manca?

## 13 aprile 2018

In consultazione la Guida tecnica all'uso di metriche per il software applicativo sviluppato per conto delle pubbliche amministrazioni[1482].

## 16 aprile 2018

"Ignoti hacker hanno preso di mira il video più popolare (ma anche uno dei più odiati) sul portale di video sharing, un hack "senza scopo di lucro" a cui è stato rimediato piuttosto in fretta" (Punto Informatico[1483]).

## 23 aprile 2018

SmugMug acquisisce Flickr (HDBlog[1484]). Su Wireduna breve storia di Flickr[1485].

## 24 aprile 2018

Wired[1486] si ricorda della figuraccia di Microsoft con Windows 98. Sono passati vent'anni.

## 30 aprile 2018

Se lo ricorda HDBlog[1487]: "World Wide Web: 25 anni fa diventò libero". Su RaiNews[1488].

## 2 maggio 2018

ZeusNews[1489] ci parla di Eric Lundgren " l'uomo che cercava di allungare la vita ai vecchi Pc".

## 3 maggio 2018

Webnews[1490] ricorda i 15 anni di LinkedIn Italia.

## 4 maggio 2018

Wired[1491] parla di "7 piattaforme ancora attive di cui probabilmente non ricordi la password".

Paolo Attivissimo[1492] ci ricorda che sono passati 40 anni dalla nascita dello spam.

## 5 maggio 2018

Su HDBlog[1493] si parla dei vent'anni dell'iMac.

È uscito (il 2 febbraio) il libro "Scimmie digitali" di Paolo Artuso e Maurizio Codogno. Se ne parla su: Gli Stati Generali[1494]. Codogno è nostro amico (lui è il mitico .mau. e ci ha dato un'enorme aiuto per la versione cartacea ed estesa del cronoWeb) per cui questa è una segnalazione di parte.

## 9 maggio 2018

C'è un video Google e riguarda i dieci anni di Android (WebNews[1495]).

## 16 maggio 2018

Il sito sul Mausoleo d'Augusto[1496] vince un importante premio come miglior sito nella sezione culturale (La Repubblica[1497]).

## 21 maggio 2018

Su Wired[1498] si fa il punto su Pinterest.

"Don't be evil" era il motto di Google delle origini. Sembra che lo sarà sempre meno. Ne parla WebNews[1499] ed è una cosa che non ci sembra strano e su cui ne avevamo decisamente sentore da qualche anno a questa parte.

Come funzionano le cose dalle parti di TIM, un breve articolo di ZeusNews[1500].

## 22 maggio 2018

"Agcom: la mappa italiana per l'accesso ad Internet compie un anno" (HDBlog[1501], WebNews[1502])

Il 22 maggio 2018 Zuckerberg capo di Facebookpromette anche davanti al Parlamento europeo e all'Europa che non farà più il cattivo, così come ha promesso la stessa cosa davanti ai rappresentanti del Congresso nordamericano. L'audizione è trasmessa in diretta streaming giusto per far pubblicità ai due soggetti in gioco. Il giorno dopo (23 maggio), gli europei sembrano poco convinti e parlano di spezzettare l'impero Facebook (WebNews[1503]). Insomma, sembra che sia il momento per gli Stati di mettere mani sulle ingenti risorse lasciate accumulare dalle nuove corporation informatiche nella fase iniziale di creazione del mercato. Su Wired[1504] le domande su cui Zuckerberg non ha risposto al Parlamento europeo. Un utile riassunto della faccenda su ZeusNews[1505].

## 23 maggio 2018

Intervista alla novenne Lil Tay, una che sembra sia famosa su Instagram, su Vice[1506].

## 25 maggio 2018

Tremate tremate tremate! Dal 25 maggio 2018 scatta la nuova legge sulla privacy secondo le direttive europee (GDPR). Se se parla un po' dapertutto: vedi ad es_ Wired[1507]. A proposito, GDPR è un acronimo inglese che sta per General Data Protection Regulation (Regolamento generale sulla protezione dei dati). Segnalo postumo un articolo di Paolo Attivissimo dell'1 giugno 2018[1508].

## 28 maggio 2018

Su ZeusNews[1509] "La Vpn gratuita di PornHub per navigare in completo anonimato".

Blocco di Youtube in Egitto per un mese (Webnews[1510]).

È morto Ted Dabney: aveva co-fondato Atari(Webnews[1511]).

**200: Ted Dabney (a sinistra)**

## 29 maggio 2018

Qualcomm ha reso disponibile il codice sorgente di Eudora. Eudora era un programma di posta (l'ho usato anch'io...). Leggi su Macitynet[1512].

## 30 maggio 2018

Su Gli Stati Generali[1513] Caterina Bonetti parla di Splinder e di William Nessuno. (Sulla comunità Splinder ne aveva già parlato in un precedente articolo[1514]).

## 31 maggio 2018

"Il primo cyberattacco? Duecento anni fa, ai telegrafi" (Wired[1515], Paolo Attivissimo[1516]).

"Cinque anni di carcere all'uomo che violò Yahoo" (ZeusNews[1517]).

## 1 giugno 2018

Su HDBlog[1518]: "Apple e Microsoft: nasce lo standard HID per gli schermi braille". Si tratta di "HID (USB Human Interface Device). La USB Implementers Forum è un ente no profit volto a promuovere l'adozione della tecnologia per garantire pari opportunità anche alle persone con disabilità".

In Papua Nuova Guinea viene indetto un mese di blackout da Facebook, mentre in Uganda si introduce una tassa sui social network... Se ne parla su Wired[1519].

## 4 giugno 2018

Microsoft acquisisce GitHub (WebNews[1520], Everyeye.it[1521], ZeusNews[1522]).

## 5 giugno 2018

Unicode 11, e nuove emoji approvate. Se ne parla su WebNews[1523].

Su ZeusNews[1524] la notizia che è stata creata Norman, la prima IA (Intelligenza artificiale) psicopatica. Riguarda parzialmente il web, ma la notizia era decisamente troppo ghiotta perché non ne parlassi... :-)

35 anni di Wargames (Paolo Attivissimo[1525]). Vedi quanto ne diciamo sopra :-)

## 8 giugno 2018

"Sono stati consegnati lo scorso 8 giugno i Big Brother Awards (BBA) Italia 2018, i premi che annualmente segnalano chi più ha danneggiato la privacy nei precedenti 12 mesi. L'evento s'è tenuto a Bologna, nella Biblioteca Salaborsa, in occasione del convegno e-privacy 2018 ed è stato organizzato dal Centro Hermes per la trasparenza e i diritti umani digitali insieme ad altri partner" (ZeusNews[1526]).

## 14 giugno 2018

"L'Autorità tanzaniana delle telecomunicazioni ha chiesto a tutti i proprietari di blog, forum o altre piattaforme di discussione pubblica sul web che non si sono regolarmente registrati di ottenere una licenza a pagamento o chiudere i propri domini, pena la denuncia". Se ne parla su Pressenza[1527].

## 15 giugno 2018

Ma quanti sono quelli che in Italia lavorano alle piattaforme digitali? Se lo chiede Linkiesta[1528].

## 18 giugno 2018

"Nel giugno del 2017 Sherman Hopkins Jr., dell'Iowa, si è introdotto illegalmente in casa di Ethan Deyo, e pistola alla mano gli ha ordinato di consegnargli il controllo del dominio doitforstate.com attraverso GoDaddy". È stato condannato ora a 20 anni di carcere (HDBlog[1529], ZeusNews[1530]).

## 19 giugno 2018

Sulla nuova legge sul copyright in discussione al Parlamento europeo è stata diffusa una lettera firmata da oltre 70 tra ricercatori e "guru" dell'Internet (c'è anche Tim Berners-Lee), che si dicono piuttosto preoccupati. Leggo su AGI[1531]. Il testo inglese della lettera è allegato qui a fianco. La legge è stata approvata il 20 giugno in Comitato Affari Legali (Vice/MotherBoard[1532]) e passerà dunque al Parlamento per la valutazione finale.

BitTorrent è stata venduta a Tron e al suo proprietario Justin Sun, ex-dipendente di Ripple, proprietaria dell'omonimo protocollo di pagamenti online. Sun è anche fondatore e amministratore delegato di PAIWA, una delle più diffuse app di videochiamate in Cina (HDBlog[1533]).

## 20 giugno 2018

L'Intelligenza artificiale è un po' come l'alchimia? (Vice/Motherboard[1534]).

## 21 giugno 2018

"L'Algeria ha spento internet in tutto il paese per evitare che gli studenti copiassero agli esami" (Il Post[1535]), mercoledì 20 giugno 2018, per due ore.

## 27 giugno 2018

Qui[1536] si parla di "rivolta degli ingegneri".

## 28 giugno 2018

Segnaliamo il libro: "La rivincita delle nerd" di Mariacristina Scannamblo, edito da Mimesis (se ne parla su Effimera[1537]).

Samsung e Apple si sono accordati sui brevetti, dopo un lungo periodo di guerra legale (WebNews[1538]).

## 29 giugno 2018

Massimo Mantellini[1539] fa alcune osservazioni (che condividiamo) a proposito di alcune asserzioni del musicista Piovani a proposito di copyright.

## 2 luglio 2018

Meteore del passato, di cui non ci eravamo neppure accorti: su Vice[1540] si parla di una tizia che dice di essere stata famosa nel 1998, seguita da milioni di video-stream-guardoni.

Su Repubblica[1541] si parla dell'ennesimo caso della piattaforma Rousseau "bucata" e delle risposte imbarazzate di Beppe Grillo. Leggi anche su Giornalettismo[1542].

## 3 luglio 2018

Protesta contro la riforma del copyright all'interno dell'UE: Wikipedia decide di oscurare per protesta le proprie pagine. (Se ne parla tra l'altro su Il Post[1543], WebNews[1544]).

Nell'ambito della discussione sul tema copyright, su cui abbiamo dato alcune indicazioni anche lo scorso mese, vedi anche l'articolo di Linkiesta[1545], la presa di posizione di EastJournal[1546] ecc_.

Nel dibattito più vasto, interno alla comunità dei lavoratori cognitivi, l'articolo di Franco Berardi (Bifo)[1547].

## 4 luglio 2018

Chiude Mosaicoon, startup nata a Palermo nel 2010, attiva nel marketing e nella pubblicità virale (Corriere della Sera, Tecnologia[1548]).

## 5 luglio 2018

Il Parlamento Europeo ha bocciato la controversa direttiva sul copyright (Il Post[1549]). Wikipedia Italia riapre il sito, rimasto oscurato per due giorni.

Pippettone pubblicitario su Tomshw[1550] riguardante Open Fiber, ma con alcune cose interessanti che trapelano riguardo l'"immagine di sé" che si vuol dare.

## 6 luglio 2018

Il Post[1551] dà una notizia curiosa: "Facebook ha classificato un pezzo di Dichiarazione di indipendenza americana come "incitamento all'odio"". Si tratta di una piccola censura in cui è incorso il giornale locale texano Liberty County Vindicator.

## 7 luglio 2018

StreetLib, il network editoriale di Tombolini, ha una idea riguardo il libro, l'editoria e il blockchain: StreetLib's Blockchain Manifesto[1552].

## 9 luglio 2018

"TIM ha lanciato il sito web interattivo rete.gruppotim.it[1553] in cui è possibile vedere lo stato di sviluppo, a livello regionale e provinciale, della sua rete broadband e ultrabroadband. Il sito consente anche di conoscere l'utilizzo che gli italiani fanno di Internet" (HDBlog[1554]).

## 10 luglio 2018

Garante della privacy italiana: "Antonello Soro ha presentato la relazione annuale al Parlamento: solo mese di maggio, gli attacchi informatici sono stati 140 al giorno mentre nel 2017 sono stati riscossi 3 milioni 800 mila euro di multe" (La Stampa[1555] titola: "Le piattaforme web sono diventate un oligopolio per mancanza di regole").

## 11 luglio 2018

Il Regno Unito ha multato Facebook per 500mila sterline per il caso Cambridge Analytica (Il Post[1556]).

## 18 luglio 2018

"La UE infligge a Google una multa da record per abuso di posizione dominante", ovvero 4,3 miliardi di euro (ZeusNews[1557]).

## 22 luglio 2018

Massimo Mantellini ha richiesto la rimozione di un twit del ministro leghista agli affari regionali (se ne parla qui[1558]).

## 25 luglio 2018

Per chi è interessato all'informatica quantisticac'è un corso Microsoft... (ZeusNews[1559]).

Molto perplesso su iniziative di questo tipo: "mappa online dell'odio e dell'intolleranza" (vedi VoxDiritti.it[1560]).

Una copia della prima edizione del libro di Ada Lovelace in cui per la prima volta viene formalizzato un algoritmo software, è stato venduto per 95 mila sterline (The Guardian[1561]). Stiamo parlando del libro: *Sketch of the Analytical Engine Invented by Charles Babbage Esq by LF Menabrea of Turin, Officer of the Military Engineers, with Notes by the Translator.*

## 26 luglio 2018

Google Drive raggiunge il miliardo di utenti (HDBlog[1562]).

BitTorrent è stata comprata per 126 milioni di dollari (ZeusNews[1563]).

## 27 luglio 2018

Intel festeggia 50 anni di attività (e fa un sacco di soldi). (HDBlog[1564])

## 30 luglio 2018

"Il topo d'appartamento che non voleva rubare, ma usare la rete Wi-Fi" (ZEUS News[1565]).

## 31 luglio 2018

Dopo Monaco, anche la Bassa Sassonia abbandona Linux per Windows (ZeusNews[1566]).

## 1 agosto 2018

"L'Autorità italiana AGCom ha approvato il regolamento sulla libertà di scelta delle apparecchiature terminali per l'accesso ad internet, cioè per la scelta dell'utilizzo del modem. Con la delibera 348/18/CONS, l'Autorità ha confermato che saranno i consumatori italiani a poter decidere che modem vorranno utilizzare per la loro connessione ad Internet" (WebNews[1567]).

## 2 agosto 2018

Apple sfonda i 1000 miliardi di capitalizzazione in Borsa (La Stampa[1568])

## 6 agosto 2018

"Attacchi web, la procura indaga per "offesa alla libertà e all'onore" di Mattarella" (La Stampa[1569]).

## 8 agosto 2018

Arrivano email di (tentativo di) phishing di nuovo tipo. Non più proposte di incontri o transazioni bancarie su improbabili banche africane, ma avvisi di "sentenze" giudiziarie. In un Paese angosciato dalle sentenze evidentemente si prova anche questa strada[1570].

## 9 agosto 2018

Stati Uniti: "Il pirata accusato ingiustamente adesso vuole i danni. E le major dovranno pagare" (ZeusNews[1571]).

Ehi, esistono App "per il benessere digitale"! Su WebNews[1572].

## 10 agosto 2018

Esce LibreOffice 6.1 (ZeusNews[1573]).

"Jaron Lanier: "Ecco perché dovete abbandonare i social network"" (La Repubblica[1574], Dagospia[1575]).

## 12 agosto 2018

C'è un articolo su Il Sole 24 ore[1576] a firma di Marco Bentivogli e Massimo Chiriatti che si intitola: "Blockchain, la tecnologia «umanizza» il lavoro". Dategli un'occhiata...

## 13 agosto 2018

Il browser Opera attiva la possibilità di pagamento alla criptovaluta Ethereum(ZeusNews[1577]).

L'Internet Archive in versione decentralizzata e impermeabile alla censura grazie al peer to peer (ZeusNews[1578]).

Un po' di storia sull'Internet degli anni Novanta su LegaNerd[1579].

Alessandro Orlowski, ex hacker e spin doctor digitale parla su Rolling Stones[1580] del sistema di comunicazione e analisi web della Lega.

"Lettera degli impiegati di Google contro la versione cinese censurata di Google. L'hanno firmata 1.400 dipendenti della società, dicendo che il progetto solleva importanti questioni etiche" (Il Post[1581]).

Su Linkiesta[1582] si parla di Ann Winblad (ma l'articolo intero è su MorningFuture[1583]).

Leggiamo sul Corriere della Sera[1584]: "Facebook sta assegnando un punteggio all'attendibilità degli utenti".

Statistiche da prendere con le pinze, ma indicative: pare che in Cina si sia raggiunta la cifra di 800 milioni di naviganti (ne parla HDblog[1585], che rimanda a un report di CNNIC.net.cn[1586]).

In Venezuela circola il "pedro", nuova moneta reale ma legata a una criptovaluta. Se ne parla su Il Post[1587], ma se ne parlava anche su Il Sole 24 ore[1588].

"Facebook ha rimosso oltre 650 pagine, gruppi e account sul social network che venivano usati per condizionare il voto dei cittadini statunitensi." (WebNews[1589]).

L'hashtag compie 11 anni. Ne parla Simone Cosimi su Wired[1590].

Su alcuni meccanismi di "odio organizzato" che si sono sviluppati in Rete, leggi su LaPresse[1591].

Una conferenza sulla sicurezza è insicura? Accade alla Black Hat Conference... (su ZeusNews[1592]).

La matematica **Katherine Johnson** compie 100 anni (se ne parla su Wired[1593]).

Nuova direttrice dell'Agenzia per l'Italia digitale è stata nominata Teresa Alvaro (Wired[1594]).

Come Internet ha cambiato il nostro rapporto con la morte: ne parla Francesco Paolo De Ceglia su Il Tascabile[1595].

Archeoinformatica: I phone preaking degli anni Novanta, su MotherBoard/Vice[1596].

Su Morning Future[1597] si parla di Alexis Ohanian, ex Reddit.

Potrebbe esserci stato un accordo segreto tra Google e Mastercard, per tracciare i clienti (RaiNews[1598]).

I giornali italiani festeggiano i 20 anni di Google(vedi Repubblica[1599]). Era il 4 settembre 1998 e loro erano ancora solo Sergey Brin e Larry Page. Vent'anni fa questi stessi giornali italiani non sapevano manco cos'era Internet e il Web.

Sta per chiudere il profilo Twitter gestito ogni settimana da uno svedese diverso: se ne parla su Il Post[1600].

Qui[1601] si parla di Chrome, il browser di Google che compie dieci anni e ha appena subito un restyling grafico.

Notizia sbadiglio di oggi: "Nuovo attacco hacker alla piattaforma Rousseau. Online i nomi dei donatori M5S" (RaiNews[1602]).

"Smentendo un articolo del New York Times, l'uomo più ricco della Cina ha detto che nei prossimi giorni non lascerà il suo posto di presidente esecutivo di Alibaba" (Il Post[1603]).

## 9 settembre 2018

"Google ha rimosso una pubblicità di Alexei Navalny che chiedeva di protestare contro il governo russo" (Il Post[1604]).

## 12 settembre 2018

L'Euro Parlamento approva le nuove normative sul copyright, nonostante le opposizioni del web democratico. Vedi su RaiNews[1605]. Il pasticcio viene demandato ora alle leggi dei vari Stati che aumenteranno la confusione. Giornali ed editori stanno brindando a quella che considerano una loro vittoria. Alcune considerazioni di Massimo Mantellini[1606]. Wikipedia aveva oscurato le immagini dell'enciclopedia, per protesta (ZeusNews[1607]).

## 13 settembre 2018

Tentativo di educazione alla sicurezza in forma sarcastica via email:

> *Ciao, caro utente di //nome dominio//. Abbiamo installato un trojan di accesso remoto sul tuo dispositivo. Per il momento il tuo account email è hackerato (vedi , ora ho accesso ai tuoi account). Ho scaricato tutte le informazioni riservate dal tuo sistema e ho anche altre prove. La cosa più interessante che ho scoperto sono i video dove tu masturbi.*
>
> *Avevo incorporato un virus sul sito porno dopo di che tu l'hai installato sul tuo sistema operativo. Quando hai cliccato su Play di un video porno, in quel momento il tuo dispositivo ha scaricato il mio trojan. Dopo l'installazione la tua camera frontale ti filma ogni volta che tu masturbi, in più il software è sincronizzato con video che tu scegli.*
>
> *Per il momento il software ha raccolto tutte le informazioni sui tuoi contatti dalle reti sociali e tutti gli indirizzi email. Se tu vuoi che io cancelli tutti i dati raccolti, devi trasferirmi $300 in BTC (criptovaluta). Questo è il mio portafoglio Bitcoin: 1CSsVgPgwTNLGgQCHRBPa7ZNH7oxK9cf2k Una volta letta questa comunicazione hai 2 giorni a disposizione.*
>
> *Appena hai provveduto alla transazione tutti i tuoi dati saranno cancellati. Altrimenti manderò i video con le tue birichinate a tutti i tuoi colleghi e amici!!!*
>
> *E da ora in poi stai più attento! Per favore, visita solo siti sicuri! Ciao!*

Non cascateci![1608].

## 14 settembre 2018

"Windows 10 deciderà in autonomia quali file tenere e quali cancellare" (ZeusNews[1609]). È tempo di cominciare a abbandonare Windows 10.

## 17 settembre 2018

Chiude, grazie alle corporation televisive e dell'editoria, ItalianSubs, gruppo di volontari specializzati nel creare i sottotitoli ai film (Wired[1610]).

Una piccola lista dei "portali" e delle iniziative italiche lanciate come chissacché e rivelatesi delle figuracce mondiali, su MotherBoard[1611].

Linus Torvalds ha promesso di essere meno maleducato (MotherBoard[1612], ZeusNews[1613]).

## 19 settembre 2018

Si parla di Zimbawe (Linkiesta[1614]).

Wired[1615] parla di un centro FaceBook a Roma.

## 20 settembre 2018

Satya Nadella (Microsoft) ha scritto un libro e ne parla ZeusNews[1616].

## 24 settembre 2018

Si rimanda all'articolo di Massimo Mantellini: "A cosa serve Internet: a non citare Pasolini a caso"[1617].

## 25 settembre 2018

Siamo a dieci anni di Android (Punto Informatico[1618]). Era il 23 settembre 2008.

Su Wired[1619] si parla del "progetto Dragonfly" di Google, ovvero il motore di ricerca adattato alle esigenze governative della Cina. Come se in Occidente il motore di ricerca di Google sia davvero non condizionato. Qualche giorno fa le dichiarazioni dell'ex CEO Google, Eric Schmidt, secondo cui il mondo si avvia ad avere due Internet distinte (Punto Informatico[1620]).

Kevin Systrom e Mike Krieger, i co-fondatori di Instagram, hanno deciso di lasciare il social network fotografico e Facebook (WebNews[1621]).

## 26 settembre 2018

Un computer Apple-I funzionante è stato venduto all'asta per 375mila dollari (Il Post[1622]).

## 27 settembre 2018

Google festeggia ufficialmente i vent'anni (WebNews[1623]). È diventato certamente qualcosa di diverso rispetto a quello che era vent'anni fa, e non ne siamo affatto felici. Gli stessi fondatori originari oggi hanno poco peso su quel che è Google (una dago-notizia ripresa dal Corriere della Sera[1624]).

## 28 settembre 2018

L'Italia entra nella European Blockchain Partnership (Punto Informatico[1625]).

## 30 settembre 2018

Su Internazionale[1626] n. 1275, pp. 106-107, si parla di "web decentralizzato" o dWeb (l'articolo di Zoe Corbyn, pubblicato su The Guardian, "Come sarebbe il web senza guardiani").

Julian Assange non è più direttore di Wikileaks (ZeusNews[1627]).

Rilasciata la versione 2.0 del browser Vivaldi(ZeusNews[1628]).

## 1 ottobre 2018

"Dal futuro di internet alla psichedelia, intervista a Jaron Lanier, informatico, pioniere della realtà virtuale", su Il Tascabile[1629].

Il file torrent più vecchio ancora in circolazione: ne parla HDBlog[1630], è un film e risale al 2003.

Tim Berners-Lee presenta il progetto web Solid (Punto Informatico[1631], HDBlog[1632], ZeusNews[1633]).

Nasce l'identità digitale europea, eIDAS (Punto Informatico[1634]).

## 2 ottobre 2018

"Conclusa con successo la gara per le frequenze 5G in Italia: aggiudicati i lotti e cifra complessiva che supera di gran lunga le previsioni iniziali" (Punto Informatico[1635]).

## 3 ottobre 2018

La pirateria video sembra che stia tornando ad aumentare dopo un periodo di declino. Se ne parla su MotherBoard[1636].

## 5 ottobre 2018

Archeoinformatica. Ne abbiamo parlato nei capitoli principali del cronoWeb. Ce lo ricorda Paolo Attivissimo[1637] in un bellissimo articolo. Riguarda il videogioco Blastar (1984).

"Cloudera e Hortonworks si uniscono in una nuova realtà azienda che sarà attiva nel mercato dei big data. Concorrenza ad Amazon" (Wired[1638]).

I problemi legati ai consumi energetici dei computer (Le Scienze[1639]), e un tizio che sta sperimentando siti web a energia solare (MotherBoard[1640]).

## 8 ottobre 2018

Microsoft ritira un upload di Windows 10, che aveva come effetto indesiderato per alcuni utenti la cancellazione di alcuni file personali (se ne parla tra l'altro su: ZeusNews[1641]).

Su Giornalettismo[1642] si parla di una vicenda del 2013 quando un ragazzo italiano detacciò alcune pagine della versione italiana del sito della NASA. Se ne parla anche su MotherBoard[1643].

Su MotherBoard[1644] si parla di Flash e videogiochi.

## 9 ottobre 2018

Google annuncia che chiuderà Google+, il suo social network visti i risultati negativi, mentre Wall Street Journal rivela che esisteva un bug nella sicurezza del sistema che è stato sottaciuto dall'azienda (Il Post[1645], ZeusNews[1646]).

## 11 ottobre 2018

Dall'11 al 14 ottobre 2018 l'Internet Festival a Pisa[1647].

Microsoft è entrata nella Open Invention Network, e mette a disposizione del mondo open source oltre 60 mila brevetti (ZeusNews[1648]).

## 15 ottobre 2018

Articolo pubblicitario, con dati ottimistici e speranzosi, riguardante OpenFiber e il cablaggio in Italia su Wired[1649].

## 16 ottobre 2018

Annuncio della morte di Paul Gardner Allen, 65 anni, ex Microsoft (Punto Informatico[1650], WebNews[1651], Wired[1652], Il Post[1653]). Della cosa parlano tutte le testate generaliste.

## 17 ottobre 2018

"La storia della più grande epidemia nel mondo dei videogiochi" (Tom's Hardware[1654]).

## 22 ottobre 2018

Progressi (forse) sui computer quantistici(MotherBoard[1655]).

## 24 ottobre 2018

Se ricevete email di questo tipo NON CLIKKATE SUI LINK, è un tentativo di phishing. Ma la cosa paradossale, ed è il motivo per cui segnaliamo qui, è che... si segnala che il dominio in scadenza è quello di aruba.it (cioè probabilmente l'azienda italiana che gestisce la registrazione del maggior numero di domini). Questo il testo della email:

> *Gentile cliente,*
>
> *ti informiamo che il dominio aruba.it scadrà.*
>
> *COME RINNOVARE? L'operazione di rinnovo è semplice e veloce: è sufficiente effettuare l'ordine online e relativo pagamento.*
>
> *RINNOVA ORA CON UN CLICK*

*Per visualizzare il riepilogo dell'ordine e l'importo da pagare, puoi procedere al rinnovo da questa pagina.*

*COSA ACCADE SE NON RINNOVI? In assenza di regolarizzazione da parte vostra entro 48 ore, si procederà a sospendere Sicuramente i vostri servizi.*

*Cordiali saluti*

*Customer Care Aruba S.p.A.*

## 25 ottobre 2018

"L'Autorità Antitrust ha comminato 5 milioni di sanzione a Samsung e 10 milioni a Apple per aver creato problemi agli utenti con i propri update" (Punto Informatico[1656]). La cosa riguarda i telefonini, ma per anni non abbiamo forse subito i continui aggiornamenti di sistema operativo (leggi Microsoft) che hanno reso sistematicamente obsoleti i nostri desktop? Certo, i desktop non venivano volutamente danneggiati...

Notizia chisenefrega del mese: Marzia Bisognin lascia Youtube (Corriere della Sera[1657]). Da sbadigliare anche: "I 10 youtuber italiani più seguiti" (Wired[1658]).

## 26 ottobre 2018

Anche l'Antitrust italiana dice che il monopolio SIAE non va bene (Punto Informatico[1659]).

Notizia kitsch: venduto un dipinto per oltre 400 mila dollari. La particolarità sarebbe che a "dipingere" il quadro sarebbe stato un software appartenente a quella roba che oggi chiamano "intelligenza artificiale" (AI) e che qui ci fa un po' schifo a parlarne. Tra i vari siti che ne parlano: WebNews[1660]. Sulle applicazioni dell'AI rimando a MotherBoard[1661] e su questo chiudo qui l'argomento per questo mese.

## 28 ottobre 2018

Red Hat annuncia che sarà acquisita da IBM (Il blog Ludotech di RaiNews[1662]).

## 31 ottobre 2018

Luca Attias è il nuovo commissario per l'Agenda digitale (Wired[1663]).

Dieci anni di bitcoin, su Wired[1664].

## 2 novembre 2018

Un report di una organizzazione chiamata Freedom House dice che Internet è sempre meno libero e che la Rete viene utilizzata per ridurre la democrazia nei Paesi democratici (HDBlog[1665]).

Paolo Attivissimo[1666]: "Dipendente governativo visita 9000 pagine porno e diffonde malware nell'ente". Un eroe?

## 5 novembre 2018

**201: Il personaggio di Mario, della Nintendo, ispirato a Mario Segale**

"Scomparso Mario Segale, imprenditore edile americano di 84 anni a cui Nintendo si ispirò per scegliere il nome del suo iconico personaggio" SuperMario (WebNews[1667]).

Aggiornamento per i recaptcha di Google (Wired[1668]).

Notizia sbadiglio: "Anonymous Italia nella sua campagna che si conclude il 5 novembre attacca i siti di Fratelli d'Italia, Lega, CNR e Ministero dello Sviluppo Economico" (Webnews[1669]).

## 6 novembre 2018

"Come i social network, le fake news e gli amici ci deformano la memoria", scritto da spaam[1670], ve lo segnalo e consiglio di leggere perché spaam è tra i nostri tumblr più apprezzati.

Tim Berners-Lee propone una nuova "magna charta" per Internet (Motherboard[1671]). Facebook e Google hanno subito detto che sono pronti a firmarla. (Vedi anche, qualche giorno dopo: Wired[1672]).

## 8 novembre 2018

Non è frequente che sui siti "normali" si parli di webology, che è la cosa di cui ci occupiamo in queste pagine. La webbologia è uno strano campo di studi. Segnaliamo l'articolo di Daniela Mangini su Wired[1673] su "perché la user experience di un sito è una questione etica".

Notizia per bambini: "IA: nei TG cinesi il primo anchorman virtuale" (Punto informatico[1674]).

## 12 novembre 2018

Su MotherBoard[1675] si torna a parlare della vicenda Hacking Team. (Qui un altro articolo[1676]).

## 13 novembre 2018

Bilancio della Festa della Rete tenutasi a Perugia (Giornalettismo[1677]).

Su Gli Stati generali[1678] si parla della Dichiarazione di Barcellona[1679], con cui diverse città dicono la loro a proposito delle piattaforme digitali.

Paolo Attivissimo[1680] parla del tracciamento che tutti gli utenti subiscono quando passano per Facebook.

## 14 novembre 2018

Su Vision[1681] si parla di WhatsApp e disinformazione/bugie/fake news.

## 16 novembre 2018

Su Wired[1682] si asserisce che Second Life esiste ancora.

## 19 novembre 2018

Notizia del giorno: inizia il Black Friday, terminerà il 25 novembre. Ottima occasione per stare lontani dal web per alcuni giorni :-) Questa notizia non ha link.

## 20 novembre 2018

"Un gestore di PEC italiano ha ricevuto un attacco informatico. Sono stati rubati i dati di circa 500mila caselle di posta elettronica certificata, causando gravi disservizi a migliaia di uffici pubblici e tribunali" (Il Post[1683])

Report di AGCom sullo stato della Rete in Italia (Punto Informatico[1684]).

## 21 novembre 2018

Segnalo l'articolo di Viola Di Grado (attenzione: conflitto di amicizia in corso!) su un tema sarcastico: aldilà e Facebook (The Vision[1685]).

## 23 novembre 2018

Si parla del rinvenimento di floppy disk "questi sconosciuti" sulla ISS (Punto informatico[1686]).

## 28 novembre 2018

Guai per l'ISP Eolo (Punto Informatico[1687]).

## 30 novembre 2018

Non ci sarà una edizione CEBIT 2019. Piccoli indizi di mutamento di mercato nel settore (WebNews[1688]).

## 3 dicembre 2018

Banca d'Italia presenta TIPS, un sistema di pagamenti istantanei (Punto Informatico[1689]).

"Da oggi sarà possibile acquistare online in Europa senza limiti o restrizioni; l'Europa vieta il geoblocking ingiustificato nello shopping online" (WebNews[1690]).

## 4 dicembre 2018

Che il browser di Microsoft, Edge, fosse una ciofeca qui lo si è sempre detto. Ora Microsoft manda a dire che sta lavorando su altre soluzioni (se ne parla su HDBlog[1691]).

Il social network Tumblr vieta i contenuti ritenuti pornografici (WebNews[1692]). Massimo Mantellini[1693] scrive su questo e su come rischia di finire Internet: "E ho pensato a quanta intelligenza sprecata. E a quanta allegria e rivoluzione gettate al vento. E a che cretini giganteschi ci sono là fuori". Interviene anche Paolo Attivissimo[1694].

## 6 dicembre 2018

Facebook: "Il Parlamento britannico ha diffuso 250 pagine di documenti aziendali interni, che mostrano dibattiti e utilizzi disinvolti sul tema dei dati degli utenti" (Il Post[1695]).

## 7 dicembre 2018

YouTube Rewind 2018: i video più visti in Italia (tra i tanti siti che pubblicizzano la cosa: Punto informatico[1696]).

WordPress, popolare csm, giunge alla versione 5 (WebNews[1697]).

## 9 dicembre 2018

Il 9 dicembre del 1968 Doug Engelbart presentava "The Mother of All Demos", prefigurando il mondo dei PC (Punto Informatico[1698], Wired in inglese[1699]). Il video su Youtube[1700].

## 10 dicembre 2018

20 mila siti creati con WordPress sono stati infettati da un attacco (Wired[1701]).

## 11 dicembre 2018

Su ZeusNews[1702] intervista a Peter Mühlmann su Internet aperto, bugie, "dark" web.

## 12 dicembre 2018

Indispensabile. Quali sono le parole più cercate nel 2018 su PornHub: ne parla Wired[1703].

## 13 dicembre 2018

Motori di ricerca. Non esiste solo il sempre peggiore ma dominante Google. C'è ad esempio Duck[1704] (link al motore di ricerca[1705]).

È morta, a 93 anni, Evelyn Berezin: costruì il primo elaboratore di testi (HDBlog[1706], Repubblica[1707]).

202: Evelyn Berezin

## 17 dicembre 2018

Su Il Post[1708] si parla dei problemi di Vice.

È morto a 34 anni Colin Kroll, co-fondatore di Vine (Il Post[1709]).

Pagina teorica su Wired[1710] sui diversi tipi di hacker esistenti (ma sui giornali esistono sempre e solo hacker cattivi).

## 18 dicembre 2018

Da quest'anno esiste una *Counterfeit and Piracy Watch List* "stilata dall'Unione Europea, un elenco - realizzato a somiglianza dell'omologo statunitense - dei siti che offrono agli utenti materiale pirata" (ZeusNews[1711] sulle problematiche che liste di proscrizione di questo tipo possono produrre).

## 19 dicembre 2018

Pubblicate alcune linee guida sull'uso etico dell'Intelligenza artificiale, in un lavoro preparatorio promosso dalla Commissione Europea (se ne parla tra l'altro su WebNews[1712]). Se ne discuterà a marzo 2019.

## 21 dicembre 2018

ZeusNews[1713] parla di hacker.

## 24 dicembre 2018

WhatsApp annuncia una sua criptomoneta (Punto Informatico[1714]).

OpenFiber dice che Palermo sarebbe la città mediterranea "più cablata" d'Italia (Webnews[1715]).

## 31 dicembre 2018

Muore Lawrence Roberts, considerato uno dei "padri" di Arpanet, il precursore di Internet (RaiNews[1716]).

**203: Lawrence Roberts**

## 29 (2019)

### 4 gennaio 2019

Riguarda solo marginalmente in Web in quanto tale: "grosso attacco hacker contro i politici tedeschi. Sono stati rubati dati, file e numeri di telefono di centinaia di persone, tra cui anche la cancelliera Angela Merkel"[1717].

### 6 gennaio 2019

Si parla di **Imgur**, un social in cui ci si può scambiare gif, meme e altro[1718].

Abbiamo pubblicato la quinta edizione del **cronoWeb** in formato ebook, aggiornata a tutto il 2018, la troverete in tutti gli store online. Di seguito pubblichiamo anche la versione libro (copertina rigida, foto a colori)[1719].

### 7 gennaio 2019

È stato definito "l'attacco più strano dell'anno": "La rivolta delle stampanti a sostegno di PewDiePie" (Paolo Attivissimo su ZEUS News[1720]).

Non c'è più religione: "**Richard Stallman** fa i complimenti a Microsoft"[1721].

È accaduto nel 2018, leggiamo questa notizia solo ora: "Arrestati i cinque pirati più incapaci del web"[1722].

Retromania/retrogaming: sviluppatori di giochi per console di trent'anni fa[1723].

Il MISE comunica che sono state identificate In Italia 465 realtà etichettate come Operatori di Servizi Essenziali: si sta organizzando una cybersecurity europea[1724].

### 8 gennaio 2019

**BitTorrent** prova a far pagare chi vuole scaricare più in fretta: "Inizia l'era del peer to peer a pagamento"?[1725].

Ci sarebbe **il primo computer quantistico commerciale**, prodotto da IBM e presentato al CES[1726].

"Provate a immaginare come sarebbe la cultura italiana se Dante Alighieri avesse scritto la *Divina Commedia* interattiva in esclusiva per Netflix e Netflix avesse chiuso": Paolo Attivissimo parla a proposito di Netflix e delle opere fatte non per essere solamente guardate passivamente ma che cambiano la trama in base alla scelta dell'utente[1727].

"Internet non è un mass media. Non lo è mai stato nelle intenzioni di chi ne ha costruito l'architettura [...]. Internet funziona decentemente a una sola condizione: che diventi per chi lo utilizza un medium individuale. Uno strumento nel quale il flusso è autoimposto e autoregolato. Sono io su Internet che scelgo cosa "vedere" e cosa no. Cosa dire e cosa tacere. La qualità che mi raggiunge, che condiziona i miei pensieri ed i miei punti di vista, dipenderà insomma per la prima volta da me" (Massimo Mantellini[1728]).

Il 10 gennaio "gli uffici cittadini di Del Rio, in Texas (USA), sono caduti vittime di un ransomware", l'accesso a Internet è stato bloccato, e gli impiegati sono dovuti tornare a lavorare con carta e penna[1729].

Interessante contributo di Giovanna Baer su **Europa e copyright** (PaginaUno, n. 60, dicembre 2018[1730]).

Il *Corriere della Sera* ha un importante scoop riguardante il mondo Web: "Instagram, ecco come un uovo ha battuto tutti i record: 25 milioni di like"[1731].

Intervista a Pandu Nayak (Google) su *Corriere della Sera*[1732].

Retromania visuale su Wired: "10 years challenge: come sono cambiati siti e social network dal 2009 a oggi"[1733].

Su ZeusNews[1734] il caso di un tizio che ha provato a truffare, ma usando come font di caratteri cambria e calibri, font che si sono diffusi solo dopo il 2007... Un caso di jella digitale.

Si parla di **ASCII** e utilizzo di questa codifica per creare immagini porno sul web (o per email)[1735].

Ricordate **Commodore**? ZeusNews[1736] ci dice che ora il brand è di una azienda italiana, che può finalmente tornare ad utilizzarlo.

Sembra[1737] che il Team per la Trasformazione Digitale abbia proposto un "prototipo per i siti dei Comuni italiani". Ricordo quando si cercò, qualche anno fa, di attuare la Legge Stanca e le amministrazioni italiane hanno finito per non rispettare alcuna norma di buon senso webbologico e di corretta osservanza delle regole di fruibilità e accessibilità. Resterà tutto allo stadio di prototipo?

## 21 gennaio 2019

Procede la digitalizzazione del patrimonio archivistico della Biblioteca del Vaticano. Pare che siamo al 10%[1738].

Video di Mauro Scardovelli, sulla civiltà ai tempi di Facebook[1739].

## 22 gennaio 2019

IBM ritiene che non si debbano più usare le chiavette USB, ritenute poco sicure[1740].

## 23 gennaio 2019

WhatsApp dice di voler ridurre il proliferare delle bugie e false notizie che circolano in Rete, limitando il numero di "inoltri" che si possono fare in questa chat/sistema di messaggistica. Maurizio Codogno[1741] spiega come le cose siano matematicamente più complicate...

**Google** ci tiene a far sapere che sta finanziando e aiutando il progetto **Wikipedia**[1742]. Non è una novità, ma ogni tanto ci tengono a ricordarcelo.

## 24 gennaio 2019

L'unico modo che ha avuto **Bing**, il motore di ricerca di Microsoft altrimenti ignorato da tutti, di farsi sentire nei giornali online è questa notizia secondo cui la Cina lo avrebbe censurato (tra i tanti: Il Post[1743]). La cosa è durata poche ore (tra i tanti: Il Post[1744]).

Su ZeusNews segnaliamo una micro inchiesta a proposito degli **hackers**[1745], e una sul dietro-le-quinte di **Facebook**[1746].

## 25 gennaio 2019

Su Il Post [1747]si parla dei vent'anni dall'uscita del film finto-horror "The Blair Witch Project". Se ne parlò allora sul Web.

Sullo sviluppo dell'**Internet in Africa** sotto controllo della Cina[1748].

La vicenda di **BitGrail**, una società italiana di bitcoin[1749].

"Il Dipartimento della Giustizia (DOJ) degli Stati Uniti ha accusato l'azienda cinese **Huawei** di frode e furto di proprietà intellettuale"[1750].

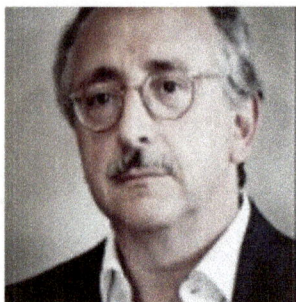

**Cassandra** (Marco Calamari), che prima era su Punto Informatico e che seguivamo sempre, è ora su ZeusNews. Oltre che sul suo sito rigidamente statico Cassanda Crossing[1751].

**204: Marco Calamari, ovvero "Cassandra"**

Per un po' **evitiamo Tonga**: lì continuano ancora problemi con il cavo che porta Internet[1752].

Paolo Attivissimo chiede: "siamo noi che usiamo i nostri smartphone, o sono gli smartphone a usare noi? È la domanda proposta sul New York Times [...] dal professore associato d'informatica Cal Newport"[1753].

"**Intel** ha nominato Robert Swan come nuovo CEO del gruppo, il settimo amministratore delegato in cinquant'anni di storia della compagnia"[1754]. In altri tempi non avremmo dato la notizia, ma Intel oggi condiziona e controlla pesantemente, opportunamente graduandole nella tempistica e nella tipologia, il mercato e l'accesso alle nuove tecnologie da parte dei consumers (cioè di tutti noi).

**205: Susan Wojcicki**

Su MornigFuture[1755] si parla di Susan Wojcicki, a capo di **Youtube** per conto di Google.

**4 febbraio 2019**

Se ne parla da un paio di settimane: "Oltre 2 miliardi di account compromessi nelle integrazioni del **leak Collection**: per mettersi al sicuro cambiamo le password di accesso ai servizi"[1756].

Consorzio europeo READ e **progetto Transkribus**: si vuol digitalizzare i manoscritti[1757].

Su Wired[1758] la storia di **PayPal**, a vent'anni dalla nascita.

E sono 15 anni per **Facebook**[1759].

**5 febbraio 2019**

**YouTube** ha problemi con il **tasto dislike**[1760].

"CEO muore portando con sé la password, persi 126 milioni di euro in criptovalute": sulla vicenda del manager di **QuadrigaCX**[1761].

Sembra che il sito governativo su reddito di cittadinanza (che è un sussidio di disoccupazione, ma questo è un altro discorso) abbia dei problemi di sicurezza dei dati[1762].

**6 febbraio 2019**

Nuova ondata di emoji ufficiali: c'è anche quella dello sbadiglio (finalmente)[1763]. Per vederle: a fine autunno.

**8 febbraio 2019**

Notizie raccapriccianti: la versione 6.2 di LibreOffice implementa la visualizzazione tipo ribbon di Microsoft Office[1764].

315

## 11 febbraio 2019

Pare ci sia un progetto di mappe online, ma utilizzando le mappe dell'Ottocento: un modo per tornare indietro nel tempo...[1765].

## 12 febbraio 2019

Sono cose che noi umani non credevamo mai potessero accadere: "Microsoft chiede agli utenti di non usare Internet Explorer"[1766].

## 20 febbraio 2019

Declino della tecnologia blu-ray: Samsung cessa la produzione di lettori[1767].

ArcheoWeb: ci si ricorda del browser **WorldWideWeb** anno 1990[1768].

Google rende pubblico il dominio .dev[1769]. Dovrebbe servire solo per gli sviluppatori. Messa così non ha molto senso...

## 21 febbraio 2019

Si parla molto di cellulari "pieghevoli". Il mio interesse al riguardo lo si intuisce dal fatto che non ho messo nessun link e nessuna nota sulla faccenda?

## 22 febbraio 2019

Attenti a cosa linkate. Una recente sentenza in Italia stabilisce un precedente che si allinea con la nuova indicazione legislativa sul copyright proveniente dall'Europa (che l'Italia però deve ancora recepire)[1770]. *Mala tempora...*

## 26 febbraio 2019

**FaceBook** investe, *ovviamente in maniera disinteressata*, nell'espansione della rete Internet in diversi Paesi nel mondo[1771].

## 27 febbraio 2019

Rilascio di **USB 3.2**, e ZeusNews[1772] prova a fare un po' d'ordine sulle diverse denominazioni (spoiler: la cosa è un po' caotica).

## 28 febbraio 2019

Paolo Attivissimo[1773] ci aggiorna sui software di "Intelligenza artificiale" (**AI**) capaci di generare testi attendibili dal punto di vista "umano" e di creare problemi politici e sociali.

"Nella notte tra il 27 e il 28 febbraio la società statunitense One Web ha lanciato nello spazio una navetta Soyuz con a bordo i primi sei satelliti di una costellazione di 900, che servirà a creare una rete internet globale dallo spazio"[1774].

## 1 marzo 2019

Ma l'avete acquistata la nuova edizione del **cronoWeb** in formato libro ed ebook?[1775]

Abbiamo sempre pensato che era una cretinata, ed ora la conferma: **Amazon** la smette di vendere i dash button[1776].

"Riflessioni sulla Rete di oggi, tra Baricco e Spielberg" di Cassandra (Marco Calamari)[1777].

## 4 marzo 2019

Su Wired si parla della storia della tastiera qwerty[1778].

## 5 marzo 2019

"Linus Torvalds ha rilasciato **Linux 5.0**"[1779], ma non ci sono molte novità.

**The Next Web**[1780] è stato acquisito da *Financial Times*[1781].

## 8 marzo 2019

**Chelsea Manning** è stata arrestata di nuovo[1782].

40 anni di **CD**[1783].

## 11 marzo 2019

Su *Wired* si parla di Web con una intervista a François Flückiger[1784].

Si parla di **scuola open source**[1785].

Su *Il Tascabile* si parla di **cyberguerra**[1786].

"In Italia abbiamo 11mila data center pubblici. C'è un piano per ridurli a 7"[1787].

## 12 marzo 2019

**Celebrazioni per i trent'anni del Web**: Dominique Bertola ricorda quando bastò spegnere un server per mettere KO tutto il Web esistente allora[1788]. Un articolo ci dice cosa unisce il Web, Berners-Lee e i Beatles[1789]. Altri contributi dello speciale di Punto Informatico dedicato al trentennale: "Il World Wide Web non era una priorità del CERN" (a proposito di Peggie Rimmer[1790]), "30 anni di Web senza esserne davvero consapevoli" (articolo di Giacomo Dotta[1791])[1792].

Tim Berners-Lee nel frattempo non smette di lavorare per un Web libero[1793].

Su *Internazionale* (8/14 marzo 2019 • Numero 1297) segnaliamo l'articolo che dà la copertina a questo numero: "Hanno rubato il computer alle donne": le donne che erano molto presenti all'inizio della storia dell'informatica, come assistenti e programmatrici nei primi macchinoni, sono scomparse dall'orizzonte d'uso di questa tecnologia (e dal mondo tecnologico in genere). L'articolo di Clive Thompson (*The New York Times Magazine*) "Codici femminili", pp. 36-44.

## 13 marzo 2019

Nella riunione del 12 marzo dei ministri delle finanze europei, è stata bocciata una proposta di **web tax**[1794].

Panico in alcune regioni del mondo: Facebook, Instagram e WhatsApp non hanno funzionato per qualche ora[1795]. Stavolta potrebbe essere stato colpa del setup di un server[1796].

## 14 marzo 2019

Su *Motherboard* un articolo su **come funzionano gli SMS**[1797].

Google approfitta del **Pi Greco Day** per annunciare un suo record "mondiale"[1798] (Punto Informatico), per aver calcolato il pi greco fino alla cifra numero 31.415.926.535.897 (31 trilioni). Nel giorno del Pi Greco Day si ricorda anche il giorno di nascita di Einstein e di morte di Stephen Hawking.

## 15 marzo 2019

Alcuni studenti statunitensi usano Google Drive come una chat "d'emergenza"[1799].

## 18 marzo 2019

TIM / Telecom dice addio al dial-up dal 30 marzo 2019[1800]. C'era una volta il free Internet...

Cosa significa la parola *shadowban*? Ce lo dice Paolo Attivissimo...[1801]

Pier Luigo Tolardo interviene a proposito di "Una legge inutile contro la diffusione abusiva di pornografia"[1802].

Un articolo di Silvio LoRusso[1803] analizza cosa dicono Baricco e Bifo a proposito dell'Internet.

"Il social network **MySpace** ha detto di aver perso tutta la musica che era stata caricata sulla piattaforma dal 2003, anno in cui venne fondata, al 2015: si tratta di oltre 50 milioni di canzoni di 14 milioni di artisti"[1804]. Aggiornamento 20190404: una parte dei brani forse sono recuperabili tramite Internet Archive[1805].

## 20 marzo 2019

Nuova multa a Google da parte della Commissione Europea, a causa di **AdSense**[1806].

## 25 marzo 2019

La notizia Web più importante di oggi: "PornHub si unisce a Reddit, Twitch e Wikipedia nella protesta contro gli **upload filter** determinati dall'articolo 13 della riforma del copyright"[1807].

## 26 marzo 2019

Il Parlamento europeo vara la **riforma sul copyright**[1808].

## 27 marzo 2019

Si parla di **AMP**[1809]. Google prova a introdurre questo dialetto in ambito email, ma estensivamente sta provando a soppiantare l'html anche sul mobile e sul web... Ci aveva provato Microsoft...

## 30 marzo 2019

Segnalo l'articolo: *Parole*, di Giovanni De Mauro, su *Internazionale*[1810]. Riguarda la censura su Internet.

## 1 aprile 2019

Anniversari per la nascita di **Apple**[1811] e di **Gmai**l[1812], il sistema di posta di Google.

Gli "scherzi"-sbadiglio di quest'anno per il primo d'aprile[1813].

## 2 aprile 2019

Un'azienda italiana che avrebbe infettato di malware i telefonini tramite Google Play store[1814].

Segnalo un intervento di Antonino Caffo intitolato "Per favore, non chiamatela AI"[1815].

Roisin Kiberd interviene sul tema dei falsi ricordi: l' "effetto Mandela" su Vice[1816].

Chiude ufficialmente **Google Plus**[1817].

## 3 aprile 2019

"Il presidente dell'Ecuador ha accusato Julian Assange di aver violato ripetutamente le condizioni di asilo"[1818].

## 4 aprile 2019

"**Microsoft Store** chiude la sezione Libri: gli ebook acquistati spariranno"[1819]. Puf! spariti!

Ops! **Rousseau**, la piattaforma del movimento/partito 5 Stelle è stata multata dal Garante della Privacy italiana perché non in regola con i decreti sulla privacy[1820].

## 7 aprile 2019

Massimo Mantellini parla della "riduzione dello spazio di protezione"[1821].

## 11 aprile 2019

**Julian Assange**, "Dopo 7 anni trascorsi nell'ambasciata dell'Ecuador, il fondatore di Wikileaks - senza più asilo - è stato arrestato dalla polizia britannica. L'arresto anche a seguito di una richiesta di estradizione da parte degli Stati Uniti: è accusato di cospirazione con l'ex analista dell'intelligence militare Chelsea Manning, finalizzata alla pirateria informatica"[1822].

## 12 aprile 2019

Dopo la Cina e qualche altro Paese (compreso gli Stati Uniti), anche la Russia prova a creare una "sacca" Internet controllabile e, nel caso, isolabile dal resto del mondo[1823].

Tutti dicono che Katie Bouman ha lavorato per tre anni all'algoritmo che ha permesso di definire **l'immagine del primo buco nero** dell'astrofisica moderna[1824]. Ok, notizia non-web...

## 16 aprile 2019

In UK rapporto "Unlocking digital competition" per rendere il settore più trasparente, competitivo e sostenibile[1825]. Appunto perché non è per niente trasparente, competitivo né sostenibile.

## 19 aprile 2019

Ogni tanto si parla dell'azienda **Hacking Team**[1826].

Il chat team di INPS risponde agli utenti a proposito del nuovo sussidio di disoccupazione che in Italia chiamano "reddito di cittadinanza", e la cosa suscita perplessità[1827].

## 23 aprile 2019

Da qualche settimana si discute la notizia secondo cui c'erano milioni di password conservate in chiaro nei database di FaceBook e Instagram, facilmente visibili e accessibili ai dipendenti del gruppo, cioè non criptate (come si dovrebbe)[1828].

## 26 aprile 2019

Muore **Nils Nilsson**: "Tra il 1966 e il 1972 gli scienziati dello Stanford Research Institute, sotto la sua guida, svilupparono **Shakey**, il primo robot mobile dotato di ruote e sensori, in grado di evitare gli ostacoli lungo il percorso grazie a una telecamera. Controllato da un operatore umano che digitava le istruzioni"[1829].

## 28 aprile 2019

Si parla di **Federico Faggin**, ideatore del *touchscreen* e del *microprocessore*[1830].

**206: Federico Faggin**

"Il ricatto informatico più pigro mai visto: ti ho bloccato il PC, credimi e telefonami"[1831].

**6 maggio 2019**

Il gioco **Solitario di Microsoft** entra nella Hall of the Fame[1832].

diecimila.me lo afferma: "L'era degli *influencer* si è miseramente conclusa"[1833].

**8 maggio 2019**

Sembra che in **Windows 10** ci sarà un kernel Linux[1834], ovviamente la cosa è stata oggetto di una campagna pubblicitaria sui media da parte di Microsoft (ne parlano oggi i siti italiani[1835]). Sulla strategia "abbraccia, estendi, ed estingui" vedi su Wikipedia[1836].

Notizia sbadiglio della settimana: gli hacker che fanno riferimento ad Anonymous tirano fuori le email personali di migliaia di avvocati italiani, e trovano spazio sui giornali politici anche perché ci sarebbero anche email private e personali di Virginia Raggi sindaco di Roma[1837].

**13 maggio 2019**

Eventi simbolici pubblicitari: Facebook chiude 23 pagine in Italia accusate di essere motori di propaganda bugiarda[1838].

**14 maggio 2019**

Neppure usando **TOR** si riesce a navigare in maniera anonima[1839].

Luca Attias - Commissario Straordinario per l'attuazione dell'Agenda Digitale indica un "**decalogo**" per la digitalizzazione dei Comuni e delle amministrazioni locali, il Comune digitale[1840].

I grandi vantaggi del **cloud** (per le multinazionali): "Aggiornamento obbligatorio per gli utenti che hanno installato un software della Creative Cloud di Adobe: altrimenti si rischia una causa legale"[1841].

"Tutte le versioni di **Wikipedia**, in ogni lingua (non solo in quella locale), risultano al momento inaccessibili dall'interno dei confini cinesi"[1842].

Ha chiuso **Ytmnd**, uno dei primi siti di **meme**[1843].

Attraverso il form di **Typeform**[1844] è possibile mandare un messaggio al Presidente degli Stati Uniti per lamentarsi se si è stati bannati da FaceBook o Twitter[1845].

**Dopo la strage in Nuova Zelanda nella chiesa di Christchurch**, paesi europei, Australia e Nuova Zelanda, alcuni paesi africani e del Medio Oriente (Giordania) hanno firmato un protocollo di intenti per una maggiore sorveglianza dei social network. Gli Stati Uniti hanno detto no[1846].

**Chelsea Manning** "si è rifiutata di testimoniare davanti al gran giurì che indaga su Wikileaks. Rimarrà in prigione per tutto il mandato della giuria che scade tra 18 mesi"[1847].

"Addio a **Grumpy Cat**: la gatta più corrucciata del Web si è spenta all'età di sette anni e la Rete, commossa, ne omaggia la memoria"[1848]. L'ho già assegnata la notizia "chi-se-ne-frega" del mese?

207: Grumpy Cat nel 2014

## 20 maggio 2019

"Google avrebbe deciso di negare a **Huawei** il supporto ufficiale di Android: niente accesso alle patch di sicurezza e alle applicazioni ufficiali"[1849]. Huawei finirà per starci simpatica?

## 22 maggio 2019

Per la divisione orwelliana di Internet, che avevamo già preannunciato qualche anno fa nel nostro cronoWeb, ora i giornalisti usano il termine *splinternet*[1850].

## 23 maggio 2019

Da un po' di tempo stiamo dicendo che **Google** come motore di ricerca non è il massimo. Mi è capitato persino di usare Bing e di ottenere migliori risultati (anche se siamo sempre sul mediocre). Troppa "intelligenza artificiale" e selezione dei risultati fa sì che chi fa una ricerca storica ad esempio trovi poco e niente. Ora ci dicono che Google sta davvero avendo dei problemi nell'indicizzazione[1851]. Questi ultimi dovrebbero essere solo problemi contingenti; più serio invece è proprio l'uso dei nuovi algoritmi da cinque anni a questa parte che non va proprio. Quando ci decideremo a svincolarci da Google?

## 27 maggio 2019

"È morto **Murray Gell-Mann**, il fisico che contribuì alla scoperta dei quark"[1852].

## 30 maggio 2019

**Anobii**, piattaforma per gli amanti dei libri, passa di mano da Mondadori a Ovolab. Anobii è nata nel 2006 da un'idea di Greg Sung, e nel 2014 era passata a Mondadori.

## 4 giugno 2019

Anniversari: Sui 40 anni del **Walkman**[1853].

Vent'anni fa **Napster**[1854].

"D'ora innanzi chi vorrà richiedere un visto per gli Stati Uniti dovrà indicare anche i propri profili social e non lesinare sui dettagli"[1855].

Apple continua l'opera di distruzione di tutto quello che aveva ideato Steve Jobs: **iTunes** è stato diviso in tre[1856].

La chiamano "la grattugia". È il **nuovo MacPro** di Apple (un computer per lavoro). (Se ne parla su tutti i siti[1857]).

Linguaggi di programmazione: esce **C#** versione 8[1858].

Su *Wired* provano a fare un bilancio riguardo "gli attacchi hacker per una giusta causa"[1859].

Restyling del sito di divulgazione scientifico de *Le Scienze*[1860]. Ora ci sono molti più articoli che richiedono l'abbonamento. Nel frattempo anche *Il Post* prevede una forma di abbonamento[1861].

Google ci prova con il gaming in cloud, attraverso il servizio **Stadia**[1862]. La cosa sembra ancora un po' acerba...

Bologna, insieme a Sofia (Bulgaria), Ostrava (Cechia), Kajaani (Finlandia), Bissen (Lussemburgo), Minho (Portogallo), Maribor (Slovenia) e Barcellona (Spagna), ospiterà i primi supercomputer europei dell'European High-Performance Computing (**EuroHPC**)[1863].

Firefox diventa il nome di un insieme di software oltre che del browser[1864]. Brutto periodo per questo browser...

Wired si chiede "dove sta andando Internet?"[1865]. Sulla base del rapporto dell'analista finanziaria Mary Meeker (*Internet Trends 2019*).

Al CERN si cerca di non usare il troppo costoso Windows 10[1866].

FaceBook sembra fare le cose sul serio con la sua criptovaluta **Libra**[1867].

## 21 giugno 2019

**Cortana**, l'orribile e fastidioso "assistente virtuale" di Microsoft, si toglie dai piedi e diventa una app attivabile separatamente in Windows 10[1868].

## 24 giugno 2019

Bill Gates giogioneggia e dice come la sua cattiva gestione di Microsoft ha permesso a Google di diventare l'azienda principale competitor di Apple[1869].

Su Wired si parla delle **porte USB**[1870]: i loro inventori si dicono pentiti...

## 25 giugno 2019

Buone notizie (ironico): la parità di genere in computer science si raggiungerà fra 118 anni[1871].

Retromania: torna in circolo il **Commodore64**[1872]. Preordini, per poterlo avere a dicembre 2019.

## 28 giugno 2019

"Il Garante per la Protezione dei Dati Personali ha imposto una sanzione da 1 milione di euro a Facebook per il caso **Cambridge Analytica**"[1873].

Il 97% dei dati non passa nel "cloud" ma sott'acqua[1874].

## 1 luglio 2019

"Con la chiusura dei **DRM Microsoft**, scompaiono gli ebook venduti in passato: un caso che fa riflettere sul concetto di proprietà e di accesso"[1875]. Noi di cronoWeb lo diciamo fin dall'inizio di questa brutta storia dei DRM (non solo riguardante Microsoft): sono una cretinata, il tipico prodotto di menti ottuse.

Attacco hacker contro il motore di ricerca russo **Yandex**[1876].

**Apple** sempre più de-jobs-izzata: diventa collaboratore esterno il capo del design Apple, Jony Ive[1877].

## 5 luglio 2019

La software house canadese **Corel** "è stata acquisita dall'americana Kohlberg Kravis Roberts con un investimento quantificato in oltre un miliardo di dollari"[1878].

"Austin Thompson, 23enne dello Utah, dovrà trascorrere 27 mesi in prigione per gli **attacchi DDoS** ai servizi di gaming risalenti al 2013"[1879].

## 12 luglio 2019

**208: Fernando Corbató**

Muore a 93 anni il 12 luglio 2019 **Fernando "Corby" Corbató**, cui viene attribuita la **password**[1880].

## 14 luglio 2019

"**Cambridge Analytica** costa a Facebook 5 miliardi"[1881].

## 15 luglio 2019

La Banca d'Inghilterra annuncia che dedicherà a **Alan Turing** la cartamoneta con taglio da 50 sterline[1882].

## 16 luglio 2019

"Germania, il Garante Privacy bandisce Office 365 dalle scuole. Come Windows 10, invia troppi dati riservati negli USA"[1883].

## 18 luglio 2019

Secondo un sondaggio Lego, i *millennials* preferirebbero fare gli *yuotuber* che non gli astronauti[1884].

## 22 luglio 2019

"L'Europa consente ai cittadini europei residenti nel Regno Unito di conservare i propri **domini .eu** anche dopo la Brexit"[1885].

## 23 luglio 2019

"**Rai 4K** ha avviato la programmazione permanente: 12 ore di trasmissioni al giorno"[1886].

## 24 luglio 2019

Segnalo l'articolo di Cassandra Crossing/Marco Calamari su quel che è il "sovraccarico informativo" ai tempi dei social network[1887].

**Google Foto**, nato nel 2015, ha raggiunto il miliardo di utenti[1888].

## 25 luglio 2019

**209: Ruger Hauer, in Blade runner**

È morto il 19 luglio ma se ne ha notizia in Italia ora, **Rutger Oelsen Hauer**: l'attore e autore di «Io ho viste cose che voi umani non potreste immaginarvi: navi da combattimento in fiamme al largo dei bastioni di Orione, e ho visto i raggi B balenare nel buio vicino alle porte di Tannhäuser. E tutti quei momenti andranno perduti nel tempo, come lacrime nella pioggia. È tempo di morire.», nel film cult (per noi) *Blade runner*[1889].

## 28 luglio 2019

Su come la Rete possa riserbare aspetti positivi, di bellezza e emozione: La storia di Paola e noi, di Massimo Mantellini[1890].

## 5 agosto 2019

"Facebook cambia nome a Instagram e **WhatsApp**. È tempo che tutti sappiano chi comanda davvero"[1891].

L'India blocca le comunicazioni Internet dello Stato autonomo del **Kashmir**[1892].

## 10 agosto 2019

**Harmony OS** sarà l'alternativa ad Android?[1893].

## 13 agosto 2019

Si parla di **Tumblr** acquisito da Automattic[1894].

"La **nazionale italiana di hacker** è arrivata quinta ai mondiali di cybersecurity"[1895].

## 14 agosto 2019

Su *Wired* si parla di **etica digitale per le aziende**[1896].

"Facebook ammette: Ascoltavamo i messaggi vocali di Messenger"[1897].

## 15 agosto 2019

Segnaliamo l'interessante articolo di Cassandra/Marco Calamari: "Congiuntivo, virgola e bit. La Rete e le nuove tecnologie promuovono la selezione naturale; cosa perdiamo e cosa guadagniamo?"[1898].

## 20 agosto 2019

"Addio a **FogCam**: la webcam più longeva al mondo, online a San Francisco da 25 anni"[1899].

Un articolo su *Wired* sul **sistema Internet cinese** che consente a questo Paese la possibilità di disconnettersi facilmente dalla Rete mondiale[1900].

## 21 agosto 2019

Si parla di **Giovanni Buttarelli**, Garante europeo della protezione dei dati, morto[1901]. Secondo il *Corriere della Sera* Google avrebbe bucato la privacy della famiglia permettendo di individuare le cause della sua morte[1902].

210: Giovanni
Buttarelli

## 22 agosto 2019

"L'Indonesia ha spento internet in **Papua Occidentale**. E ha inviato mille soldati e poliziotti nella regione dove da giorni sono in corso proteste indipendentiste"[1903] (Il Post).

Google annuncia la nuova versione del sistema operativo per telefonini **Android**, e rinuncia a dare il nome di un dolce: a quanto pare anche su questo fronte Google ha smesso di presentarsi come innovativo ma si è uniformato al mondo (sbadiglio) del business delle multinazionali[1904].

## 23 agosto 2019

La **Commissione Europea** guidata da Ursula von der Leyen vuole finanziare un motore di ricerca europeo, alternativo a Google[1905].

## 25 agosto 2019

Si parla di Gamergate. Iniziata il 15 agosto 2014: "una campagna online di minacce e molestie come non se ne erano mai viste prima, che anticipò molto dei successivi anni"[1906].

## 28 agosto 2019

Pubblicato su Gazzetta Ufficiale un decreto per la nascita del **Dipartimento per la Trasformazione Digitale**[1907].

"Centinaia di persone che per lavoro avevano dovuto ascoltare le **conversazioni registrate da Siri** per Apple sono state licenziate"[1908].

## 29 agosto 2019

Nasce un fork di GIMP, il programma per il fotoritocco[1909].

## 30 agosto 2019

Giacomo Dotta ha scritto una cosa interessante su: *Siamo ancora capaci di cercare?*[1910] che riguarda la cosa di cui ci occupiamo qui (la *webbologia* o *webology*, come abbiamo indicato fin dall'edizione cartacea del cronoWeb 2018).

## 31 agosto 2019

Paolo Attivissimo interviene su: *La maledizione dei **connettori USB***[1911].

## 2 settembre 2019

Webology: segnaliamo: *"La lezione di **Myspace**: i tuoi dati non saranno online per sempre / di Andrea Daniele Signorelli"*[1912].

## 3 settembre 2019

Chiude **TNT Village**[1913].

## 4 settembre 2019

"La piattaforma **Rousseau** non ha stabilito alcun "record mondiale" di votanti" assicura Wired[1914] smentendo una dichiarazione di Davide Casaleggio (M5S).

Tra poco i primi prodotti con **USB 4** a 40 Gbit/s[1915].

## 5 settembre 2019

Paolo Attivissimo interviene su: "**Musica personalizzata infinita** con l'intelligenza artificiale"[1916].

"Secondo un recente report di Shift Project, le tecnologie digitali sono responsabili del 4% delle emissioni di **gas serra**, una cifra che potrebbe raddoppiare già entro il 2025. Nel suo complesso, internet è responsabile di circa il 7% del consumo energetico globale. Peggio ancora: la sua fame di elettricità sale dell'8% ogni anno che passa"[1917].

*"Gli spazzini invisibili di Internet"*, di Emily Drabinsk"[1918].

## 6 settembre 2019

L'uso del **bluetooth** per comunicare laddove Internet è controllata dai Governi[1919].

Cassandra Crossing (Marco Calamari) parla del **Chaos Communication Camp 2019**[1920]. Vedi anche: "Viaggio nel CCCamp, dove gli hacker immaginano il futuro con filosofi e artisti" di Raffaele Angius[1921].

Data un'occhiata alla **mappa di Internet**[1922]...

## 9 settembre 2019

Consigli contro il *phishing* [1923].

**Richard Stallman** ha tenuto una lezione sull'*open source* ai dipendenti di MS Research dentro Microsoft[1924].

## 10 settembre 2019

*Casa Pound* e *Forza Nuova* oscurati su Facebook e Instagram[1925].

Cambio al vertice di **Ali Baba**: il frontman Jack Ma lascia il suo incarico[1926].

## 11 settembre 2019

C'è stata una qualche presentazione di prodotti nuovi da parte di Apple? No, scusatemi, sbagliavo.

## 13 settembre 2019

"**Google** verserà nelle casse francesi una somma pari a circa un miliardo di euro": si tratta di una sanzione da 500 milioni di euro e in tasse aggiuntive per altri 465 milioni di euro[1927].

La notizia è riferita a giorno 13, ma è arrivata in Italia il 14: "gli istituti dello **Unified School District** di **Flagstaff**, in Arizona, hanno annullato tutte le lezioni a causa di un attacco di *ransomware* a carico dei server del sistema scolastico"[1928].

## 16 settembre 2019

"Oggi prende il via ufficialmente l'era del **WiFi 6**"[1929].

"I dati dell'intera popolazione dell'**Ecuador** erano presenti su un database liberamente disponibile online ed in seguito messo in sicurezza dopo il leak"[1930].

Microsoft 10 upgrade di questo mese: nuove segnalazioni di problemi[1931].

## 17 settembre 2019

**Richard Stallman** si dimette da presidente della *Free Software Foundation*[1932].

## 18 settembre 2019

Nuovo capitolo delle azioni degli Stati Uniti contro **Edward Snowden**[1933].

Su *Il Tascabile*[1934] si parla di **Grace Hopper**, di cui abbiamo ovviamente già parlato.

Operazione contro il servizio pirata di **Xtream Codes**, che permetteva l'accesso allo streaming video (soprattutto al calcio). Ne parlano un po' tutti[1935].

## 20 settembre 2019

Il governo italiano si dota di **un protocollo in caso di cybert attacco** che prevede la sospensione delle comunicazioni Internet[1936]. Almeno così sembra di capire sulla base dell'articolo. Di **cybersicurezza** si parla anche su Wired[1937].

"**Rui Pinto**, l'uomo ritenuto responsabile di *"Football Leaks"*, la pubblicazione di 70 milioni di documenti riservati sul mondo del calcio professionistico, è stato accusato di 147 reati, in Portogallo. L'uomo era stato arrestato a Budapest, in Ungheria, a gennaio ed era stato estradato in Portogallo a marzo."[1938]

## 22 settembre 2019

*Il Post* parla della funzione di Internet Archive nell'epoca della disinformazione (delle bugie propagandate dai vari poteri)[1939].

Il libro di Alessandro Baricco, "The game", è finito in edicola, diffuso da La Repubblica. Wow!

## 24 settembre 2019

Su *Wired*[1940] si parla dei **servizi streaming** in Italia e negli Stati Uniti. Quelli attualmente più seguiti.

"Una sentenza della Corte di Giustizia Europea rende più europeo il **diritto all'oblio**, limitandolo nell'estensione internazionale, ma con nuove regole"[1941].

## 25 settembre 2019

Microsoft dice di avere attivi 900 milioni di dispositivi con **Windows 10**[1942]. "Il conteggio tiene conto non solo dei computer desktop e lapton, ma anche di tablet (a partire dalla famiglia Surface), delle console della gamma Xbox e dei visori HoloLens dedicati alla mixed reality."

Si parla della censura sulle cose cinesi sul social **TikTok**[1943].

## 26 settembre 2019

La lobby degli editori sta creando problemi in Europa con la faccenda dei **"diritti" di copyright** nei confronti di Google & C.[1944]

## 27 settembre 2019

21 anni per **Google**[1945]. Spoiler: stiamo parlando del compleanno...

Pier Luigi Tolardo interviene nel dibattito su **Facebook e i diritti di censura**[1946].

## 28 settembre 2019

Su *Il Post* si parla di **TikTok** in maniera estesa[1947].

## 30 settembre 2019

Si parla di bunker della NATO e di "***dark web***"[1948].

"Il **Wi-Fi** compie 20 anni. Il 30 settembre 1999 lo standard che consente agli utenti di Internet di navigare senza fili venne infatti reso pubblicamente disponibile per i prodotti in commercio"[1949].

## 1 ottobre 2019

Massimo Mantellini scrive "*Per una Repubblica digitale*"[1950].

## 3 ottobre 2019

Si parla dell'azienda di videogiochi **Activision**, nata da una costola di Atari[1951].

## 4 ottobre 2019

Intervista a **Shoshana Zuboff** che ha pubblicato **un libro sulla sorveglianza in Rete da parte delle corporation**[1952].

## 7 ottobre 2019

"PayPal ha lasciato il progetto per costituire **Libra**, la valuta digitale promossa da Facebook"[1953].

## 11 ottobre 2019

Il mercato dei PC sarebbe in ripresa[1954].

## 14 ottobre 2019

"Perché **Gandhi** è un guerrafondaio in *Civilization?*". La risposta su: ZeusNEWS[1955].

*L'informatica al femminile. Storie sconosciute di donne che hanno cambiato il mondo* è un libro di Cinzia Ballesio e Giovanna Giordano, edito da Neos edizioni (2019). Se ne è parlato all'Internet Festival di Pisa[1956].

Le 10 **emoji** più utilizzate dagli utenti secondo Unicode[1957].

**Collapse OS** è un progetto di sistema operativo che ha come fine di tenere in vita la tecnologia dopo l'Apocalisse, la fine del mondo come lo conosciamo[1958].

Il gioco online **Fortnite** decide un fine-versione simulando un "buco nero"[1959].

## 15 ottobre 2019

Marco Calamari fa il punto sulle ultime vicende riguardanti **Richard Stallman**[1960].

## 17 ottobre 2019

*Punto Informatico*[1961] fa uno speciale su una cosa che chiamano "*Repubblica digitale*", e noi non si capisce di cosa si tratta.

Yahoo chiude il servizio **Yahoo Gruppi**[1962]. Era un servizio di liste di distribuzione e di discussione via scambio email. Noi avevamo un nostro gruppo attivo dal 2005 circa (il servizio era nato nel 2001). Addio, ci trasferiamo nella nostra piattaforma autonoma senza più dipendere da multinazionali esterne. La *Girored* rinasce a casa propria!

Sul web i giornali strepitano su: **CiccioGamer**[1963], su una certa Aniston che si sarebbe fatto un account su Instagram[1964]. In più intimamente informati parlano della chiusura di un sito "pedoporno"[1965].

## 18 ottobre 2019

Primo effetto della brexit inglese sul web: le fonti italiane dicono che **lì c'è il porno libero**[1966].

Notizia di colore: l'esercito statunitense procederà a eliminare i **floppy disk** dalle basi missilistiche nucleari, dove erano ancora in uso per i codici di lancio dei missili[1967].

## 22 ottobre 2019

"WebRating: pagella online alle aziende dall'AGCM"[1968]. Riuscirà a non essere una minchiata?

## 24 ottobre 2019

I **papiri del Museo egizio di Torino** sono online[1969].

Su Wired una cronistoria dei dieci anni di **FaceBook in Italia**[1970].

Zuckerberg ha avuto difficoltà a rispondere alle domande di Alexandra Ocasio Cortez in una audizione alla Camera[1971], per la precisione alla Commissione servizi finanziari della Camera del Congresso statunitense.

## 25 ottobre 2019

"A Bologna c'è **l'archivio universale dei codici sorgente**"[1972].

## 28 ottobre 2019

Microsoft vince un appalto da 10 mld di dollari per gestire il **cloud della Difesa statunitense**[1973].

Google annuncia "a breve" l'introduzione di un nuovo algoritmo di ricerca[1974]. Quello che è certo è che l'algoritmo in uso da qualche anno a questa parte è decisamente farlocco. Siamo arrivati persino a utilizzare Bing (il sistema di ricerche di Microsoft) ultimamente, per alcune ricerche.

Nei "festeggiamenti" giornalistici per i 50 anni del primo collegamento tra due computer distanti, Riccardo Luca ricorda[1975] come l'unica testata cartacea che riportò all'epoca la notizia fu il giornalino universitario Bruin. Nota: collegare due computer non è Internet, quella nasce in Svizzera qualche decennio dopo; diciamo che siamo sulla strada per la nascita di Internet[1976].

## 29 ottobre 2019

Anniversario per **il primo banner su *Wired***[1977], 25 anni fa.

Il solito esponente politico del solito partito italiano tira fuori la genialata del giorno riguardante la "regolamentazione" dell'Internet[1978]. No, non serve a niente scandalizzarsi o insorgere, ne abbiamo lette troppe in questi anni[1979]. Massimo Mantellini sintetizza: "una cretinata"[1980] e fa alcune proposte serie[1981].

## 31 ottobre 2019

**Twitter** dice che non accetterà più "cinguettii" politici a pagamento[1982].

## 8 novembre 2019

Su *Wired*[1983] Luca Attias elenca le "otto cose che non sono riuscito a fare per rendere l'Italia digitale".

## 13 novembre 2019

Retromania / archeologia dei computer: si parla di **Lisa Apple**[1984].

## 14 novembre 2019

Lanciato il servizio streaming **Disney+**. Previsto in Italia per il marzo 2020[1985]. Nel frattempo in Italia ci prova RaiPlay a concorrere con i servizi streaming di Netflix e Amazon Prime.

## 15 novembre 2019

Jimmy Wales (Wikipedia) prova a lanciare **Wt.Social**, sito di news[1986]. Non sembra farà molta strada.

"Secondo alcuni gli **emoji** sono le pitture rupestri dell'era digitale" (Giovanni De Mauro[1987]).

Notizia spazzatura del giorno: "**PayPal** non consentirà più i pagamenti su **PornHub** per le persone che caricavano i loro video e guadagnavano con le percentuali derivate dalle pubblicità."[1988].

## 16 novembre 2019

Cretinerie: Facebook cambia nome, ora si chiama **FACEBOOK**[1989].

"Finisce l'era dell'innocenza per i domini **.org**: Public Interest Registry vende i propri asset alla Ethos Capital sancendo il passaggio di proprietà"[1990].

**211: Giulio Occhini**

Su *Wired* si comincia a parlare su **cosa ci sarà nel web dopo i social network**[1991].

Sono 10 anni che esiste la **World Wide Web Foundation**[1992].

Il quotidiano *La Stampa*, prima di Agnelli/Fiat e ora del gruppo La Repubblica/L'Espresso, ha abbandonato l'uso delle licenze *Creative Commons* per gli articoli ed è tornato al *copyright* tradizionale[1993].

Per chi ha sentito parlare della "patente europea" ECDL (ora ICDL): è morto quello che viene indicato come l'ideatore, **Giulio Occhini**[1994].

Videogiochi: "Il 23 novembre 2004 veniva rilasciato negli Usa **World of Warcraft** (WoW)"[1995].

"Tim Berners-Lee pubblica il suo **contratto per il web**, con le azioni che governi, aziende e comuni cittadini dovrebbero mettere in pratica per proteggere dati, privacy e combattere la violenza e le fake news"[1996].

"Gli **indirizzi IPv4**, [...] ovvero dell'identificativo con cui ogni dispositivo connesso a una rete (non soltanto una rete internet, ma anche una rete domestica) si presenta e comunica con gli altri" sono teoricamente finiti a novembre (si è passati da qualche anno al sistema IPv6)[1997]. Tra il 2010 e il 2013 è stato attivo anche un Gruppo IPv6 Italia[1998] di riferimento, di supporto informativo alla transizione, che è stata gestita dai gestori dei server e della rete.

I giornali italiani si accorgono che le multinazionali del Web fanno molti profitti e pagano poche tasse[1999].

"Accordo Agid-provider di identità digitali per garantire la gratuità della richiesta di **Spid** da parte dei cittadini. Al via anche quello per i professionisti, ma a pagamento"[2000].

Si parla di Lil Bub[2001]: sarebbe **una gatta famosa sui social**, di cui si dà notizia della morte. Di nuovo? Ah no, quell'altro gatto aveva un altro nome...

Il 3 dicembre 1992, 27 anni fa, il primo **SMS**[2002]. Oggi non si usa quasi più...

## 4 dicembre 2019

"Larry Page e Sergey Brin fanno un passo indietro"[2003].

**PlayStation** compie 25 anni[2004].

## 9 dicembre 2019

Finta esclamazione di sorpresa: Google sta progressivamente abbandonando il progetto **Google glass** in attesa di tempi migliori[2005].

## 10 dicembre 2019

"Un uovo ha scritto il post più condiviso su Twitter nel 2019"[2006]. Lo metterei anche come il titolo più intrigante pubblicato nel corso del 2019 dalla stampa e dai siti web generalisti.

## 11 dicembre 2019

Su ZeusNews[2007] ci si chiede se il **G5** porterà a una nuova era tecnologica nel 2020. Sarà semplice sarcasmo?

## 13 dicembre 2019

Il **Tribunale di Roma** dice che FaceBook non può sostituirsi agli organi dello Stato e censurare le pagine di utenti all'interno del proprio network[2008]. Esulta *Casa Pound*, associazione che aveva visto la propria pagina occultata per apologia di fascismo.

## 16 dicembre 2019

Notizia chisenefrega del mese: **PewDiePie**, "lo youtuber più seguito al mondo si prende una pausa da YouTube"[2009].

L'Italia ha un **piano nazionale per la digitalizzazione**[2010].

Su *Wired* il gioco sulle 10 cose di Internet che ci hanno cambiato la vita negli ultimi 10 anni[2011].

212: Randy Suess

Cristiano Ghidotti fa il punto sugli ultimi 20 anni di Internet[2012].

È morto **Randy Suess**: a lui si dovevano le BBS[2013].

Per chi si ricorda tutto il tran tran sollevato alla fine del 1999 per il "millennium bug", pare ce ne potrebbe essere un altro per il 2038[2014]. Nostalgia o notizia-scema-del-giorno?

## 30 (2020)

### 3 gennaio 2020

Iniziamo il 2020 con una notizia sexy: la segnala *ZeusNews*[2015]. Un tizio mette su Facebook l'immagine di un oggetto che vuol vendere ma Facebook gli dice che non può mettere questa immagine perché troppo sexy. Leggete l'articolo per scoprire di cosa si tratta... Era la foto di un vecchio PowerMac G4...

### 14 gennaio 2020

**Windows 7** non è più supportato[2016].

### 16 gennaio 2020

"India: il **Kashmir** torna online, dopo 165 giorni"[2017].

Comincia la distribuzione del browser di Microsoft **Edge**, basato su Chromium/Google[2018].

**Wikipedia** torna ad essere accessibile in Turchia dopo più di due anni[2019].

### 17 gennaio 2020

"Che cosa ha fatto **Apple** negli ultimi dieci anni" un articolo di Antonio Dini[2020].

### 21 gennaio 2020

Chiude la toscana Chl, una delle prime aziende italiane ad aver scommesso sull'e-commerce[2021].

### 23 gennaio 2020

Carlo Blengino parla delle 26 parole che "hanno cambiato Internet"[2022].

### 28 gennaio 2020

Dieci anni fa nasceva l'**iPad**. Che oggi non va molto bene[2023].

*Vice* si ricorda di Active Worlds[2024].

**Thunderbird** lascia la Mozilla Foundation[2025]. Thunderbird è un ottimo programma di posta[2026].

Fine del supporto per Windows 7, e tentativo di rinascita del browser **Edge** con motore Chromium sono le cose di cui si parla in casa Microsoft, riguardo al Web, in questo inizio 2020[2027].

Registro.it, che gestisce i domini .it ha una nuova sede (sempre a Pisa, al CNR)[2028].

Si parla di **criptografia** e di Whitfield Diffie e Martin Hellman[2029].

Uh! Sorpresa! Una inchiesta del Washington Post e Zdf "svela" che USA e Germania spiavano tutte le comunicazioni crittografate tra i Paesi alleati[2030].

"Malware: Mac supera PC, per la prima volta"[2031]. Ma notizie serie no, eh?

"La Fsf vuole i sorgenti di Windows 7 per renderli open source. La Free Software Foundation ha inviato a Microsoft un hard disk vuoto su cui copiare i sorgenti"[2032]. Se Microsoft ama l'open source come dice negli ultimi anni, sarà costretta a farlo? Ma l'open source ha davvero bisogno di Windows 7? Provocazioni sornioni.

**Photoshop** compie 30 anni[2033].

Addio a **Larry Tesler**: inventò il taglia-copia-incolla[2034].

213: Larry Tesler

**214: Katherine Johnson alla NASA nel 1966**

È morta a 101 anni **Katherine Johnson**, matematica e informatica della NASA[2035].

**215: Kazuhisa Hashimoto**

**Kazuhisa Hashimoto** morto a 61 anni era un programmatore di giochi. Famoso per il suo "Konami code"[2036].

Windows 10, problemi con l'aggiornamento KB4535996[2037]. Come tutti avevano previsto fin dal primo momento quando Microsoft ha imposto gli aggiornamenti centralizzati, continuano sempre più ampi di volta in volta i problemi con gli aggiornamenti.

In questi giorni sul web l'argomento di punta è l'epidemia di coronavirus (covid-19). Ma gli aggiornamenti di Microsoft no stanno seguendo lo stesso andamento epidemico progressivo "a ondate" delle epidemie di raffreddore degli ultimi decenni? (sarcasmo).

Windows, con lo **Y3C**, si è prenotato anche per un bug nel 3001[2038].

Cassandra (Marco Calamari) ci dice della chiusura definitiva di **Dada**, sito che è stato parte della storia del web in Italia[2039].

## 4 marzo 2020

Proclamata l'emergenza covid-19 in alcune zone dell'Italia, il Ministro per l'Innovazione e la Digitalizzazione, Paola Pisano, "ha lanciato un appello alla "**solidarietà digitale**" chiedendo un contributo alle aziende che hanno la possibilità di fare qualcosa per i cittadini costretti all'interno delle zone rosse"[2040].

## 5 marzo 2020

"L'Unione Europea vuole un proprio sistema operativo. Non ha mai sentito parlare di **Linux**?"[2041].

## 8 marzo 2020

Indispensabile, da leggere: *Saggio breve sul presente dell'Italia digitale* / di Massimo Mantellini[2042].

## 9 marzo 2020

"L'autorità Antitrust ha inflitto una pesante sanzione a TIM con l'accusa di **aver rallentato l'espansione della rete in fibra** sul territorio italiano"[2043].

## 11 marzo 2020

Si parla di **Necurs**, gigantesca botnet che ha infettato oltre 9 milioni di computer in tutto il mondo[2044].

## 20 marzo 2020

Rallentamenti e saturazione della rete in seguito all'epidemia di covid-19 che costringono parte degli italiani a casa. **Netflix**: qualità dello streaming ridotta per 30 giorni in Europa per contribuire all'emergenza in atto[2045].

## 28 marzo 2020

"C'è chi propone di usare app, siti e software per contenere il contagio, ma attenzione alle pratiche di raccolta dei dati che non servono né alla medicina né all'epidemiologia" (Arturo Di Corinto su *Il Manifesto*[2046]).

A sottolineare quanto grave la situazione sia considerata in Italia, a causa della pandemia di covid-19, *Il Manifesto* ha deciso di mettere "in chiaro" i suoi articoli, senza più sbarramento d'accesso per i non-abbonati.

## 1 aprile 2020

Il sito dell'INPS va in crash per l'eccesso di visitatori che cercano di iscriversi e ottenere il bonus di 600 euro stanziati dal Governo italiano per l'emergenza covid-19 in Italia che ha messo in ginocchio l'economia del Paese. L'INPS parla di "attacco hacker". Gli sbeffeggiamenti sono su tutti i siti di notizie in Italia[2047].

## 5 aprile 2020

Il numero di questa settimana di *Internazionale* è dedicato all'epidemia, e di come cambia le abitudini e il modo di utilizzare il web. C'è anche un articolo interessante riguardante Wikipedia. Su carta: è il numero 1352 (anno 27) del 3-9 aprile 2020.

## 14 aprile 2020

Negli Stati Unici c'è carenza di programmatori **COBOL**: "il sistema che gestisce le domande di disoccupazione negli USA è arrivato a saturazione in pochissimi giorni a causa dei tantissimi licenziamenti causati dalla situazione attuale. Per consentire al sistema di reggere questa ondata di richieste, senza precedenti, c'è bisogno di un aggiornamento del codice che finora ha retto il software utilizzato che, purtroppo, è scritto in COBOL". Di qui la ricerca di programmatori COBOL, che non si trovano[2048].

La FIEG, associazione degli editori italiana di giornali, chiede a AGCOM di sospendere **Telegram**, "rea" a suo dire di essere un canale della "pirateria" della diffusione delle informazioni e dei giornali[2049].

## 21 aprile 2020

Office 365 diventa **Microsoft 365**[2050].

## 22 aprile 2020

Il Governo italiano preme perché la gente utilizzi l'app **Immuni**, per tracciare la mobilità e contenere la diffusione del covid-19. L'app è sviluppata da una ditta milanese[2051], è forse open source[2052], la Protezione civile dice che è indispensabile per i prossimi mesi[2053], ci sono dubbi che sia efficace[2054].

## 1 maggio 2020

"I **.org** non cambiano proprietà e la Ethos Capital non vi potrà quindi metter mano: la decisione dell'ICANN è descritta come sofferta, ma giusta"[2055].

## 5 maggio 2020

Sul numero cartaceo di *Internazionale* n. 1356, interessanti articoli su come in Italia e all'estero la scuola ha affrontato la pandemia: i problemi della didattica, tra luci e ombre[2056]. Come sempre, *Internazionale* è uno dei nostri punti di riferimento (non solo per la rubrica dell'oroscopo di Brezsny: ahahahah!). Online c'è un articolo dell'*Economist* tradotto, sulle diseguaglianze nelle scuole[2057].

## 18 maggio 2020

Per Covid-19 muore a 97 anni **Ann Mitchell**: era nel gruppo ristretto di ragazzi che lavorarono assieme a Turing per decriptare Enigma durante la Seconda guerra mondiale[2058].

**216: Ann Mitchell**

## 24 maggio 2020

**Project Gutenberg** finisce sotto sequestro da parte della Guardia di Finanza italiana[2059]. Non sembra che i siti di informazioni italiani, tranne quelli citati, si siano scomposti molto su questa demenziale iniziativa.

## 1 giugno 2020

Massimo Mantellini interviene sulla vicenda conflittuale tra Trump (presidente degli Stati Uniti) e Twitter e lo inquadra nel più vasto problema della **neutralità della Rete** e su chi deve essere il responsabile dei contenuti[2060]...

## 4 giugno 2020

Marco Calamari ci avverte di **un nuovo insidioso malware che attacca direttamente gli strumenti** con cui gli informatici scrivono il codice e lo distribuiscono[2061].

Una piccola storia delle "catene di sant'Antonio"[2062].

L'Unione Europea sembra sempre più decisa a attuare una web tax in funzione anti-Stati Uniti[2063].

217: Michael Hawley

La morte di **Michael Hawley**, uno di quelli che hanno contribuito "dietro le quinte" a rendere più brillante il mondo dell'informatica[2064].

Anniversari: 50 anni fa la prima videochiamata[2065].

Una ricerca prova a rispondere alla domanda per noi tutti assillante: "Quanto vale la **PEC** per il sistema Italia?"[2066]. Ovviamente si mettono in luce solo gli aspetti positivi.

Anniversari: "Il 6 luglio 2016 **Pokémon Go**, il primo videogioco per smartphone dedicato ai Pokémon, uscì in Australia, Nuova Zelanda e Stati Uniti"[2067]. Cioè, 4 anni fa e sembra un secolo.

Si torna a parlare di "**Internet quantistico**"[2068].

## 26 luglio 2020

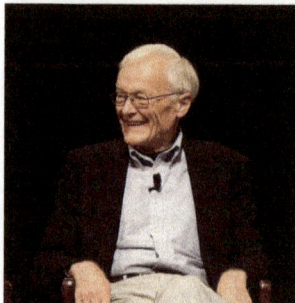

**218: William English**

Muore William English che lavorò al primo **mouse**[2069], sulla base del progetto di Douglas Engelbart.

## 28 luglio 2020

Google annuncia che poserà un quarto **cavo sottomarino** in fibra tra Stati Uniti ed Europa[2070]. Sarà dedicato alla memoria di Grace Hopper (di cui abbiamo già parlato).

## 30 luglio 2020

Da qualche giorno Bezos (Amazon), Zuckerberg (Facebook), Pichai (Google) e Cook (Apple) sono davanti al Congresso statunitense, per difendersi da varie accuse: concorrenza sleale, sfruttamento di posizione dominante ecc_[2071]. *Redde rationem...*

## 31 luglio 2020

Viene arrestato un cracker, **Graham Ivan Clark**, accusato di aver organizzato una megatruffaldinità su Twitter[2072].

## 2 agosto 2020

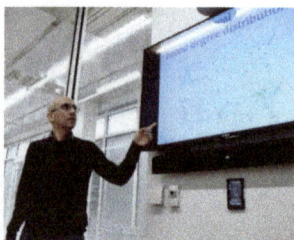

**219: Santo Fortunato**

Intervista a **Santo Fortunato**, che si occupa di scienza delle Reti (*network science*): "La vita è tutto un link"[2073].

## 8 agosto 2020

Il Web è infinito? o esiste un punto in cui termina? Un po' come provocazione, un po' per finta e un po' per esperimento, qualcuno pubblica l'ultima pagina del Web[2074].

10 agosto 2020

**220: Toshiba T1100**

Nel 1985, **Toshiba** presentò il **T1100**, che l'azienda in seguito definirà il primo computer portatile per il mercato di massa. Aveva un display LCD monocromatico, 256 kb di RAM e un processore Intel 80C88. Mancava il disco fisso: si operava solo via floppy disk. Possedeva anche una batteria interna ricaricabile. La notizia di oggi è che Toshiba ha deciso di ritirarsi completamente dal mercato dei computer[2075].

11 agosto 2020

In questi giorni si ghigna (ma non troppo) perché Apple fa causa a Prepear, "rea" di usare come logo una pera stilizzata[2076].

È morta **Frances Elizabeth Allen**, la prima donna insignita del Premio Turing nel 2006 per il contributo fornito nell'evoluzione delle tecniche di compilazione del codice[2077].

**221: Frances Elizabeth Allen**

## 12 agosto 2020

Tra crisi e ristrutturazione, Mozilla licenzia 250 dipendenti[2078].

## 16 agosto 2020

Si parla del caso di **CyberBunker**[2079] e del suo bizzarro fondatore, arrestato dopo aver offerto per anni hosting ai siti del dark web, ospitando i serve in bunker ex nazisti.

Nel web eterodiretto in cui viviamo, "*È sempre più difficile scoprire musica che non conosciamo*"[2080]. E, come abbiamo da tempo sottolineato, anche fare ricerche con i motori tradizionali di ricerca diventa spesso una inutile perdita di tempo, dato che i risultati sono filtrati e "adeguati" al tuo supposto profilo di consumatore.

## 19 agosto 2020

Trump e la sua amministrazione parlano di un *Clean network*, ovvero di imitare la Cina e voler costruire **un Muro per un Internet degli Stati Uniti**[2081]. Si tratta di trasformare l'Internet senza confini che abbiamo conosciuto finora in un Internet che non solo preveda territori riservati e appartenenti alle multinazionali, ma anche sotto-Internet controllati dagli Stati regionali. Bentornato Orwell.

## 24 agosto 2020

"Nuovo **record di velocità per internet:** toccati i 178 terabit al secondo"[2082].

## 25 agosto 2020

25 anni di **Windows 95**[2083].

## 4 settembre 2020

Edward Snowden, analista della NSA(National Security Angency) che nel 2013 aveva denunciato il programma con cui l'intelligence controllava i cittadini, registrando milioni di telefonate, e per questo detenuto e perseguitato - ha avuto data ragione dalla Corte d'Appello USA: il programma di sorveglianza di milioni di cittadini era illegale e la NSA ha mentito su quel che faceva[2084]. I vertici dell'intelligence Usa avevano pubblicamente sostenuto di non aver mai raccolto dati dalle telefonate private.

## 8 settembre 2020

Massimo Mantellini[2085] interviene sulla necessità di manifestare la propria indignazione quando qualcuno provoca e dice cattiverie - che sia al bar o in un qualche social media. Insomma, di non stare zitti - nonostante i tanti finti indignati esibiscono la loro professione. Stare zitti è omertà (diremo noi).

## 12 settembre 2020

*Webology: le "cose" del Web: antologia*. Una pubblicazione **ZeroBook**[2086]. È stato diffuso da *Girodivite* gratuitamente sul Web.

## 15 settembre 2020

Si ricorda con sadismo[2087] il **ventennale di Windows ME**, la più sfortunata e scalcagnata edizione del sistema operativo di Microsoft, una specie di "versione Duna" di Windows. Poi arrivò Windows XP (e dopo diversi tentativi e modifiche riuscirono a renderlo stabile).

Tutti a dire[2088] che l'esperimento di Microsoft di un **server immerso per 30 metri in mare** funziona, riportando solo i comunicati stampa della corporation. Noi continuiamo ad avere un po' di dubbi...

## 16 settembre 2020

In Italia si recensiona *The social dilemma*, docufilm di Jeff Orlowsky[2089]. Per chi streminga su NetFlix...

## 18 settembre 2020

Debutto in borsa (a New York) dell'azienda Snowflake che si occupa di **cloud**[2090]. Una cartina di tornasole di dove va in questo momento il mercato e come funzionano le cose nel settore tecnologico e finanziario.

Paolo Attivissimo si dice come è nato il termine "**bug**" in informatica[2091].

## 21 settembre 2020

Su GitHub la parola *Main* sostituisce la parola *Master*[2092].

## 23 settembre 2020

Come **un vecchio televisore manda in tilt la rete ADSL** di un intero villaggio[2093].

Tutti i giochi a Microsoft: Microsoft compra **ZeniMax**, la mamma di Doom, Skyrim e Fallout[2094].

Si parla del libro "*Connessione — Storia femminile di Internet*", scritto da Claire L. Evans e pubblicato in Italia da Luiss University Press[2095].

Su 4chan trapela il **codice sorgente** di Windows Xp, di Ms Dos 3.30, Ms Dos 6.0, Windows 2000, Windows CE 3, Windows CE 4, Windows CE 5, Windows Embedded 7, Windows Embedded Ce, Windows Nt 3.5, Windows Nt 4[2096].

"I **tablet** più grandi stanno salvando il mercato PC"[2097].

Ci si ricorda del fattorino **William Taynton** della città inglese di Bradford che sarebbe stato **il primo volto (ufficiale) trasmesso dal primo esperimento di tv**, ad opera dello scozzese John L. Baird[2098].

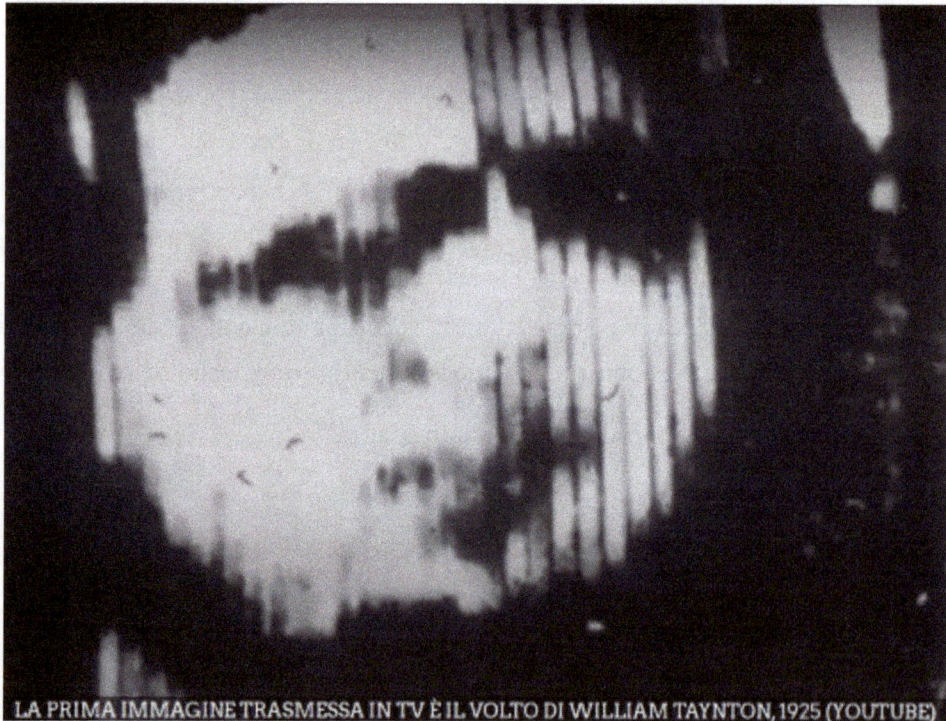

LA PRIMA IMMAGINE TRASMESSA IN TV È IL VOLTO DI WILLIAM TAYNTON, 1925 (YOUTUBE)

**222: La prima immagine in TV - il volto di William Taynton**

## 6 ottobre 2020

Dieci anni di **Instagram**[2099]. E nel frattempo negli Stati Uniti dicono che Facebook con WhatsApp e Instagram è troppo potente e dovrebbe cedere le altre due aziende[2100].

## 8 ottobre 2020

Gaia-X[2101], progetto di cloud "europeo".

Dall'8 all'11 ottobre 2020 si svolge l'Internet Festival 2020, a Pisa[2102].

## 12 ottobre 2020

Dicono che il mercato è dominato dai notebook[2103].

**Ibm** ha annunciato che accelererà la propria strategia di crescita nel **cloud ibrido** e separerà l'unità Managed Infrastructure Services dalla divisione Global Technology Services, creando appositamente una nuova società per azioni. La separazione della struttura di servizi dovrebbe essere completata entro la fine del 2021[2104].

## 13 ottobre 2020

Intervento di Cassandra Crossing (Marco Calamari) su "Bibliotecari e informatici in lotta per un mondo migliore"[2105].

## 26 ottobre 2020

Addio a **Lee Kun-Hee**: trasformò **Samsung** in un colosso[2106].

**223: Lee Kun-Hee**

## 27 ottobre 2020

**La prima calcolatrice portatile a batterie** è finita all'asta[2107].

**224: La prima calcolatrice commerciale portatile a batterie**

Qualcuno si chiede a che punto è il portatile di **Microsoft surface**, a otto anni dall'uscita commerciale[2108].

## 28 ottobre 2020

"L'update KB4577586 confezionato da Microsoft per la piattaforma ha come obiettivo quello di rimuovere in modo definitivo **Flash** da **Windows 10**"[2109].

## 6 novembre 2020

"La **Thailandia** blocca il porno, popolo in rivolta"[2110].

Il Dipartimento di Giustizia degli Stati Uniti ha sequestrato 1 miliardo di dollari equivalenti in bitcoin associati al marketplace **Silk Road**[2111].

## 16 novembre 2020

**Elenco di motori di ricerca e servizi alternativi a Google**, ma incentrati sul rispetto della privacy[2112]. Monta il sentimento diffuso in rete di fastidio nei confronti di Google...

## 18 novembre 2020

"I milioni di studenti che in questo periodo si trovano bloccati a casa e che quotidianamente seguono le lezioni online della didattica a distanza potranno farlo senza consumare il traffico dati messo a disposizione dagli operatori che offrono l'accesso alle reti mobili. È quanto prevede l'accordo sottoscritto dal Governo con TIM, Vodafone e WINDTRE"[2113].

## 20 novembre 2020

Il sistema operativo **Windows** festeggia i 35 anni[2114].

## 23 novembre 2020

A gennaio erano 6 milioni, a novembre sono oltre 13 milioni gli **SPID** attivi in Italia[2115].

## 30 novembre 2020

Sanzione ad **Apple** per pratiche commerciali scorrette, per 10 milioni di euro da parte dell'AGCM, Autorità Garante della Concorrenza e del Mercato italiana[2116].

## 1 dicembre 2020

Parte anche in Italia l'iscrizione per **la lotteria degli scontrini**. Il tentativo di costringere gli esercenti commerciali a rilasciare lo scontrino fiscale, accoppiando una "lotteria nazionale" dall'1 gennaio 2021[2117].

## 3 dicembre 2020

225: Timnit Gebru

Google licenzia **Timnit Gebru**, leader del comparto di Etica delle Intelligenze Artificiali dell'azienda[2118].

## 7 dicembre 2020

**Ikea** ha deciso di non stampare più la versione cartacea del suo Catalogo[2119].

Lunga lettera di Peter Sundae (**PirateBay**) contro le lobby del copyright[2120].

## 10 dicembre 2020

La Francia multa **Google e Amazon** per l'uso non conforme dei cookie[2121].

Dopo una inchiesta del New York Times, **PornHub** cambia il sistema di caricamento video, filtrando meglio gli utenti che effettuano gli upload[2122]. Master Card e Visa interrompono i rapporti con MindGeek, la società che gestisce PornHub[2123].

## 14 dicembre 2020

**226: Eric Engstrom**

**Eric Engstrom** (55 anni) è morto: aveva contribuito al progetto DirectX e si era dedicato per Microsoft del settore videogiochi[2124].

## 16 dicembre 2020

Paolo Attivissimo[2125] ci ricorda di **creeper**, il primo virus informatico (anno 1971).

## 27 dicembre 2020

Esempio classico (esiste una lunga casistica al riguardo, ne abbiamo rilevato i primi indizi già negli anni scorsi quando la cosa è apparsa) di come funzionano le cose nel mondo digitale: **Netflix** ha deciso di cancellare tutti i film in cui appare l'attore **Johnny Deep**[2126]: "La scelta è stata presa in seguito all'esito della causa dell'attore contro il The Sun, dopo la quale anche la Warner Bros ha chiesto al divo di lasciare il set di Animali Fantastici 3".

## 29 dicembre 2020

Si parla di una cosa strana: "servizio civile digitale"[2127].

Dopo anni di letargo, la massa dei cittadini italiani viene investita da una serie di "novità tecnologiche" diffuse massivamente. Novità che in realtà tali non sono, hanno vivacchiato da qualche anno negli anfratti del mondo tecnologico, spesso con dubbio successo o efficacia. Tra queste, la "firma digitale"[2128], lo SPID, carta di credito e pagamenti digitali, la PEC ecc_. Sperimentazioni spesso solo italiane, faticose in un Paese tecnologicamente di mediocre livello, che diventano all'improvviso imposizione amministrativa o forza di cose. L'Italia è un esperimento sociologico interessante.

## 31 dicembre 2020

Si dà il triste annunzio della morte di **Adobe Flash Player**[2129]. "Flash non ci mancherà: Il famoso programma per le animazioni e la grafica online appena dismesso ha reso internet creativo, interessante, pacchiano e insicuro"[2130].

Dall'1 gennaio 2021 niente più **antenne radio FM** negli smartphone[2131].

# Fonti e sigle

## "La" Fonte, da cui tutto è partito

Tutto è cominciato ai primi di novembre 2015. M'era venuto in mente di fare un capitoletto di aggiornamento all'ebook appena uscito "Il prima e nel mentre / di Victor Kusak" (ZeroBook, 2015). Avevo pensato che aggiungervi una piccola breve cronologia del web non sarebbe stato male: 2-3 paginette niente di più, a caratteri piccoli. Ho cercato risorse sul Web, e mi sono imbattuto ne La Fonte, almeno quella che sarebbe stata la fonte principale per questa indegna cronologia. Stringata ma solidissima, e con il vizio della precisione, ma che purtroppo si fermava al 2005. Ehi, cos'era successo "dopo", che storia abbiamo vissuto? Ho cominciato a accumulare dati e informazioni. Ne è uscita questa cosa che è "Il cronoWeb".

http://www.attivissimo.net/timeline/internet_cronologia.htm    (http://www.attivissimo.net)    di    (Paolo Attivissimo, topone@pobox.com) aggiornato fino al 2004. Dopo, abbiamo cercato sul web (fonte: Wikipedia per singole voci, e alcuni giornali online che hanno anche un archivio).

Tutte le nostre intromissioni rispetto al testo di Attivissimo sono, in questa versione, in arial nero. Il testo di Attivissimo ha una tonalità di grigio. In nota sono riportate le fonti puntuali.

La sigla PA (nelle Note) fa riferimento al testo di Paolo Attivissimo.


Nota di PA: La sigla di nota THN si riferisce al documento *The History of the Net* di Henry Edward Hardy (seraphim@umcc.umich.edu); la traduzione e la sintesi sono mie (e mi assumo le relative colpe). Gli estremi del documento originale sono: The History of the Net - Master's Thesis - School of Communications, Grand Valley State University, Allendale, MI 49401. È stata usata la versione 8.5 del 28 settembre 1993. Per aggiornamenti: Current copies of this work are be available via the umcc.umich.edu gopher 1.13.4 & also by anonymous ftp from umcc.umich.edu /pub/seraphim/doc/nethist8.txt. This document is also available by mailserver by sending any arbitrary email message to: hh-thesis-request@nthstone.mi.org.


# Ringraziamenti

Oltre a **Paolo Attivissimo**, ringraziamo gli amici e i lettori che abbiamo incontrato nella stesura della prima edizione del testo. A loro la segnalazione della montagna di refusi che ho introdotto, rendendo instabile un testo originario (quello di PA) che invece era solidissimo e ultra-controllato. Thanks a Maurizio Codogno (.mau.), Shining e Asbesto, Massimo Stefano Russo, Davide Pappalardo, Sergio Bellucci, Pina La Villa "che trova diamanti anche nella notte più buia". Un ringraziamento particolare va a **Sebastiano Cava** che ha aiutato a rendere più comprensibile la nuova introduzione in endecasillabi che accompagna dalla terza edizione il CronoWeb.


# I siti principali che sono stati utili

Citiamo qui le principali risorse web (che seguiamo sempre, ma che ancora una volta ci sono state utili per questo lavoro in particolare):

- Wikipedia Italia (https://it.wikipedia.org/) e Wikipedia inglese (https://en.wikipedia.org/), ampiamente saccheggiati.

- Punto Informatico (http://punto-informatico.it/)

- ZeusNews (http://www.zeusnews.it/)
- Il Post (http://www.ilpost.it/) che per ragioni di giovane età non ha notizie anteriori al 2010

# Bibliografia

Fino alla terza edizione 2017 non avevamo inserito una bibliografia, preferendo lasciare i lettori all'uso dei link a fonti web. Dalla quarta edizione aggiungiamo un elenco bibliografico che riguarda solo i libri (cartacei) che abbiamo letto sull'argomento e che possono servire da indicazione anche per i lettori. Non sono presenti le opere che abbiamo letto in formato elettronico.

## Sul mondo dei computer

- Passaggi dalla vita di uno scienziato : Autobiografia dell'inventore del computer / Charles Babbage ; introduzione di Vittorio Marchis ; a cura di Andrea Villa. - Torino : UTET, 2007. - XIII, 414 p., [II], br. ; 23 cm. - (Frontiere). - Tit.orig.: Passages from the life of a philosopher. - ISBN 978-88-02-07715-4.

- Cibernetica e apprendimento : la ricerca sperimentale in pedagogia / Leonardo Trisciuzzi. - Teramo : Lisciani & Zambetti, 1978. - 212 p., br. ; 20,5 cm. - (Educazione nuova / collana diretta da Giuseppe Lisciani ; 7).

- Web design / Silvia Burigana, Simona De Robertis. - Milano : Tecniche Nuove, 2002. - VI, 124 p., br. ; 22,7 cm. - (Web pro). - ISBN 88-481-1446-6.

- L'uomo che sapeva troppo : Alan Turing e l'invenzione del computer / David Leavitt ; traduzione di Carolina Sargian. - Roma-Torino : Le Scienze-Codice edizione, 2016. - 247 p., [I], br. ; 20 cm. - (La biblioteca delle scienze). - Tit.orig.: The man who knew too much: Alan Turing and the invention of the computer.

- Web writing / Max Giovagnoli, Amelia Venegoni. - Milano : Tecniche nuove, 2003. - VI, 124 p., br. ; 22,8 cm. - ISBN 88-481-1445-8.

- Storia del videogioco : Dagli anni Cinquanta a oggi / Marco Accordi Rickards. - Roma : Carocci, 2014. - 167 p., [I], br. ; 21,2 cm. - (Quality paperbacks ; 442). - ISBN 978-88-430-7416-7.

- Programmare Microsoft Visual Basic 2005 : il linguaggio e il framework / Francesco Balena ; traduzione Natale Fino. - Milano : Mondadori Informatica, 2006. - XXVIII, 996 p., br. ; 24 cm. - Tit.orig.: Programming Microsoft Visual Basic 2005: The language.

- Digital retro / Gordon Laing. - Milano : Arnoldo Mondadori, 2004. - 192 p., [II], ril. ; 26,4 cm. - (Mondadori informatica). - Tit.orig.: Digital retro. - ISBN 88-04-53642-X.

- CSS pocket reference / Eric A. Meyer ; traduzione di Lucio Bragagnolo e Marco Ghezzi. - Milano : Hops libri, 2001. - 100 p., br. ; 18 cm. - Tit.orig: CSS pocket reference. - ISBN 88-8378-028-0.

- Storia dell'informatica : dai primi computer digitali all'era di Internet / Paul E. Ceruzzi ; traduzione di Michele Pacifico. - Milano : Apogeo, 2006. - VIII, 472 p., br. ; 21 cm. - (Apogeo saggi). - Tit.orig.: A history of modern computing. - ISBN 88-503-2208-9.

- Il logico e l'ingegnere : L'alba dell'era digitale / Paul Nahin ; traduzione di Ciro Castiello. - Roma : Le Scienze, 2015. - XII, 270 p., [VI], br. ; 20 cm. - (La biblioteca de Le Scienze). - Tit.orig.: The logician and the engineer: how George Boole and  Shannon created the Information Age.

- Ventura / Patrizio Sanasi. - Milano : Jackson, 1988. - 124 p., fogli a spirale ; 21 cm. - (Reference guide).

- Il manuale di Windows / Nancy Andrews. - Milano : Gruppo editoriale Jackson, [1989?]. - 358 p., br. ; 23 cm. - ISBN 88-7056-361-8. - Tit.orig.: Windows.

- Lingo : applicazioni avanzate / Tab Julius ; traduzione di Annamaria Pietrobono. - Milano : Jackson Libri, 1996. - XX, 292 p., br. ; 23,8 cm. - Tit.orig.: Lingo! - ISBN 88-256-1126-9.

- Sistemi per l'elaborazione automatica dei dati, vol. 1 / a cura di Antonio Giovannoni e Simonetta Pasqui. - Città di Castello : Marcon, 1989. - 294 p., br. ; 28,8 cm. - (Informatica pratica : corso di formazione professionale edito dalla Marcon / coordinato da A. Giovannoni).

- Wordstar 4.0 / Mario Boni. - Milano : Jackson, 1989. - 96 p., fogli a spirale ; 21 cm. - (Reference guide). - Tit.orig.: Wordstar instant reference.

- La grande guida JAVA / Alexander Newman, Jerry Ablan, Lee Brintle, Simeon Greene, Mary Pietrowitz, Michael Afergan, Joe Carpenter, Suresh K. Jois, Mark Waks, Scott Williams, Amber Benson, Luke Cassidy-Dorion, Ira Krakow, Gregory A. Walsh, Mark Wutka, Eric Blossom, Jay Cross, Kevin M. Krom, Joseph L. Weber. - Milano : Futura, 1997. - XXX, 660 p., br. ; 26 cm. - (Jackson Libri). - ISBN 88-256-1162-5.

- MacWorld : creating cool web pages with Html / by Dave Taylor. - Foster City : IDG Bookks

Worldwide Inc., 1995. - 46 p., opusc. ; 16 cm.

- Dr. Halo III. - Hong Kong : Media cybernetics inc., 1989. - [numerazione pagine in unities], br. ; 21,5 cm.

- Calcolatori elettronici / a cura di Bruno Fadini, Carlo Savy.
  : volume I : Principi di funzionamento e programmazione / Bruno Fadini, Carlo Savy. - Napoli : Istituto editoriale del Mezzogiorno, 1971 ; seconda edizione. - 256 p., [II], ril. ; 24,8 cm.
  : volume II : Logica e costituzione / Bruno Fadini. - Napoli : Istituto editoriale del Mezzogiorno, 1970. - 433 p., [V], ril. ; 24,8 cm.

- Guida alle applicazioni Windows : primavera/estate 1994. - Cinisello Balsamo : JCE, 1994. - 342 p., br., foto a colori ; 27,5 cm.

- Fun sport : la guida pratica allo sport su Internet. - Cosenza : Edizioni Master, 1999. - 68 p., opuscolo ; 14,2 cm. - (La guida pocket ad Internet ; 1).

- CD ROM : memorie ottiche nell'editoria elettronica / a cura di Suzanne Ropiequet, con John Einberger e Bill Zoellick ; traduzione di Franco Nelli. - Milano : Arnoldo Mondadori, 1988. - (Collana Microsoft). - ISBN 88-04-31139-8. - Tit.orig.: CD ROM: optical publishing, volume two. A practical approach to developing CD ROM application.

- Programmare in FRED con Framework II e III / M. Guerriero, H. Zampariolo. - Milano : McGraw-Hill Italia, 1989. - 418 p., br. ; 24 cm. - ISBN 88-386-0146-1.

- Pagemaker 5 : dal video alla stampa / Fabio Bernareggi. – Milano : Jackson Libri, 1993. – XVI, 258 p., br. ; 24 cm. – ISBN 88-256-0458-0.

- Word 4 : guida all'uso professionale / Bryan Pfaffenberger, Steve Lambert ; traduzione di Carmelo Giarratana. - Milano : Jackson, 1989. - XII, 438 p., br. ; 24 cm. - Tit.orig.: Microsoft Word tips, tricks and traps.

- Assembler 8086 e 8088 / Robert Erskine ; traduzione di Francesco Romeo. - Milano : Jackson, 1986. - 96 p., br. ; 16,5 cm. - Tit.orig.: Pocket guide Assembly language for the 8086 and 8088. - (Le guide di Bit; 6).

- Gestire con efficienza : modelli e strumenti operativi e decisionali per elaborazioni con 1-2-3 e Symphony / Felice Aloi. - Milano : Arnoldo Mondadori / Mondadori informatica, 1990. - 322 p., br. ; 24 cm. - ISBN 88-7131-030-6.

- PaintShow plus 2.2 : guida all'uso. - [senza luogo né responsabile editore], 1989. - X, 172 p., br. ; 22,3 cm.

- HTML : creare pagine WWW con stile / Roberto Boschin. - Milano : Apogeo, 1995. - VIII, 250 p., br. ; 24 cm. - ISBN 88-7303-132-3.

- Sistemi operativi e data base / Roberto Visconti. - Bologna : Calderini, 1989. - 146 p., br. ; 20,8 cm. - (Quaderni di informatica). - ISBN 88-7019-377-2.

- Scrivere con il computer : Istruzioni per l'uso del personal computer destinate a scrittori, giornalisti, insegnanti, studenti, traduttori e liberi professionisti / Claudio Pozzoli. - Milano : Arnoldo Mondadori, 1984 ; prima edizione. - 226 p., [VI], br. ; 20,5 cm. - (Comefare).

- Microsoft Pageview : programma di anteprima di stampa ed integrazione grafica versione 1 : per personal computer IBM, Olivetti e compatibili, e per la famiglia Personal System/2 IBM. - [Irlanda] : Microsoft corporation, 1988. - [s.p.], ril. Spirale ; 25,5 cm.

- Il manuale HTML / Laura Lemay. - Milano : MacGraw-Hill libri, 1995. - XVI, 361 p., br. ; 24 cm. - (Microcalcolatori). - Tit.orig.: Teach yourself Web publishing with HTML in a week. - ISBN 88-386-0353-7.

- Usare subito Lingo : Il linguaggio di Macromedia Director / John JT Thompson, Sam Gottlieb. - Milano : Jackson Libri, 1996. - X, 296 p., br. ; 23,8 cm. - Tit.orig.: Macromedia Director Lingo Workshop. - ISBN 88-256-0900-0.

- Catchword intelligent character recognition : user's guide. - [senza luogo] : Logitech, 1990. - VIII, 144 p., br. ; 22,5 cm.

- L'informatica a domicilio / Mauro Langfelder. - Milano : Feltrinelli, 1983. - 170 p., br. ; 19,3 cm. - (Guide e manuali).

- Il computer da scrivere / Umberto Eco. - Milano : Editoriale L'Espresso, [1988?]. - 66 p., opuscolo ; 15 cm.

- Il calcolatore elettronico : storia, caratteristiche, applicazioni / Sergio Rossi ; presentazione Sergio De Vio. - Milano : ETAS Kompass, 1967. - XII, 301 p., [III], br. ; 21 cm. - (Istruzione permanente ; 1).

- Visual C# 2008 spiegato a mia nonna : volume 1 / Mario De Ghetto. - Milano : edizioni FAG, 2010. - 288 p., [II], br. ; 18,7 cm. - (Pro digital life style).

- Perl / Stefano Rodighiero. - Milano : Apogeo, 2008. - XII, 204 p., [8], br. ; 19 cm. - ISBN 978-88-503-2778-2.

- Microsoft Windows : guida all'utilizzo : ambiente grafico per il sistema operativo MS-DOS o PC-DOS : versione 3. - [Ireland] : Microsoft corporation, 1990. - [senza numerazione pagine], br. ; 22,5 cm.

- Web 2.0 Ajax : creare siti di nuova generazione / Luciano Noel Castro. - Cernusco sul Naviglio : Sprea, 2007. - 230 p., br. ; 21 cm. - (Guide pratiche di Computer Magazine, anno IV n. 25/2008).

- SQL Server : aspetti avanzati / di Vito Vessia. - Milano : Edizioni Master, 2007. - 149 p., (13), br. ; 18,5 cm.

- Usare il personal senza fatica / Dan Gookin ; traduzione di Laura Gaggini. – Milano : McGraw-Hill Libri Italia, 1996 ; 3° ediz. – VIII, 330 p., br. ; 24 cm. - ISBN 88-386-0391-X. – Tit.orig.: PCs for dummies.

- Dreamweaver 8: sviluppo di siti web – versione italiana : Dreamweaver 8: website development – italian version. - San Francisco : Macromedia, 2005. - [numerazione con unità didattiche], spirali ; 30 cm.

- Burocrazia mezze maniche e computer / Enrico Zampetti, Gianemilio Ipsevich ; prefazione di Giulio Andreotti. - Milano : Pan editrice, 1972. - 226 p., br. ; 18,5 cm. - (Il timone : collana di divulgazione ; 14).

- Digerati / John Brockman ; traduzione di Luca Piercecchi. - Milano : Garzanti, 1997. - 338 p., br. ; 21 cm. - Tit.orig.: Digerati: encounters with the Cyber Elite. - ISBN 88-11-59283-6.

- Smiley : le faccine di Internet / Gianmario Massari. - Viterbo : Stampa alternativa, 1996. - 32 p., opuscolo ; 14,4 cm. - (Millelire). - ISBN 88-7226-275-5.

- Sicurezza informatica a 360° : volume II : Internet nell'era degli hacker e dei cracker: il manuale che vi spiega come difendervi / di Chiara Santoianni. - Milano : Edizioni Master, 2003. - 100 p., br. ; 21 cm. - (I 5 euro). - ISBN 88-8301-069-8.

- Mp3 / Vincenzo Landi. - Milano : Tecniche nuove, 2000. - X, 184 p., br. ; 19 cm. - (Imparare in 6 ore). - ISBN 88-481-1234-X.

- MySQL : mettersi in tasca il database Open Source / Saverio Rubino. - Milano : Apogeo, 2008 ; 2° edizione. - VIII, 234 p., br. ; 19 cm. - (Pocket). - ISBN 978-88-503-2485-9.

- Aut aut 289-290 gennaio-aprile 1999: Gettare la rete. Parole e realtà nell'epoca di Internet. - Firenze : La Nuova Italia, 1999. - 226 p., br. ; 22,3 cm.

- Guida alle tecniche di ricerca su Internet : tutti i segreti per trovare in un attimo quello che stai cercando sul web. Guida alla ricerca di lavoro con Internet : metti il web al servizio della tua carriera. - Milano : Altavista, 2000 ; Milano : Jobs & Adverts, 2000. - 55 p. + 25 p., br. ; 19,8 cm.

- Java e database / di Federico Paparoni. - Milano : Edizioni Master, 2008. - 151 p., [11], br. ; 19 cm.

- C # : mettersi in tasca il linguaggio principe di .Net / Enrico Amedeo, Giuseppe Marchi. - Milano : Apogeo, 2008. - XII, 228 p., [2], br. ; 19 cm. - (Pocket Apogeo). - ISBN 88-503-2391-3.

- Ajax per applicazioni web / Andrea Romagnoli, Pasquale Salerno, Andrea Guidi. - Milano : Apogeo, 2009. - XII, 148 p., br. ; 18,8 cm. - ISBN 978-88-503-2547-4.

- I cibernetici : un gruppo e un'idea / Steve J. Heims ; traduzione di Gian Marco Fidora. - Roma : Editori Riuniti, 1994. - XII, 392 p., ril. ; 22 cm. - (I grandi). - Tit.orig.: The Cybernetics Group. - ISBN 88-359-3835-X.

- Microsoft Visual Web Developer 2005 Express Edition : crea le tue pagine web / Jim Buyens. - Milano : Arnoldo Mondadori, 2006. - XII, 236 p., br. ; 21 cm. - Tit.orig.: Build a web site now! Microsoft visual web developer 2005 express edition.

- Galateo per Internet / Thomas Mandel e Gerard Van der Leun ; traduzione Pier Paolo Rinaldi. - Milano : Rcs Libri, 1998. - 282 p., br. ; 19,3 cm. - (Saggi Tascabili Bompiani ; 104). - ISBN 88-452-3558-0. - Tit.orig.: Rules of the net.

- The imitation game : L'enigma di Alan Turing / Ottaviani & Purvis. - Milano : Le Scienze, 2017. - 239 p., [I], br. ; 22,5 cm. - (I grandi della scienza a fumetti ; 2).

- L'automazione dell'intelligenza nel mondo dei cervelli elettronici / Emilio Gagliardo. - Bologna : Zanichelli, 1980. - 145 p., [III], br. ; 21 cm. - (Collana di matematica ; CM 2).

## Su Internet, web ecc.

Ajax per applicazioni web / Andrea Romagnoli, Pasquale Salerno, Andrea Guidi. - Milano : Apogeo, 2009. - XII, 148 p., br. ; 18,8 cm. - ISBN 978-88-503-2547-4.

Il capitalismo della sorveglianza : Il futuro dell'umanità nell'era dei nuovi poteri / Shoshana Zuboff ; traduzione di Paolo Bassotti. - 1 ed. - Roma : LUISS University press, 2019. - 622 p., [6] : br. ; 21,4 cm. - (Pensiero libero). - Tit.orig.: The age of surveillance capitalism. The fight for a human future at the new frontier of power. - ISBN 978-88-6105-409-7.

Come finisce il libro : contro la falsa democrazia dell'editoria digitale / Alessandro Gazoia (Jumpinshark). - Roma : Minimum fax, 2014 ; prima edizione. - 207 p., [XVII], br. ; 19 cm. - (Indi ; 33). - ISBN 978-88-7521-576-7.

Commenti memorabili / Fabrizio Biasibetti. - 2 rist. - Eboli : Edizioni NPE - Solone, 2015. - 125 p., [3] : br. ; 14 cm. - (Social ; 1). - ISBN 978-88-88893-81-5.

CSS pocket reference / Eric A. Meyer ; traduzione di Lucio Bragagnolo e Marco Ghezzi. - Milano : Hops libri, 2001. - 100 p., br. ; 18 cm. - Tit.orig: CSS pocket reference. - ISBN 88-8378-028-0.

Cyberinterazioni : creatività giovanile e nuove tecnologie di comunicazione / a cura di Piermario Ciani ; introduzione di Francesco Piani. - Udine : Arti grafiche friulane, 2000. - 98 p., br. ; 21 cm.

Democrazia ibrida / Ilvo Damiani. - Roma-Bari : Laterza. Gruppo Editoriale L'Espresso, 2014. - 137 p., [I], br. ; 20 cm. - (iLibra ; 8).

Digitalic : tecnologia, business, innovazione, design : mensile : 02/2020 n. 92 : Trasformazione. - Monza : Mmedia, 2020. - 82 p. : br. ; 28 cm.

Digitalic : tecnologia, business, innovazione, design : mensile : 12/2019 n. 90 : Artificial intelligence per il business. - Monza : Mmedia, 2019. - 82 p. : br. ; 28 cm.

Digitalic : tecnologie informatiche, business, innovazione, design : 02/2018 n.70. - Monza : Mmedia, 2018. - 82 p., br. ; 28 cm.

Digitalic : tecnologie informatiche, business, innovazione, design : 02/2019 n.81 : Digital Transformation. - Monza : Mmedia, 2019. - 82 p., br. ; 28 cm.

Digitalic : tecnologie informatiche, business, innovazione, design : 07/2018 n.75, - Monza : Mmedia, 2018. - 82 cm., br. ; 28 cm.

Digitalic : tecnologie informatiche, business, innovazione, design : 11/2018 n.78 : Intelligenza collaborativa. - Monza : Mmedia, 2018. - 82 cm., br. ; 28 cm.

Il dono al tempo di Internet / Marco Aime, Anna Cossetta. - Torino : Einaudi, 2010. - 124 p., VIII], br. ; 18 cm. - (Vele ; 52). - ISBN 978-88-06-20130-2.

Dreamweaver 8: sviluppo di siti web – versione italiana : Dreamweaver 8: website development – italian version. - San Francisco : Macromedia, 2005. - [numerazione con unità didattiche], spirali ; 30 cm.

The game / Alessandro Baricco ; cartografia e design; 100km studio Luigi Ferrauto e Andrea Novali. - Roma, GEDI gruppo editoriale, 2019. - 326 p., [4] : br. ; 20 cm. - (La Repubblica).

La grande guida JAVA / Alexander Newman, Jerry Ablan, Lee Brintle, Simeon Greene, Mary Pietrowitz, Michael Afergan, Joe Carpenter, Suresh K. Jois, Mark Waks, Scott Williams, Amber Benson, Luke Cassidy-Dorion, Ira Krakow, Gregory A. Walsh, Mark Wutka, Eric Blossom, Jay Cross, Kevin M. Krom, Joseph L. Weber. - Milano : Futura, 1997. - XXX, 660 p., br. ; 26 cm. - (Jackson Libri). - ISBN 88-256-1162-5.

Hacktivism : La libertà nelle maglie della rete / Arturo Di Corinto, Tommaso Tozzi. - Roma : Manifestolibri, 2002. - 302 p., [II], br. ; 21 cm. - (Indagini). - ISBN 88-7285-249-8.

HTML : creare pagine WWW con stile / Roberto Boschin. - Milano : Apogeo, 1995. - VIII, 250 p., br. ; 24 cm. - ISBN 88-7303-132-3.

L'impero virtuale : colonizzazione dell'immaginario e controllo sociale / Renato Curcio. - Milano : Sensibili alle foglie, 2015. - 111 p., [I], br. ; 21 cm. - (Collana verde ; 24). - ISBN 978-88-98963-25-6.

L'informatica al femminile : Storie sconosciute di donne che hanno cambiato il mondo / Cinzia Ballesio e Giovanna Giordano ; prefazioni di Simona Ronchi Della Casa, Anna Vaccarelli. - 1 ed. - Torino : Neos edizioni, 2019. - 143 p., [1] : br. ; 23 cm. - (Storia e memorie). - ISBN 978-88-6683-12-2.

Internet news : n.11, anno VII, novembre 2001. – Milano : Tecniche nuove, 2001.- 146 p., br. ; 28,5 cm.

Liberi di crederci : informazione, internet e post-verità / Walter Quattrociocchi, Antonella Vicini. - Roma : Le Scienze, 2018. - 142 p., [II], br. ; 20 cm. - (La biblioteca delle scienze ; 40).

Il libro digitale dei morti : Memoria, lutto, eternità e oblio nell'era dei social network / Giovanni Ziccardi. - 1 ed. - Milano : DeA Planet, 2017. - 259 p., [17] : br. ; 22,8 cm. - (UTET). - ISBN 978-88-511-4452-4.

Link : la nuova scienza delle reti / Albert Lazsló Barabási ; traduzione di Benedetta Antonielli d'Oulx. - Roma : Le Scienze, 2008. - VIII, 254 p., [6], br. ; 20,5 cm. - (La biblioteca delle scienze). - Tit.orig.: Linked. The new science of networks.

Linux per il web / Giorgio Zarrelli. - Milano : Tecniche nuove, 2003. - VI, 156 p., br. ; 21 cm. - ISBN 88-481-1505-5.

MacWorld : creating cool web pages with Html / by Dave Taylor. - Foster City : IDG Bookks Worldwide Inc., 1995. - 46 p., opusc. ; 16 cm.

Il manuale HTML / Laura Lemay. - Milano : MacGraw-Hill libri, 1995. - XVI, 361 p., br. ; 24 cm. - (Microcalcolatori). - Tit.orig.: Teach yourself Web publishing with HTML in a week. - ISBN 88-386-0353-7.

Mare magnum librorum : navigare necesse est / Cristina Francese. - [Internet, bibliofilia]. - sta in (p.80): Charta : antiquariato collezionismo mercati : anno 10, n.51, marzo/aprile 2001. - Verona : Nova Charta, 2001. - 98 p., br. ; 28 cm.

Microsoft Visual Web Developer 2005 Express Edition : crea le tue pagine web / Jim Buyens. - Milano : Arnoldo Mondadori, 2006. - XII, 236 p., br. ; 21 cm. - Tit.orig.: Build a web site now! Microsoft visual web developer 2005 express edition.

Il mondo della rete : quali i diritti quali i vincoli / Stefano Rodotà. - Roma-Bari : Laterza. Gruppo Editoriale L'Espresso, 2014. - 136 p., [II], br. ; 20 cm. - (iLibra).

Nuove effemeridi : rassegna trimestrale di cultura : anno XIII, n. 51, 2000/III. - Palermo : Edizioni Guida, 2000. - 114 p., br. ; 33 cm.

Office automation : Tecnologie e modelli per il business digitale : n. 11, novembre 2019. - Milano : Soiel international, 2019. - 96 p. : br. ; 30 cm.

Office automation : Tecnologie e modelli per il business digitale : n. 12, dicembre 2019. - Milano : Soiel international, 2019. - 96 p. : br. ; 30 cm.

Ombre asimmetriche : La guerra cibernetica e i suoi protagonisti / Fabio Ghioni, Roberto Preatoni ; introduzione di Andrea Monti ; con il contributo di Bernhard Warner. - Roma : Robin edizioni, 2005. - 212 p., [IV], br. ; 19,5 cm. - (I libri saggi ; 2). - ISBN 88-7371-170-7.

Open source, software libero e altre libertà : Un'introduzione alle libertà digitali / Carlo Piana ; prefazione Roberto Di Cosmo ; postfazione Simone Aliprandi. - Milano : Ledizioni, 2018. - 155 p., [5] : 20 cm. - ISBN 978-88-67057-66-5.

Per un pugno di like / soggetto, sceneggiatura e disegni Riccardo Torti ; colorazione Enrico Rollo ; lettering Marina Sanfelice. - pp. 35-66.

Per un socialismo digitale / Evgenij Morozov, pp. 154-162

Pinocchio in emojitaliano / di Francesca Chiusaroli, Johanna Monti, Federico Sangati ; con il testo a fronte dell'originale di Carlo Collodi : La storia di un burattino. - Sesto Fiorentino : Apice libri, 2017. - 183 p., [I], br. ; 21 cm. - (Marginalia ; 6). - ISBN 978-88-99176-44-0.

I ragazzi sono in giro / Sergio Failla. - Catania : Girodivite, 2006 ; 1° edizione. - 74 p., br. ; 29,5 cm. - (Girodivite ; 1).

Rete padrona : Amazon, Apple, Google & co. Il volto oscuro della rivoluzione digitale / Federico Rampini. - Milano : Feltrinelli, 2015. - 278 p., [VI], br. ; 20 cm. - (Universale economica Feltrinelli. Saggi ; 8718). - ISBN 978-88-07-88718-5.

La rivincita delle nerd : storie di donne, computer e sfida agli stereotipi / Mariacristina Sciannamblo ; con un racconto di Enrico Gandolfi ; prefazione di Assunta Viteritti. - Udine-Milano : Mimesis, 2017. - 151 p., [VII], br. ; 21 cm. - (Eterotopie / collana diretta da Salvo Vaccaro e Pierre Della Vigna ; 444). - ISBN 978-88-5754-410-6.

Sicurezza informatica a 360° : volume II : Internet nell'era degli hacker e dei cracker: il manuale che vi spiega come difendervi / di Chiara Santoianni. - Milano : Edizioni Master, 2003. - 100 p., br. ; 21 cm. - (I 5 euro). - ISBN 88-8301-069-8.

Silicon Valley: I signori del silicio / Evgeny Morozov ; traduzione Fabio Giusti ; prefazione di Teresa Albanese. - Roma : Le Scienze. Torino : Codice edizione, 2018. - 159 p., [I], br. - 20 cm. - (La Biblioteca delle scienze ; 43).

Smiley : le faccine di Internet / Gianmario Massari ; copertina, progetto grafico, videoimpaginazione Irene Gentile, Luca Emanuele Conti. - Viterbo : Stampa alternativa, 1996. - 30 p., [2] : opuscolo ; 14,3 cm. - (Millelire). - ISBN 88-7226-275-5.

I social network : Nuovi sistemi di sorveglianza e controllo sociale / Giuliana Sorci. - Palermo : Edizioni La Zisa, 2015. - 142 p., [II], br. ; 21 cm. - (Accademia). - ISBN 978-88-9911-316-2.

Storia dell'informatica : dai primi computer digitali all'era di Internet / Paul E. Ceruzzi ; traduzione di Michele Pacifico. - Milano : Apogeo, 2006. - VIII, 472 p., br. ; 21 cm. - (Apogeo saggi). - Tit.orig.: A history of modern computing. - ISBN 88-503-2208-9.

Teorie e pratiche del Web / Andrea Miconi. - Bologna : Il Mulino, 2019. - 163 p., [5] : br. ; 21,4 cm. - (Itinerari. Sociologia). - ISBN 978-88-15-27895-1.

Usabilità dei siti web / Michele Visciola. - Milano : Apogeo, 2000. - 170 p., fotocopie ; 21 cm. - ISBN 88-7303-687-2.

Videoclip : storia del video musicale dal primo film sonoro all'ero di YouTube / Linda Berton. - Milano : Arnoldo Mondadori, 2007. - 336 p., [2], br. - ISBN 978-88-04-5781-7.

La vista da qui : appunti per un'internet italiana / Massimo Mantellini. - Roma : Minimum Fax, 2014. - 140 p., [IV], br. ; 19 cm. - (Indi ; 34). - ISBN 978-88-7521-596-5.

Web design / Silvia Burigana, Simona De Robertis. - Milano : Tecniche Nuove, 2002. - VI, 124 p., br. ; 22,7 cm. - (Web pro). - ISBN 88-481-1446-6.

Web design : The evolution of the digital world 1990-Today / Rob Ford ; ed. Julius Wiedemann ; foreword by Lars Bastholm. - Köln : Taschen, 2019. - 639 p., [3] : ril. ; 26,5 cm. - ISBN 978-3-8365-7267-5.

Web writing / Max Giovagnoli, Amelia Venegoni. - Milano : Tecniche nuove, 2003. - VI, 124 p., br. ; 22,8 cm. - ISBN 88-481-1445-8.

# Indice delle illustrazioni

La quasi totalità delle illustrazioni sono prese da Wikipedia. I loghi presenti sono di proprietà delle singole aziende. Alcune poche illustrazioni provengono direttamente dalle pagine pubbliche dei rispettivi autori. Le illustrazioni di copertina e all'inizio dei capitoli maggiori provengono da https://pixabay.com/.

# Nota di edizione

## Questo libro

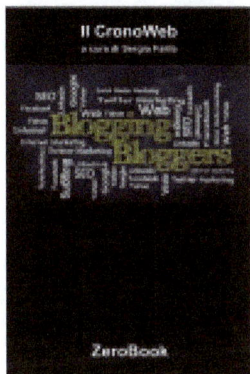

La nascita del Web, l'evoluzione della Rete dalle origini ai nostri giorni. Una cronologia nata per festeggiare i primi 25 anni del Web, illustrata e aggiornata al 2020 (per il trentennale e oltre). I mille volti di una tecnologia che è entrata nelle abitudini e nella vita comune di buona parte dell'umanità. La cronologia del Web iniziata da Paolo Attivissimo e proseguita fino ai nostri giorni dall'indegno Sergio Failla.

## Il curatore

**Sergio Failla** è nato a Roma nel 1962, si è occupato di storia, informatica e letteratura. È stato tra i fondatori del collettivo Girodivite. Lavora presso un ISP siciliano, come sviluppatore e progettista. Ha pubblicato per ZeroBook: *I ragazzi sono in Giro* (2006), *I ragni di Praha* (2006), *L'isola che naviga: storia del web in Sicilia* (2007), *Webology: l'antologia* (2020); le raccolte di poesie: Fragma 1978-1983 (Garzanti, 1983; nuova edizione ZeroBook 2016), *Stanze d'uomini e sole : poesie 1986-1996* (2015), *La mancanza dei frigoriferi: poesie 1996-1997* (2015). Ha curato *Il cronoWeb*, cronologia della storia del Web dalle origini ai nostri giorni (sesta edizione, 2020).

## Le edizioni ZeroBook

Le edizioni ZeroBook nascono nel 2003 a fianco delle attività di www.girodivite.it. Il claim è: "un'altra editoria è possibile". ZeroBook è una piccola casa editrice attiva soprattutto (ma non solo) nel campo dell'editoriale digitale e nella libera circolazione dei saperi e delle conoscenze.

Quanti sono interessati, possono contattarci via email: zerobook@girodivite.it

O visitare le pagine su: http://www.girodivite.it/-ZeroBook-.html

**Ultimi volumi:**

Raccolta di pensieri / di Adele Fossati (poesie)

Enne / Piero Buscemi

Permesso di soggiorno obbligato / redazione Girodivite.

La socialdemocrazia italiana fra scissioni e confluenze (1947-1998) / Ferdinando Leonzio.

Cortale, borgo di Calabria / di Pasquale Riga

Delitto a Nova Milanese : venticinque righe nelle "brevi" / Adriano Todaro

Abbiamo una Costituzione : Ideologie, partiti e coscienza

democratica costituzionale / Gaetano Sgalambro

Emma Swan e l'eredità di Adele Filò / di Simona Urso

Otello Marilli / di Ferdinando Leonzio

Autobianchi : vita e morte di una fabbrica / di Adriano Todaro

prefazione di Diego Novelli

Sei parole sui fumetti / di Ferdinando Leonzio

Sotto perlaceo cielo : mito e memoria nell'opera di Francesco Pennisi / di Luca Boggio

Accanto ad un bicchiere di vino : antologia della poesia da Li Po a Rino Gaetano / a cura di Piero Buscemi

Il cronoWeb / a cura di Sergio Failla

L'isola dei cani / di Piero Buscemi

**Saggistica:**

I Sessantotto di Sicilia / Pina La Villa, Sergio Failla (ISBN 978-88-6711-067-4)

Il Sessantotto dei giovani leoni / Sergio Failla (ISBN 978-88-6711-069-8)

Antenati: per una storia delle letterature europee: volume primo: dalle origini al Trecento / di Sandro Letta (ISBN 978-88-6711-101-5)

Antenati: per una storia delle letterature europee: volume secondo: dal Quattrocento all'Ottocento / di Sandro Letta (ISBN 978-88-6711-103-9)

Antenati: per una storia delle letterature europee: volume terzo: dal Novecento al Ventunesimo secolo / di Sandro Letta (ISBN 978-88-6711-105-3)

Il cronoWeb / a cura di Sergio Failla (ISBN 978-88-6711-097-1)

Il prima e il Mentre del Web / di Victor Kusak (ISBN 978-88-6711-098-8)

Col volto reclinato sulla sinistra / di Orazio Leotta (ISBN 978-88-6711-023-0)

Il torto del recensore / di Victor Kusak (ISBN 978-6711-051-3)

Elle come leggere / di Pina La Villa (ISBN 978-88-6711-029-2

Segnali di fumo / di Pina La Villa (ISBN 978-88-6711-035-3)

Musica rebelde / di Victor Kusak (ISBN 978-88-6711-025-4)

Il design negli anni Sessanta / di Barbara Failla

Maledetti toscani / di Sandro Letta (ISBN 978-88-6711-053-7)

Socrate al caffé / di Pina La Villa (ISBN 978-88-6711-027-8)

Le tre persone di Pier Vittorio Tondelli / di Alessandra L. Ximenes (ISBN 978-88-6711-047-6)

Del mondo come presenza / di Maria Carla Cunsolo (ISBN 978-88-6711-017-9)

Stanislavskij: il sistema della verità e della menzogna / di Barbara Failla (ISBN 978-88-6711-021-6)

Quando informazione è partecipazione? / di Lorenzo Misuraca (ISBN 978-88-6711-041-4)

L'isola che naviga: per una storia del web in Sicilia / di Sergio Failla

Lo snodo della rete / di Tano Rizza (ISBN 978-88-6711-033-9)

Comunicazioni sonore / di Tano Rizza (ISBN 978-88-6711-013-1)

Radio Alice, Bologna 1977 / di Lorenzo Misuraca (ISBN 978-88-6711-043-8)

L'intelligenza collettiva di Pierre Lévy / di Tano Rizza (ISBN 978-88-6711-031-5)

I ragazzi sono in giro / a cura di Sergio Failla (ISBN 978-88-6711-011-7)

Proverbi siciliani / a cura di Fabio Pulvirenti (ISBN 978-88-6711-015-5)

Parole rubate / redazione Girodivite-ZeroBook (ISBN 978-88-6711-109-1)

Accanto ad un bicchiere di vino : antologia della poesia da Li Po a Rino Gaetano / a cura di Piero Buscemi (ISBN 978-88-6711-107-7, 978-88-6711-108-4)

Neuroni in fuga / Adriano Todaro (ISBN 978-88-6711-111-4)

Celluloide : storie personaggi recensioni e curiosità cinematografiche / a cura di Piero Buscemi (ISBN 978-88-6711-123-7)

Sotto perlaceo cielo : mito e memoria nell'opera di Francesco Pennisi / di Luca Boggio (ISBN 978-88-6711-129-9)

Per una bibliografia sul Settantasette / Marta F. Di Stefano (ISBN 978-88-6711-131-2)

Iolanda Crimi : un libro, una storia, la Storia / di Pina La Villa (ISBN 978-88-6711-135-0)

Autobianchi : vita e morte di una fabbrica / di Adriano Todaro

prefazione di Diego Novelli (ISBN 978-88-6711-141-1)

Dizionario politico-sociale di Nova Milanese : Passato e presente / Adriano Todaro (ISBN 978-88-6711-151-0)

Abbiamo una Costituzione : Ideologie, partiti e coscienza

democratica costituzionale / Gaetano Sgalambro (ebook ISBN 978-88-6711-163-3, book ISBN 978-88-6711-164-0)

La peste di Palermo del 1575 / di Giovanni Filippo Ingrassia (ebook ISBN 978-88-6711-173-2)

Permesso di soggiorno obbligato / redazione Girodivite (ebook ISBN 978-88-6711-181-7, book ISBN 978-88-6711-182-4)


**Narrativa:**

L'isola dei cani / di Piero Buscemi (ISBN 978-88-6711-037-7)

L'anno delle tredici lune / di Sandro Letta (ISBN 978-88-6711-019-3)

Emma Swan e l'eredità di Adele Filò / di Simona Urso (ISBN 978-88-6711-153-4)

Delitto a Nova Milanese : venticinque righe nelle "brevi" / Adriano Todaro (ebook ISBN 978-88-6711-171-8, book ISBN 978-88-6711-172-5)

Enne / Piero Buscemi (eboo ISBN 978-88-6711-179-4, book ISBN 978-88-6711-180-0)


**Poesia:**

Raccolta di pensieri / di Adele Fossati (ISBN 978-88-6711-190-9)

Iridea / poesie di Alice Molino, foto di Piero Buscemi (ISBN 978-88-6711-159-6)

Il libro dei piccoli rifiuti molesti / di Victor Kusak (ISBN 978-88-6711-063-6)

L'isola ed altre catastrofi (2000-2010) di Sandro Letta (ISBN 978-88-6711-059-9)

La mancanza dei frigoriferi (1996-1997) / di Sergio Failla (ISBN 978-88-6711-057-5)

Stanze d'uomini e sole (1986-1996) / di Sergio Failla (ISBN 978-88-6711-039-1)

Fragma (1978-1983) / di Sergio Failla (ISBN 978-88-6711-093-3)

Raccolta differenziata n°5 : poesie 2016-2018 / di Victor Kusak (ISBN 978-88-6711-149-7)


## Libri fotografici:

I ragni di Praha / di Sergio Failla (ISBN 978-88-6711-049-0)

Transiti / di Victor Kusak (ISBN 978-88-6711-055-1)

Ventimetri / di Victor Kusak (ISBN 978-88-6711-095-7)

Visioni d'Europa / di Benjamin Mino, 3 volumi (ISBN 978-88-6711-143_8)

Cortale, borgo di Calabria / Pasquale Riga (ISBN 978-88-6711-175-6)


## Opere di Ferdinando Leonzio:

Una storia socialista : Lentini 1956-2000 / di Ferdinando Leonzio (ISBN 978-88-6711-125-1)

Lentini 1892-1956 : Vicende politiche / di Ferdinando Leonzio (ISBN 978-88-6711-138-1)

Segretari e leader del socialismo italiano / di Ferdinando Leonzio (ISBN 978-88-6711-113-8)

Breve storia della socialdemocrazia slovacca / di Ferdinando Leonzio (ISBN 978-88-6711-115-2)

Donne del socialismo / di Ferdinando Leonzio (ISBN 978-88-6711-117-6)

La diaspora del socialismo italiano / di Ferdinando Leonzio (ISBN 978-88-6711-119-0)

Cento gocce di vita / di Ferdinando Leonzio  (ISBN 978-88-6711-121-3)

La diaspora del comunismo italiano / di Ferdinando Leonzio (ISBN 978-88-6711-127-5)

Sei parole sui fumetti / di Ferdinando Leonzio (ISBN 978-88-6711-139-8)

Otello Marilli / di Ferdinando Leonzio (ISBN 978-88-6711-155-8)

La diaspora democristiana / di Ferdinando Leonzio (ISBN 978-88-6711-157-2)

Lentini nell'Italia repubblicana / di Ferdinando Leonzio (ebook ISBN 978-88-6711-161-9, book ISBN 978-88-6711-162-6)

Delfo Castro, il socialdemocratico / Ferdinando Leonzio (ebook ISBN 978-88-6711-169-5, book ISBN 978-88-6711-170-1)

La socialdemocrazia italiana fra scissioni e confluenze (1947-1998) / Ferdinando Leonzio (ebook ISBN 978-88-6711-177-0, book ISBN 978-88-6711-178-7)


**Parole rubate**:

Scritti per Gianni Giuffrida: La nuova gestione unitaria dell'attività ispettiva: L'Ispettorato Nazionale del Lavoro / di Cristina Giuffrida (ISBN 978-88-6711-133-6)


**WikiBooks**:

La Carta del Carnaro 1920-2020 (ISBN 978-88-6711-183-1)

Webology : le "cose" del Web / a cura di Sergio Failla (ISBN 978-88-6711-185-5)


**Cataloghi**:

ZeroBook: catalogo dei libri e delle idee 2012-...

Catalogo ZeroBook 2007

Catalogo ZeroBook 2006


**Riviste e periodici**:

Post/teca, antologia del meglio e del peggio del web italiano

ISSN 2282-2437

https://www.girodivite.it/-Post-teca-.html


Girodivite, segnali dalle città invisibili

ISSN 1970-7061

https://www.girodivite.it

https://www.girodivite.it

ZeroBook catalogo delle idee e dei libri

bimestrale

https://www.girodivite.it/-ZeroBook-free-catalogo-puoi-.html

# Indice analitico

# Note

1   PA. cfr: Manabile di Informatica, 1984
2   PA. cfr: Manabile di Informatica, 1984
3   PA. cfr: Enciclopedia Grolier; Manabile di Informatica, 1984
4   PA. cfr: Enciclopedia Grolier; il Manabile di informatica dice invece che l'anno è il 1673.
5   http://daily.wired.it/news/tech/prima-macchina-scrivere.html
6   PA. cfr: Enciclopedia Grolier
7   PA. cfr: Enciclopedia Grolier
8   http://daily.wired.it/news/tech/prima-macchina-scrivere.html
9   PA. cfr: Enciclopedia Grolier
10 PA. cfr: Enciclopedia Grolier
11 PA. cfr: Enciclopedia Grolier
12 PA. cfr: Enciclopedia Grolier
13 PA. cfr: Enciclopedia Grolier; Manabile di Informatica, 1984
14 PA. cfr: Manabile di Informatica, 1984
15 PA. cfr: www.ericsson.com
16 PA. cfr: Enciclopedia Grolier
17 PA. cfr: Enciclopedia Grolier
18 https://it.wikipedia.org/wiki/Schermo_a_tubo_catodico
19 PA. cfr: Enciclopedia Grolier; St Microelectronics;
http://www.cnn.com/2001/TECH/ptech/1...oni/index.html
20 https://it.wikipedia.org/wiki/Tubo_a_raggi_catodici
21 PA. cfr: www.ericsson.com
22 PA. cfr: Enciclopedia Grolier
23 PA. cfr: PC User's Pocket Dictionary - Second Edition, Peter Dyson, 1995
24 PA. cfr: Enciclopedia Grolier
25 https://it.wikipedia.org/wiki/Philo_Farnsworth
26 PA. cfr: PC User's Pocket Dictionary - Second Edition, Peter Dyson, 1995
27 https://it.wikipedia.org/wiki/Tubo_a_raggi_catodici
28 PA. cfr: Enciclopedia Grolier
29 PA. cfr: PC User's Pocket Dictionary - Second Edition, Peter Dyson, 1995
30  https://it.wikipedia.org/wiki/Konrad_Zuse
31  https://it.wikipedia.org/wiki/Z1_(computer)
32 PA. cfr: Enciclopedia Grolier
33 PA. cfr: PC User's Pocket Dictionary - Second Edition, Peter Dyson, 1995
34 PA. cfr: Station X, programma televisivo della BBC
35 PA. cfr: Manabile di Informatica, 1984
36 PA. cfr: Fortune, 22 novembre 1999, pag. 100
37 PA. cfr: Enciclopedia Grolier
38  https://it.wikipedia.org/wiki/Hedy_Lamarr
39 PA. cfr: Life Magazine
40 PA. cfr: Enciclopedia Grolier
41 PA. cfr: Enciclopedia Grolier
42 PA. cfr: Simpson?s Contemporary Quotations; Time, 16 aprile 1984;
    http://www.history.navy.mil/photos/i...0/h96566kc.htm ; http://catb.org/esr/jargon/html/B/bug.html
43 PA. cfr: Time, 2000
44 PA. cfr: Enciclopedia Grolier
45 https://en.wikipedia.org/wiki/Edith_Clarke
46 PA. cfr: Enciclopedia Grolier
47 PA. cfr: Enciclopedia Grolier e Cnet.com - https://it.wikipedia.org/wiki/Claude_Shannon -
    https://en.wikipedia.org/wiki/Claude_Shannon
48 PA. cfr:  http://www.pbs.org/transistor/album1.../bardeen2.html (data del primo "point-contact
    transistor")
49 PA. cfr: Manabile di Informatica, 1984

50 PA. cfr: Enciclopedia Grolier, CNN

51 PA. cfr: CNN, http://www.cnn.com/2001/TECH/industr...ary/index.html

52 A quando risale la prima musica computerizzata? A 65 anni fa / di Paolo Attivissimo, in: ZeusNews, 7 settembre 2016: http://www.zeusnews.it/n.php?c=24683

53 PA. cfr: Manabile di Informatica, 1984

54 https://it.wikipedia.org/wiki/Cabina_telefonica

55 https://it.wikipedia.org/wiki/Gettone_telefonico

56 PA. cfr: enciclopedia Grolier per la data delle elezioni; per il resto, CNN,http://www.cnn.com/2001/TECH/industr...ary/index.html

57 PA. cfr: Enciclopedia Grolier

58 PA. cfr: Enciclopedia Grolier e il programma televisivo Station X

59 https://it.wikipedia.org/wiki/CRC_102A

60 https://it.wikipedia.org/wiki/Luigi_Dadda

61 Riportato in: https://it.wikipedia.org/wiki/Luigi_Dadda, cit. da: Daniele Casalegno, Uomini e computer, Hoepli, 2010, pp. 126-127, ISBN 978-88-203-4356-9.

62 PA. cfr: Manabile di Informatica, 1984

63 http://www.museoradiotv.rai.it/

64 PA. cfr: Manabile di Informatica, 1984

65 PA. cfr: Enciclopedia Grolier

66 PA. cfr: Time, 7 dicembre 1998

67 PA. cfr: MP3 for Dummies, edizione italiana 2000, pag. 112

68 PA. cfr: Enciclopedia Grolier

69 PA. cfr: Manabile di Informatica, 1984

70 PA. cfr: PC User's Pocket Dictionary - Second Edition, Peter Dyson, 1995

71 PA. cfr: Hobbes Internet Timeline

72 PA. cfr: Fortune, 9 ottobre 2000; Hobbes Internet Timeline

73 PA. cfr: http://www.pong-story.com/intro.htm e http://news.bbc.co.uk/low/english/sc...00/1556686.stm

74 PA. cfr: Manabile di Informatica, 1984

75 PA. cfr: Enciclopedia Grolier

76 PA. cfr: Fortune, 22 novembre 1999, p. 81

77 PA. cfr: Manabile di Informatica, 1984

78 PA. cfr: Hobbes Internet Timeline

79 PA. cfr: Geocities.com (http://www.geocities.com/TimesSquare/Fortress/3798/pong.htm) e *PDP-1 Plays at Spacewar*, di D. J. Edwards e J. M. Graetz, Decuscope, vol. 1, no. 1, April, 1962, pp. 2-4; Wheels.org (http://www.wheels.org/spacewar/decuscope.html)

80 PA. cfr: Hobbes Internet Timeline. http://gatekeeper.dec.com/pub/DEC/SRC/research-reports/abstracts/src-rr-061.html

81 PA. cfr: THN. Il rapporto *"On Distributed Communications Networks"* è datato 1962 da THN ed è stato ripubblicato dalla RAND in una raccolta intitolata confusoriamente *"On Distributed Communications"* (senza *"Networks"*) nel 1964 (Rand.org) e nelle *IEEE Transactions on Communications Systems* di marzo 1964. La RAND conferma che *"His seminal work first appeared in a series of RAND studies published between 1960 and 1962 and then finally in the tome 'On Distributed Communications,' published in 1964"* (Rand.org). - http://www.attivissimo.net/timeline/paul-baran-on-distributed-comms.pdf. - http://www.rand.org/publications/RM/RM3420/index.html

82 PA. cfr: Yahoo.com, Worldsmile.com . - http://dailynews.yahoo.com/h/ap/20010413/us/deaths_564.html. - http://www.worldsmile.com/informat.htm

83 PA. cfr: Enciclopedia Grolier

84 http://www.attivissimo.net/timeline/internet_cronologia.htm

85 PA. cfr: *Manabile di Informatica*, 1984

86 PA. cfr: *Manabile di Informatica*, 1984

87 PA. cfr: *Enciclopedia Grolier; Manabile di Informatica*, 1984

88 PA. cfr: *Time*, 7 dicembre 1998; *Manabile di Informatica*, 1984

89 PA. cfr: *Fortune*, 9 ottobre 2000; Hobbes Internet Timeline; Ibiblio.org (http://www.ibiblio.org/pioneers/baran.html). - http://www.rand.org/publications/RM/baran.list.html

90 PA. cfr: Punto Informatico; Apogeonline.com . - http://punto-informatico.it/p.asp?i=38816. - http://www.apogeonline.com/webzine/2002/01/28/06/200201280601

91 http://www.intel.com/research/silicon/moorespaper.pdf

92 PA. cfr: *Time*, 2000; la datazione al 1965 è confermata da Webopedia.com e da Intel.com . - http://www.webopedia.com/TERM/M/Moores_Law.html. - http://www.intel.com/research/silicon/mooreslaw.htm. - http://www.intel.com/research/silicon/moorespaper.pdf

93 PA. cfr: Infoworld.com . - http://www.infoworld.com/articles/hn/xml/00/12/15/001215hnbtprodigy.xml?p=br&s=5

94 https://it.wikipedia.org/wiki/Schermo_a_cristalli_liquidi

95 https://it.wikipedia.org/wiki/Mary_Kenneth_Keller - https://www.avvenire.it/agora/pagine/suor-mary-kenneth

96 PA. cfr: *Manabile di Informatica*, 1984

97 PA. cfr: *Fortune*, 22 novembre 1999, p. 81

98 https://it.wikipedia.org/wiki/Star_Trek

99 PA. cfr: Hobbes Internet Timeline

100 PA. cfr: Pong-story.com . - http://www.pong-story.com/

101 PA. cfr: *Fortune*, 22 novembre 1999

102 PA. cfr: THN

103 PA. cfr: *Manabile di Informatica*, 1984

104 PA. cfr: *PC Review*, aprile 1997, p. 30; *Fortune*, dicembre 1999; Time, 2000

105 PA. cfr: CNN e Stanford.edu . - http://sloan.stanford.edu/MouseSite/1968Demo.html

106 PA. cfr: *PC User's Pocket Dictionary - Second Edition*, Peter Dyson, 1995

107 PA. cfr: Pong-story.com . - http://www.pong-story.com/intro.htm

108 PA. cfr: http://www.faqs.org/rfcs/rfc1.html

109 PA. cfr: Hobbes Internet Timeline. - http://www.computerhistory.org/exhibits/internet_history/full_size_images/1969_4-node_map.gif

110 PA. cfr: intervista a Kleinrock, TV inglese; *Where Wizards Stay Up Late*, Hafner e Lyon, pag. 153; secondo la *Hobbes Internet Timeline*, la data del crash alla lettera G è il 29 ottobre 1969

111 PA. cfr: Max, 2001

112 PA. cfr: *Manabile di Informatica*, 1984

113 PA. cfr: *Hobbes Internet Timeline*

114 PA. cfr: *Hobbes Internet Timeline*

115 PA. cfr: *PC User's Pocket Dictionary - Second Edition*, Peter Dyson, 1995

116 PA. cfr: *Hobbes Internet Timeline*

117 PA. cfr: *Manabile di Informatica*, 1984

118 PA. cfr: *Manabile di Informatica*, 1984

119 PA. cfr: *Fortune*, 25 giugno 2001; la data di ottobre è indicata da *Focus* 07/2002

120 PA. cfr: *PC Review*, aprile 1997, p. 30. - Il 1971 è la data di commercializzazione del floppy da 8 pollici (20 cm). Shugart l'aveva messo a punto a partire dal 1967 (https://it.wikipedia.org/wiki/Floppy_disk). La prima azienda a incorporarlo in un personal computer fu Olivetti, aprile 1975, che lo usò nel P6060.

121 PA. cfr: Fortune, 9 ottobre 2000

122 PA. cfr: Grolier Multimedia Encyclopedia; in contrasto con altre fonti che fanno risalire l'invenzione al 1969

123 https://it.wikipedia.org/wiki/Progetto_Gutenberg

124 https://it.wikipedia.org/wiki/NASDAQ

125 PA. cfr: BBC TV; *Hobbes Internet Timeline*

126 PA. cfr: *PC User's Pocket Dictionary - Second Edition*, Peter Dyson, 1995

127 https://it.wikipedia.org/wiki/Karen_Spärck_Jones

128 PA. cfr: Grolier Multimedia Encyclopedia; *PC User's Pocket Dictionary - Second Edition,* Peter Dyson, 1995; PC Review, aprile 1997, p. 30

129 PA. cfr: Pong-story.com. - http://www.pong-story.com/intro.htm

130 PA. cfr: Pong-story.com, che cita due date diverse per questo avvenimento. - http://www.pong-story.com/

131 PA. cfr: Pong-story.com. - http://www.pong-story.com/intro.htm

132 PA. cfr: *Hobbes Internet Timeline.* - *http://www.faqs.org/rfcs/rfc318.html*

133 https://en.wikipedia.org/wiki/Smalltalk. - https://it.wikipedia.org/wiki/Smalltalk. - https://en.wikipedia.org/wiki/Adele_Goldberg_(computer_scientist)

134 PA. cfr: *Storia di Internet* a cura di Stefano Manetti; *Hobbes Internet Timeline.* - *http://www.nostalgia.itgo.com/Internet/Internet.html*

135 PA. cfr: Venus.it. - http://www.venus.it/cellular

136 PA. cfr: *PC Review,* aprile 1997, p. 30; *Hobbes Internet Timeline*

137 PA. cfr: *Storia di Internet* a cura di Stefano Manetti. - http://www.nostalgia.itgo.com/Internet/Internet.html

138 PA. cfr: *Hobbes Internet Timeline*

139 La storia è raccontata da Paolo Attivissimo su: http://attivissimo.blogspot.it/2017/09/lena-la-ragazza-di-playboy-piu-guardata.html

140 PA. cfr: *Hobbes Internet Timeline*

141 PA. cfr: *Storia di Internet* a cura di Stefano Manetti. - [Il link alla pagina http://www.nostalgia.itgo.com/Internet/Internet.html non è più attivo: consultato il 00251114]

142 PA. cfr: Manabile di Informatica, 1984

143 PA. cfr: *PC User's Pocket Dictionary - Second Edition,* Peter Dyson, 1995

144 PA. cfr: Ucdavis.edu. - http://arbor.ucdavis.edu/resources/internet/history.html

145 PA. cfr: PC Review, aprile 1997, p. 30; Byte.com; Grolier Multimedia Encyclopedia; *PC User's Pocket Dictionary - Second Edition,* Peter Dyson, 1995; PC Review, aprile 1997, p. 30; *Fortune,* 22 novembre 1999, p. 74

146 PA. cfr: Microsoft.com (http://www.microsoft.com/); *Time,* 7 dicembre 1998, *PC User's Pocket Dictionary - Second Edition,* Peter Dyson, 1995, e pubblicità Microsoft su *Fortune,* dicembre 1999

147 PA. cfr: Byte.com. - http://www.byte.com/

148 PA. cfr: Byte.com

149 PA. cfr: *Hobbes Internet Timeline*

150 PA. cfr: *PC User's Pocket Dictionary - Second Edition,* Peter Dyson, 1995

151 PA. cfr: Byte.com

152 PA. cfr: *Fortune,* 9 ottobre 2000; *Hobbes Internet Timeline*

153 PA. cfr: *Corriere della Sera,* 22/11/1999, p. 3; Byte.com

154 PA. cfr: Episodio citato in *"Alla sorgente del software libero",* Corriere Multimedia, 15/2/1999. - Scrive ancora PA nella sua nota: "Non mi è stato possibile reperire il testo direttamente dalla fonte originale, per cui è possibile che vi sia qualche errore: se ne scoprite, segnalatemeli. La versione pubblicata qui è quella circolante su Internet e verificata con controllo incrociato fra varie fonti. La traduzione è opera mia. - Prima che me lo chiediate, ebbene sì, all'epoca *Microsoft* si scriveva con il trattino. E riconosco che anch'io, a diciannove anni, ho detto e scritto cose anche più avventate di queste. Ma siccome ho avuto il buon gusto di non diventare fantastiliardario, nessuno me le rinfaccia. - Un'osservazione interessante, riguardo ai 40.000 dollari di tempo-macchina utilizzato, è che Bill Gates si ritirò da Harvard proprio in seguito a una disputa in cui era accusato di aver sfruttato i computer dell'università per scopi commerciali personali, come raccontato presso Boston.com. "

155 In originale:

**AN OPEN LETTER TO HOBBYISTS**

*By William Henry Gates III*

*February 3, 1976*

*To me, the most critical thing in the hobby market right now is the lack of good software courses, books and software itself. Without good software and an owner who understands programming, a hobby computer is wasted. Will quality software be written for the hobby market?*

*Almost a year ago, Paul Allen and myself, expecting the hobby market to expand, hired Monte Davidoff and developed Altair BASIC. Though the initial work took only two months, the three of us have spent most of the last year documenting, improving and adding features to BASIC. Now we have 4K, 8K, EXTENDED, ROM and DISK BASIC. The value of the computer time we have used exceeds $40,000.*

*The feedback we have gotten from the hundreds of people who say they are using BASIC has all been positive. Two surprising things are apparent, however, 1) Most of these "users" never bought BASIC (less than 10% of all Altair owners have bought BASIC), and 2) The amount of royalties we have received from sales to hobbyists makes the time spent on Altair BASIC worth less than $2 an hour.*

*Why is this? As the majority of hobbyists must be aware, most of you steal your software. Hardware must be paid for, but software is something to share. Who cares if the people who worked on it get paid?*

*Is this fair? One thing you don't do by stealing software is get back at MITS for some problem you may have had. MITS doesn't make money selling software. The royalty paid to us, the manual, the tape and the overhead make it a break-even operation. One thing you do do is prevent good software from being written. Who can afford to do professional work for nothing? What hobbyist can put 3-man years into programming, finding all bugs, documenting his product and distribute for free? The fact is, no one besides us has invested a lot of money in hobby software. We have written 6800 BASIC, and are writing 8080 APL and 6800 APL, but there is very little incentive to make this software available to hobbyists. Most directly, the thing you do is theft.*

*What about the guys who re-sell Altair BASIC, aren't they making money on hobby software? Yes, but those who have been reported to us may lose in the end. They are the ones who give hobbyists a bad name, and should be kicked out of any club meeting they show up at.*

*I would appreciate letters from any one who wants to pay up, or has a suggestion or comment. Just write to me at 1180 Alvarado SE, #114, Albuquerque, New Mexico, 87108. Nothing would please me more than being able to hire ten programmers and deluge the hobby market with good software.*

*Bill Gates*

*General Partner, Micro-Soft*

156 PA. cfr: *PC User's Pocket Dictionary - Second Edition*, Peter Dyson, 1995
157 PA. cfr: *Hobbes Internet Timeline*
158 https://it.wikipedia.org/wiki/Telematica
159 PA. cfr: *Corriere della Sera*, 20/1/01, e Eh.net (http://www.eh.net/Archives/eh.res/aug-1997/0017.html)
160 PA. cfr: Byte.com
161 PA. cfr: Byte.com
162 PA. cfr: *Manabile di Informatica*, 1984
163 PA. cfr: *Manabile di Informatica*, 1984

164 PA. cfr: *PC User's Pocket Dictionary - Second Edition,* Peter Dyson, 1995; *Manabile di Informatica,* 1984

165 PA. cfr: *Hobbes Internet Timeline*; la RFC 733 è disponibile presso Faqs.org (http://www.faqs.org/rfcs/rfc733.html)

166 PA. cfr: Templetons.com, maggio 2003 (http://www.templetons.com/brad/spam/spam25.html). - http://www.stallman.org/. - http://www.templetons.com/brad/spamreact.html#rms. -

167 PA. cfr: www.byte.com

168 PA. cfr: www.byte.com

169 PA. cfr: TV inglese

170 PA. cfr: *PC User's Pocket Dictionary - Second Edition,* Peter Dyson, 1995

171 PA. cfr: *Il modem per tutti,* Paolo Attivissimo (Apogeo), 1994, e Eff.org (http://www.eff.org/awards/2nd_pioneer_awards.announce)

172 PA. cfr: *Fortune,* 9 ottobre 2000, e Eff.org (http://www.eff.org/awards/2nd_pioneer_awards.announce)

173 PA. cfr: *PC Review,* aprile 1997, p. 30; *PC User's Pocket Dictionary - Second Edition,* Peter Dyson, 1995; www.byte.com

174 PA. cfr: *Hobbes Internet Timeline*

175 PA. cfr: *PC User's Pocket Dictionary - Second Edition,* Peter Dyson, 1995

176 PA. cfr: Manabile di Informatica, 1984

177 PA. cfr:  www.byte.com

178 PA. cfr: www.byte.com

179 PA. cfr: PC Review, aprile 1997, p. 30

180 PA. cfr: Corriere Dossier Smau, 30/10/1999, p. 5

181 PA. cfr: *Storia di Internet* a cura di Stefano Manetti (http://www.nostalgia.itgo.com/Internet/Internet.html)  [link non più raggiungibile: 00251114]

182 PA. cfr: *Storia di Internet* a cura di Stefano Manetti (http://www.nostalgia.itgo.com/Internet/Internet.html); *Hobbes Internet Timeline*

183 PA. cfr: Guinness dei Primati

184 PA. cfr: PC Review, aprile 1997, p. 30

185 PA. cfr: *Hobbes Internet Timeline*

186 PA. cfr: Museo della Scienza e della Tecnica di Milano, http://www.museoscienza.org

187 PA. cfr: Fortune, 9 ottobre 2000; Katie Hafner and Matthew Lyon, *Where Wizards Stay Up Late,* Simon & Schuster; la data esatta è indicata in *Don't Get Overly Emotional,* di Sharon Shaw, nel numero di luglio 2000 di *SmartComputing* (http://www.smartcomputing.com), e in *Hobbes Internet Timeline*

188 PA. cfr:  BBC online (http://news.bbc.co.uk/low/english/uk/newsid_1435000/1435631.stm)

189 PA. cfr:  Byte.com (http://www.byte.com/)

190 PA. cfr: Byte.com (http://www.byte.com/)

191 PA. cfr: Byte.com (http://www.byte.com/)

192 PA. cfr: PC Review, aprile 1997, p. 30

193 PA. cfr: Time, 7 dicembre 1998

194 PA. cfr: *PC User's Pocket Dictionary - Second Edition,* Peter Dyson, 1995; Byte.com (http://www.byte.com/)

195 PA. cfr: *PC User's Pocket Dictionary - Second Edition,* Peter Dyson, 1995. Vedi anche: https://it.wikipedia.org/wiki/WordPerfect - satellite Software International Inc era il nome della prima azienda fondata da Bruce Bastian e Alan Ashton, che poi la rinominarono WordPerfect Corporation. Nel giugno 1994 il software fu venduto alla Novell, che la cedette nel gennaio 1996 alla Corel Corporation.

196 PA. cfr: "*Hobbes Internet Timeline,* che parla di uno *status-message virus.* Tutte le altre fonti online si limitano a ripetere questo termine, e confesso che non so assolutamente di cosa si tratta "

197 PA. cfr: *Fortune*, 13 novembre 2000; The Register
(http://www.theregister.co.uk/content/28/29921.html); Byte.com (http://www.byte.com/)

198 PA. cfr: BBC; una smentita personale di Gates è comparsa nel *New York Review of Books*,
http://www.nybooks.com/articles/15180#n*

199 PA. cfr: www.byte.com

200 PA. cfr: *PC User's Pocket Dictionary - Second Edition*, Peter Dyson, 1995

201 PA. cfr: Corriere Dossier Smau, 30/10/1999, p. 5. - Secondo altre fonti, questo è accaduto nel 1980 e
il prodotto era Q-DOS, sempre della Seattle Computer Products. (Time, 7 dicembre 1998 )

202 PA. cfr: *Punto informatico*, http://punto-informatico.it/p.asp?i=37009

203 PA. cfr: *Hobbes Internet Timeline. - http://www.cren.net/cren/history.html*

204 PA. cfr: e-mail pubblico del 29 aprile 1995 da Scott E. Fahlman a Don E. Z'Boray, pubblicato presso
http://members.nbci.com/_XMCM/newbienet2/JumpStations/SmileyFAQ/Fahlman.html; e tutte le
fonti citate nella voce dedicata al 12 aprile 1979

205 PA (senza fonte)

206 PA. cfr: Fortune, 9 ottobre 2000

207 PA. cfr: *PC User's Pocket Dictionary - Second Edition*, Peter Dyson, 1995

208 PA. cfr: *Hobbes Internet Timeline*

209 PA. cfr: Corriere Dossier Smau, 30/10/1999, p. 5; la data di agosto è citata da Time, 7 dicembre
1998; *PC User's Pocket Dictionary - Second Edition*, Peter Dyson, 1995; Byte.com
(http://www.byte.com/); il prezzo di 1565 dollari è citato da *Time* del 13 agosto 2001; la data esatta
è indicata da *Time* del 13/8/2001 e da *Punto informatico*, http://punto-informatico.it/p.asp?i=37009

210 PA. cfr: Byte.com

211 PA. cfr: Byte.com

212 PA. cfr: Byte.com

213 PA. cfr: *Storia di Internet* a cura di Stefano Manetti
(http://www.nostalgia.itgo.com/Internet/Internet.html)

214 PA. cfr: *PC User's Pocket Dictionary - Second Edition*, Peter Dyson, 1995

215 PA. cfr: Fortune, 9 ottobre 2000;*PC User's Pocket Dictionary - Second Edition*, Peter Dyson, 1995

216 PA. cfr: What PC, novembre 1999, p. 59; Byte.com

217 PA. cfr: What PC, novembre 1999, p. 59; Byte.com

218 PA, in: http://archeoinformatica.blogspot.it/2009/01/1983.html. cfr: *Hobbes Internet Timeline*; questa
datazione è contraddetta da altre fonti, che la collocano nel 1984

219 PA, in: http://archeoinformatica.blogspot.it/2009/01/1983.html. cfr: *Hobbes Internet Timeline*

220 PA, in: http://archeoinformatica.blogspot.it/2009/01/1983.html. cfr: *Hobbes Internet Timeline*

221 PA, in: http://archeoinformatica.blogspot.it/2009/01/1983.html. cfr: Time Magazine, 18/9/2000

222 PA, in: http://archeoinformatica.blogspot.it/2009/01/1983.html. cfr: Byte.com

223 PA, in: http://archeoinformatica.blogspot.it/2009/01/1983.html. cfr: Byte.com

224 PA, in: http://archeoinformatica.blogspot.it/2009/01/1983.html. cfr: *PC User's Pocket Dictionary - Second
Edition,*Peter Dyson, 1995; www.byte.com

225 PA, in: http://archeoinformatica.blogspot.it/2009/01/1983.html. cfr: Byte.com

226 PA, in: http://archeoinformatica.blogspot.it/2009/01/1983.html. cfr: Microsoft.com, 2001

227 PA, in: http://archeoinformatica.blogspot.it/2009/01/1983.html. cfr: www.mot.com (http://www.mot.com/);
boingboing.net (http://www.boingboing.net/2009/01/26/the-motorola-museum-2.html)

228 PA, in: http://archeoinformatica.blogspot.it/2009/01/1983.html. cfr: *PC User's Pocket Dictionary - Second
Edition,*Peter Dyson, 1995

229 PA, in: http://archeoinformatica.blogspot.it/2009/01/1983.html. cfr: *PC World*
(http://www.pcworld.com/resource/printable/article/0,aid,33864,00.asp)

230 PA, in: http://archeoinformatica.blogspot.it/2009/01/1983.html. cfr: THN, *Hobbes Internet Timeline*; la data
esatta è citata da *Hobbes Internet Timeline* e Slashdot (http://slashdot.org/articles/02/12/14/2044252.shtml?
tid=95)

231 PA, in: http://archeoinformatica.blogspot.it/2009/01/1983.html. cfr: *Corriere Dossier Smau*, 30/10/1999, p. 5; *PC User's Pocket Dictionary - Second Edition, Peter Dyson, 1995*

232 PA, in: http://archeoinformatica.blogspot.it/2009/01/1983.html. cfr: Fonte: *PC User's Pocket Dictionary - Second Edition, Peter Dyson, 1995*

233 PA. cfr: *Hobbes Internet Timeline. - http://www.dns.net/dnsrd/*

234 PA. cfr: *Fortune*, 2 ottobre 2000; il testo della sentenza è disponibile presso http://www.hrrc.org/html/betamax.html

235 PA. cfr: BBC online, http://news.bbc.co.uk/low/english/uk/newsid_1435000/1435631.stm

236 PA. cfr: www.byte.com

237 PA. cfr: www.byte.com

238 PA. cfr: www.byte.com

239 PA. cfr: *Hobbes Internet Timeline*; *Storia di Internet* a cura di Stefano Manetti (http://www.nostalgia.itgo.com/Internet/Internet.html)

240 PA. cfr: *Storia di Internet* a cura di Stefano Manetti (http://www.nostalgia.itgo.com/Internet/Internet.html)

241 PA. cfr: *PC User's Pocket Dictionary - Second Edition, Peter Dyson, 1995*

242 PA. cfr: *PC User's Pocket Dictionary - Second Edition, Peter Dyson, 1995*; www.byte.com

243 PA. cfr: *PC User's Pocket Dictionary - Second Edition, Peter Dyson, 1995*

244 PA. cfr: *Hobbes Internet Timeline*; *Fortune*, 9 ottobre 2000

245 https://it.wikipedia.org/wiki/Hackers._Gli_eroi_della_rivoluzione_informatica

246 PA. cfr: *PC User's Pocket Dictionary - Second Edition, Peter Dyson, 1995*; www.byte.com

247 PA. cfr: *Storia di Internet* a cura di Stefano Manetti (http://www.nostalgia.itgo.com/Internet/Internet.html);http://arbor.ucdavis.edu/resources/internet/history.html

248 PA. cfr: DVD di *The Last Starfighter*, 2001

249 PA. cfr: Time, 15 luglio 1991, p. 66, e Time, 7 dicembre 1998; *PC User's Pocket Dictionary - Second Edition, Peter Dyson, 1995*; www.byte.com

250 PA. cfr: http://www.zdnet.com/zdnn/special/graphics/linuxtime3.html?chkpt=zdnnp1tp02

251 https://it.wikipedia.org/wiki/Tetris

252 PA. cfr: *PC User's Pocket Dictionary - Second Edition, Peter Dyson, 1995*

253 PA. cfr: *PC User's Pocket Dictionary - Second Edition, Peter Dyson, 1995*

254 PA. cfr: *Hobbes Internet Timeline. - http://www.well.com/*

255 PA. cfr: *Hobbes Internet Timeline*

256 PA. cfr: Time Magazine, 18/9/2000

257 PA. cfr: www.mot.com

258 PA. cfr: *Storia di Internet* a cura di Stefano Manetti (http://www.nostalgia.itgo.com/Internet/Internet.html)

259 PA. cfr: Findings of Fact del processo antitrust Microsoft

260 Windows, 30 anni di finestre / di Alfonso Maruccia, in: Punto-Informatico, cfr: http://punto-informatico.it/4285087/PI/News/windows-30-anni-finestre.aspx

261 https://it.wikipedia.org/wiki/Radia_Perlman – in inglese, sul STP: https://en.wikipedia.org/wiki/Spanning_Tree_Protocol

262 PA. cfr: *PC User's Pocket Dictionary - Second Edition, Peter Dyson, 1995*

263 PA. cfr: http://www.wia.org/pub/tld_history.txt

264 PA. cfr: http://www.wia.org/pub/tld_history.txt

265 PA. cfr: http://www.wia.org/pub/tld_history.txt

266 PA (no fonte)

267 PA. cfr: *PC User's Pocket Dictionary - Second Edition, Peter Dyson, 1995*

268 PA. cfr: *PC User's Pocket Dictionary - Second Edition, Peter Dyson, 1995*

269 PA. cfr: *PC User's Pocket Dictionary - Second Edition, Peter Dyson, 1995*

270 PA. cfr: *Hobbes Internet Timeline*

271 PA. cfr: http://www.academ.com/academ/nntp.html

272 PA. cfr: *Time*, 7 dicembre 1998

273 PA. cfr: *Storia di Internet* a cura di Stefano Manetti
   (http://www.nostalgia.itgo.com/Internet/Internet.html)

274 PA. cfr: *PC User's Pocket Dictionary - Second Edition*, Peter Dyson, 1995

275 PA. cfr: *Punto informatico* del 26 aprile 2000 e *Milwaukee Journal Sentinel*, 22 aprile 2000

276 PA. cfr: *Storia di Internet* a cura di Stefano Manetti
   (http://www.nostalgia.itgo.com/Internet/Internet.html) - https://it.wikipedia.org/wiki/Blasco_Bonito

277 PA. cfr: *Hobbes Internet Timeline*; *Storia di Internet* a cura di Stefano Manetti
   (http://www.nostalgia.itgo.com/Internet/Internet.html)

278 PA. cfr: *Hobbes Internet Timeline*. - *http://www.ietf.cnri.reston.va.us/home.html*

279 PA. cfr: *Hobbes Internet Timeline*

280 PA. cfr: *Hobbes Internet Timeline*

281 PA. cfr: *PC User's Pocket Dictionary - Second Edition*, Peter Dyson, 1995

282 PA. cfr: *PC User's Pocket Dictionary - Second Edition*, Peter Dyson, 1995

283 PA. cfr: *PC User's Pocket Dictionary - Second Edition*, Peter Dyson, 1995

284 PA. cfr: *PC User's Pocket Dictionary - Second Edition*, Peter Dyson, 1995

285 PA. cfr: *PC User's Pocket Dictionary - Second Edition*, Peter Dyson, 1995

286 PA. cfr: *PC User's Pocket Dictionary - Second Edition*, Peter Dyson, 1995

287 PA. cfr: *PC User's Pocket Dictionary - Second Edition*, Peter Dyson, 1995

288 PA. cfr: http://www.wia.org/pub/tld_history.txt

289 PA. cfr: *Hobbes Internet Timeline*

290 https://it.wikipedia.org/wiki/McAfee e https://it.wikipedia.org/wiki/John_McAfee

291 PA. cfr: *PC User's Pocket Dictionary - Second Edition*, Peter Dyson, 1995

292 PA. cfr: *PC User's Pocket Dictionary - Second Edition*, Peter Dyson, 1995

293 PA. cfr: sito Web di Leonardo Chiariglione, Cselt.it (http://www.cselt.it/ufv/leonardo/leonardo.htm)

294 PA. cfr: *PC User's Pocket Dictionary - Second Edition*, Peter Dyson, 1995

295 http://www.edueda.net/index.php?title=ECN_e_Isole_nella_Rete

296 PA. cfr: *Hobbes Internet Timeline*; Fortune, 9 ottobre 2000, Cnet.com e *Programmare in Linux*,
   Apogeo, p.592

297 PA. cfr: *PC User's Pocket Dictionary - Second Edition*, Peter Dyson, 1995

298 PA. cfr: *Hobbes Internet Timeline*

299 PA. cfr: *Hobbes Internet Timeline*

300 PA. cfr: www.venus.it/cellular

301 PA. cfr: *Hobbes Internet Timeline*

302 PA. cfr: *PC User's Pocket Dictionary - Second Edition*, Peter Dyson, 1995

303 PA. cfr: Fortune, 9 ottobre 2000 - http://www.zeusnews.it/n.php?c=25284 – Il documento tecnico
   propositivo ("Information Management: A Proposal") è a questo indirizzo:
   https://www.w3.org/History/1989/proposal.html

304 http://www.zeusnews.it/n.php?c=25284

305 https://it.wikipedia.org/wiki/SimCity

306 https://en.wikipedia.org/wiki/Ann_Winblad

307 https://www.morningfuture.com/it/article/2018/07/13/annwinblad-silicon-valley-venture-capitalist-investitori-
   donne-stratup/345/ - https://www.startupbusiness.it/ann-winblad-su-investimento-nel-software-unicorni-
   talenti/81839/

308 PA. cfr: *PC User's Pocket Dictionary - Second Edition*, Peter Dyson, 1995

309 PA. cfr: www.mot.com

310 https://it.wikipedia.org/wiki/GNU_General_Public_License

311 https://it.wikipedia.org/wiki/Copyleft

312 https://it.wikipedia.org/wiki/Licenze_Creative_Commons

313 PA. cfr: *PC User's Pocket Dictionary - Second Edition*, Peter Dyson, 1995

314 PA. cfr: http://cyberaddicts.net/Articles/Article3.shtml

315 PA. cfr: *PC User's Pocket Dictionary - Second Edition*, Peter Dyson, 1995

316 PA: "***da verificare*** "

317 https://en.wikipedia.org/wiki/Archie_search_engine ; https://it.wikipedia.org/wiki/Archie_(motore_di_ricerca)

318 http://www.edueda.net/index.php?title=ECN_e_Isole_nella_Rete

319 PA. cfr: www.venus.it/cellular

320 PA. cfr: Time, 7 dicembre 1998; *PC User's Pocket Dictionary - Second Edition*, Peter Dyson, 1995

321 PA. cfr: documentazione ufficiale Omnitel

322 https://en.wikipedia.org/wiki/Steve_Outtrim

323 https://en.wikipedia.org/wiki/HotDog

324 https://en.wikipedia.org/wiki/Sausage_Software

325 Beh, io stesso dopo il Notepad ho usato per un paio d'anni HotDog nelle varie versioni che man mano venivano sviluppate e diffuse.

326 https://it.wikipedia.org/wiki/Telematicus . - Vedi: http://xmau.com/storici/telem/ (Tutti i numeri di Telematicus, e una breve introduzione di .mau.).

327 PA. cfr: www.venus.it/cellular

328 PA. cfr: *MP3 for Dummies*, edizione italiana 2000, pag. 15

329 https://en.wikipedia.org/wiki/Gopher_(protocol) ; la pagina italiana di Wiki: https://it.wikipedia.org/wiki/Gopher_(informatica)

330 PA. cfr: *PC User's Pocket Dictionary - Second Edition*, Peter Dyson, 1995

331 PA. cfr: *PC User's Pocket Dictionary - Second Edition*, Peter Dyson, 1995

332 PA. cfr: *PC User's Pocket Dictionary - Second Edition*, Peter Dyson, 1995

333 PA. cfr: *PC User's Pocket Dictionary - Second Edition*, Peter Dyson, 1995

334 PA. cfr: *PC User's Pocket Dictionary - Second Edition*, Peter Dyson, 1995

335 https://it.wikipedia.org/wiki/Civilization

336 PA. cfr: *PC User's Pocket Dictionary - Second Edition*, Peter Dyson, 1995

337 PA. cfr: *PC User's Pocket Dictionary - Second Edition*, Peter Dyson, 1995

338 PA. cfr: http://www.zdnet.com/zdnn/special/graphics/linuxtime3.html?chkpt=zdnnp1tp02

339 PA. cfr: *AppuntiLinux*, sezione 1.1.4, luglio 1999

340 http://www.peacelink.it/peacelink/a/34965.html - "Il 28 ottobre 1991 fu presentata in pubblico a Taranto per la prima volta la "rete telematica per la pace". Una password fu consegnata a 22 scuole per collegarsi, e anche all'arcivescovo. Ma nessuno tentò la connessione", articolo di Alessandro Marescotti del 25 ottobre 2016, per i 25 anni di PeaceLink. - https://it.wikipedia.org/wiki/Peacelink – Il sito di PeaceLink: http://www.peacelink.it.

341 https://it.wikipedia.org/wiki/Python

342 PA. cfr: *Corriere della Sera*, 5/12/2001

343 PA. cfr: *PC User's Pocket Dictionary - Second Edition*, Peter Dyson, 1995

344 PA. cfr: *Fortune*, 2 ottobre 2000

345 PA. cfr: *PC User's Pocket Dictionary - Second Edition*, Peter Dyson, 1995

346 PA. cfr: *PC User's Pocket Dictionary - Second Edition*, Peter Dyson, 1995

347 https://en.wikipedia.org/wiki/Veronica_(search_engine) ; https://it.wikipedia.org/wiki/Veronica_(motore_di_ricerca)

348 PA. cfr: grafico Red Hat Inc.; il mese è indicato in *PC User's Pocket Dictionary - Second Edition*, Peter Dyson, 1995

349 Non è "la prima" foto messa sul web. Ma certamente una delle prime. Leggi: https://www.rivistastudio.com/la-prima-foto-mai-apparsa-sul-web/

350 PA. cfr: www.venus.it/cellular

351 http://www.europa.eu.int. - http://www.simone.it/newdiz/newdiz.php?action=view&id=811&dizionario=11. - http://bancadati.italialavoro.it/bdds/ViewScheda.action?product=DOCUMENTA&uid=4383666e-e552-4ebd-

9521-b5201772a601&title=scheda

352 PA. cfr: Fortune, 9 ottobre 2000; Slashdot (http://slashdot.org/articles/03/03/14/1534218.shtml?tid=95)

353 http://www.mrwebmaster.it/html/storia-cronologia-html_10744.html

354 PA (senza fonte)

355 PA. cfr: Corriere della Sera, 11 marzo 2003

356 PA. cfr: Fortune, 9 ottobre 2000

357 PA. cfr: Corriere della Sera, 11 marzo 2003

358 http://gandalf.it/uman/crono.htm

359 PA. cfr: *PC User's Pocket Dictionary - Second Edition*, Peter Dyson, 1995

360 PA (no fonte)

361 PA. cfr: *PC User's Pocket Dictionary - Second Edition*, Peter Dyson, 1995

362 PA. cfr: *PC User's Pocket Dictionary - Second Edition*, Peter Dyson, 1995

363 PA. cfr: *Corriere della Sera*, 21/5/2001

364 PA. cfr: grafico Red Hat Inc.; *PC User's Pocket Dictionary - Second Edition*, Peter Dyson, 1995

365 PA. cfr: http://www.zdnet.com/zdnn/special/graphics/linuxtime3.html?chkpt=zdnnp1tp02.

366 https://it.wikipedia.org/wiki/Red_Hat

367 PA. cfr: *PC User's Pocket Dictionary - Second Edition*, Peter Dyson, 1995

368 PA. cfr: *PC User's Pocket Dictionary - Second Edition*, Peter Dyson, 1995

369 PA. cfr: *PC User's Pocket Dictionary - Second Edition*, Peter Dyson, 1995

370 http://gandalf.it/uman/crono.htm

371 https://en.wikipedia.org/wiki/World_Wide_Web_Wanderer – Ho scoperto dell'esistenza di wanderer grazie a http://gandalf.it/uman/crono.htm

372 https://en.wikipedia.org/wiki/InterNIC - http://gandalf.it/uman/crono.htm

373 http://gandalf.it/uman/crono.htm

374 PA. cfr: *Business 2.0*, giugno 2000

375 PA. cfr: Corriere della Sera, 11 marzo 2003 - http://www.ilpost.it/2017/04/27/primo-banner-web/

376 PA. cfr: Time Magazine, 18/9/2000. Secondo Fortune del 9/10/2000, questo è avvenuto nel 1995

377 PA. cfr: Corriere della Sera, 11 marzo 2003

378 https://it.wikipedia.org/wiki/PHP

379 https://en.wikipedia.org/wiki/HoTMetaL

380 https://it.wikipedia.org/wiki/GeoCities

381 https://it.wikipedia.org/wiki/Excite

382 https://it.wikipedia.org/wiki/Aruba_(azienda)

383 https://it.wikipedia.org/wiki/Opera_(browser)

384 http://www.marcocalvo.it/online/note-biografiche/curriculum-sintetico/

385 https://it.wikipedia.org/wiki/Liber_Liber

386 PA. cfr: grafico Red Hat Inc.

387 PA. cfr: *PC User's Pocket Dictionary - Second Edition*, Peter Dyson, 1995

388 PA. cfr: *PC User's Pocket Dictionary - Second Edition*, Peter Dyson, 1995

389 PA. cfr: Fortune, 9 ottobre 2000

390 PA. cfr: *PC User's Pocket Dictionary - Second Edition*, Peter Dyson, 1995

391 PA. cfr: *Storia di Internet* a cura di Stefano Manetti (http://www.nostalgia.itgo.com/Internet/Internet.html)

392 PA. cfr: *PC User's Pocket Dictionary - Second Edition*, Peter Dyson, 1995

393 PA. cfr: *A Brief History of Computing* di Stephen White, http://www.ox.compsoc.net/~swhite/timeline.html

394 https://it.wikipedia.org/wiki/Yahoo!

395 PA. cfr: http://www.zdnet.com/zdnn/special/graphics/linuxtime3.html?chkpt=zdnnp1tp02 e *A Brief History of Computing* di Stephen White, http://www.ox.compsoc.net/~swhite/timeline.html

396 PA. cfr: *A Brief History of Computing* di Stephen White,
http://www.ox.compsoc.net/~swhite/timeline.html

397 PA. cfr: Fortune, 9 ottobre 2000; *Cnet News,* http://news.com.com/2008-1082-868483.html

398 "Informatica: denunciati in tutta Italia 14 'pirati'", ANSA, 18/5/94. - Ne abbiamo parlato anche nell'ebook "Il prima e nel mentre di Victor Kusak" (ZeroBook, 2015) di Sergio Failla. - Ne parla Gandalf su:
http://gandalf.it/free/1994.htm

399 https://it.wikipedia.org/wiki/Italian_Crackdown. - Si legga: Carlo Gubitosa, "Italian crackdown. BBS amatoriali, volontari telematici, censure e sequestri nell'Italia degli anni '90", (Apogeo, 1999), ISBN 978-88-7303-529-9.

400 Su Girodivite vedi: https://it.wikipedia.org/wiki/Girodivite. - E il libro (cartaceo): "I ragazzi sono in Giro" (ZeroBook, 2006) di Sergio Failla.

401 PA. cfr: *A Brief History of Computing* di Stephen White,
http://www.ox.compsoc.net/~swhite/timeline.html

402 PA. cfr: *A Brief History of Computing* di Stephen White,
http://www.ox.compsoc.net/~swhite/timeline.html

403 https://it.wikipedia.org/wiki/World_Wide_Web_Consortium

404 PA. cfr: http://www.unisys.com/unisys/lzw/ e http://cloanto.com/users/mcb/19950127giflzw.html

405 PA. cfr: Findings of Fact del processo antitrust Microsoft; *PC User's Pocket Dictionary - Second Edition,* Peter Dyson, 1995

406 https://it.wikipedia.org/wiki/PlayStation

407 PA. cfr: Findings of Fact del processo antitrust Microsoft

408 PA. cfr: *PC User's Pocket Dictionary - Second Edition,* Peter Dyson, 1995

409 PA. cfr: Corriere della Sera, 11 marzo 2003

410 PA. cfr: *PC User's Pocket Dictionary - Second Edition,* Peter Dyson, 1995

411 PA. cfr: Time Magazine, 18/9/2000

412 PA. cfr: Fortune, 9 ottobre 2000

413 PA. cfr: *Time Magazine,* 18/9/2000

414 https://it.wikipedia.org/wiki/Rete_civica

415 https://it.wikipedia.org/wiki/FreakNet

416 http://bfi.s0ftpj.org/dev/BFi13-dev-07

417 Notizia tratta da: "Messaggio del Papa solo su Internet", La Repubblica 19 novembre 2001 (http://www.repubblica.it/online/mondo/papainte/rete/rete.html)

418 https://it.wikipedia.org/wiki/Dada_(azienda)

419 PA. cfr: www.venus.it/cellular

420 PA. cfr: http://www.realnetworks.com/company/press/releases/2000/museumtv.html

421 PA. cfr: Time, 7 dicembre 1998

422 https://it.wikipedia.org/wiki/Guerra_dei_browser

423 http://www.mrwebmaster.it/html/storia-cronologia-html_10744.html

424 Questa cosa la ricorda Gandalf: http://gandalf.it/uman/crono.htm – Nella pagina wikipedia sul Manifesto la cosa non viene riportata in alcun modo (https://it.wikipedia.org/wiki/Il_manifesto).

425 PA. cfr: *Fortune,* 9 ottobre 2000; Corriere della Sera, 11 marzo 2003;
http://www.economist.com/people/displayStory.cfm?story_id=1021456

426 PA. cfr: Findings of Fact del processo antitrust Microsoft

427 PA. cfr: www.venus.it/cellular

428 http://gandalf.it/uman/crono.htm

429 Notizia tratta da: "Messaggio del Papa solo su Internet", La Repubblica 19 novembre 2001 (http://www.repubblica.it/online/mondo/papainte/rete/rete.html)

430 PA. cfr: *Corriere della Sera,* 21/5/2001

431 PA. cfr: *Wired,* http://www.wired.com/news/linux/0,1411,42209,00.html

432 PA: " ***da verificare*** "

433 http://content.time.com/time/specials/packages/article/0,28804,2023689_2023703_2023628,00.html

434 http://www.wired.com/2010/04/0414jennicam-launches/

435 http://archiviostorico.corriere.it/2001/agosto/02/Dada_compra_Clarence_co_0_0108021611.shtml?
refresh_ce-cp

436 https://it.wikipedia.org/wiki/Rotten.com

437 https://it.wikipedia.org/wiki/Internet_Archive

438 https://it.wikipedia.org/wiki/CSS

439 http://www.edueda.net/index.php?title=ECN_e_Isole_nella_Rete

440 https://en.wikipedia.org/wiki/Microsoft_FrontPage

441 PA. cfr: *Business 2.0*, giugno 2000; http://www.mahk.com/sc4952.htm

442 https://it.wikipedia.org/wiki/Punto_Informatico

443 http://www.mrwebmaster.it/news/edizioni-master-compra-punto-informatico_2240.html

444 Punto Informatico gode ancora nel 2015 di ottima salute, vi collaborano molti giornalisti ed editorialisti di
punta del web italiano (da Paolo Attivissimo a Massimo Mantellini). "Secondo i dati di gennaio 2007 di
Google Analytics, Punto Informatico è visitato mediamente ogni giorno da 90.000 utenti, ogni mese ha 1
milione e 200 mila lettori, sui suoi forum sono pubblicati ogni giorno 1.700 commenti, le sue
newslettervengono ricevute da più di 70.000 utenti, e in un mese vengono lette oltre 13 milioni di
pagine". (https://it.wikipedia.org/wiki/Punto_Informatico). Nel 2000 l'azienda Buongiorno ha denunciato
la rivista on-line Punto Informatico per diffamazione[14]. L'editore è stato condannato nel 2002 a pagare
un indennizzo di oltre 51.000 euro[15]. Nel 2010 Buongiorno è stata poi effettivamente condannata per
spam. (https://it.wikipedia.org/wiki/Punto_Informatico)

445 PA. cfr: http://www.zdnet.com/zdnn/special/graphics/linuxtime3.html?chkpt=zdnnp1tp02

446 PA. cfr: Findings of Fact del processo antitrust Microsoft

447 PA. cfr: Findings of Fact del processo antitrust Microsoft

448 https://it.wikipedia.org/wiki/Virgilio_(portale)

449 http://www.apogeonline.com/webzine/2002/06/28/02/200206280202

450 PA. cfr: www.venus.it/cellular

451 http://gandalf.it/uman/crono.htm

452 https://it.wikipedia.org/wiki/Bolla_delle_dot-com

453 https://it.wikipedia.org/wiki/Kaspersky

454 https://it.wikipedia.org/wiki/Fortunato_Di_Noto

455 https://it.wikipedia.org/wiki/ECHELON

456 I social network: nuovi sistemi di sorveglianza e controllo sociale / Giuliana Socci. - Palermo : Edizioni della
Zisa, 2015. - pp. 36 e segg.

457 PA. cfr: Fortune, 9 ottobre 2000, e *Scienza e Paranormale*, marzo-aprile 2001, p. 15

458 http://www.corriere.it/cronache/17_maggio_12/vent-anni-fa-prima-foto-inviata-il-telefono-cellulare-sophie-
neonata-810bc894-3683-11e7-94ce-afebf1f6f61a.shtml

459 https://it.wikipedia.org/wiki/Blog. Vedi anche: http://www.ilpost.it/2010/08/18/chi-ha-inventato-i-blog/

460 http://radiocybernet.org/. - Il file mp3 con l'audio della prima trasmissione:
http://freaknet.org/asbesto/cyb1.mp3

461 https://it.wikipedia.org/wiki/Netflix

462 https://it.wikipedia.org/wiki/Google. - Una cronistoria di Google è sul sito ufficiale di Google (in italiano):
https://www.google.it/intl/it/about/company/history/.

463 PA. cfr: Findings of Fact del processo antitrust Microsoft

464 PA. cfr: il Sole 24 Ore, 5 novembre 1997 . Ecco com'era negli anni precedenti:
1/1/1985: 9%
13/7/1991: 12%
1/1/1994: 13%
24/2/1995: 16%
1/10/1997: 20%

465 PA. cfr: Findings of Fact del processo antitrust Microsoft

466 PA. cfr: Corriere della Sera, 11 marzo 2003

467 http://www.mrwebmaster.it/html/storia-cronologia-html_10744.html

468 https://it.wikipedia.org/wiki/Servizio_di_rete_sociale

469 http://gandalf.it/arianna/decennio.htm

470 https://en.wikipedia.org/wiki/Adobe_Dreamweaver

471 PA. cfr: *Fortune*, 2 ottobre 2000

472 PA. cfr: Corriere Multimedia, 23/11/1998, p. 15

473 PA. cfr: Fortune, 9 ottobre 2000

474 PA. cfr: il Sole 24 Ore, 27/11/1998

475 PA. cfr: il Sole 24 Ore, 27/9/1998

476 PA. cfr: il Sole 24 Ore, 22/10/1998

477 PA. cfr: *Time Magazine*, 18/9/2000

478 https://it.wikipedia.org/wiki/SQL_injection. - https://en.wikipedia.org/wiki/SQL_injection

479 https://en.wikipedia.org/wiki/A_List_Apart - https://en.wikipedia.org/wiki/Jeffrey_Zeldman – Il sito versione statunitense: https://alistapart.com – Il sito in italiano: http://www.italianalistapart.com

480 Beh, questa è una notizia che riguarda più me... dato che ho finito per lavorare per la Siportal srl.

481 PA. cfr: Opensource.org, http://www.opensource.org/docs/history.html

482 https://it.wikipedia.org/wiki/IBS.it. - Francesco Marchetti: "Comprai con un clic un libro di Camilleri e così 18 anni fa l'Italia scoprì l'e-commerce" / intervista di Jaime D'Alessandro, in: Repubblica, 3 giugno 2016 (http://www.repubblica.it/tecnologia/social-network/2016/06/03/news/_comprai_con_un_clic_un_libro_di_camilleri_e_cosi_18_anni_fa_l_italia_scopri_l_e-commerce_-141177798/#gallery-slider=131778100). In occhiello: "Parla l'uomo che nel 1998 fece il primo acquisto su un sito italiano di e-commerce: "Sapevo che Ibs avrebbe aperto il sito. A mezzanotte avevo già pagato sul web con la mia carta di credito"". - Diciotto anni fa l'e-commerce debuttò in Italia, in: ANSA.it, 3 giugno 2016 (http://www.ansa.it/sito/notizie/cronaca/2016/06/03/diciotto-anni-fa-il-via-al-commercio-elettronico-in-italia_b5943854-1f06-4589-bc3d-1c65c947417e.html).

483 PA. cfr: CNN, http://www.cnn.com/TECH/computing/9804/20/gates.comdex/ (questo link comprende anche il video)

484 www.antenati.net

485 PA. cfr: *Findings of Fact* del processo antitrust Microsoft; mio articolo sulla *Gazzetta dello Sport*, giugno 1998

486 Notizia tratta da: "Messaggio del Papa solo su Internet", La Repubblica 19 novembre 2001 (http://www.repubblica.it/online/mondo/papaint/rete/rete.html)

487 PA. cfr: http://news.bbc.co.uk/1/hi/technology/3084442.stm

488 PA. cfr: http://www.mp3.com/news/095.html

489 https://it.wikipedia.org/wiki/Google

490 PA. cfr: *Time*, 7 dicembre 1998, e Findings of Fact della causa

491 PA. cfr: http://www.opensource.org/docs/history.html

492 PA. cfr: Findings of Fact del processo antitrust Microsoft

493 PA. cfr: *Findings of Fact* del processo antitrust Microsoft

494 http://gandalf.it/uman/crono.htm

495 PA. cfr: *Time*, 9 aprile 2001

496 PA. cfr: BBC Online

497 PA. cfr: *Time magazine*, 1 marzo 1999

498 https://en.wikipedia.org/wiki/Adobe_GoLive

499 http://www.happybirthdayweb.it/site/stream/ci-scommetto-una-pizza/

500 La pagina originaria di Sherazade: http://www.girodivite.it/sherazade/ita/index.htm. - L'editoriale di presentazione: http://www.girodivite.it/sherazade/001/edito.htm

501 http://www.assoprovider.net/assoprovider/chi-siamo.html

502 "Italian crackdown. BBS amatoriali, volontari telematici, censure e sequestri nell'Italia degli anni '90", (Apogeo, 1999), ISBN 978-88-7303-529-9.

503 PA. cfr: http://www.zdnet.com/zdnn/special/graphics/linuxtime3.html?chkpt=zdnnp1tp02

504 PA. cfr: http://www.zdnet.com/zdnn/special/graphics/linuxtime3.html?chkpt=zdnnp1tp02

505 PA. cfr: Time Magazine, marzo 1999

506 PA. cfr: *The Internet and the poor*, di Andres Oppenheimer, Miami Herald International Edition, 29/3/1999

507 PA. cfr: Time, 21 luglio 1999

508 PA. cfr: *Time*, 24 aprile 2000

509 PA. cfr: Fortune, 1/9/2003

510 PA. cfr: Corriere della Sera 28/6/1999

511 PA. cfr: mailing list Trek News

512 PA. cfr: Sole 24 Ore, Manager On Line, p. 125, 1999

513 PA. cfr: Eito, citata dal Sole 24 Ore, Inserto Informatica, 8 ottobre 1999, dati riferiti a luglio 1999

514 PA. cfr: Sole 24 Ore, 23/7/1999, supplemento Rapporti, pag. 1

515 https://it.wikipedia.org/wiki/Apache_OpenOffice

516 Fonte: Paolo Attivissimo, leggermente cambiata nella forma. :-)

517 PA. cfr: Sole 24 Ore, 10/9/1999

518 PA. cfr: *Time*, 18 ottobre 1999

519 PA. cfr: BBC

520 PA (senza fonte)

521 Notizia tratta da: "Messaggio del Papa solo su Internet", La Repubblica 19 novembre 2001 (http://www.repubblica.it/online/mondo/papainte/rete/rete.html)

522 https://it.wikipedia.org/wiki/Independent_Media_Center

523 PA (senza fonte)

524 PA (senza fonte) – Galactica era nato come BBS nel 1989 (https://it.wikipedia.org/wiki/Galactica_(azienda)) grazie a Luca De Gregorio, Davide Tomè, Lorenzo Podestà, Filippo Maraffi e Fulvio Paleari. Nel 1993 divenne, insieme ad Agorà Telematica, Nexus e MC-link di Roma, il primo ISP a fornire accesso a internet al pubblico. Nel 2001 fu costretta alla chiusura a causa delle mutate condizioni contrattuali con Telecom Italia.

525 PA. cfr: *Time*, 24 aprile 2000

526 http://gandalf.it/uman/crono.htm

527 PA. cfr: *Time*, 29 novembre e 1 gennaio 2000; stima citata da *Time*, 17 gennaio 2000, che a sua volta cita *the Times*. *Scrive Paolo Attivissimo*: "Nei mesi precedenti questo problema ha destato notevole apprensione, perché mette a rischio qualsiasi sistema elettronico che esegua calcoli sulle date. Si teme ad esempio il *tilt* degli orologi dei sistemi di sorveglianza, del controllo del traffico aereo, delle centrali nucleari, dei sistemi di navigazione satellitare, dei Bancomat, e di gran parte del software residente sui personal computer di tutto il mondo.

Per prepararsi a fronteggiare la possibile crisi, sono state spese cifre enormi per la riscrittura e il collaudo dei programmi di ogni sorta, e quasi ogni nazione ha attivato una unità di crisi. Quasi tutte le aziende (soprattutto banche e operatori di telecomunicazione) trattengono gran parte del personale in ufficio per Capodanno, in modo da poter affrontare eventuali collassi informatici. Il primo ministro giapponese, Keizo Obuchi, consiglia alla popolazione di costituire riserve di cibo e acqua e dichiara tre giorni di "ferie d'emergenza". La Virgin Atlantic interrompe i voli per 24 ore. I dirigenti delle linee aeree cinesi vengono obbligati a volare sui propri aerei durante il cambio di data, per dimostrare sulla propria pelle di essere pronti contro il *millennium bug*. La US Federal Reserve stampa per l'occasione 50 miliardi di dollari in banconote aggiuntive, temendo un'ondata anomala di prelievi dai Bancomat (le banconote dovranno poi essere mandate al macero).

Alla fine, anche grazie all'enorme lavoro di *debug* effettuato negli anni e mesi precedenti, il passaggio dal 1999 al 2000 avviene senza gravi problemi, anche se alcuni sistemi di pagamento e di gestione del traffico ferroviario si bloccano. La vera data cruciale per il test del software è però il 3 gennaio, che cade di lunedì ed è quindi il primo giorno di ripresa dell'attività lavorativa. Anche in questo caso, comunque, non ci sono crisi di portata globale, ma molte aziende si trovano bloccate o in serie difficoltà.

Si stima che la spesa complessiva mondiale per risolvere il Millennium Bug ammonti a **400 miliardi di dollari**, pari a circa il doppio del debito complessivo dei paesi poveri del mondo. Per verificare che tutto funzioni a livello militare (evitando che vengano lanciati missili nucleari per sbaglio), La Russia ha speso 4 milioni di dollari (circa 8 miliardi di lire); gli Stati Uniti mille volte di più".

528 PA. cfr: Sole 24 Ore, 16/5/2001

529 PA. cfr: *Time*, 9 aprile 2001

530 PA. cfr: Fortune, 19 marzo 2001

531 https://it.wikipedia.org/wiki/ITunes

532 https://it.wikipedia.org/wiki/Apache_OpenOffice

533 https://it.wikipedia.org/wiki/AlterVista

534 PA. cfr: ZDNET, 18 dicembre 2000

535 http://www.mrwebmaster.it/html/storia-cronologia-html_10744.html

536 .mau.: C# si pronuncia così perché è un "do diesis", oltre che un gioco di parole sul "vedere acuto" :-)

537 https://en.wikipedia.org/wiki/C_Sharp_(programming_language). - In italiano: https://it.wikipedia.org/wiki/C_sharp

538 https://it.wikipedia.org/wiki/RSS

539 https://it.wikipedia.org/wiki/Resource_Description_Framework

540 PA. cfr: http://news.bbc.co.uk/low/english/uk/wales/newsid_1287000/1287485.stm

541 PA. cfr: ZDNET, 18 dicembre 2000; *Time*, 1 maggio 2000

542 PA. cfr: Fortune, 9 ottobre 2000

543 PA (senza fonte)

544 PA. cfr: http://gnutella.wego.com/, http://www.zdnet.com/zdnn/stories/news/0,4586,2766234,00.html

545 PA. cfr: *Fortune*, 29 maggio 2000

546 PA. cfr: Network Solutions, http://www.netsol.com/cgi-bin/whois/whois?!PS240-DOM&id=0

547 https://archive.google.com/mentalplex/

548 PA. cfr: rapporto Federcomin *Net economy e nuova occupazione*, citato dal Sole 24 Ore, rapporto Informatica del 28 aprile 2000, p. 1

549 https://it.wikipedia.org/wiki/Aruba_(azienda)

550 PA (senza fonte)

551 PA. cfr: *Punto informatico* del 26 aprile 2000 e *Milwaukee Journal Sentinel*, 22 aprile 2000

552 PA. cfr: *BBC Online*

553 PA (senza fonte)

554 PA. cfr: ZDNET, 18 dicembre 2000; *Time*, 22 maggio 2000 - http://www.zeusnews.it/n.php?c=25255

555 PA. cfr: http://www.zdnet.com/zdnn/special/graphics/linuxtime3.html?chkpt=zdnnp1tp02

556 PA (senza fonte)

557 PA (senza fonte)

558 PA. cfr: cnn.com

559 PA (senza fonte)

560 PA. cfr: *Microsoft Stung by hack attack*, di Todd R. Weiss e Linda Rosencrance, IDG e Computerworld

561 PA. cfr: CNN/IDG, http://www.cnn.com/2001/TECH/internet/07/31/dial.up.ignored.idg/index.html

562 PA. cfr: *Time Magazine*, 27 novembre 2000

563 PA. cfr: http://www.zdnet.com/zdnn/special/graphics/linuxtime3.html?chkpt=zdnnp1tp02

564 PA. cfr: Eurobarometer, citata dal Sole 24 Ore del 19/10/2001

565 http://gandalf.it/uman/crono.htm

566 https://it.wikipedia.org/wiki/Bolla_delle_dot-com

567 https://it.wikipedia.org/wiki/Apache_OpenOffice

568 https://it.wikipedia.org/wiki/Wikipedia

569 http://www.antoniogenna.net/doppiaggio/

570 https://it.wikipedia.org/wiki/Drupal

571 https://it.wikipedia.org/wiki/Cities_On_Line

572 PA. cfr: http://news.bbc.co.uk/low/english/sci/tech/newsid_1123000/1123827.stm

573 https://www.telefonino.net/notizie/un-sito-wap-per-rifondazione-comunista/ - Nel 1999 era stato il gestore italiano Omnitel a fornire per la prima volta :contenuti in formato WAP: https://it.wikipedia.org/wiki/Wireless_Application_Protocol

574 https://it.wikipedia.org/wiki/Sergio_Bellucci - https://it.wikipedia.org/wiki/Sergio_Bellucci . - Uno dei suoi primi saggi sul mondo di Internet e del web è stato: *Internet, democrazia e politica*, in Aa.Vv.,*Il lavoro nel settimo continente*, Seam, Roma, 1998.

575 PA (senza fonte)

576 PA. cfr: http://www.zdnet.com/zdnn/special/graphics/linuxtime3.html?chkpt=zdnnp1tp02

577 PA. cfr: http://www.zdnet.com/zdnn/special/graphics/linuxtime3.html?chkpt=zdnnp1tp02

578 PA. cfr: http://www.apogeonline.com/berny/mag01a.html

579 Sulla "storia" di Girodivite rimando a: "I ragazzi sono in Giro" pubblicato da ZeroBook nel 2006 (cartaceo).

580 http://freaknet.org/asbesto/ . - Articolo di Rocco Rossitto: http://www.roccorossitto.it/gabriele-asbesto-zaverio-legno-e-silicio/

581 PA (senza fonte)

582 PA. cfr: GSM Association, Gsmworld.com (http://www.gsmworld.com/news/press_2001/press_releases_18.html)

583 PA (senza fonte)

584 PA (senza fonte)

585 PA. cffr: Yahoo.com (http://dailynews.yahoo.com/h/ap/20010413/us/deaths_564.html), Worldsmile.com (http://www.worldsmile.com/informat.htm)

586 PA. cfr: Punto Informatico (http://punto-informatico.it/p.asp?i=35830); Thestandard.com (http://www.thestandard.com/article/0,1902,23614,00.html)

587 PA. cfr: http://www.zdnet.com/zdnn/special/graphics/linuxtime3.html?chkpt=zdnnp1tp02

588 PA. cfr: *Corriere della Sera*, 12 maggio 2001

589 PA. cfr: http://www.apogeonline.com/webzine/2001/05/16/02/200105160203

590 PA. cfr: pubblicità Singapore Airlines, *Time magazine*, maggio 2001

591 PA. cfr: *Corriere della Sera*, 11 maggio 2001; RAI

592 PA. cfr: *Corriere della Sera*, 16 maggio 2001

593 PA. cfr: The Register, http://www.theregister.co.uk/content/archive/18802.html

594 PA. cfr: *BBC Online*, 12 maggio 2001, e *Punto Informatico*, http://punto-informatico.it/p.asp?i=36115

595 PA. cfr: BBC, http://news.bbc.co.uk/low/english/sci/tech/newsid_1344000/1344344.stm

596 PA. cfr: *Corriere della Sera*, 9 maggio 2001

597 https://it.wikipedia.org/wiki/Adobe_ColdFusion

598 Tra i folli (nel bene) che usavano ColdFusion, attorno al 2000 ho conosciuto Giambattista Scivoletto che nel 1995 aveva creato una web agency (www.studioscivoletto.it) con base a Ragusa, e creato decine di siti con vocazione turistica e "istituzionale".

599 PA. cfr: *Agorà stacca la spina*, di Pierluigi Checchi, http://punto-informatico.it/p.asp?i=36178

600 PA. cfr: The Register, http://www.theregister.co.uk/content/6/19487.html

601 PA. cfr: Sky News online

602 PA. cfr: CNN.com, http://cnnfn.cnn.com/2001/06/28/technology/microsoft_appeal/

603 PA. cfr: http://www.cnn.com/2001/TECH/internet/06/29/domains.available.idg/index.html

604 PA (senza fonte) - https://en.wikipedia.org/wiki/Jim_Ellis_(computing)

605 http://www.spip.net/it_article2979.html

606 PA. cfr: http://www.cnn.com/2001/TECH/internet/07/09/napster.reut/index.html

607 PA. cfr: BBC online, http://news.bbc.co.uk/low/english/uk/newsid_1435000/1435631.stm

608 PA. cfr: RAI

609 PA. cfr: http://www.cnn.com/2001/TECH/industry/08/29/hacker.convention.arrest.ap/index.html

610 PA. cfr: http://www.cnn.com/2001/TECH/internet/08/29/stealth.computing/index.html

611 PA. cfr: http://abcnews.go.com/sections/business/DailyNews/SILICON_INSIGHTS_BAJARIN_010913.html ;
http://www.akamai.com/html/en/ia/management_dl.html

612 https://it.wikipedia.org/wiki/USA_PATRIOT_Act

613 PA. cfr: CNN.

614 PA. cfr: http://www.cnn.com/2002/TECH/internet/01/14/internet.names.ap/index.html

615 PA. cfr: http://www.theregister.co.uk/content/55/22613.html
ehttp://www.courtinfo.ca.gov/opinions/documents/H021153.PDF

616 PA. cfr: The Register, http://www.theregister.co.uk/content/55/22602.html

617 PA. cfr: http://europe.cnn.com/2001/BUSINESS/11/02/microsoft/index.html

618 "Messaggio del Papa solo su Internet", La Repubblica 19 novembre 2001
(http://www.repubblica.it/online/mondo/papainte/rete/rete.html).

619 https://it.wikipedia.org/wiki/Xbox

620 http://gandalf.it/uman/crono.htm

621 Dalla pagina istituzionale italiana di www.lulu.com: http://www.lulu.com/about/our-story

622 Corriere della Sera, 2 agosto 2005.. Cit. da: https://it.wikipedia.org/wiki/Lulu.com

623 https://it.wikipedia.org/wiki/Lulu.com

624 http://www.aranzulla.it/informazioni-generali-su-salvatore-aranzulla. Aranzulla è nato a Mirabella Imbaccari il
24 febbraio 1990. Cfr: http://urbanpost.it/ecco-voi-salvatore-aranzulla-il-nerd-catanese-da-un-milione-di-euro.
- http://www.nonsologello.altervista.org/giornalino/2007/luglio/andrear0707.htm

625 http://www.zeusnews.it/

626 http://www.zeusnews.it/index.php3?ar=staff

627 https://it.wikipedia.org/wiki/Flickr

628 PA. cfr: http://www.cnn.com/2002/TECH/internet/01/14/internet.names.ap/index.html

629 PA. cfr: http://www.cnn.com/2002/TECH/internet/01/14/internet.names.ap/index.html

630 PA. cfr: *Time*, 4 febbraio 2002, *News.com* (http://news.com.com/2100-1017-819688.html) e *Business
Week*, http://www.businessweek.com/bwdaily/dnflash/jan2002/nf20020128_0062.htm

631 PA. cfr: *Punto Informatico*, http://punto-informatico.it/p.asp?i=38816

632 www.mantellini.it. A registrarlo è la sua compagna, Alessandra Foscati.
(http://www.register.it/domains/whois.html)

633  La vista da qui: Appunti per un'Internet italiana / Massimo Mantellini (MinimumFax, 2014), libro.

634 PA. cfr: Network Solutions, http://www.netsol.com/cgi-bin/whois/whois?!PS240-DOM&id=0

635 https://it.wikipedia.org/wiki/Friendster

636 PA. cfr: *Fortune Magazine*, 1 aprile 2002

637 https://it.wikipedia.org/wiki/Meetup

638 https://it.wikipedia.org/wiki/EMule

639 PA. cfr: File Sharing's New Face, di Seth Schiesel, New York Times, 12/2/2004

640 https://it.wikipedia.org/wiki/BitTorrent

641 https://it.wikipedia.org/wiki/Skype

642 http://www.mrwebmaster.it/html/storia-cronologia-html_10744.html

643 http://gandalf.it/uman/crono.htm

644 https://it.wikipedia.org/wiki/Myspace

645 https://it.wikipedia.org/wiki/Aruba_(azienda)

646 https://it.wikipedia.org/wiki/BitTorrent

647 https://it.wikipedia.org/wiki/Anonymous

648 PA. cfr: *Corriere della Sera*, 26 e 29 gennaio 2003; *The Register*,
http://www.theregister.co.uk/content/56/29073.html e
http://www.theregister.co.uk/content/56/29027.html

649 https://it.wikipedia.org/wiki/Safari_(browser)

650 Il caso del dominio Armani.it / di Manuel M. Bucarella, in: Punto-Informatico, 6 novembre 2003 (http://punto-
informatico.it/385219/PI/Commenti/caso-del-dominio-armaniit.aspx ). - Il caso armani.it: domini, marchi e
diritti assoluti / di Roberto Manno, in: InterLex, 17 aprile 2002 (http://www.interlex.it/nomiadom/r_manno3.htm
). - Una storia poco inventata / Maurizio Codogno (.mau.), cfr: http://xmau.com/NA/armani.html

651 Vedi alla pagina di Luca Armani: http://armani2.hostinggratis.it

652 https://it.wikipedia.org/wiki/ITunes_Store

653 https://it.wikipedia.org/wiki/ITunes

654 https://it.wikipedia.org/wiki/LinkedIn

655 https://it.wikipedia.org/wiki/Lulu.com

656 https://it.wikipedia.org/wiki/Sigil_(software)

657 https://it.wikipedia.org/wiki/Calibre_(software)

658 https://it.wikipedia.org/wiki/EPub

659 PA. cfr:
http://www.sco.com/scosource/letter_to_linux_customers.html, http://www.apogeonline.com/webzine/2003/05/21/01/200305210101, http://www.gartner.com/reprints/sco/114336.html

660 https://it.wikipedia.org/wiki/WordPress

661 PA. cfr: BBC, http://news.bbc.co.uk/1/hi/technology/2950408.stm

662 https://en.wikipedia.org/wiki/AdSense

663 https://it.wikipedia.org/wiki/Second_Life. E: http://www.ilpost.it/2015/08/14/second-life-sansar/

664 https://it.wikipedia.org/wiki/Mozilla_Foundation

665 PA. cfr: BBC, http://news.bbc.co.uk/1/hi/technology/3143625.stm

666 PA. cfr: http://news.bbc.co.uk/1/hi/technology/3169573.stm

667 https://it.wikipedia.org/wiki/The_Pirate_Bay

668 http://gandalf.it/uman/crono.htm

669 https://it.wikipedia.org/wiki/Web_2.0

670 PA. cfr: indagine Eurisko, citata dal Sole 24 Ore, 3/6/2004

671 http://gandalf.it/uman/crono.htm

672 https://it.wikipedia.org/wiki/Google_Libri. Vedi anche: "Nel monastero di Google nuova biblioteca di Babele", di Vittorio Zucconi, La Repubblica 23 gennaio 2005 (http://www.repubblica.it/2005/a/sezioni/spettacoli_e_cultura/babele/babele/babele.html?ref=search).

673 http://www.girodivite.it/L-Etna-Valley-dopo-lo-sboom.html. - http://www.key4biz.it/Players-Who-is-who-C-Cutuli-Carmelo-146916/42512/

674 Pubblicata sulla Gazzetta Ufficiale n.13 del 17 gennaio 2004 (https://it.wikipedia.org/wiki/Legge_Stanca)

675 Roberto Scano dell'Internation Webmasters Association (IWA) sezione italiana, e il gruppo di WebAccessibile.org (vedi: http://www.webaccessibile.org/author/) ecc.

676 https://it.wikipedia.org/wiki/Italia.it

677 Direttore del portale italia.it è stato Arturo Di Corinto, che si dimise denunciando i misfatti avvenuti dietro l'affaire del portale: cfr: https://it.wikipedia.org/wiki/Arturo_Di_Corinto. - http://www.corriere.it/cronache/14_ottobre_21/italiait-un-occasione-persa-costata-venti-milioni-euro-ba2a08b8-58e4-11e4-aac9-759f094570d5.shtml. - http://www.ilfattoquotidiano.it/2014/10/20/italia-it-il-direttore-lascia-non-mi-pagano-da-8-mesi-errore-affidare-il-portale-a-enit/1161902/

678 PA. Scrive Paolo Attivissimo: "Secondo fonti citate dalla BBC, all'apice della sua diffusione Mydoom aveva infettato un e-mail su tre. Il virus è molto semplice (si diffonde via e-mail e richiede che l'utente apra e pertanto esegua l'allegato infetto, oppure circola nei circuiti *peer to peer* come file con nomi-civetta di altri programmi), a dimostrazione che vale più una buona competenza di *social engineering* che la sofisticazione tecnologica. In virtù del suo comportamento (non distrugge i dati degli utenti infetti, ma apre una *backdoor* e si predispone per un attacco DDOS contro il sito di SCO (v. 2003-05-12, e ha una data di scadenza), si ipotizza che si tratti di un worm creato dagli spammer per creare una rete di computer "zombi" tramite i quali diffondere la propria pubblicità-spazzatura. Nei giorni successivi fa la sua comparsa una variante che invece di attaccare il sito SCO prende di mira il sito della Microsoft, ma è assai meno diffusa e non causa danni significativi. Altre varianti approfittano della porta lasciata aperta dal worm originale per reinfettare i computer già colpiti da Mydoom.". Fonti: http://securityresponse.symantec.com/avcenter/venc/data/w32.novarg.a@mm.html - http://news.bbc.co.uk/1/hi/technology/3436835.stm - http://news.bbc.co.uk/1/hi/technology/3444249.stm

679 PA. cfr: http://www.eweek.com/article2/0,4149,1526591,00.asp

680 https://it.wikipedia.org/wiki/Facebook

681 Paolo Attivissimo, in: http://attivissimo.blogspot.ch/2007/09/decisione-antitrust-ue-microsoft-i.html

682 http://www.ilpost.it/2011/11/10/la-volta-che-monti-multo-microsoft/

683 https://it.wikipedia.org/wiki/Gmail. - Anche altri servizi di posta avevano cominciato ad aumentare lo spazio disponibile (es. una azienda israeliana) ma Gmail è stata la prima a essere lanciata da uno degli operatori principali del mercato Internet del tempo.

684 http://www.rosalio.it/colophon/

685 http://www.deeario.it

686 http://www.blogitalia.org

687 http://www.younipa.it

688 "Domini .it a più non posso. Parte la liberalizzazione", La Repubblica 1 luglio 2004 (http://www.repubblica.it/2004/g/sezioni/scienza_e_tecnologia/dominit/dominit/dominit.html).

689 https://it.wikipedia.org/wiki/Independent_Media_Center

690 https://it.wikipedia.org/wiki/Pino_Scaccia

691 https://it.wikipedia.org/wiki/Independent_Media_Center

692 https://it.wikipedia.org/wiki/Ubuntu

693 https://it.wikipedia.org/wiki/Mozilla_Firefox

694 https://it.wikipedia.org/wiki/Mozilla_Thunderbird

695 "Ora il download batte i cd. Al tramonto l'epoca dei dischi", di Enrico Sisti, 11 gennaio 2005 La Repubblica (http://www.repubblica.it/2003/g/sezioni/scienza_e_tecnologia/p2p/vincedownload/vincedownload.html?ref=search).

696 "PayPal sbarca in Italia. Per pagare basta un'e-mail", 14 gennaio 2005, La Repubblica (http://www.repubblica.it/2005/a/sezioni/scienza_e_tecnologia/paypal/paypal/paypal.html?ref=search).

697 "Fastweb investe 3 miliardi sulla rete" di Luca Pagni, La Repubblica 15 gennaio 2005 (http://ricerca.repubblica.it/repubblica/archivio/repubblica/2005/01/15/fastweb-investe-miliardi-sulla-rete.html?ref=search).

698 https://it.wikipedia.org/wiki/Arduino_(hardware)

699 http://playground.arduino.cc/Italiano/StoriaDiArduino.

700 "Taking an Open-Source Approach to Hardware", di Justin Lahart, in The Wall Street Journal, 27 novembre 2009 (http://www.wsj.com/articles/SB10001424052748703499404574559960271468066).

701 https://it.wikipedia.org/wiki/FreakNet. Il MusIF (Museo dell'Informatica Funzionante) è un progetto già avviato fin dal 1994 da Gabriele Zaverio, all'interno del FreakNet e del Centro sociale occupato Auro di Catania. Nel 2005 è il trasferimento a Palazzolo, nella sede del Poetry HackLab. Dall'ottobre 2011 ha una sede autonoma, sempre a Palazzolo Acreide.

702 Il sito, aperto nel 2015: http://museo.freaknet.org/it/

703 Dal Comunicato n. 56 di Beppe Grillo, novembre 2015: "Il 16 gennaio 2005 nasceva il Blog e il 4 ottobre 2009 a Milano fu fondato il Movimento 5 Stelle il cui simbolo riprendeva l'http://www.beppegrillo.it/. È stato il primo movimento politico nato da un Blog. Io ci ho messo la faccia, il nome e anche il cuore..."

704 "Toccano quota un milione i domini internet italiani", La Repubblica 21 gennaio 2005 (http://www.repubblica.it/2005/a/sezioni/scienza_e_tecnologia/miliodomini/miliodomini/miliodomini.html?ref=search).

705 "E-commerce. Comincia da sette la sfida Assecom", una breve pubblicata da La Repubblica il 22 gennaio 2005 (http://ricerca.repubblica.it/repubblica/archivio/repubblica/2005/01/22/commerce-comincia-da-sette-la-sfida-assecom.html?ref=search).

706 https://it.wikipedia.org/wiki/Posta_elettronica_certificata

707 La disciplina della PEC è contenuta nel Decreto del Presidente della Repubblica dell'11 febbraio 2005, n. 68, e nel Decreto legislativo del 7 marzo 2005, n. 82 (il cosiddetto Codice dell'Amministrazione Digitale) (cfr: https://it.wikipedia.org/wiki/Posta_elettronica_certificata. - https://it.wikipedia.org/wiki/Codice_dell%27amministrazione_digitale).

708 "L'addio online del malato di cancro. Chiudo il blog, è l'ora di morire", di Enrico Franceschini, La repubblica 28 gennaio 2005 (http://ricerca.repubblica.it/repubblica/archivio/repubblica/2005/01/28/addio-online-del-malato-di-cancro.html?ref=search).

709 https://it.wikipedia.org/wiki/YouTube

710 https://en.wikipedia.org/wiki/Google_Maps

711 https://it.wikipedia.org/wiki/Macchianera

712 https://it.wikipedia.org/wiki/Independent_Media_Center

713 https://en.wikipedia.org/wiki/The_Huffington_Post. - https://en.wikipedia.org/wiki/Arianna_Huffington

714 https://it.wikipedia.org/wiki/Reddit

715 https://it.wikipedia.org/wiki/Myspace

716 https://it.wikipedia.org/wiki/Joomla!

717 Prodotto da Apogeo, seguito ideale di un documentario statunitense (*Revolution OS*, 2001, diretto da J.T.S. Moore). - https://www.youtube.com/watch?v=IPVa5pby4JE – Oltre al documentario, fu realizzato anche il libro, edito da Apogeo: Revolution OS II : software libero, proprietà intellettuale, cultura e politica / di Arturo Di Corinto. - Apogeo, 2006. - Per l'originario docu statunitense: https://it.wikipedia.org/wiki/Revolution_OS

718 http://gandalf.it/uman/crono.htm

719 https://it.wikipedia.org/wiki/Spotify

720 https://it.wikipedia.org/wiki/WikiLeaks

721 https://it.wikipedia.org/wiki/Partito_Pirata_(Svezia)

722 https://it.wikipedia.org/wiki/Simplicissimus_Book_Farm

723 http://ricerca.repubblica.it/repubblica/archivio/repubblica/2007/12/17/da-bowit-arrivano-gli-ebooks-gamma-completa.html

724 http://www.simplicissimus.it/2014/02/04/nasce-antonio-tombolini-editore-il-cliente-piu-esigente-di-simplicissimus/ - Tu Antonio Tombolini online: http://antoniotombolini.simplicissimus.it/antoniotombolini/curriculum-vitae

725 https://en.wikipedia.org/wiki/Cloud_computing. - In italiano (ma manca la parte storica): https://it.wikipedia.org/wiki/Cloud_computing. Uno che esprime un parere negativo sulla faccenda è Richard Stallman (https://www.gnu.org/philosophy/who-does-that-server-really-serve.it.html).

726 https://it.wikipedia.org/wiki/YouTube

727 https://it.wikipedia.org/wiki/Twitter

728 https://it.wikipedia.org/wiki/YouPorn

729 https://it.wikipedia.org/wiki/YouTube

730 https://www.fastweb.it/web-e-digital/biografia-di-parisa-tabriz/ - https://www.linkedin.com/in/parisa-tabriz-a676472/ - https://en.wikipedia.org/wiki/Parisa_Tabriz

731 L'attacco è legato alla seguente notizia: un parco di divertimenti in Alabama vietò ad un bambino di due anni affetto da AIDS di immergersi in piscina. Gli utenti si sono registrati al sito di Habbo, utilizzando come avatar un uomo di colore in smoking grigio e acconciatura afro, hanno bloccato l'accesso alla piscina, dichiarando che era "chiusa per AIDS", inondando il sito con frasi stupide prese dalla rete e disponendosi in modo da formare una svastica. Quando gli autori degli attacchi vennero espulsi, si lamentarono di razzismo. In reazione a quanto accaduto, gli amministratori di Habbo hanno espulso gli utenti con avatar combacianti con quel profilo, anche mesi dopo l'ultimo attacco. (https://it.wikipedia.org/wiki/Anonymous)

732 https://it.wikipedia.org/wiki/WikiLeaks

733 https://it.wikipedia.org/wiki/IPhone

734 https://it.wikipedia.org/wiki/Windows_Vista

735 https://it.wikipedia.org/wiki/Italia.it

736 https://it.wikipedia.org/wiki/Google_Street_View

737 https://it.wikipedia.org/wiki/Franco_Carlini. Online è ancora consultabile: https://chipsandsalsa.wordpress.com/

738 https://it.wikipedia.org/wiki/Hashtag

739 https://it.wikipedia.org/wiki/Tablet_PC

740 https://it.wikipedia.org/wiki/Netbook

741 https://it.wikipedia.org/wiki/Tumblr. Vedi anche: http://www.ilpost.it/2010/10/19/cose-tumblr/

742 http://www.ilpost.it/2015/06/12/oink-ellis-musica/

743 http://gandalf.it/uman/crono.htm

744 "Dopo quello dell'anno precedente, secondo attacco al social network Habbo (Great Habbo Raid of '07). Secondo l'autore radiofonico e sostenitore della supremazia bianca Hal Turner, nel dicembre 2006 e nel gennaio 2007 individui auto-identificatisi come Anonymous hanno messo offline il suo sito, costandogli

migliaia di dollari in bollette di banda. Di conseguenza, Turner ha denunciato 4chan, eBaum's World, 7chan, e altri siti per pirateria. Ha perso l'appello per un'ingiunzione e, non avendo ricevuto le lettere del tribunale, ha visto decaduta la sentenza.

Il 7 dicembre 2007, il quotidiano Toronto Sun, con sede in Canada, ha pubblicato una notizia relativa all'arresto di un presunto "predatore di Internet", Chris Forcand. L'uomo, 53 anni, ricevette due capi d'accusa per avere adescato e tentato molestie sessuali ai danni di un minore di 14 anni e per essere in possesso di armi pericolose e improprie. La notizia affermava che Forcand era già nel mirino dei "cyber-vigilanti il cui obiettivo è quello di cacciare chiunque abbia interessi sessuali verso i minori", ancor prima che iniziassero le investigazioni della polizia.

Il Global Television Network identificò come responsabile dell'arresto di Forcand il gruppo di Anonymous, che avrebbe contattato la polizia dopo che alcuni membri avevano ricevuto delle avance da Forcand insieme ad immagini disgustose raffiguranti se stesso. Sempre secondo il network in questione, era la prima volta che un "predatore di Internet" veniva arrestato dalla polizia grazie al lavoro di alcuni "vigilantes" della rete" (https://it.wikipedia.org/wiki/Anonymous)

745 https://it.wikipedia.org/wiki/Yahoo!

746 https://it.wikipedia.org/wiki/WikiLeaks

747 https://it.wikipedia.org/wiki/Processo_a_The_Pirate_Bay

748 https://it.wikipedia.org/wiki/Independent_Media_Center

749 https://it.wikipedia.org/wiki/Independent_Media_Center

750 https://it.wikipedia.org/wiki/Google_Chrome

751 https://it.wikipedia.org/wiki/Android

752 https://it.wikipedia.org/wiki/Spotify

753 http://gandalf.it/uman/crono.htm

754 Il **21 gennaio** 2008, degli individui, rivendicando di parlare a nome di Anonymous, hanno annunciato i loro obiettivi e le loro intenzioni tramite un video pubblicato su YouTube intitolato "Message to Scientology", insieme ad un comunicato stampa con il quale dichiaravano "Guerra a Scientology". Nel comunicato stampa, il gruppo ha affermato che gli attacchi contro Scientology continueranno allo scopo di proteggere il diritto alla libertà di parola, e metteranno fine a quello che loro sostengono essere uno sfruttamento dei membri della chiesa.
Un nuovo video "Call to Action" è apparso su YouTube il 28 gennaio 2008, annunciando delle proteste davanti alla chiesa Scientology il 10 febbraio 2008. Il 2 febbraio 2008, 150 persone si sono riunite fuori dalla chiesa di Scientology ad Orlando, Florida, per protestare contro le pratiche dell'organizzazione. Sono state tenute altre piccole proteste a Santa Barbara, California, e a Manchester, Inghilterra. Il 10 febbraio 2008, circa 7000 persone hanno manifestato in più di 93 città in tutto il mondo. Molti dei manifestanti indossavano le maschere del personaggio V dal film V per Vendetta (che a sua volta ha preso ispirazione da Guy Fawkes), oppure camuffati in altro modo, in parte per proteggersi da eventuali vendette da parte della chiesa.

755 https://it.wikipedia.org/wiki/Anonymous

756 http://www.mrwebmaster.it/html/storia-cronologia-html_10744.html

757 https://it.wikipedia.org/wiki/Bitcoin

758 https://it.wikipedia.org/wiki/WhatsApp

759 http://www.ilpost.it/2015/09/21/skype-down/

760 https://it.wikipedia.org/wiki/Tiscali_(azienda)

761 Wi-Max, Vincenzo De Caro (Mandarin): 'Aiuteremo gli iracheni' / di Alessandro Longo, in: Corriere Comunicazioni, 18 maggio 2009 (http://www.corrierecomunicazioni.it/tlc/893_wi-max-vincenzo-de-caro-mandarin--aiuteremo-gli-iracheni-.htm )

762 "Papa: 'Internet, un dono per l'umanità. Sia messo al servizio dei più bisognosi'", La Repubblica, 23 gennaio 2009 (http://www.repubblica.it/2009/01/sezioni/esteri/benedetto-xvi-29/papa-internet/papa-internet.html). Il canale Youtube è indicato all'indirizzo: http://it.youtube.com/vaticanit. - Anche il successore papa Francesco invierà il suo intervento riguardante Internet, per la XLVIII (48°) Giornata mondiale delle comunicazioni

sociali, l'1 giugno 2014: vedi: "Francesco: Internet dono di Dio se promuove solidarietà", di Iacopo Scaramuzzi, 23 gennaio 2014, in: Vatican Insider (http://vaticaninsider.lastampa.it/vaticano/dettaglio-articolo/articolo/francesco-francis-francisco-internet-31463/)

763 https://it.wikipedia.org/wiki/Guerra_dei_browser. - http://gs.statcounter.com/press/firefox-3-becomes-most-popular-web-browser-in-europe-for-first-time

764 La rivista Post/teca è gratuita, è scaricabile liberamente su: http://www.girodivite.it/-Post-teca-.html

765 http://www.pcworld.com/article/172953/amazon_kindle_1984_lawsuit.html. - In italiano vedi: Il Kindle mi ha mangiato i compiti!, in: ZeusNews.it, 2 agosto 2009 (http://www.zeusnews.it/n.php?c=10740 ).

766 http://www.mrwebmaster.it/news/amazon-rimuove-orwell-kindle_2973.html. - Vedi anche la discussione su: http://www.mobileread.com/forums/showthread.php?t=50136

767 Cronologia aziendale Google: https://www.google.it/intl/it/about/company/history/

768 "Il giornalismo ai tempi di internet: manifesto dei blogger tedeschi", di Marco Pratellesi, Mediablog.Corriere.it, 9/9/2009 (http://mediablog.corriere.it/2009/09/il_giornalismo_ai_tempi_di_int.html)

769 https://it.wikipedia.org/wiki/Vittorio_Pasteris – Il blog di Pasteris: http://www.pasteris.it/blog/

770 http://antoniotombolini.simplicissimus.it/2009/10/breaking-news-kindle-tra-noi.html

771 http://gandalf.it/uman/crono.htm

772 http://www.nocussing.com/

773 https://it.wikipedia.org/wiki/IPad

774 https://it.wikipedia.org/wiki/Sun_Microsystems

775 https://googleblog.blogspot.it/2010/01/new-approach-to-china.html

776 http://www.ilpost.it/2010/04/13/propublica-giornale-online-premio-pulitzer/

777 http://www.ilpost.it/2010/04/24/no-un-blogger-non-e-come-il-direttore-di-un-giornale/

778 http://www.ilpost.it/2010/04/13/berlusconi-sbarca-su-facebook-stavolta-sul-serio/

779 https://it.wikipedia.org/wiki/Il_Post

780 https://it.wikipedia.org/wiki/Facebook

781 http://www.ilpost.it/2010/05/28/virus-uomo-infettato-mark-gasson-bbc-bufala/

782 http://www.ilpost.it/2011/05/10/microsoft-sta-per-comprare-skype/

783 "Eutelia, scattano le manette. Il sogno finisce in carcere" di Salvatore Mannino, La Nazione, 10 luglio 2010 (http://www.lanazione.it/arezzo/cronaca/2010/07/10/355063-eutelia_scattano_manette.shtml).

784 "I misteri di Eutelia. La società che i Landi vendettero a se stessi pagando solo la prima rata", La Nazione, 20 dicembre 2011 (http://www.lanazione.it/arezzo/cronaca/2011/12/19/639585-chimet_torna_aula.shtml).

785 "Agile, soluzione al minimo sindacale", Lettera 43, 24 gennaio 2012 (http://www.lettera43.it/economia/economiaweb/agile-soluzione-al-minimo-sindacale_43675188573.htm).

786 http://www.ilpost.it/2010/05/12/chatroulette-ternovskiy/. Un successo di breve durata: http://www.ilpost.it/2010/10/23/visite-chatroulette/

787 http://www.ilpost.it/2010/06/07/pentagono-arresta-un-soldato-probabile-fonte-di-wikileaks-collateral-murder/

788 http://www.ilpost.it/2010/06/07/cina-foursquare-tiananmen-social-network/

789 http://www.ilpost.it/2010/07/21/flipboard-social-network-ipad-facebook-twitter/

790 L'intervento di Guido Scorza, avvocato, su: http://punto-informatico.it/3003555/PI/Commenti/direttore-responsabile-non-responsabile.aspx. Ne parla a ottobre di nuovo Il Post: http://www.ilpost.it/2010/10/02/per-i-direttori-dei-giornali-online-non-ce-il-reato-di-omesso-controllo/

791 http://www.ilpost.it/2010/07/28/siae-youtube-copyright-diritto-autore/

792 https://it.wikipedia.org/wiki/WikiLeaks

793 https://it.wikipedia.org/wiki/WikiLeaks

794 http://www.ilpost.it/2010/08/17/il-web-e-morto-dice-wired/

795 http://www.wired.com/2010/08/ff_webrip/

796 http://www.ilpost.it/2010/08/25/chiedi-a-yahoo-ti-risponde-bing/

797 http://www.ilpost.it/2010/10/08/la-libia-cancella-i-domini-che-non-rispettano-la-legge-islamica/

798 http://www.ilpost.it/2010/09/08/arrivano-altri-siti-di-news-italiani/. Viene ripreso l'articolo de Il Sole 24 ore: http://www.ilsole24ore.com/art/economia/2010-09-08/autunno-ondata-siti-informazione-080235.shtml

799 http://www.ilpost.it/2010/10/08/zucconi-chiude-blog/. Il post di Zucconi sul suo blog: http://zucconi.blogautore.repubblica.it/2010/10/06/la-marea-nera/

800 http://www.ilpost.it/2010/10/01/google-lancia-street-view-tra-i-pinguini/

801 http://www.ilpost.it/2010/10/11/luna-nobel-internet/ . La pagina a cui rimanda Il Post, su Wired Italia non è più raggiungibile: http://mag.wired.it/blog/wewired/internet-for-peace-non-e-stata-una-campagna-di-marketing.html

802 http://www.ilpost.it/2010/10/21/google-nei-paradisi-fiscali/

803 http://www.ilpost.it/2010/11/05/costa-rica-e-nicaragua-litigano-sul-confine/

804 https://it.wikipedia.org/wiki/Stefano_Rodot%C3%A0. -

805 https://it.wikipedia.org/wiki/Instagram

806 http://gandalf.it/uman/crono.htm

807 Le dichiarazioni di Simmons: « Assicuratevi che il vostro marchio sia protetto... Assicuratevi che non ci siano violazioni. Mettete in discussione. Indagate su tutti. Prendete le loro case, le loro automobili. Non lasciate che nessuno attraversi quella linea. In risposta alle osservazioni, i membri di Anonymous hanno lanciato un attacco DDoS contro GeneSimmons.com e SimmonsRecords.com, mettendo offline entrambi i siti. Anche se l'attacco non è stato ufficialmente parte dell'Operazione Payback in un primo momento, dal momento che i membri leader dell'operazione non hanno voluto attaccare un artista, è stato rivendicato dai suoi membri. Più tardi hanno annunciato che il sito di Simmons era stato preso come bersaglio. In risposta all'attacco, Simmons ha scritto: Alcuni di voi avranno sentito un paio di scoregge di popcorn: i nostri siti minacciati dai cracker. Il nostro team di legali e l'FBI sono stati sul caso e abbiamo trovato un paio di, diciamo così "avventurosi" giovani, che si sentono al di sopra della legge. E, come affermato nel mio discorso al MIPCOM, quereleremo i loro pantaloni. In primo luogo, saranno puniti. In secondo luogo, potrebbero trovare i loro piccoli culi in carcere, proprio accanto a qualcuno che è lì da anni e sta cercando una nuova ragazza. Ci sarà presto la stampa dei loro nomi e delle loro foto. Vi troveremo. Non vi potete nascondere. Restate sintonizzati. » cit. da https://it.wikipedia.org/wiki/Anonymous

808 https://it.wikipedia.org/wiki/Anonymous

809 https://it.wikipedia.org/wiki/LibreOffice

810 http://daily.wired.it/news/media/2011/04/19/daniele-silvestri-e-la-strana-nostalgia-per-le-chat.html. Il link consultato non è più attivo, ma Google ci ha permesso di leggerlo attraverso la sua cache salvata. L'album di Silvestri è stato edito da Sony Music 88697 89587 2 (https://it.wikipedia.org/wiki/S.C.O.T.C.H.).

811 https://it.wikipedia.org/wiki/Anonymous

812 "disposte dal pubblico ministero Perla Lori della procura di Roma, con l'ausilio della polizia cantonale ticinese, denunciando una quindicina di persone e sequestrando materiale informatico di vario genere (hard disk, memorie USB, smartphone, laptop ecc.), tra i denunciati anche cinque minorenni. I reati contestati sono di accesso abusivo in sistema informatico, danneggiamento a sistema informatico e interruzione di pubblico servizio. La polizia affermò di aver individuato il "capo" del gruppo italiano di Anonymous (anche se per definizione il movimento non ha "capi"), riconoscendolo in "Phre": un italiano di 26 anni che vivrebbe nel Canton Ticino.
A seguito di queste perquisizioni il movimento ha prontamente risposto con comunicati che invitavano i lettori ad unirsi al gruppo e che non sarebbe finita qui; infatti il 25 luglio gli Anonymous hanno dichiarato di essere riusciti ad attaccare con successo i server del CNAIPIC, il Centro Nazionale Anticrimine Informatico per la Protezione delle Infrastrutture Critiche, noto proprio per aver scovato e portato alla denuncia ai cracker italiani collegati ad Anonymous, trafugando una grande mole di dati e documenti sensibili, che verranno presumibilmente resi pubblici successivamente" https://it.wikipedia.org/wiki/Anonymous

813 https://it.wikipedia.org/wiki/Anonymous

814 https://it.wikipedia.org/wiki/Chrome_OS

815 https://it.wikipedia.org/wiki/Google%2B

816 https://it.wikipedia.org/wiki/Steve_Jobs

817 "Your time is limited, so don't waste it living someone else's life. Stay hungry, stay foolish, because only those who are crazy enough to think they can change the world they really change it" : Università di Stanford, Steve Jobs' 2005 Stanford Commencement Address, su YouTube, 7 marzo 2008 (https://www.youtube.com/watch?v=UF8uR6Z6KLc).

818 https://it.wikipedia.org/wiki/Samsung_Galaxy_Note

819 http://gandalf.it/uman/crono.htm

820 http://www.zeusnews.it/n.php?c=16702

821 Riportato in: http://www.zeusnews.it/n.php?c=16702

822 "Volunia, il motore di ricerca italiano ora è disponibile a tutti i navigatori", di Elio Cogno, Il fatto Quotidiano, 16 giugno 2012 (http://www.ilfattoquotidiano.it/2012/06/16/il-motore-di-ricerca-volunia-disponibile-a-tutti-i-navigatori/265976/). - SF ha seguito in diretta streaming la presentazione del progetto: veramente imbarazzante tra ritardi, inceppi e streaming non riuscito, il tutto davanti ai giornalisti di mezzo mondo.

823 https://it.wikipedia.org/wiki/WikiLeaks

824 https://it.wikipedia.org/wiki/Anonymous

825 https://it.wikipedia.org/wiki/Google_Glass

826 Il messaggio in questa occasione: « Mentre il paese va a rotoli a discapito delle classi più svantaggiate voi continuate a perdere ottime occasioni per tacere, per smetterla di rubare e per piantarla di farvi sempre e soltanto gli affari vostri ... Ci chiediamo veramente se non siete tutti uguali. Come potevano Rutelli/Bersani & Co non sapere nulla? Come fanno 13 milioni di soldi nostri a sparire senza che nessuno se ne accorga? Vogliamo delle risposte, e le vogliamo subito. Vogliamo che qualcuno paghi. Vogliamo che sia cambiata questa porcata di legge elettorale. Vogliamo che siano aboliti (come il popolo italiano aveva già deciso nel 1993) TUTTI i finanziamenti ai partiti". Ci sono degli accenni anche alla terminologia movimentista del web: "Vogliamo un Parlamento pulito. NO condannati. NO pregiudicati. NO puttane, nani, ballerini e mafiosi. Vogliamo che il popolo inizi a contare davvero. Perché tutte le firme che raccogliamo vengono tirate nel cesso? I politici, nostri dipendenti non dovrebbero impegnarsi affinché la nostra voce sia sentita? A quanto pare NO, anzi non perdete occasione per chiamarci "sfigati", "mammoni", "bamboccioni" » https://it.wikipedia.org/wiki/Anonymous

827 "Il **3 aprile 2012** vengono resi inaccessibili i siti del Ministero dell'Interno e quello del Ministero della Difesa. Anonymous spiega che l'attacco è stato effettuato perché il Ministero dell'Interno ha vietato alle forze dell'ordine di esprimere opinioni riguardanti il film *Diaz*, incentrato sui fatti del G8 di Genova. Lo stesso giorno viene attaccato il sito dell'Arma dei Carabinieri: gli Hacktivisti hanno motivato l'attacco affermando che alcuni membri della Polizia durante la manifestazione degli Operai Alcoa, tenutasi a Roma il 27 marzo 2012, avrebbero «tentato di sopprimere la rabbia degli Operai Alcoa con i manganelli», denunciando inoltre il fatto che i loro canali IRC sono oggetti di visite quotidiane da parte di agenti infiltrati, invitandoli ad abbandonare i server." https://it.wikipedia.org/wiki/Anonymous

828 "Il **22 ottobre** 2012 gli hacker di Anonymous, annunciano nel loro blog, di essere riusciti a penetrare all'interno del sistema informatico della Polizia di Stato, trafugando una mole ingente di documenti e mail riservati. "Da settimane ci divertiamo a curiosare nei vostri server, nelle vostre e-mail, i vostri portali, documenti, verbali e molto altro", dicono gli attivisti. In particolare, si tratta di 3.500 file per un totale di poco più di un Gb di dati, che comprendono, tra le altre cose, informative sulle attività dei No Tav (gruppo di cui Anonymous si dichiara da sempre simpatizzante), documenti su come muoversi nelle attività sotto copertura o su come svolgere la cosiddetta funzione di provocazione nell'ambito di manifestazioni e cortei, schede tecniche su microspie, cimici e sistemi di intercettazioni. Oltre a mail personali dei funzionari e degli agenti" https://it.wikipedia.org/wiki/Anonymous

829 Il gruppo ha sostituito una pagina della categoria "libri" con il seguente messaggio: « Salve Vittorio, Come al solito hai perso un'altra occasione per tacere. Capra:> A noi i simpatizzanti omofobi della mafia non piacciono affatto, e tu non ci piaci. Onore a Paolo Borsellino, Giovanni Falcone, Aldo Moro, Antonio Ingroia, Peppino Impastato, Guido Galli, Emilio Alessandrini, Umberto Ambrosoli e a tutti coloro che combattono attivamente le mafie in Italia e in tutto il mondo e a quelli caduti per la Causa ». Oltre il messaggio è stato pubblicato anche un video contenente un discorso di Paolo Borsellino contro la mafia. Il motivo di questo attacco risale probabilmente al fatto che nel febbraio 2012, nel comune di Salemi, di cui Vittorio Sgarbi era sindaco, ci furono infiltrazioni mafiose. https://it.wikipedia.org/wiki/Anonymous

830 Questo il messaggio che viene lasciato: « Cari cittadini di tutto il mondo, questo è Anonymous. Il governo israeliano ha ignorato i ripetuti avvertimenti sulla violazione dei diritti umani, bloccando internet e maltrattando i propri cittadini e quelli dei paesi vicini. Novembre 2012 sarà un mese da ricordare per le forze di difesa israeliane e le forze di sicurezza di internet. Colpiremo tutti i siti web che riteniamo essere nel Cyberspazio israeliano come rappresaglia per i maltrattamenti degli abitanti di Gaza. Anonymous ti ha osservato ha inviato un chiaro avvertimento sul nostro intento di prendere il controllo dello spazio informatico israeliano in conformità con i diritti umani fondamentali di libertà di parola e di diritto a vivere. Alle 9 di mattina (fuso orario del Pacifico), sono stati attaccati 10.000 siti israeliani. L'attacco alla popolazione di Gaza, al popolo palestinese o a qualsiasi altro gruppo verrà considerato come una violazione degli obiettivi del

collettivo Anonymous di proteggere i popoli del mondo. Israele, è nel tuo interesse cessare ogni ulteriore azione militare o le conseguenze peggioreranno di ora in ora. Questo è un messaggio di Anonymous Op Israele, Danger Hackers, Anonymous Special Operations e del Collettivo Anonymous di tutto il mondo. Tratteremo ogni ulteriore morte come un attacco personale ad Anonymous e reagiremo in modo rapido e senza preavviso. I nostri cuori sono con i bambini, le donne e le famiglie che stanno soffrendo in questo momento, a causa dell'abuso della potenza militare del governo di Israele. Fratelli e sorelle di Anonymous, vi invitiamo a protestare contro il governo israeliano e qualsiasi alleato della forza ostile. Ora è il momento per Anonymous di aiutare le persone che stanno soffrendo. Aiutate le persone che vengono sfruttate. Aiutate quelli che stanno morendo e ciò favorirà la collettività nel suo insieme. Noi cercheremo di portare la pace a Gaza a coloro che così disperatamente ne hanno bisogno. Chiediamo al collettivo Anonymous di hackerare (hack, dock, hijack, database leak, admin takeover, four oh four and DNS terminate) il Cyberspazio israeliano con ogni mezzo necessario. Al governo israeliano diciamo che Anonymous si è stancato del suo bullismo e che ora pagherà le conseguenze delle sue azioni. Una guerra informatica è stata dichiarata allo spazio informatico israeliano. Vedrete esattamente ciò di cui siamo capaci. Israele, l'angelo della morte calerà sul vostro spazio informatico. Noi siamo Anonymous. Noi siamo legione. Aspettateci, Rispettateci." »
https://it.wikipedia.org/wiki/Anonymous

831 https://it.wikipedia.org/wiki/Enciclopedia_Britannica

832 https://it.wikipedia.org/wiki/Google_Drive

833 https://it.wikipedia.org/wiki/Yahoo!

834 https://it.wikipedia.org/wiki/Windows_8

835 http://windows.hdblog.it/2016/01/12/microsoft-fine-supporto-windows-8-ie-8-9-10/ - Windows 8 non sarà più venduto, nei PC con Windows preinstallato, a partire dal 30 giugno 2016; mentre Windows 8.1 non sarà più venduto a partire dal 31 ottobre 2016 (info da: https://support.microsoft.com/it-it/help/13853/windows-lifecycle-fact-sheet).

836 https://it.wikipedia.org/wiki/Google

837 https://it.wikipedia.org/wiki/Google_Libri

838 "Il primo tweet di Papa Benedetto XVI", di Giacomo Dotta, 12 dicembre 2012, WebNews.it (http://www.webnews.it/2012/12/12/il-primo-tweet-di-papa-benedetto-xvi/)

839 http://gandalf.it/uman/crono.htm

840 https://it.wikipedia.org/wiki/Ransomware

841 http://arstechnica.com/tech-policy/2013/07/man-gets-ransomware-porn-pop-up-turns-self-in-on-child-porn-charges/

842 https://it.wikipedia.org/wiki/Tiscali_(azienda)

843 https://it.wikipedia.org/wiki/Skype

844 https://it.wikipedia.org/wiki/Tumblr

845 https://it.wikipedia.org/wiki/Divulgazioni_sulla_sorveglianza_di_massa_del_2013. - "Perché il Datagate è una tragedia (e tutti fanno finta di non accorgersene" di Marco Schiaffino, in: Il Fatto Quotidiano, 5 novembre 2013 (http://www.ilfattoquotidiano.it/2013/11/05/perche-il-datagate-e-una-tragedia-e-tutti-fanno-finta-di-non-accorgersene/766958/)

846 https://it.wikipedia.org/wiki/Chromecast

847 http://gandalf.it/uman/crono.htm

848 https://it.wikipedia.org/wiki/Google_Drive

849 https://it.wikipedia.org/wiki/Windows_8.1

850 Sul sito di Casaleggio hanno lasciato lo scritto / invettiva: « Ciao Beppone, Casaleggio e carissimo SysAdmin. A quanto pare il caveau non era blindato abbastanza e un pirata avido e sanguinario ha fatto irruzione! Saccheggi e scorribande, ecco cioè che un pirata apprezza di più. Non preoccupatevi eccessivamente però, questo particolare pirata non è alla ricerca di tesori e ricchezze...but just for some fuckin` lulz! Per rallegrare questi giorni di lavoro abbiamo deciso di fare una visita al vostro Guru Informatico & sommo esperto di comunicazione nonché eminenza grigia e burattinaio supremo, aka Mr. Gianroberto Casaleggio. Sareste estremamente più popolari e benvoluti se la smetteste di dedicarvi unicamente a faide interne e a decidere chi è la persona non grata della settimana. State diventando il cancro che vi eravate ripromessi di eliminare. Ma purtroppo come è noto "Il potere tende a corrompere e il potere assoluto corrompe assolutamente." Siamo venuti a ricordarvi che c'è sempre qualcuno che osserva il vostro operato.

Non come i pagliacci degli Hacker Del PD, che saranno stati molto probabilmente vostri ex colleghi non proprio soddisfatti del trattamento ricevuto. WÈre the real deal! ;) Come è solito dire Beppe: LA RETE!!!!! LA RETE!!!!! Voi la rete non la meritate, incapaci! Le maschere di Anon a voi servirebbero non per garantire l'anonimato ma per nascondervi dalla vergogna. Le votazioni ed elezioni in rete, il megafono per tutti, il medium democratico per eccellenza Quirinarie, Il futuro è la rete... e vi fate pwnare così??? Offrite anche servizi di IT Security...è uno scherzo? It's very very lulzy. But...w00t w00t,we got r00t! Un saluto speciale a Beppone, e soprattutto a chi doveva tenere la barca a galla, mr. Benzi, sono bastate due spingarde per ridurla ad un rottame galleggiante. We do what we want cuz a Pirate is free!»

851 https://it.wikipedia.org/wiki/Anonymous

852 https://it.wikipedia.org/wiki/Giancarlo_Livraghi

853 http://gandalf.it/arianna/decennio.htm

854 Tra le tante reazioni in Italia: http://www.macitynet.it/larry-page-beneficenza/. La video intervista: http://www.ted.com/talks/larry_page_where_s_google_going_next. Su cosa è la TED Conference: https://it.wikipedia.org/wiki/TED_(conferenza). - Su cosa si è detto nel corso della TED Conference di quel 2014: https://conferences.ted.com/TED2014/.

855 https://en.wikipedia.org/wiki/Radhia_Cousot - https://en.wikipedia.org/wiki/Abstract_interpretation

856 https://it.wikipedia.org/wiki/Lila_Tretikov

857 https://en.wikipedia.org/wiki/Roger_L._Easton

858 https://www.google.com/doodles/rubiks-cube?hl=it. - Sul cubo di Rubik: https://it.wikipedia.org/wiki/Cubo_di_Rubik

859 Ne parla Paolo Attivissimo in: Attacco a Corriere.it e Gazzetta.it / Paolo Attivissimo, in: Disinformatico del 15 agosto 2016 (https://attivissimo.blogspot.it/2016/08/attacco-coordinato-corriereit-e.html). Cfr anche il documento pdf online: https://ccdcoe.org/sites/default/files/multimedia/pdf/CyberWarinPerspective_full_book.pdf

860 "Announcing Windows 10". Microsoft. 30 September 2014 (https://blogs.windows.com/windowsexperience/2014/09/30/announcing-windows-10/) - "Microsoft unveils Windows 10 system with Start Menu". BBC. 30 September 2014 (http://www.bbc.co.uk/news/technology-29431412).

861 "Akamai Releases Second Quarter 2014 'State of the Internet' Report". Akamai. 30 September 2014 (https://www.akamai.com/us/en/about/news/press/2014-press/akamai-releases-second-quarter-2014-state-of-the-internet-report.jsp).

862 https://it.wikipedia.org/wiki/Stefano_Rodot%C3%A0. - "Perché internet ha bisogno di nuove regole", di Stefano Rodotà, La Repubblica, 27 novembre 2014 (http://www.repubblica.it/tecnologia/2014/11/27/news/perch_internet_ha_bisogno_di_nuove_regole-101524792/?ref=HRER2-1). Contro Rodotà ha polemizzato Massimo Mantellini.

863 https://it.wikipedia.org/wiki/OS_X_Yosemite

864 https://it.wikipedia.org/wiki/HTML5

865 https://it.wikipedia.org/wiki/Anonymous

866 "3-D-Printing Bio-Electronic Parts". Technology Review. 1 December 2014 (https://www.technologyreview.com/s/532816/3-d-printing-bio-electronic-parts/).

867 Princeton University Press, The Digital Einstein Papers, an open-access site for The Collected Papers of Albert Einstein (http://einsteinpapers.press.princeton.edu/) - Overbye, Dennis (4 December 2014). "Thousands of Einstein Documents Are Now a Click Away". New York Times. (https://www.nytimes.com/2014/12/05/science/huge-trove-of-albert-einstein-documents-becomes-available-online.html)

868 "SanDisk Unveils the World's Highest Capacity microSD™ Card". SanDisk. 1 March 2015 (https://www.sandisk.com/about/media-center/press-releases/2015/200gb-sandisk-ultra-microsdxc-uhs-i-card-premium-edition).

869 Ruiz, Rebecca R. (12 March 2015). "F.C.C. Sets Net Neutrality Rules". New York Times (https://www.nytimes.com/2015/03/13/technology/fcc-releases-net-neutrality-rules.html). - FCC Staff (12 March 2015). "Federal Communications Commission - FCC 15-24 - In the Matter of Protecting and Promoting the Open Internet - GN Docket No. 14-28 - Report and Order on Remand, Declaratory Ruling, and Order" (PDF). Federal Communications Commission (http://transition.fcc.gov/Daily_Releases/Daily_Business/2015/db0312/FCC-15-

24A1.pdf).

870 Reisinger, Don (13 April 2015). "Net neutrality rules get published -- let the lawsuits begin". *CNET*
(http://www.cnet.com/news/fccs-net-neutrality-rules-hit-federal-register-lawsuit-underway/).

871 "DARPA Seeks to Create Software Systems That Could Last 100 Years". DARPA. 8 April 2015
(http://www.darpa.mil/NewsEvents/Releases/2015/04/08.aspx).

872 "New WiFi system uses LED lights to boost bandwidth tenfold". *KurzweilAI*. 21 April 2015,
(http://www.kurzweilai.net/new-wi-fi-system-uses-led-lights-to-boost-bandwidth-tenfold).

873 https://it.wikipedia.org/wiki/Anonymous

874 "New Centimeter-Accurate GPS System Could Transform Virtual Reality and Mobile Devices". *The University of Texas at Austin*. 5 May 2015 (https://news.utexas.edu/2015/05/05/engineers-develop-centimeter-accurate-gps-system).

875 "First large-scale graphene fabrication". *Science Daily*. 15 May 2015
(https://www.sciencedaily.com/releases/2015/05/150515001353.htm).

876 http://www.ilpost.it/2015/06/24/presidenti-francesi-spiati-nsa/

877 http://www.lastampa.it/2015/06/07/societa/luomo-che-salva-i-libri-fotocopiando-gli-ebook-ukJzRpPrjXprnro7VZHVal/pagina.html

878 http://www.csoonline.com/article/2943968/data-breach/hacking-team-hacked-attackers-claim-400gb-in-dumped-data.html

879 http://www.ilpost.it/2015/07/06/hacking-team-sudan/ - Su cosa sono i software di intrusione:
http://www.webnews.it/2015/07/14/hacking-team-trojan-malware-armi/

880 https://it.wikipedia.org/wiki/Hacking_Team

881 http://www.ilpost.it/2015/07/11/ellen-pao-reddit/

882 http://www.ilpost.it/2015/07/13/iwata-nintendo-presidente/

883 "Intel and Micron unveil 3D XPoint, a brand new memory technology". *arstechnica*. 29 July 2015
(https://arstechnica.com/gadgets/2015/07/intel-and-micron-unveil-3d-xpoint-a-brand-new-memory-technology/). -
"Intel and Micron Produce Breakthrough Memory Technology". *Intel*. 23 July 2015
(https://newsroom.intel.com/press-kits/introducing-intel-optane-technology-bringing-3d-xpoint-memory-to-storage-and-memory-products/).

884 https://it.wikipedia.org/wiki/Windows_10

885 http://www.ilpost.it/2015/09/18/microsoft-siri-cortana-video/

886 "Philips introduces the world's first quantum dot monitor". Hexus. 3 September 2015
(http://hexus.net/tech/news/monitors/86099-philips-introduces-worlds-first-quantum-dot-monitor/). -
https://www.tomshw.it/recensione-philips-276e6-primo-monitor-quantum-dot-75307

887 http://www.ilpost.it/2015/09/16/la-donna-che-ha-vinto-una-causa-contro-universal/

888 https://it.wikipedia.org/wiki/OS_X_El_Capitan

889  http://www.w3schools.com/browsers/browsers_stats.asp

890 http://www.ilpost.it/2015/10/08/waterstones-kindle/

891 http://www.ilpost.it/2015/10/12/dell-emc/

892 http://www.ilpost.it/2015/11/13/firefox-iphone-ipad-appstore/

893 "Chattanooga Implements World's First Community-wide 10 Gigabit Internet Service". *EPB*. 15 October 2015
(https://epb.com/)

894 http://www.ilpost.it/2015/11/03/activision-blizzard-compra-king-digital/

895 http://www.ansa.it/sito/notizie/tecnologia/hitech/2015/11/11/sony-addio-definitivo-al-betamax_2f1f339f-eb1c-45d1-897f-ec484c9a21a8.html

896 http://www.ilpost.it/2015/11/13/facebook-video-360-gradi-corea-del-nord/

897 http://www.today.it/media/attentati-parigi-social-twitter-facebook-prayforparis.html

898 Email ricevuta nell'account personale, il 15 novembre 2015.

899 "Powering the next billion devices with Wi-Fi". *EurekAlert*. 18 November 2015
(https://www.eurekalert.org/pub_releases/2015-11/uow-ptn111815.php).

900 http://punto-informatico.it/4283734/PI/News/italia-responsabilita-indirette-delle-diffamazioni-anonime.aspx

901 https://it.wikipedia.org/wiki/Manifesto_Debian – La pagina wiki italiana (scarna) con la bio di Murdock:
https://it.wikipedia.org/wiki/Ian_Murdock – Sulla morte di Murdock: http://punto-

informatico.it/4292329/PI/Commenti/lampi-cassandra-ian-murdock-ci-ha-lasciati.aspx

902
http://www.repubblica.it/cultura/2015/11/17/foto/la_parola_dell_anno_per_il_dizionario_oxford_e_un_emoticon-127552169/1/#1

903 http://www.girodivite.it/-CronoWeb-.html

904 Chang, Kenneth (21 January 2016). "New Biggest Prime Number = 2 to the 74 Mil ... Uh, It's Big", in: New York Times (https://www.nytimes.com/2016/01/22/science/new-biggest-prime-number-mersenne-primes.html).
Cooper, Curtis (7 January 2016). "Mersenne Prime Number discovery - 274207281-1 is Prime!". Mersenne Research, Inc.(https://www.mersenne.org/primes/?press=M74207281).

905 https://it.wikipedia.org/wiki/GIMPS - https://en.wikipedia.org/wiki/Great_Internet_Mersenne_Prime_Search

906 PC World. 13 January 2016. (http://www.pcworld.com/article/3021886/hardware/the-worlds-first-13tb-ssd-is-here.html).

907 Berlusconi scopre il web: "Sono alla terza lezione su dieci, parleremo ai giovani tramite internet" / di Marco Catania, in: Il Fatto quotidiano, 16 gennaio 2016 (http://www.ilfattoquotidiano.it/2016/01/16/berlusconi-scopre-il-web-sono-alla-terza-lezione-su-dieci-parleremo-ai-giovani-tramite-internet/465721/).

908 https://it.wikipedia.org/wiki/Marvin_Minsky

909 "Eternal 5D data storage could record the history of humankind". University of Southampton, 15 February 2016. (https://www.southampton.ac.uk/news/2016/02/5d-data-storage-update.page).

910 https://it.wikipedia.org/wiki/Umberto_Eco – Qui si segnala l'intervista rilasciata l'11 maggio 2010 alla community di Wikipedia: https://it.wikinews.org/wiki/Intervista_a_Umberto_Eco

911 https://en.wikipedia.org/wiki/DeepMind - Google AI algorithm masters ancient game of Go". Nature, 27 January 2016 (http://www.nature.com/news/google-ai-algorithm-masters-ancient-game-of-go-1.19234). - "AlphaGo: using machine learning to master the ancient game of Go". Google, 27 January 2016 (https://www.blog.google/topics/machine-learning/alphago-machine-learning-game-go/). - "Google achieves AI 'breakthrough' by beating Go champion". BBC, 27 January 2016 (http://www.bbc.com/news/technology-35420579).

912 Wikipedia->https://en.wikipedia.org/wiki/AlphaGo

913 "GooglÈs AI beats world Go champion in first of five matches". BBC News, 9 March 2016 (http://www.bbc.co.uk/news/technology-35761246).

914 https://it.wikipedia.org/wiki/Andrew_Grove- http://www.rainews.it/dl/rainews/articoli/morto-gorve-fondatore-intel-ffa87b35-7aba-4c9f-b757-a8a389d636d4.html

915 https://it.wikipedia.org/wiki/Gianroberto_Casaleggio

916 "Samsung announces a massive 256GB microSD card". The Verge, 10 May 2016 (https://www.theverge.com/circuitbreaker/2016/5/10/11651020/samsung-massive-256gb-microsd-card).

917 "IBM Scientists Achieve Storage Memory Breakthrough". IBM, 17 May 2016 (https://www-03.ibm.com/press/us/en/pressrelease/49746.wss).

918 Panico per LinkedIn, oltre 100 milioni di password rubate. Dal 2012 / Paolo Attivissimo, in: Il Disinformatico, 27 giugno 2016 (https://attivissimo.blogspot.it/2016/05/panico-per-linkedin-oltre-100-milioni.html)

919 "Google's Tensor Processing Unit could advance Moore's Law 7 years into the future". PC World, 18 May 2016 (http://www.pcworld.com/article/3072256/google-io/googles-tensor-processing-unit-said-to-advance-moores-law-seven-years-into-the-future.html).

920 La storia sulla BBC: Birmingham robber recognised on Facebook is jailed (http://www.bbc.com/news/uk-england-birmingham-36361978). Ne parla Paolo Attivisissmo: Rapinatore catturato: Facebook l'ha suggerito alla vittima come amico, in: Il Disinformatico, 10 giugno 2016 (https://attivissimo.blogspot.it/2016/06/rapinatore-catturato-facebook-lha.html)

921 Il nuovo diritto comunitario all'oblio: in vigore dal 25 maggio 2016 / di Laura Biarella, in: Il Sole 24 ore, 25 maggio 2016 (http://www.diritto24.ilsole24ore.com/art/dirittoCivile/2016-05-25/il-nuovo-diritto-comunitario-oblio-vigore-25-maggio-2016-122503.php).

922 https://attivissimo.blogspot.it/2016/05/storie-di-un-cacciatore-di-hacker-mikko.html

923 Attacco di massa contro gli utenti di Teamviewer e l'azienda stessa / di Paolo Attivissimo, in: Il Disinformatico, 3 giugno 2016 (https://attivissimo.blogspot.it/2016/06/attacco-di-massa-contro-gli-utenti-di.html)

924 Adobe Flash sotto attacco, aggiornatelo / di Paolo Attivissimo, in: Il Disinformatico, 17 giugno 2016 (https://attivissimo.blogspot.it/2016/06/adobe-flash-sotto-attacco-aggiornatelo.html)

925 "China builds world's most powerful computer". *BBC*, 20 June 2016 (http://www.bbc.com/news/technology-36575947).

926 Zuckerberg e la telecamera tappata: perché? / Paolo Attivissimo, in: Il Disinformatico, 24 giugno 2016 (https://attivissimo.blogspot.it/2016/06/zuckerberg-e-la-telecamera-tappata.html)

927 http://www.rainews.it/dl/rainews/articoli/matematici-morto-kalman-padre-tecnologia-gps-d435d9e8-e96b-4146-a45e-8ade20dc1e81.html - https://it.wikipedia.org/wiki/Rudolf_Emil_K%C3%A1lm%C3%A1n

928 http://android.hdblog.it/2016/07/07/avast-acquisisce-avg/

929 https://it.wikipedia.org/wiki/Pok%C3%A9mon_Go

930 http://www.zeusnews.it/n.php?c=24376

931 http://www.zeusnews.it/n.php?c=24378 - VHS, il lunghissimo addio / di Alfonso Maruccia, in: PuntoInformatico, 25 luglio 2016 (http://punto-informatico.it/4330387/PI/News/vhs-lunghissimo-addio.aspx) - Passato-Prossimo/ Addio al VHS, meglio tardi che mai / di Andrea De Prisco, in: Punto Informatico, 26 luglio 2016 (http://punto-informatico.it/4330679/PI/Commenti/passato-prossimo-addio-al-vhs-meglio-tardi-che-mai.aspx). De Prisco ci ricorda anche l'uso del VHS come archivio di memoria digitale.

932 http://www.rainews.it/dl/rainews/articoli/Verizon-ha-comprato-gli-asset-core-legati-al-web-di-Yahoo-per-4e8-miliardi-di-dollari-d9b0480d-180f-4d10-9c16-4599f0c25a4e.html - Verizon compra Yahoo per 5 miliardi di dollari / di Nicola Bruno, in: PuntoInformatico, 25 luglio 2016 (http://punto-informatico.it/4330567/PI/News/verizon-compra-yahoo-miliardi-dollari.aspx).

933 Telegram "violato", le precauzioni da prendere / di Paolo Attivissimo, in: Disinformatico, 5 agosto 2016 (https://attivissimo.blogspot.it/2016/08/telegram-violato-le-precauzioni-da.html)

934 http://www.repubblica.it/tecnologia/2016/08/05/news/25_anni_fa_il_primo_sito_web_cosi_e_iniziata_la_rivoluzione_digitale-145422789/?ref=HREC1-34

935 http://www.girodivite.it/I-primi-25-anni-del-Web.html

936 http://www.zeusnews.it/n.php?c=24445

937 https://twitter.com/ariannahuff/status/763700400314867712 - https://twitter.com/ariannahuff/status/763700400314867712

938 Fonte: Arrestato truffatore online responsabile di oltre 60 milioni di dollari di raggiri / di Paolo Attivissimo, in: Disinformatico, 12 agosto 2016 (https://attivissimo.blogspot.it/2016/08/arrestato-truffatore-online.html)

939 https://siamogeek.com/2016/08/corriere-e-gazzetta-ko-a-ferragosto/

940 https://attivissimo.blogspot.it/2016/08/attacco-coordinato-corriereit-e.html

941 http://www.ilpost.it/2016/08/19/gawker-chiusura/

942 http://gawker.com/gawker-com-to-end-operations-next-week-1785455712

943 Fonte: L'NSA si lascia sfuggire armi informatiche segrete. Ora sono pubbliche / Paolo Attivissimo, su Disinformatico (https://attivissimo.blogspot.it/2016/08/lnsa-si-lascia-sfuggire-armi.html)

944 "New microchip demonstrates efficiency and scalable design". EurekAlert!, 22 August 2016 (https://www.eurekalert.org/pub_releases/2016-08/pues-nmd082216.php). - "Open source 25-core processor can be stringed into a 200,000-core computer". PC World, 24 August 2016 (http://www.pcworld.com/article/3111693/hardware/open-source-25-core-chip-can-be-stringed-into-a-200000-core-computer.html).

945 http://www.lastampa.it/2016/08/29/tecnologia/news/mentana-e-webete-il-neologismo-che-non-lo-viGVYkpFNMuhLEAnRtTpAL/pagina.html

946 http://xmau.com/gergo/index.html

947 Apple ordered to pay €13bn after EU rules Ireland broke state aid laws / Sean Farrell and Henry McDonald, in: The Guardian, 30 agosto 2016 (https://www.theguardian.com/business/2016/aug/30/apple-pay-back-taxes-eu-ruling-ireland-state-aid )

948 http://www.ilsole24ore.com/art/finanza-e-mercati/2016-08-30/su-apple-arriva-scure-bruxelles-l-accordo-tasse-irlanda-105530.shtml

949 http://punto-informatico.it/4336749/PI/News/nuove-regole-della-net-neutrality-europea.aspx

950 http://berec.europa.eu/eng/document_register/subject_matter/berec/press_releases/6163-press-release-berec-publishes-guidelines-on-net-neutrality

951 "For first time, carbon nanotube transistors outperform silicon". Phys.org, 2 September 2016 (https://phys.org/news/2016-09-carbon-nanotube-transistors-outperform-silicon.html).

952 http://punto-informatico.it/4337615/PI/Commenti/cassandra-crossing-exit-the-esc.aspx

953 http://curia.europa.eu/juris/document/document.jsf?docid=183124&mode=req&pageIndex=1&dir=&occ=first&part=1&text=&doclang=EN&cid=808369

954 http://www.zeusnews.it/n.php?c=24575

955 https://it.wikipedia.org/wiki/RAF_Menwith_Hill

956 http://www.zeusnews.it/n.php?c=24561

957 http://www.mantellini.it/2016/09/09/il-parlamento-contro-il-digitale/

958 http://attivissimo.blogspot.it/2014/12/cinavia-il-sistema-antipirateria.html

959 Hacker di Taiwan che diventa ministro per il digitale / di Clara Attene, in: Venerdì di Repubblica, 16 settembre 2016. - Audrey Tang, 35 anni, viene data come ministro per il digitale a partire dall'1 ottobre 2016, a Taiwan, Cfr: http://www.cinquantamila.it/storyTellerArticolo.php?storyId=0000002370049

960 https://twitter.com/twitter/status/777915304261193728/photo/1

961 http://www.webnews.it/2016/09/21/cyberbullismo-legge-passa-camera/

962 https://motherboard.vice.com/it/article/pg35nz/la-corea-del-nord-ha-soltanto-28-siti-web

963 http://www.zeusnews.it/n.php?c=24624

964 https://www.pressenza.com/it/2016/09/facebook-e-israele-annunciano-ufficialmente-una-collaborazione-per-censurare-contenuti-sui-social-media/

965 http://www.activistpost.com/2016/09/facebook-israel-officially-announce-collaboration-censor-social-media-content.html

966 http://www.webnews.it/2016/09/27/compleanno-google-18-anni/

967 http://www.ilpost.it/2016/09/27/compleanno-google-2

968 "Elon Musk outlines Mars colony vision". BBC, 27 September 2016 (http://www.bbc.co.uk/news/science-environment-37486372).

969 http://www.webnews.it/2016/09/26/prima-musica-generata-computer-1951/

970 http://sploid.gizmodo.com/this-old-ass-commodore-64-is-still-being-used-to-run-an-1787196319

971 http://www.webnews.it/2016/09/29/libero-e-virgilio-abbracciano-bing/

972 http://www.huffingtonpost.it/riccardo-luna/digital-champion-salutare-_b_12247372.html

973 http://www.webnews.it/2016/09/30/digital-champion-luna-italia-nuovo/

974 http://www.webnews.it/2016/09/30/diego-piacentini-commissario-bando-team-digitale/

975 http://www.zeusnews.it/n.php?c=24660 - http://punto-informatico.it/4344778/PI/News/internet-governance-poteri-alla-comunita-internazionale.aspx

976 http://www.webnews.it/2016/10/03/arduino-holding-pace-arduino-llc-arduino-srl/

977 http://mobile.hdblog.it/2016/10/05/wikileaks-compie-10-anni/

978 https://www.youtube.com/watch?v=7zeLHte3YHE

979 http://www.zeusnews.it/n.php?c=24673

980 http://www.reuters.com/article/us-yahoo-nsa-exclusive-idUSKCN1241YT

981 http://punto-informatico.it/4345253/PI/News/yahoo-una-backdoor-intelligence-usa.aspx

982 http://punto-informatico.it/4345428/PI/News/commissario-digitale-italiano-arriva-amazon.aspx

983 http://www.internetfestival.it/

984 http://2011.internetfestival.it/

985 http://2012.internetfestival.it/

986 http://2013.internetfestival.it/

987 http://2014.internetfestival.it/

988 http://2015.internetfestival.it/

989 http://www.webnews.it/2016/10/06/inaugurazione-apple-academy-napoli

990 http://www.zeusnews.it/n.php?c=24683

991 https://www.wired.it/internet/web/2016/10/10/streaming-sta-mangiando-internet/

992 http://www.webnews.it/2016/10/11/samsung-sospende-le-vendite-del-galaxy-note-7/

993 "'Asgardia' to become the first new Space Nation". room.eu (https://room.eu.com/community/asgardia-to-become-the-first-new-space-nation). - "Asgardia – The Space Nation". Asgardia. October 2016 (https://asgardia.space/en/). - "Scientists plan to create 'Asgardia' nation state in space". BBC News,. 13 October 2016

(http://www.bbc.co.uk/news/world-europe-37650274).

994 http://www.webnews.it/2016/10/13/realta-virtuale-playstation-vr/

995 http://www.giornalettismo.com/archives/2173881/parlare-con-i-morti-app

996 http://attivissimo.blogspot.it/2016/10/dodicenne-riceve-una-fattura-di-100000.html

997 http://www.deejay.it/audio/addio-al-blog-di-linus/497988/

998 http://www.zeusnews.it/n.php?c=24717

999 "Historic Achievement: Microsoft researchers reach human parity in conversational speech recognition". Microsoft, 18 October 2016 (https://blogs.microsoft.com/ai/2016/10/18/historic-achievement-microsoft-researchers-reach-human-parity-conversational-speech-recognition/#sm.001s3z8lp16arf32vl02kbj9pz25v). - "Achieving Human Parity in Conversational Speech Recognition". Arxiv, 17 October 2016 (https://arxiv.org/abs/1610.05256).

1000 http://gizmodo.com/what-is-dns-and-why-does-it-make-the-internet-break-1788065317

1001 https://www.wired.it/internet/web/2016/10/23/come-funziona-mirai-il-malware-che-ha-spento-internet/

1002 https://www.wired.it/internet/web/2016/10/21/attacco-ddos-ha-spento-mezza-internet/

1003 http://www.webnews.it/2016/10/21/cracker-mettono-in-ginocchio-molti-big-del-web/

1004 http://www.ilpost.it/2016/10/24/attacco-informatico-venerdi-21-ottobre-mirai-dyn/

1005 https://www.wired.it/internet/web/2016/10/24/chiavi-di-internet-nelle-mani-di-14-persone/

1006 http://punto-informatico.it/4349754/PI/News/dns-venerdi-nero-internet.aspx

1007 http://attivissimo.blogspot.it/2016/10/lattacco-delle-centomila-telecamere-che.html

1008 http://attivissimo.blogspot.it/2016/10/e-bastata-una-mail-per-fregare-laccount.html

1009 http://attivissimo.blogspot.it/2016/10/donald-trump-usa-server-obsoleti-e.html

1010 http://attivissimo.blogspot.it/2016/10/archeoinformatica-25-anni-di-sosumi.html

1011 http://www.linkiesta.it/it/article/2016/10/26/da-netflix-a-mps-le-dieci-notizie-economiche-piu-importanti-della-sett/32197/

1012 https://www.01net.it/11-tecnologie-per-industria-4-0/

1013 http://attivissimo.blogspot.it/2016/10/le-novita-di-apple-umiliate-da-quelle.html

1014 http://www.ilpost.it/massimomantellini/2016/10/28/il-mondo-capovolto-di-apple-e-microsoft/

1015 http://www.notavterzovalico.info/2016/10/anonymous-dalla-parte-dei-no-tav-terzo-valico/

1016 https://fatalquiete.tumblr.com/post/152523757277 – Ci sono andato il 20170812 a controllare, e il sito risultava svuotato.

1017 http://www.rainews.it/dl/rainews/articoli/internet-storico-sorpasso-smartphone-su-pc-per-pagine-visitate-ec24711c-1246-4207-8d4a-2e24a3ab7781.html

1018 http://mobile.hdblog.it/2016/11/07/3-Italia-Wind-controllate-joint-venture-CK-Hutchison-VimpelCom/ - http://punto-informatico.it/4353616/PI/News/wind-h3g-danno-vita-windtreit.aspx

1019 http://www.zeusnews.it/n.php?c=24769

1020 http://www.webnews.it/2016/11/08/il-ministero-della-difesa-adotta-windows-10/

1021 https://motherboard.vice.com/pt_br/article/ypnmwg/temer-vai-trocar-software-livre-por-programas-da-microsoft-em-todo-o-governo-federal

1022 http://punto-informatico.it/4353458/PI/Commenti/lampi-cassandra-spid-non-spid.aspx

1023 http://www.zeusnews.it/n.php?c=24774

1024 http://www.historyofinformation.com/expanded.php?id=936

1025 https://www.wired.it/internet/web/2016/11/08/web-summit-lisbona/

1026 https://www.wired.it/internet/web/2016/11/09/dominio-fatto-emoji/

1027 https://www.wired.it/gadget/computer/2016/11/09/la-voce-mail-aol-autista-uber/

1028 http://punto-informatico.it/4353781/PI/News/francia-tutti-nel-database-biometrico.aspx

1029 http://punto-informatico.it/4354105/PI/News/streaming-pirata-maxi-sequestro-roma.aspx - http://www.zeusnews.it/n.php?c=24777

1030 http://www.zeusnews.it/n.php?c=24792

1031 http://punto-informatico.it/4354759/PI/News/ue-complica-prestito-degli-e-book-nelle-biblioteche.aspx

1032 http://android.hdblog.it/2016/11/15/Google-FotoScan-digitali-scannerizzare-foto/ - http://www.webnews.it/2016/11/16/google-fotoscan-digitalizza-vecchie-foto/ - https://www.wired.it/mobile/app/2016/11/15/google-foto-scan-prova-in-anteprima/

1033 http://guardian.tumblr.com/post/153256256165/2016s-word-of-the-year-is-oxford-dictionaries

1034 http://www.hdblog.it/2016/11/17/microsoft-linux-foundation-google-net-foundation/

1035 http://punto-informatico.it/4355859/PI/News/microsoft-cuore-linux.aspx

1036 https://www.wired.it/internet/web/2016/11/17/ventanni-di-icq-la-chat-che-cera-prima-delle-altre-chat/

1037 https://it.wikipedia.org/wiki/Margaret_Hamilton_(scienziata)

1038 http://www.zeusnews.it/n.php?c=24823

1039 https://www.wired.it/attualita/tech/2016/11/27/wordpress-contro-wix-un-riepilogo-per-chi-se-le-perso/

1040 https://siamogeek.com/2016/11/non-e-vero-ma-ci-credo/

1041 https://emojipedia.org/

1042 https://www.wired.it/internet/web/2016/12/02/internet-archive-trump-canada/

1043 http://www.festadellarete.it/

1044 http://www.mantellini.it/2016/12/02/la-felpa-della-rete/

1045 http://www.rainews.it/dl/rainews/articoli/internet-sfondato-tetto-3-milioni-domini-punto-it-f7494459-3a48-4ce0-9ae1-9daa8bdeba23.html

1046 http://www.zeusnews.it/n.php?c=24846

1047 http://www.webnews.it/2016/12/14/2016-anno-ricerche-google/

1048 https://www.wired.it/attualita/tech/2016/12/15/yahoo-violazioni-account/

1049 http://attivissimo.blogspot.it/2016/12/il-cinico-business-delle-bufale-prima.html

1050 http://www.zeusnews.it/n.php?c=24883

1051 http://www.mantellini.it/2016/12/18/a-cosa-serve-internet-a-non-citare-pasolini-a-caso/

1052 https://www.chiccheinformatiche.com/oknotizie-virgilio-lo-ha-chiuso-definitivamente-a-partire-da-febbraio/ - http://www.agoravox.it/OKNOtizie-addio-downgrade-per-il.html

1053 https://netmarketshare.com/

1054 http://mobile.hdblog.it/2017/01/02/browser-desktop-2016-netmarketshare/

1055 http://punto-informatico.it/4363185/PI/News/francia-vara-diritto-alla-disconnessione.aspx

1056 http://www.repubblica.it/tecnologia/2017/01/02/news/la_cassazione_i_siti_sono_responsabili_per_i_commenti_dei_lettori_-155302285/

1057 http://punto-informatico.it/4363300/PI/News/cassazione-commenti-pericolosi.aspx

1058 https://www.wired.it/attualita/media/2017/01/05/apple-cina-new-york-times-censura/

1059 http://punto-informatico.it/4364337/PI/News/cyberspionaggio-all-italiana-due-arresti.aspx

1060 http://www.zeusnews.it/n.php?c=24944

1061 http://www.webnews.it/2017/01/11/norvegia-stazioni-radio-digitale/

1062 http://www.lacostituzione.info/index.php/2017/01/14/parlamento-europeo-approvata-la-risoluzione-per-le-leggi-sulla-robotica/

1063 https://www.wired.it/attualita/politica/2017/01/18/chelsea-manning-libera-17-maggio-2017/

1064 http://www.rainews.it/dl/rainews/articoli/La-Russia-proroga-il-permesso-di-soggiorno-a-Edward-Snowden-c3f17e37-0b3b-4b4a-b0f8-348941b7d3d1.html

1065 http://www.webnews.it/2017/01/18/spid-1-milione/

1066 https://www.wired.it/gadget/videogiochi/2017/01/30/addio-papa-pac-man/

1067 https://www.wired.it/mobile/app/2017/01/31/chat-room-maschere-3d-icq/

1068 "First ever blueprint unveiled to construct a large scale quantum computer". University of Sussex. 1 February 2017 (http://www.sussex.ac.uk/newsandevents/index?id=38900). - "Quantum computing breakthrough could help 'change life completely', say scientists". The Independent. 2 February 2017 (http://www.independent.co.uk/news/science/quantum-computers-quantum-physics-sussex-university-holy-grail-a7558036.html).

1069 https://www.wired.it/internet/web/2017/02/02/qwant-ricerca-privacy-italia/

1070 https://www.qwant.com/

1071 http://www.linkiesta.it/it/article/2017/02/13/e-adesso-ce-un-motore-di-ricerca-apposta-per-i-contenuti-senza-copyrig/33234/

1072 http://punto-informatico.it/4370848/PI/News/boldrini-lettera-aperta-zuckerberg.aspx

1073 http://punto-informatico.it/4370831/PI/Commenti/cassandra-crossing-numeri-dell-egov-spid.aspx

1074 http://mobile.hdblog.it/2017/02/13/societa-piu-innovative-2017-fast-company/ - In inglese: https://www.fastcompany.com/3067756/announcing-the-2017-worlds-50-most-innovative-companies

1075 http://punto-informatico.it/4371210/PI/News/microsoft-convenzione-ginevra-digitale.aspx

1076 http://punto-informatico.it/4371878/PI/News/zuckerberg-come-costruire-una-comunita-globale.aspx

1077 https://www.facebook.com/notes/mark-zuckerberg/building-global-community/10103508221158471/

1078 https://medium.com/italia/un-aggiornamento-da-medium-italia-bdc0194f315f

1079 http://www.ilpost.it/2017/02/21/oggi-chiude-medium-italia-lo-spazio-della-piattaforma-medium-che-pubblicava-e-promuoveva-contenuti-in-italiano/

1080 https://it.wikipedia.org/wiki/Medium_(sito_web)

1081 http://www.zeusnews.it/n.php?c=25036

1082 http://www.linkiesta.it/it/article/2017/02/28/technology-for-people-il-piu-grande-passo-avanti-dagli-albori-dellera-/33400/

1083 http://tendenzeonline.info/articoli/2017/02/02/la-tecnologia-al-servizio-delle-persone/

1084 https://www.slashgear.com/amazon-aws-outage-means-the-internet-is-down-28476703/

1085 http://punto-informatico.it/4374025/PI/News/notte-cui-amazon-ruppe-internet.aspx

1086 http://mobile.hdblog.it/2017/03/03/guasto-internet-28-febbraio-aws-errore-battitura/

1087 https://motherboard.vice.com/it/article/78qppz/claudio-guarnieri-intervista-amnesty-diritti-umani

1088 https://www.wired.it/attualita/tech/2017/03/03/p101-olivetti-triennale/

1089 http://www.zeusnews.it/n.php?c=25061

1090 https://www.wired.it/attualita/tech/2017/03/07/wikileaks-cia-spia/

1091 http://www.zeusnews.it/n.php?c=25084

1092 https://www.wired.it/attualita/tech/2017/03/13/internet-secondo-tim-berners-lee/

1093 http://www.zeusnews.it/n.php?c=25128

1094 http://punto-informatico.it/4379248/PI/News/tutto-mondo-open-source-google-un-sito-web.aspx

1095 http://www.hdblog.it/2017/04/04/Nobel-informatica-Tim-Berners-Lee-World-Wide-Web/

1096 http://punto-informatico.it/4380198/PI/News/oath-yahoo-verizon-giurano-che-tutto-vero.aspx

1097 http://punto-informatico.it/4380254/PI/News/storico-sorpasso-android-windows.aspx

1098 https://www.vice.com/it/article/wn9mb9/the-startup-film-recensione-mark-zuckerberg-italiano

1099 http://www.zeusnews.it/n.php?c=25184

1100 https://www.wired.it/economia/business/2017/04/18/amazon-pay-italia/

1101 http://punto-informatico.it/4383647/PI/News/jimmy-wales-collaborazione-contro-fake-news.aspx

1102 http://www.ilpost.it/2017/04/27/primo-banner-web/

1103 http://www.webnews.it/2017/04/27/usa-fcc-net-neutrality/

1104 http://www.giornalettismo.com/archives/2214299/internet-day-diretta-streaming

1105 https://www.wired.it/gadget/computer/2017/04/28/museo-informatica-vintage-sicilia/

1106 http://punto-informatico.it/4384406/PI/News/microsoft-istruzione-base-windows-10-s-app-surface-laptop.aspx

1107 http://www.zeusnews.it/n.php?c=25248

1108 http://punto-informatico.it/4384457/PI/News/cina-una-grande-muraglia-culturale-online-nel-2028.aspx

1109 https://www.wired.it/economia/finanza/2017/05/04/google-306-milioni-euro-fisco/

1110 http://www.zeusnews.it/n.php?c=25255

1111 http://www.zeusnews.it/n.php?c=25257

1112 http://www.curiosone.tv/10-siti-internet-piu-spaventosi-del-web-145182/

1113 https://www.wired.it/mobile/smartphone/2017/05/09/fuchsia-progetto-google-suo-terzo-sistema-operativo/

1114 http://punto-informatico.it/4385227/PI/News/fuchsia-faccia-del-nuovo-os-google.aspx

1115 http://www.zeusnews.it/n.php?c=25280

1116 http://gilioli.blogautore.espresso.repubblica.it/2017/05/12/uno-che-si-chiama-gucci/

1117 http://www.zeusnews.it/n.php?c=25284

1118 http://www.corriere.it/cronache/17_maggio_12/vent-anni-fa-prima-foto-inviata-il-telefono-cellulare-sophie-neonata-810bc894-3683-11e7-94ce-afebf1f6f61a.shtml

1119 http://attivissimo.blogspot.it/2017/05/wanacryptor-attacco-ransomware.html

1120 http://punto-informatico.it/4386422/PI/News/wannacry-analisi-tecnica-del-ransomware.aspx

1121 http://www.zeusnews.it/n.php?c=25290

1122 http://www.ilpost.it/massimomantellini/2017/05/09/il-mio-rosario-di-benedizioni/

1123 http://www.webnews.it/2017/05/15/mp3-morto/

1124 http://www.primaonline.it/2017/05/16/257139/comscore-utenti-via-mobile-superano-utenti-da-desktop/

1125 http://www.ilpost.it/2017/05/17/apple-pay-italia/

1126 https://www.wired.it/mobile/smartphone/2017/05/17/apple-pay-in-italia/

1127 https://www.wired.it/attualita/politica/2017/05/17/chelsea-manning-libera/

1128 http://punto-informatico.it/4387541/PI/News/archiviata-accusa-stupro-assange-ma-liberta-lontana.aspx

1129 http://www.zeusnews.it/n.php?c=25296

1130 https://www.wired.it/internet/web/2017/05/29/google-chrome-ha-vinto-la-guerra-dei-browser/

1131 http://www.webnews.it/2017/05/29/g7-terrorismo-internet-taormina/

1132 https://www.wired.it/attualita/2017/05/29/vpn-regime-lossessione-del-governo-turco/

1133 http://www.glistatigenerali.com/media_relazioni/nel-mare-magnum-con-ippolita/

1134 https://www.tagesanzeiger.ch/zuerich/verbrechen-und-unfaelle/Erster-Prozess-wegen-Gefaellt-mirKlick-in-der-Schweiz/story/17451455

1135 http://games.hdblog.it/2017/05/31/Playstation-3-cessata-produzione/

1136 https://www.wired.it/gadget/videogiochi/2017/05/31/sony-ultima-playstation-3/

1137 http://www.ilpost.it/2017/06/01/etiopia-bloccato-accesso-internet-cellulari/

1138 "Civilization on Mars could take 100 years to establish, says Elon Musk". *CNET*. 16 June 2017 (https://www.cnet.com/news/civilization-on-mars-could-take-100-years-to-establish-says-elon-musk/).

1139 http://www.zeusnews.it/n.php?c=25392

1140 http://punto-informatico.it/4389380/PI/News/windows-10-anticipazione-involontaria-versioni-inedite.aspx

1141 http://punto-informatico.it/4389077/PI/News/internet-europei-se-passano-bene.aspx

1142 http://punto-informatico.it/4389067/PI/News/pa-approvato-piano-triennale-informatica.aspx

1143 http://www.zeusnews.it/n.php?c=25394

1144 http://www.webnews.it/2017/06/06/garante-privacy-relazione-annuale/

1145 http://punto-informatico.it/4390051/PI/News/garante-privacy-un-anno-battaglie-vinte.aspx

1146 http://www.mantellini.it/2017/06/06/la-solita-rete-italiana-di-pirati-e-pedopornografi/

1147 https://www.01net.it/blockstack-internet-blockchain/

1148 http://www.webnews.it/2017/06/09/windows-10-arm-scontro-intel-qualcomm/

1149 http://www.zeusnews.it/n.php?c=25412

1150 http://www.zeusnews.it/n.php?c=25436

1151 http://www.zeusnews.it/n.php?c=25362

1152 http://punto-informatico.it/4391049/PI/News/crash-override-stuxnet-che-viene-dalla-russia.aspx

1153 http://www.webnews.it/2017/06/14/yahoo-passa-nelle-mani-di-verizon/

1154 http://punto-informatico.it/4391202/PI/News/verizon-yahoo-danno-vita-oath.aspx

1155 http://www.zeusnews.it/n.php?c=25446

1156 http://punto-informatico.it/4391250/PI/News/decisione-ecj-the-pirate-bay.aspx

1157 https://www.wired.it/attualita/media/2017/06/19/assange-5-anni-ambasciata-ecuador/

1158 https://www.wired.it/attualita/politica/2017/06/19/venezuela-twitter-maduro/

1159 http://www.zeusnews.it/n.php?c=25461

1160 https://www.wired.it/internet/social-network/2017/06/20/10-social-network-dimenticati/

1161 http://www.giornalettismo.com/archives/2221697/hacker-alfano-ministero-esteri

1162 http://punto-informatico.it/4392028/PI/News/anonymous-ministero-degli-esteri-sotto-attacco.aspx

1163 http://www.mantellini.it/2017/06/20/lestetica-apple-e-la-mia-scenic/

1164 http://www.girodivite.it/Stefano-Rodota-RIP.html

1165 https://it.wikipedia.org/wiki/Stefano_Rodot%C3%A0

1166 http://punto-informatico.it/4392511/PI/News/windows-10-codice-sorgente-finito-rete.aspx

1167 http://www.zeusnews.it/n.php?c=25485

1168 http://www.ilpost.it/2017/06/27/unione-europea-multa-google/

1169 http://punto-informatico.it/4392758/PI/News/petyanotpetya-vaccini-analisi.aspx

1170 http://punto-informatico.it/4393195/PI/News/open-fiber-luglio-81-citta-raggiunte-ftth-1gbps.aspx

1171 http://www.webnews.it/2017/07/06/ecommerce-evasione-fiscale-stockisti/

1172 http://attivissimo.blogspot.it/2017/07/gangnam-style-non-e-piu-il-video-piu.html

1173 http://attivissimo.blogspot.it/2017/07/usare-il-font-sbagliato-puo-costare-il.html

1174 http://www.lastampa.it/2017/07/15/tecnologia/giochi/addio-extremelot-chiude-il-gioco-di-ruolo-via-chat-pi-vecchio-ditalia-JfAlZkl5QJp5toAF55Yk1L/pagina.html

1175 http://www.webnews.it/2017/07/17/facebook-festeggia-il-world-emoji-day/

1176 http://www.ilmessaggero.it/primopiano/cronaca/foto_rubate_vip_assolti_i_blogger_lucarelli_neri_e_soncini-2567003.html

1177 http://www.zeusnews.it/n.php?c=25607

1178 http://punto-informatico.it/4395332/PI/Commenti/consigli-cassandra-italian-hacker-embassyatsha2017.aspx

1179 http://www.webnews.it/2017/07/20/stazione-spaziale-internazionale-street-view/

1180 http://www.genova24.it/2017/07/inps-internet-tilt-usb-disastro-esternalizzare-linformatica-183525/

1181 https://www.wired.it/attualita/tech/2017/07/20/sequestro-dark-web-piattaforme/

1182 http://mobile.hdblog.it/2017/07/21/dark-web-sequestro-hansa-alphabay/

1183 http://www.webnews.it/2017/07/20/realta-virtuale-google-expeditions/

1184 https://motherboard.vice.com/it/article/zmvkp8/la-strana-storia-dello-sfondo-piu-famoso-di-windows

1185 http://punto-informatico.it/4395329/PI/Commenti/cassandra-crossing-spid-cambiare.aspx

1186 http://www.linkiesta.it/it/article/2017/07/24/vivo-a-bali-lavoro-a-milano-la-vita-da-sogno-dei-digital-nomad/35010/

1187 http://espresso.repubblica.it/visioni/cultura/2017/07/21/news/c-e-un-motivo-se-stiamo-sempre-a-smanettare-con-il-cellulare-1.306253

1188 https://www.wired.it/gadget/videogiochi/2017/07/25/scegliere-console-retrogaming/

1189 http://www.repubblica.it/tecnologia/2017/07/24/news/addio_a_microsoft_paint_windows_10_spegne_l_app-171511428/?ref=fbpr

1190 http://www.ilpost.it/2017/07/25/programmi-computer-anni-novanta/

1191 http://punto-informatico.it/4396131/PI/Commenti/lampi-cassandra-diritto-indignarsi.aspx

1192 http://www.ilpost.it/2017/07/26/fine-flash-2020/

1193 http://www.webnews.it/2017/07/26/rip-flash-1996-2020/

1194 http://www.milliondollarhomepage.com/

1195 https://motherboard.vice.com/it/article/59pew5/million-dollar-homepage-cimitero-link-rot

1196 http://www.webnews.it/2017/07/26/chrome-60-download-windows-macos-linux/

1197 http://www.webnews.it/2017/07/27/whatsapp-1-miliardo-di-utenti-attivi-al-giorno/

1198 http://punto-informatico.it/4396427/PI/News/unicredit-breccia-400mila-utenti.aspx

1199 http://www.girodivite.it/Il-CronoWeb-prima-edizione.html

1200 https://www.hdblog.it/2017/07/27/Google-Instant-Search-stop-desktop/

1201 http://punto-informatico.it/4396415/PI/News/kaspersky-antivirus-gratis-tutti.aspx

1202 http://gilioli.blogautore.espresso.repubblica.it/2017/07/28/luoghi-pubblici-e-norme-private/

1203 http://www.webnews.it/2017/07/28/apple-pensione-ipod-nano-ipod-shuffle/

1204 http://stranieroallaterra.tumblr.com/post/163516555732/qualcuno-era-sistemista-monologo-da-terziario

1205 http://tech.everyeye.it/notizie/alla-defcon-seggi-elettronici-statunitensi-sono-stati-craccati-in-90-minuti-300364.html

1206 http://thehill.com/policy/cybersecurity/344488-hackers-break-into-voting-machines-in-minutes-at-hacking-competition

1207 https://rousseau.movimento5stelle.it/

1208 http://www.repubblica.it/politica/2017/08/02/news/hacker_online_dimostra_la_vulnerabilita_di_rousseau_ho_bucato_il_sito_dati_a_rischio_-172221493/

1209 http://attivissimo.blogspot.it/2017/08/due-parole-sule-vulnerabilita-di.html

1210 http://www.valigiablu.it/hacker-grillo-rousseau/

1211 https://www.clodo.it/blog/hack5stelle-riassunto/

1212 http://www.zeusnews.it/n.php?c=25651

1213 http://www.zeusnews.it/n.php?c=25657

1214 http://www.zeusnews.it/n.php?c=25652

1215 http://www.zeusnews.it/n.php?c=25660

1216 http://www.rainews.it/dl/rainews/articoli/fondatore-google-larry-page-cittadino-onorario-di-agrigento-2023d81b-31f3-45e0-bf4b-2b1f35980834.html

1217 http://www.zeusnews.it/n.php?c=25662

1218 http://www.zeusnews.it/n.php?c=25665

1219 http://www.ilsole24ore.com/art/commenti-e-idee/2017-08-08/perche-facebook-dovrebbe-pagarci-salario-minimo-195115.shtml?uuid=AEkqkbAC&cmpid=nl_7

1220 http://www.zeusnews.it/n.php?c=25673

1221 https://www.sciencedaily.com/releases/2017/08/170810104911.htm

1222 https://www.eurekalert.org/pub_releases/2017-08/bu-srf080817.php

1223 http://www.telegraph.co.uk/science/2017/08/10/ultrafast-wi-fi-horizon-scientists-send-data-100-times-current/

1224 http://www.lastampa.it/2017/08/11/esteri/lingegnere-licenziato-da-google-per-la-nota-sessista-scrive-al-wsj-compagnia-ideologica-uFJMvwlyrfvhpCROjiluJK/pagina.html

1225 http://www.zeusnews.it/n.php?c=25676

1226 https://www.wired.it/scienza/spazio/2017/08/11/45-anni-landsat-pianeta/

1227 https://www.wired.it/internet/social-network/2017/08/11/sarahah-contrario-sincerita/

1228 https://www.wired.it/economia/business/2017/08/18/sarahah-moda-conti/

1229 https://www.wired.it/mobile/smartphone/2017/08/11/samsung-internet-browser-android/

1230 http://www.zeusnews.it/n.php?c=25674

1231 https://www.eurekalert.org/pub_releases/2017-08/aabu-ei081117.php

1232 https://mobile.hdblog.it/2017/08/16/Facebook-Marketplace-mercatino-virtuale-Italia/

1233 http://www.mantellini.it/2017/08/17/lasciate-che-gli-idioti-vengano-a-me/

1234 https://www.wired.it/attualita/tech/2017/08/17/bitcoin-spazio-sistema-satellitare-criptovaluta-internet/

1235 http://www.ilmessaggero.it/primopiano/esteri/diciottenne_muore_un_centro_curare_la_dipendenza_da_internet_corpo_pieno_di_cicatrici-2621326.html

1236 http://www.ilpost.it/2017/08/17/angela-merkel-emoji-smiley/

1237 http://www.zeusnews.it/n.php?c=25682

1238 http://www.zeusnews.it/n.php?c=25687

1239 http://www.lastampa.it/2017/08/18/tecnologia/news/google-paga-apple-miliardi-allanno-per-rimanere-sulliphone-S75aek0ZAfHeTRRCFkV5RJ/pagina.html

1240 http://www.androidworld.it/tag/android-oreo/

1241 https://www.wired.it/mobile/smartphone/2017/08/22/google-annuncia-android-oreo/

1242 https://motherboard.vice.com/it/article/paakx8/siamo-stati-a-sha2017-il-piu-grande-campeggio-europeo-di-hacker

1243 http://www.webnews.it/2017/08/23/google-chrome-enterprise-aziende/

1244 http://www.ilpost.it/2017/08/23/village-voice-sito-online/

1245 http://www.zeusnews.it/n.php?c=25697

1246 http://www.corriere.it/economia/17_agosto_24/telecom-sparkle-resti-italiana-b3ea4f9a-890f-11e7-9e21-3852ec61e221.shtml

1247 http://www.dagospia.com/rubrica-4/business/les-jeux-sont-faits-nbsp-ldquo-sparkle-resti-italiana-rdquo-nbsp-dopo-154872.htm

1248 https://mobile.hdblog.it/2017/08/28/Giappone-senza-internet-colpa-Google/

1249 http://www.ilpost.it/massimomantellini/2017/08/28/la-differenza-fra-i-troll-e-salvini/

1250 http://punto-informatico.it/4399437/PI/News/vault-7-expresslane-spioni-spiati-dagli-spioni.aspx

1251 https://www.zeusnews.it/n.php?c=25706

1252 http://punto-informatico.it/s_4394769/Download/News/opensc.aspx?utm_source=17846

1253 http://www.ilpost.it/2017/08/29/youtube-nuovo-logo-grafica/

1254 https://www.zeusnews.it/n.php?c=25713

1255 https://www.wired.it/attualita/tech/2017/08/31/false-email-agenzia-entrate-phishing-fisco/

1256 http://www.webnews.it/2017/09/01/apple-net-neutrality/

1257 http://www.linkiesta.it/it/article/2017/09/02/puoi-mentire-a-tutti-tranne-a-google/35365/

1258 http://punto-informatico.it/4400610/PI/News/google-sospettata-censurare-voci-scomode.aspx

1259 http://punto-informatico.it/4400677/PI/News/reddit-chiude-sorgenti-del-suo-codice.aspx

1260 http://www.ilpost.it/2017/09/05/youtube-salvare-video-mp3-chiude/

1261 http://punto-informatico.it/4400886/PI/News/youtube-mp3-fine-del-viaggio-nella-causa-riaa.aspx

1262 http://www.webnews.it/2017/09/05/addio-apple-music-festival/

1263 https://huawei.hdblog.it/2017/09/06/huawei-secondo-posto-mercato-smartphone/

1264 http://punto-informatico.it/4401032/PI/News/corte-strasburgo-confine-email-aziendali-diritti-dei-lavoratori.aspx

1265 https://www.zeusnews.it/n.php?c=25730

1266 https://www.wired.it/economia/business/2017/09/07/pec-posta-certificata/

1267 https://motherboard.vice.com/it/article/evv3xp/i-video-che-metti-online-vengono-spiati-dalla-polizia-italiana?utm_source=mbfbit

1268 http://www.ilpost.it/2017/09/08/equifax-hacker/

1269 http://attivissimo.blogspot.it/2017/09/rubati-i-dati-di-meta-degli-americani.html

1270 https://grafton9.net/

1271 https://motherboard.vice.com/it/article/5998nq/grafton9-e-un-archivio-digitale-di-riviste-cyberpunk-italiane

1272 http://www.giornalettismo.com/archives/2630832/libero-attacco-hacker-live

1273 http://www.ilfattoquotidiano.it/2017/09/08/libero-quotidiano-offline-siamo-sotto-attacco-hacker/3844362/

1274 http://attivissimo.blogspot.it/2017/09/lappuntamento-online-piu-imbarazzante.html

1275 http://www.giornalettismo.com/archives/2630892/blue-whale-bufala

1276 https://www.tumblr.com/dashboard/blog/masuoka/165218421594

1277 https://www.wired.com/2013/12/googles-doodle-honors-grace-hopper-and-entomology/

1278 http://www.ilpost.it/2017/09/12/e-morto-il-matematico-lotfi-zadeh-inventore-della-teoria-degli-insiemi-fuzzy/

1279 https://www.agendadigitale.eu/cultura-digitale/il-contagio-morale-sui-social-un-modello-matematico-per-capirci-di-piu/

1280 https://mobile.hdblog.it/2017/09/12/WiFi4EU-WiFi-pubblico-gratuito-Europa-realta/

1281 https://mobile.hdblog.it/2014/12/09/Rilasciate-le-specifiche-10-dello-standard-aperto-FIDO/

1282 https://www.wired.it/mobile/smartphone/2017/09/13/apple-presenta-phone-x-iphone-8/

1283 http://www.mantellini.it/2017/09/12/dopo-la-funzione-apple/

1284 http://www.giornalettismo.com/archives/2631494/scivolone-apple-sul-palco-provano-sbloccare-liphone-faceid-due-volte-video

1285 http://www.huffingtonpost.it/2017/09/12/grande-giorno-alla-apple-e-la-nostra-prima-presentazione-al-teatro-voluto-da-steve-jobs_a_23206116/

1286 http://www.webnews.it/2017/09/13/facebook-messenger-saluta-gli-instant-articles/

1287 https://mobile.hdblog.it/2017/09/13/whatsapp-bran-acton-dimissioni/

1288 http://www.ilpost.it/massimomantellini/2017/07/11/fascisti-su-internet/

1289 http://punto-informatico.it/4402191/PI/News/usa-kaspersky-bandita-ufficialmente.aspx

1290 http://punto-informatico.it/4402475/PI/News/bitcoin-vs-jp-morgan-flessioni-accuse-truffa.aspx

1291 https://www.vice.com/it/article/gy5g89/anna-magni-disegnini-alda-merini-romanticismo-non-significa

1292 http://www.spns.it/2017/09/intervista-salvatore-aranzulla/ - No, Turi Aranzulla non mi ha pagato per riportare questo link.

1293 https://hardware.hdblog.it/2017/09/20/primo-microchip-fotonico-australia/

1294 http://punto-informatico.it/4402928/PI/News/the-pirate-bay-miner-occulto-criptovalute.aspx

1295 http://punto-informatico.it/4403356/PI/News/safebrowse-estensione-chrome-miner-incorporato.aspx

1296 http://www.ilpost.it/2017/09/21/bill-gates-ctrlaltcanc/

1297 https://www.zeusnews.it/n.php?c=25763

1298 https://www.wired.it/internet/tlc/2017/09/21/porto-internet-eolo/

1299 https://mobile.hdblog.it/2017/09/22/marea-cavo-sottomarino-160-terabit/

1300 http://punto-informatico.it/4403434/PI/News/ue-pirateria-nasconde-non-ruba.aspx

1301 http://www.ilpost.it/2017/09/23/snopes-storia/

1302 http://www.blockchain4innovation.it/esperti/blockchain-perche-e-cosi-importante/

1303 http://www.iltascabile.com/societa/dilemma-della-blockchain/

1304 http://www.ilpost.it/2017/09/25/internet-liberta-censura/

1305 https://www.zeusnews.it/n.php?c=25771

1306 http://www.rainews.it/dl/rainews/articoli/Twitter-raddoppia-lo-spazio-da-140-a-280-caratteri-99eff91f-8491-40b5-9456-35c466c069c8.html

1307 http://www.ilpost.it/2017/09/26/twitter-sta-sperimentando-tweet-lunghi-doppio/
1308 http://attivissimo.blogspot.it/2017/09/lena-la-ragazza-di-playboy-piu-guardata.html
1309 http://www.webnews.it/2017/09/29/thec64-mini-commodore-64/
1310 http://www.webnews.it/recensioni/snes-mini/
1311 http://punto-informatico.it/4404431/PI/News/trump-vs-zuckerberg-botta-risposta.aspx
1312 http://www.ilpost.it/flashes/copertina-economist-facebook-minaccia-democrazia/
1313 https://www.economist.com/news/leaders/21730871-facebook-google-and-twitter-were-supposed-save-politics-good-information-drove-out
1314 http://attivissimo.blogspot.it/2017/11/archeoinformatica-alle-origini-di.html
1315 https://attivissimo.blogspot.it/2009/08/25-anni-di-powerpoint.html
1316 http://www.huffingtonpost.it/2017/11/03/disattivato-per-11-minuti-laccount-twitter-di-donald-trump-errore-o-scherzetto-di-un-dipendente-allultimo-giorno_a_23265335/
1317 https://www.zeusnews.it/n.php?c=25861
1318 https://motherboard.vice.com/it/article/xwavxn/una-transazione-bitcoin-consuma-quanto-il-tuo-appartamento-in-una-settimana
1319 https://www.wired.it/internet/social-network/2017/11/08/twitter-alza-il-limite-280-caratteri/
1320 http://www.mantellini.it/2017/11/09/140-280-560-buumm/
1321 https://www.agi.it/innovazione/new_york_times_dark_web-2299032/news/2017-10-28/
1322 https://www.01net.it/google-libreria-3d-realta-aumentata/
1323 http://punto-informatico.it/4413441/PI/Commenti/cassandra-consiglia-guida-hermes-al-voto-digitale.aspx
1324 http://punto-informatico.it/4413687/PI/News/democrazia-online-peggiori-nemici-sono-governi.aspx
1325 http://punto-informatico.it/4413661/PI/News/apple-face-id-ha-gia-fatto-crack.aspx
1326 http://punto-informatico.it/4413494/PI/News/alibaba-impennata-vendite-occasione-del-singles-day.aspx
1327 http://punto-informatico.it/4413295/PI/News/vault-8-hive-cia-impersonava-kaspersky.aspx
1328 http://punto-informatico.it/4416614/PI/News/caso-nsa-kaspersky-aveva-ragione.aspx
1329 http://punto-informatico.it/4412981/PI/News/bitcoin-fork-fallita-valore-alle-stelle.aspx
1330 http://punto-informatico.it/4416010/PI/News/bitcoin-follie-bolla.aspx
1331 https://www.zeusnews.it/n.php?c=25882
1332 http://punto-informatico.it/4412962/PI/News/intel-assume-ex-capo-del-radeon-technologies-group-amd.aspx
1333 http://www.iltascabile.com/scienze/origini-intelligenza-artificiale/
1334 http://punto-informatico.it/4413853/PI/News/tariffe-28-giorni-senato-approva-addio.aspx
1335 http://punto-informatico.it/4413931/PI/News/firefox-quantum-non-teme-chrome.aspx
1336 https://www.wired.it/attualita/tech/2017/11/16/anonymous-individuati-hacker-italia/
1337 https://www.zeusnews.it/n.php?c=25896
1338 https://www.wired.it/internet/web/2017/11/17/archivi-storici-europa/
1339 http://markhillpublishing.com/the-internet-transistor-radio/
1340 https://www.zeusnews.it/n.php?c=25906
1341 https://www.wired.it/economia/business/2017/11/21/europa-ecommerce-geoblocking/
1342 https://www.vice.com/it/article/wjg3y4/cosa-diavolo-e-il-nero-di-whatsapp-e-perche-sta-girando-ovunque
1343 http://punto-informatico.it/4414985/PI/News/session-reply-sul-web-rispetto-della-privacy-pura-utopia.aspx
1344 https://www.wired.it/play/cultura/2017/11/24/pinocchio-emoji/
1345 http://www.apicelibri.it/catalogo/pinocchio-in-emojitaliano/351?path=catalogo
1346 https://www.zeusnews.it/n.php?c=25918
1347 http://punto-informatico.it/4415345/PI/News/intel-addio-al-bios-nel-2020.aspx
1348 http://www.ilpost.it/2017/11/28/david-karp-dimissioni-ceo-tumblr/
1349 https://www.recode.net/2017/11/27/16706032/tumblr-david-karp-leaves-ceo-yahoo-oath
1350 http://punto-informatico.it/4415599/PI/News/cryptojacking-migliaia-siti-infettati-miner.aspx
1351 http://punto-informatico.it/4415588/PI/News/russiagate-all-italiana-politica-vuole-impossessarsi-del-web.aspx
1352 http://www.valigiablu.it/disinformazione-inchieste-renzi/
1353 http://www.valigiablu.it/buzzfeed-facebook-censura/
1354 http://www.iltascabile.com/linguaggi/cose-un-podcast/

1355 https://www.wired.it/mobile/smartphone/2017/11/30/google-cambia-emoji-sbagliata-cheeseburger/
1356 http://punto-informatico.it/4416106/PI/News/nuova-zelanda-ia-si-candida-primo-ministro.aspx
1357 http://punto-informatico.it/4415920/PI/News/andy-rubin-relazione-inappropriata.aspx
1358 http://www.lercio.it/arriva-il-trash-friday-il-giorno-in-cui-buttare-gli-acquisti-inutili-del-black-friday/
1359 http://www.webnews.it/2017/12/04/buon-compleanno-sms-25-anni-messaggi/
1360 http://www.webnews.it/2017/12/04/sms-emozioni/
1361 https://www.zeusnews.it/n.php?c=25937
1362 https://windows.hdblog.it/2017/12/05/steam-hardware-survey-dicembre-2017/
1363 http://www.ilpost.it/2017/12/04/linguaggi-di-programmazione-per-bambini/
1364 http://www.webnews.it/2017/12/04/vidme/
1365 http://www.glistatigenerali.com/intelligence_privacy/a-che-punto-siamo-con-la-cyber-security-in-italia-e-in-europa/
1366 http://punto-informatico.it/4416672/PI/News/it-italia-gode-ottima-salute.aspx
1367 http://www.webnews.it/2017/12/06/agenda-digitale-italia/
1368 https://www.wired.it/economia/finanza/2017/12/05/bitcoin-primo-negozio-italia/
1369 http://www.webnews.it/2017/12/06/i-leader/
1370 https://www.zeusnews.it/n.php?c=25953
1371 https://www.wired.it/internet/web/2017/12/07/errore-404-la-storia-not-found/
1372 http://www.linkiesta.it/it/article/2017/12/09/la-rivoluzione-digitale-di-diego-piacentini-e-la-cosa-piu-importante-c/36442/
1373 http://www.ilpost.it/2017/12/11/apple-comprato-shazam/
1374 http://www.webnews.it/2017/12/11/apple-acquisito-shazam-ufficiale/
1375 http://punto-informatico.it/4416988/PI/News/2017-kaspersky-un-anno-difficile.aspx
1376 http://www.webnews.it/2017/12/13/trump-legge-divieto-software-kaspersky/s
1377 http://punto-informatico.it/4417396/PI/News/social-network-un-male-societa.aspx
1378 https://www.zeusnews.it/n.php?c=25970
1379 https://www.wired.it/attualita/tech/2017/12/13/morto-heitaro-nakajima-cd/
1380 http://www.webnews.it/2017/12/14/disney-21st-century-fox-punta-web/
1381 https://www.wired.it/attualita/tech/2017/12/14/stati-uniti-addio-net-neutrality/
1382 http://www.webnews.it/2017/12/15/usa-tanti-saluti-net-neutrality/
1383 http://www.ilpost.it/2017/12/14/net-neutrality-abolita/
1384 http://www.ilpost.it/massimomantellini/2017/12/14/tre-punti-sulla-neutralita-della-rete/
1385 https://www.hdblog.it/2017/10/07/AOL-Instant-Messenger-capolinea-dopo-20-anni/
1386 https://www.hdblog.it/2017/12/18/Opera-Software-cambia-nome-Otello-Corporation/
1387 http://www.ilpost.it/2017/12/19/stati-uniti-corea-del-nord-wannacry/
1388 https://www.zeusnews.it/n.php?c=25985
1389 http://www.rainews.it/dl/rainews/articoli/Bitcoin-crolla-del-30-percento-affonda-sotto-gli-11.000-dollari-bruciando-121-miliardi-bbd3d4b1-a106-4dd7-8bfc-6d48714d1661.html
1390 https://www.zeusnews.it/n.php?c=25991
1391 https://www.wired.it/gadget/videogiochi/2017/12/29/videogiochi-italiani-guadagni/
1392 http://www.corriere.it/digital-edition/CORRIEREFC_NAZIONALE_WEB/2017/12/19/1/i-pentiti-dellutopia-digitale_U43410585876415vED.shtml
1393 http://attivissimo.blogspot.it/2017/12/antibufala-incassa-1-milione-di-dollari.html
1394 Web design : The evolution of the digital world 1990-Today / Rob Ford ; ed. Julius Wiedemann ; foreword by Lars Bastholm. - Köln : Taschen, 2019. - 639 p., [3] : ril. ; 26,5 cm. - ISBN 978-3-8365-7267-5. - pag. 607.
1395 https://www.nazioneindiana.com/2018/01/02/appunti-fenomenologia-del-ricordo-ai-tempi-dei-social/
1396 https://www.giuliocavalli.net/2018/01/02/come-cambia-ricordo-ai-tempi-dei-social/
1397 http://www.ilpost.it/2018/01/09/soluzioni-processori-meltdown-spectre/
1398 http://www.ilpost.it/2018/01/11/ecuador-cittadinanza-assange/
1399 http://www.ilpost.it/2018/01/11/corea-del-sud-piattaforme-criptovalute/
1400 https://informatici.tumblr.com/post/169619424697/dredsina-bangawang-lexaproletariat
1401 https://it.wikipedia.org/wiki/Susan_Kare
1402 http://kare.com/

1403 http://www.ilpost.it/2011/11/25/le-icone-di-susan-kare/

1404 http://www.personalreport.it/2011/11/susan-kare-apple-mac/

1405 http://www.repubblica.it/politica/2018/01/11/news/archivio_storico_unita_cancellato_da_server-186282952/

1406 http://www.storiastoriepn.it/lunita-archivio-on-line-di-nuovo-disponibile/

1407 https://archiviounita.noblogs.org/post/2017/05/27/archivio-storico-de-lunita-di-nuovo-online-su-tor/

1408 https://www.pressenza.com/it/2018/01/exe-it-primo-data-center-italia-ad-impatto-zero/

1409 http://www.italiachecambia.org/2018/01/io-faccio-cosi-194-exe-it-primo-data-center-italia-impatto-zero/

1410 https://www.zeusnews.it/n.php?c=26073

1411 http://www.ilpost.it/2018/01/17/the-awl-the-hairpin-chiuderanno-fine-gennaio/

1412 http://punto-informatico.it/4420747/PI/News/lettera-contro-progetto-amp-google-non-web.aspx

1413 https://motherboard.vice.com/it/article/gyw3qb/il-kaspersky-lab-ha-scoperto-un-nuovo-potentissimo-spyware-italiano

1414 http://www.mantellini.it/2018/01/18/hai-scritto-un-nuovo-libro/

1415 https://www.wired.it/scienza/lab/2018/01/22/cina-rete-internet-quantistica/

1416 https://games.hdblog.it/2018/01/30/Revocato-record-Atari-2006-35-anni/

1417 http://www.lastampa.it/2017/08/24/cultura/opinioni/editoriali/il-podcast-nuova-moda-damerica-xJDbgqlJTuJabCyAHhcYFM/pagina.html

1418 http://www1.lastampa.it/_web/_servizi/podcast/default.asp

1419 http://www.rai.it/dl/RaiTV/podcast.html

1420 https://www.ilfattoquotidiano.it/2016/03/02/nozze-stampa-repubblica-de-benedetti-festeggia-mentre-il-corriere-resta-senza-padrone/2514085/

1421 http://www.webnews.it/2018/02/01/ebay-paypal-adyen/

1422 https://www.wired.it/play/musica/2018/02/03/spotify-streaming-musicale-mercato/

1423 https://www.zeusnews.it/n.php?c=26140

1424 https://www.wired.it/economia/finanza/2018/02/07/tim-scorporo-rete/

1425 http://gilioli.blogautore.espresso.repubblica.it/2018/02/08/fake-news-da-costantino-a-bruno-vespa-e-oltre/

1426 https://apple.hdblog.it/2018/02/09/apple-icloud-server-cina-dubbi-giornalisti/

1427 https://en.wikisource.org/wiki/A_Declaration_of_the_Independence_of_Cyberspace

1428 https://www.wired.it/attualita/tech/2018/02/08/barlow-morto-internet/

1429 https://attivissimo.blogspot.it/2018/02/john-perry-barlow-1947-2018.html

1430 http://www.ilpost.it/massimomantellini/2018/02/10/italia-digitale-programmi-dei-partiti/

1431 http://punto-informatico.it/4424367/PI/News/getty-contro-google-addio-visualizza-immagine.aspx

1432 https://www.zeusnews.it/n.php?c=26184

1433 https://medium.com/@mante/google-la-pubblicit%C3%A0-e-altre-storie-divertenti-33513ad855e6

1434 http://punto-informatico.it/4424364/PI/News/microsoft-identita-protetta-blockchain.aspx

1435 https://www.wired.it/economia/business/2018/02/20/italiani-tardivi-digitali/

1436 https://www.wired.it/internet/web/2018/02/22/wikipedia-modelli-stampa-3d/

1437 http://punto-informatico.it/s_4424471/Download/News/redstaros.aspx

1438 https://mobile.hdblog.it/2018/02/27/larry-page-sergey-brin-ruolo-alphabet/

1439 http://punto-informatico.it/4426235/PI/News/autore-del-malware-nanocore-finisce-prigione.aspx

1440 http://www.webnews.it/2018/03/05/microsoft-media-player-film-tv/

1441 http://www.minimaetmoralia.it/wp/altrove-bassa-risoluzione-conversazione-massimo-mantellini/

1442 https://www.wired.it/internet/web/2018/03/06/vrporn-realta-virtuale-sito-porno/

1443 https://libro-bianco-ia.readthedocs.io/it/latest/

1444 https://www.instagram.com/p/BgOVIXxBJKC/?taken-by=dawfulberry

1445 https://www.giornalettismo.com/archives/2652542/tim-berners-lee-web-allarme

1446 https://mobile.hdblog.it/2018/03/12/web-29-anni-preoccupazione-padre-world-wide-web/

1447 https://webfoundation.org/2018/03/web-birthday-29/

1448 http://www.webnews.it/2018/03/14/stephen-hawking/

1449 https://www.girodivite.it/Stephen-Hawking-RIP.html

1450 http://punto-informatico.it/4427512/PI/News/windows-10-vizietto-dell-upgrade-forzato.aspx

1451 https://www.ilpost.it/2018/03/15/triboo-blogo/

1452 https://www.wired.it/economia/business/2018/03/15/blogo-triboo/

1453 https://www.zeusnews.it/n.php?c=26231

1454 https://www.giornalettismo.com/archives/2653406/facebook-dati-rubati-fake-news-dimissioni-capo-sicurezza

1455 https://www.ilpost.it/2018/03/20/cambridge-analytica-channel-4/

1456 https://www.ilpost.it/2018/03/19/facebook-cambridge-analytica/

1457 https://www.wired.it/internet/social-network/2018/03/21/twitter-12-anni/

1458 http://www.webnews.it/2018/03/26/facebook-lettera-scuse-quotidiani/

1459 https://attivissimo.blogspot.it/2018/03/facebook-e-il-disastro-di-cambridge.html

1460 https://attivissimo.blogspot.it/2018/03/dopo-cambridge-analytica-ecco-come.html

1461 http://www.webnews.it/2018/04/03/chiude-goo-gl-abbreviare-url/

1462 https://mobile.hdblog.it/2018/04/03/telefono-cellulare-45-anni-3-aprile-1973-motorola/

1463 https://mobile.hdblog.it/2013/04/03/40-anni-fa-la-prima-chiamata-cellulare-che-ci-ha-cambiato-la-vita/

1464 http://punto-informatico.it/4429293/PI/News/irataonline-rilancio-plato.aspx

1465 http://punto-informatico.it/4429236/PI/News/kim-dotcom-vittoria-tribunale-contro-nuova-zelanda.aspx

1466 http://www.lescienze.it/

1467 https://hardware.hdblog.it/2018/04/05/personal-computer-storia-vintage-computer-festival/

1468 https://www.ilpost.it/2018/04/06/butac-sequestro-preventivo/

1469 http://www.repubblica.it/venerdi/2018/03/07/news/estonia_burocrazia_digitale_venerdi_repubblica-190706715/

1470 https://www.hdblog.it/2018/04/08/11-aprile-operazione-faceblock-non-usate-i-servizi-facebook-per-24-ore%E2%80%94sondaggio/

1471 https://www.thedodo.com/this-is-the-very-first-cat-vid-792883536.html

1472 https://www.ilpost.it/2018/04/10/mark-zuckerberg-facebook-congresso/

1473 https://www.wired.it/internet/social-network/2018/04/10/cose-cubeyou-facebook/

1474 https://www.wired.it/internet/regole/2018/04/10/mark-zuckerberg-al-senato/

1475 https://www.wired.it/internet/social-network/2018/04/11/zuckerberg-senatori-leggi/

1476 http://www.generatorezuck.it/

1477 https://www.zeusnews.it/n.php?c=26279

1478 https://mobile.hdblog.it/2018/04/10/mozilla-foundation-report-sicurezza-google/

1479 https://internethealthreport.org/2018/

1480 https://mobile.hdblog.it/2018/04/10/chrome-firefox-edge-password-w3c-fido/

1481 https://www.wired.it/economia/finanza/2018/04/10/blockchain-europa/

1482 http://metriche-per-il-software-pa.readthedocs.io/it/latest/

1483 http://punto-informatico.it/4430338/PI/News/despacito-hack-umanitario-youtube.aspx

1484 https://mobile.hdblog.it/2018/04/23/flickr-acquisizione-cessione-smugmug/

1485 https://www.wired.it/internet/web/2018/04/24/storia-flickr-fallimento-smugmug/

1486 https://www.wired.it/lol/2018/04/24/il-momento-piu-imbarazzante-per-microsoft-compie-ventanni/

1487 https://mobile.hdblog.it/2018/04/30/world-wide-web-25-anni-fa-divento-libero/

1488 http://www.rainews.it/dl/rainews/articoli/Venticinque-anni-fa-World-Wide-Web-libero-7cc903d3-f391-41c7-b2b6-d782f7ae221e.html

1489 https://www.zeusnews.it/n.php?c=26326

1490 https://www.webnews.it/2018/05/03/15-anni-linkedin-italia/

1491 https://www.wired.it/internet/social-network/2018/05/04/7-piattaforme-credenziali/

1492 https://attivissimo.blogspot.it/2018/05/40-anni-di-spam.html

1493 https://apple.hdblog.it/2018/05/07/apple-imac-20-anni-compleanno/

1494 http://www.glistatigenerali.com/filosofia_internet-tech/lepoca-del-disincanto-della-rete/

1495 https://www.webnews.it/video/dieci-anni-android-open-to-the-future/

1496 http://www.mausoleodiaugusto.it/it/

1497 http://www.repubblica.it/cultura/2018/05/15/news/al_sito_mausoleodiaugusto_it_il_premio_internazionale_webby_awards-196467370/?ref=search

1498 https://www.wired.it/internet/social-network/2018/05/19/come-sta-pinterest/

1499 https://www.webnews.it/2018/05/21/google-dont-be-evil-codice-condotta/

1500 https://www.zeusnews.it/n.php?c=26382

1501 https://mobile.hdblog.it/2018/05/21/agcom-broadband-map-utilizzo-dati-operatori/

1502 https://www.webnews.it/2018/05/22/agcom-broadband-map/

1503 https://www.webnews.it/2018/05/23/facebook-europa-monopolio-scorporo-societario/

1504 https://www.wired.it/internet/regole/2018/05/22/zuckerberg-parlamento-europeo-domande-risposte/

1505 https://www.zeusnews.it/n.php?c=26390

1506 https://www.vice.com/it/article/xwmd4z/lil-tay-nove-anni-instagram-intervista

1507 https://www.wired.it/internet/regole/2018/05/25/primo-giorno-gdpr-cose-da-sapere/

1508 https://attivissimo.blogspot.com/2018/06/gdpr-bagno-di-sangue-con-risvolti.html

1509 https://www.zeusnews.it/n.php?c=26406

1510 https://www.webnews.it/2018/05/28/youtube-egitto-mese-blocco/

1511 https://www.webnews.it/2018/05/28/ted-dabney-morto-co-fondatore-atari/

1512 https://www.macitynet.it/qualcomm-ha-reso-disponibile-il-codice-sorgente-di-eudora/

1513 https://www.glistatigenerali.com/costumi-sociali_internet-tech/cronache-dal-vecchio-web-splinder-secondo-william-nessuno/

1514 https://www.glistatigenerali.com/costumi-sociali_internet-tech/cronache-dal-vecchio-web-la-comunita-di-splinder/

1515 https://www.wired.it/attualita/tech/2018/05/31/cyberattacco-telegrafi/

1516 https://attivissimo.blogspot.com/2018/05/il-primo-attacco-informatico-della.html

1517 https://www.zeusnews.it/n.php?c=26422

1518 https://www.hdblog.it/2018/06/01/apple-microsoft-standard-hid-display-braille/

1519 https://www.wired.it/internet/social-network/2018/06/01/social-media-gossip-uganda/

1520 https://www.webnews.it/2018/06/04/microsoft-github/

1521 https://tech.everyeye.it/notizie/microsoft-acquistato-github-l-annuncio-ufficiale-arrivera-nella-giornata-oggi-332363.html

1522 https://www.zeusnews.it/n.php?c=26450

1523 https://www.webnews.it/2018/06/04/unicode-11-nuovi-emoji/

1524 https://www.zeusnews.it/n.php?c=26448

1525 https://attivissimo.blogspot.com/2018/06/35-anni-di-wargames.html

1526 https://www.zeusnews.it/n.php?c=26464

1527 https://www.pressenza.com/it/2018/06/tanzania-arriva-la-tassa-chiudono-blog-forum-online/

1528 http://www.linkiesta.it/it/article/2018/06/15/i-lavoratori-assunti-dalle-piattaforme-digitali-in-italia-sono-solo-20/38458/

1529 https://mobile.hdblog.it/2018/06/18/rapina-mano-armata-dominio-doitforstate/

1530 https://www.zeusnews.it/n.php?c=26482

1531 https://www.agi.it/economia/copyright_minaccia_internet_gdpr_lettera-4039043/news/2018-06-18/

1532 https://motherboard.vice.com/it/article/ywejp5/il-parlamento-europeo-ha-appena-votato-due-leggi-che-distruggeranno-internet

1533 https://mobile.hdblog.it/2018/06/19/bittorrent-venduta-tron-blockchain/

1534 https://motherboard.vice.com/it/article/evk89j/intelligenza-artificiale-alchimia-ali-rahimi-studio-ricerca-scienza

1535 https://www.ilpost.it/2018/06/21/algeria-esami-internet-spento/

1536 https://www.agi.it/innovazione/rivolta_ingegneri_google_amazon-4074602/news/2018-06-27/

1537 http://effimera.org/la-rivincita-delle-nerd-mariacristina-sciannamblo/

1538 https://www.webnews.it/2018/06/28/brevetti-accordo-apple-samsung/
1539 http://www.mantellini.it/2018/06/29/piovani-e-il-copyright/
1540 https://www.vice.com/it/article/ywe9wv/anacam-livestreaming-1998
1541 https://rep.repubblica.it/pwa/generale/2018/07/01/news/movimento_5_stelle-200576859/
1542 https://www.giornalettismo.com/archives/2667445/m5s-spiati-beppe-grillo-database-rousseau
1543 https://www.ilpost.it/2018/07/03/wikipedia-bloccata/
1544 https://www.webnews.it/2018/07/03/riforma-copyright-wikipedia/
1545 https://www.linkiesta.it/it/article/2018/07/03/il-copyright-non-e-un-diritto-e-una-minaccia-per-il-futuro-dellumanita/38652/
1546 http://www.eastjournal.net/archives/91133
1547 http://effimera.org/google-pentagono-la-ricercatrice-franco-berardi-bifo/
1548 https://www.corriere.it/tecnologia/18_luglio_04/chiude-mosaicoon-startup-siciliana-non-regge-concorrenza-colossi-web-ab3bcda4-7f83-11e8-8b30-21507ef7c055.shtml
1549 https://www.ilpost.it/2018/07/05/favorevoli-contrari-direttiva-europea-copyright-internet/
1550 https://www.tomshw.it/open-fiber-si-racconta-dal-progetto-socrate-all-ftth-95677
1551 https://www.ilpost.it/2018/07/05/facebook-dichiarazione-indipendenza-americana/
1552 https://connect.streetlib.com/forums/topic/streetlibs-blockchain-manifesto/?mc_cid=c9c0e4cc62&mc_eid=4c2197c0a5
1553 https://rete.gruppotim.it/it
1554 https://www.hdblog.it/2018/07/09/tim-nuovo-sito-interattivo-rete-ultrabroadband/
1555 http://www.lastampa.it/2018/07/10/economia/garante-della-privacy-le-piattaforme-web-sono-diventate-un-oligopolio-per-mancanza-di-regole-yLIRuekcCd6dYEUbwfvAYN/pagina.html?zanpid=2451743838277370880
1556 https://www.ilpost.it/2018/07/11/il-regno-unito-ha-multato-facebook-per-500mila-sterline-per-il-caso-cambridge-analytica/
1557 https://www.zeusnews.it/n.php?c=26548
1558 https://www.ilpost.it/massimomantellini/2018/07/22/perche-ho-segnalato-il-ministro-a-twitter/
1559 https://www.zeusnews.it/n.php?c=26560
1560 http://www.voxdiritti.it/la-mappa-dellintolleranza-anno-3-la-nuova-radiografia-dellitalia-che-odia-online/
1561 https://www.theguardian.com/books/2018/jul/24/ada-lovelace-first-edition-pioneering-algorithm-program
1562 https://www.hdblog.it/2018/07/26/google-drive-raggiunge-miliardo-utenti/
1563 https://www.zeusnews.it/n.php?c=26564
1564 https://hardware.hdblog.it/2018/07/27/intel-fatturato-record-q2-2018/
1565 https://www.zeusnews.it/n.php?c=26571
1566 https://www.zeusnews.it/n.php?c=26574
1567 https://www.webnews.it/2018/08/01/modem-libero-agcom/
1568 http://www.lastampa.it/2018/08/02/economia/apple-sfonda-i-miliardi-di-capitalizzazione-in-borsa-5c5N2OV58P7BFz8gl9DdDO/pagina.html
1569 http://www.lastampa.it/2018/08/06/italia/la-procura-apre-un-fascicolo-sugli-attacchi-via-twitter-al-presidente-mattarella-PvmTVemykzIEGtDSIUsGaI/pagina.html
1570 Un esempio, appena arrivatomi:

"Io sottoscritto Avvocato Giuseppe Rossi con studio a Catania situato in VIA NECCHI LODOVICO , 379 P.IVA:962447634481285 nella mia qualità di difensore e domiciliatario del Sig. Roberto Semprini, res. a Catania indirizzo VIA NECCHI LODOVICO , 375

COMUNICO

Ad ogni effetto di legge l'sentenza N. 17737474936 in originale digitale Che lo po scaricare al seguente indirizzo web: Sentenza [la parola precedente è l'unica linkata del testo] (ovvero) in copia digitale conforme all'originale informatico da me predisposto nel giudizio civile dinanzi al Tribunale di Catania , mediante invio di messaggio di posta elettronica dalla mia casella, e con ricevuta completa, all'indirizzo [qui c'è l'email]

Attesto infine che il messaggio , oltre alla presente relata di notifica sottoscritta digitalmente, contiene il seguente Atto che lo po visualizzare al seguente indirizzo web: Documenti anch'essi sottoscritti digitalmente: – copia informatica della sentenza. "

Non clikkate sui link di questo tipo di email!

1571 https://www.zeusnews.it/n.php?c=26597
1572 https://www.webnews.it/2018/08/09/digital-wellbeing-benessere-digitale-google/
1573 https://www.zeusnews.it/n.php?c=26598
1574 https://rep.repubblica.it/pwa/anteprima/2018/08/09/news/perche_bisogna_abbandonare_i_social_network_intervista_jaron_lanier-203781051/
1575 http://www.dagospia.com/rubrica-4/business/non-chiamatemi-guru-jaron-lanier-39-39-solo-google-facebook-180764.htm
1576 http://www.ilsole24ore.com/art/impresa-e-territori/2018-08-12/blockchain-tecnologia-umanizza-lavoro-123005.shtml?uuid=AE4uuDaF
1577 https://www.zeusnews.it/n.php?c=26600
1578 https://www.zeusnews.it/n.php?c=26601
1579 http://leganerd.com/2018/08/13/linternet-1-0/
1580 https://www.rollingstone.it/politica/la-bestia-ovvero-del-come-funziona-la-propaganda-di-salvini/420343/
1581 https://www.ilpost.it/2018/08/17/protesta-versione-censurata-google-mercato-cinese/
1582 https://www.linkiesta.it/it/article/2018/08/17/ann-winblad-storia-della-donna-che-ha-creato-la-silicon-valley/39142/
1583 https://www.morningfuture.com/it/article/2018/07/13/annwinblad-silicon-valley-venture-capitalist-investitori-donne-stratup/345/
1584 https://www.corriere.it/tecnologia/social/18_agosto_21/facebook-sta-assegnando-punteggio-suoi-utenti-capire-quanto-sono-affidabili-6d264028-a551-11e8-8d66-22179c67a670.shtml
1585 https://mobile.hdblog.it/2018/08/22/cina-record-800-milioni-persone-connesse/
1586 https://cnnic.net.cn/gywm/xwzx/rdxw/20172017_7047/201808/t20180820_70486.htm
1587 https://www.ilpost.it/2018/08/22/venezuela-bolivar-soberano/
1588 http://www.ilsole24ore.com/art/tecnologie/2018-02-20/il-venezuela-lancia-sua-criptovaluta-petro-un-barile-petrolio-112301.shtml?uuid=AEm7N92D
1589 https://www.webnews.it/2018/08/22/fake-news-politiche-facebook-chiude-pagine/
1590 https://www.wired.it/attualita/politica/2018/08/23/hashtag-day-11-anni-politica/
1591 http://www.lapresse.it/false-accuse-di-pedofilia-sotto-attacco-il-debunker-puente.html
1592 https://www.zeusnews.it/n.php?c=26633
1593 https://www.wired.it/scienza/spazio/2018/08/29/nasa-katherine-johnson-100-anni/
1594 https://www.wired.it/internet/tlc/2018/08/30/agenzia-italia-digitale-teresa-alvaro/
1595 http://www.iltascabile.com/societa/morte-social/
1596 https://motherboard.vice.com/it/article/ev8epw/phone-preaking-internet-archeoinformatica-intervista-italia
1597 https://www.morningfuture.com/it/article/2018/08/03/alexis-ohanian-startup-reddit-immigrazione-angel-investor/378/
1598 http://www.rainews.it/dl/rainews/articoli/Google-Mastercard-intesa-segreta-per-tracciare-clienti-307c0976-18c9-4b47-a895-8283f778a150.html
1599 http://www.lastampa.it/2018/09/04/tecnologia/anni-di-google-cos-un-motore-di-ricerca-ci-ha-cambiato-la-vita-lSCsN25MePOM1nCmOLsrPI/pagina.html
1600 https://www.ilpost.it/2018/09/05/twitter-svezia/
1601 https://www.ilpost.it/2018/09/05/nuovo-chrome/
1602 http://www.rainews.it/dl/rainews/articoli/Nuovo-attacco-hacker-Rogue0-alla-piattaforma-Rousseau-Online-i-nomi-dei-donatori-M5S-443dc58b-4b71-44f5-bcb1-881ff15fd1d4.html
1603 https://www.ilpost.it/2018/09/08/jack-ma-presidente-alibaba/
1604 https://www.ilpost.it/2018/09/09/google-navalny-pubblicita-rimossa/

1605 http://www.rainews.it/dl/rainews/articoli/riforma-copyright-strasburgo-scheda-cosa-cambia-68e35e6b-afed-4d51-96aa-4d5116b9acc7.html

1606 http://www.mantellini.it/2018/09/11/andare-a-sbattere-contro-google/

1607 https://www.zeusnews.it/n.php?c=26682

1608 https://attivissimo.blogspot.com/2018/09/truffa-chiede-soldi-per-non-diffondere.html

1609 https://www.zeusnews.it/n.php?c=26686

1610 https://www.wired.it/attualita/2018/09/17/chiude-italiansubs-sottotitoli-copyright/

1611 https://motherboard.vice.com/it/article/wjy83z/5-motivi-amazon-made-in-italy-pessima-idea-luigi-di-maio-egomnia-volunia-stonex-one-startup

1612 https://motherboard.vice.com/it/article/438vqj/linus-torvalds-kernel-linux-email-di-scuse-attacchi-personali-sviluppatori

1613 https://www.zeusnews.it/n.php?c=26694

1614 https://www.linkiesta.it/it/article/2018/09/19/lo-zimbawe-si-e-rialzato-dopo-la-crisi-grazie-alleconomia-digitale/39450/

1615 https://www.wired.it/economia/lavoro/2018/09/19/facebook-binariof-roma-competenze-digitali/

1616 https://www.zeusnews.it/n.php?c=26704

1617 http://www.mantellini.it/2016/12/18/a-cosa-serve-internet-a-non-citare-pasolini-a-caso/

1618 https://www.punto-informatico.it/android-dieci-anni/

1619 https://www.wired.it/internet/web/2018/09/25/dragonfly-google-cina-memo/

1620 https://www.punto-informatico.it/due-internet-eric-schmidt/

1621 https://www.webnews.it/2018/09/25/fondatori-instagram-facebook/

1622 https://www.ilpost.it/2018/09/26/apple-i-asta-375mila-dollari/

1623 https://www.webnews.it/video/google-festeggia-ventesimo-compleanno/

1624 http://www.dagospia.com/rubrica-4/business/dov-rsquo-finito-larry-page-ndash-fondatore-google-183949.htm

1625 https://www.punto-informatico.it/italia-european-blockchain-partnership/?utm_source=newsletter&utm_medium=email

1626 Zoe Corbyn, "Come sarebbe il web senza guardiani", in: Internazionale n. 1275, pp. 106-107.

1627 https://www.zeusnews.it/n.php?c=26728

1628 https://www.zeusnews.it/n.php?c=26724

1629 https://www.iltascabile.com/scienze/intervista-lanier/

1630 https://www.hdblog.it/2018/10/01/file-torrent-record-mondo-15-anni-fanimatrix/

1631 https://www.punto-informatico.it/solid-tim-berners-lee/

1632 https://www.hdblog.it/2018/10/01/dati-personali-solid-pod-tim-berners-lee/

1633 https://www.zeusnews.it/n.php?c=26732

1634 https://www.punto-informatico.it/eidas-identita-europa/

1635 https://www.punto-informatico.it/frequenze-5g-miliardi/

1636 https://motherboard.vice.com/it/article/d3q45v/netflix-pirateria-concorrenza-streaming-servizi-contenuti-esclusivi

1637 https://attivissimo.blogspot.com/2018/10/archeoinformatica-blastar-un-videogioco.html

1638 https://www.wired.it/economia/finanza/2018/10/05/fusione-cloudora-hortonworks-big-data/

1639 http://www.lescienze.it/news/2018/10/08/news/computer_consumo_energia-4145024/

1640 https://motherboard.vice.com/it/article/3kwe4k/low-tech-magazine-sito-energia-solare

1641 https://www.zeusnews.it/n.php?c=26749

1642 https://www.giornalettismo.com/archives/2678654/hacker-italiano-ragazzino-sito-nasa

1643 https://motherboard.vice.com/it/article/7x3dez/hacking-nasa-sito-deface-master-italian-hackers-polizia-postale

1644 https://motherboard.vice.com/it/article/7x37xx/morte-flash-futuro-videogiochi-storia

1645 https://www.ilpost.it/2018/10/08/chiude-google-plus/

1646 https://www.zeusnews.it/n.php?c=26753

1647 https://www.internetfestival.it/

1648 https://www.zeusnews.it/n.php?c=26762

1649 https://www.wired.it/internet/tlc/2018/10/15/fibr-ottica/

1650 https://www.punto-informatico.it/paul-allen-morto/
1651 https://www.webnews.it/2018/10/16/paul-allen-morte-microsoft/
1652 https://www.wired.it/attualita/tech/2018/10/16/paul-allen-microsoft/
1653 https://www.ilpost.it/2018/10/16/morto-paul-allen/
1654 https://www.tomshw.it/storia-piu-grande-epidemia-mondo-videogiochi-98330?
fbclid=IwAR3hv4qZ5K99BTsL2RMU7tiLEZHUMbYY1HyiXhRX6AMzmWey36Q5I6DJZRc
1655 https://motherboard.vice.com/it/article/evw93z/ricerca-computer-quantistici-potenza-paper-prova-di-
principio
1656 https://www.punto-informatico.it/antitrust-apple-samsung-update/
1657 https://www.corriere.it/tecnologia/18_ottobre_23/marzia-bisognin-lascia-youtube-devo-trovare-mia-strada-
cb3a05fe-d69e-11e8-a978-f63d3bb06372.shtml
1658 https://www.wired.it/internet/web/2018/10/25/10-youtuber-italiani-piu-seguiti/
1659 https://www.punto-informatico.it/antitrust-monopolio-siae/
1660 https://www.webnews.it/2018/10/26/dipinto-da-unia-venduto-per-432mila-dollari/
1661 https://motherboard.vice.com/it/article/pa9nvv/autoblow-ai-sex-toy-studio-machine-learning-sesso-orale
1662 http://ludotech.blog.rainews.it/2018/10/ibm-comprera-red-hat-per-34-miliardi-di-dollari/
1663 https://www.wired.it/attualita/politica/2018/10/31/luca-attias-commissario-agenda-digitale/
1664 https://www.wired.it/economia/finanza/2018/10/31/bitcoin-manifesto-satoshi-nakamoto-10-anni/
1665 https://www.hdblog.it/2018/11/01/internet-meno-libero-rapporto-freedom-house/
1666 https://attivissimo.blogspot.com/2018/11/dipendente-governativo-visita-9000.html
1667 https://www.webnews.it/2018/11/02/mario-seagale-morto-ispiro-il-nome-di-super-mario/
1668 https://www.wired.it/internet/web/2018/11/05/recaptcha-bot-umani-computer/
1669 https://www.webnews.it/2018/11/05/anonymous-vittime-illustri-attacco-finale/
1670 https://ilcorpodibarr.wordpress.com/2018/11/06/come-i-social-network-le-fake-news-e-gli-amici-ci-
deformano-la-memoria-un-saggio-non-mio-e-neanche-molto-breve/
1671 https://motherboard.vice.com/it/article/gy7x44/tim-berners-lee-magna-carta-contratto-salvare-internet-web-
privacy
1672 https://www.wired.it/internet/web/2018/11/08/tim-berners-lee-contratto-internet-web/
1673 https://www.wired.it/internet/web/2018/11/08/user-experience-internet-web-etica/
1674 https://www.punto-informatico.it/ia-tg-cinesi-anchorman-virtuale/
1675 https://motherboard.vice.com/it/article/nepvxb/hacking-team-hacker-phineas-fisher-storia
1676 https://motherboard.vice.com/it/article/xwjxv7/come-la-storia-di-hacking-team-ha-cambiato-lindustria-della-
sorveglianza
1677 https://www.giornalettismo.com/archives/2683821/festa-della-rete-perugia
1678 https://www.glistatigenerali.com/p-a_sharing-economy/da-milano-e-barcellona-parte-la-sfida-delle-citta-
alle-piattaforme-digitali/
1679 http://www.share.barcelona/declaration/
1680 https://attivissimo.blogspot.com/2018/11/visualizzare-il-tracciamento.html
1681 https://thevision.com/attualita/whatsapp-fake-news/
1682 https://www.wired.it/internet/web/2018/11/16/vita-second-life-parrucchiere/
1683 https://www.ilpost.it/2018/11/20/pec-attacco-informatico/
1684 https://www.punto-informatico.it/agcom-fotografa-stato-rete-italia/
1685 https://thevision.com/scienza/facebook-profilo-immortale/
1686 https://www.punto-informatico.it/floppy-disk-spazio-iss/
1687 https://www.punto-informatico.it/eolo-arresto-truffa-furto-radiofrequenze/
1688 https://www.webnews.it/2018/11/29/cebit-addio-cancellata-edizione-2019/
1689 https://www.punto-informatico.it/tips-sistema-italiano-pagamenti-istantanei/
1690 https://www.webnews.it/2018/12/03/addio-geoblocking-shopping-online-europa/
1691 https://www.hdblog.it/2018/12/04/microsoft-edge-chromium-browser-windows-10/
1692 https://www.webnews.it/2018/12/04/tumblr-vieta-contenuti-adulti/
1693 https://startupitalia.eu/101602-20181205-lowres-la-fine-internet
1694 https://attivissimo.blogspot.com/2018/12/caos-e-insurrezione-su-tumblr.html
1695 https://www.ilpost.it/2018/12/05/facebook-dati-utenti/

1696 https://www.punto-informatico.it/youtube-rewind-2018-video-piu-visti-italia/

1697 https://www.webnews.it/2018/12/07/wordpress-5-0-nuovo-editor-blocchi/

1698 https://www.punto-informatico.it/doug-engelbart-the-mother-of-all-demoes-50-anni/

1699 https://www.wired.com/story/how-doug-engelbart-pulled-off-the-mother-of-all-demos/

1700 https://www.youtube.com/watch?v=yJDv-zdhzMY

1701 https://www.wired.it/internet/web/2018/12/10/siti-wordpress-attacco/

1702 https://www.zeusnews.it/n.php?c=26902

1703 https://www.wired.it/internet/web/2018/12/11/pornhub-video-porno-ricerca/

1704 https://www.punto-informatico.it/motori-ricerca-duck-com-google-duckduckgo/

1705 https://duckduckgo.com/

1706 https://www.hdblog.it/2018/12/12/morta-evelyn-berezin-costrui-elaboratore-testi/

1707 https://www.repubblica.it/tecnologia/2018/12/14/news/addio_a_evelyn_berezin_l_inventrice_del_word_processor-214265310/

1708 https://www.ilpost.it/2018/12/17/storia-vice-giornali/

1709 https://www.ilpost.it/2018/12/17/colin-kroll-vine-morto/

1710 https://www.wired.it/internet/regole/2018/12/15/hacker-white-hat-black-grey-hacktivist/

1711 https://www.zeusnews.it/n.php?c=26942

1712 https://www.webnews.it/2018/12/19/intelligenza-artificiale-codice-etico-europa/

1713 https://www.zeusnews.it/n.php?c=26941

1714 https://www.punto-informatico.it/whatsapp-criptovaluta-stablecoin/

1715 https://www.webnews.it/2018/12/24/palermo-open-fiber-fibra-ottica-mediterraneo/

1716 http://www.rainews.it/dl/rainews/articoli/morto-Roberts-il-padre-di-Arpanet-il-precursore-di-Internet-17a5cb4d-e065-48e9-b8fa-2663d68fd81c.html

1717 https://www.ilpost.it/2019/01/04/hacker-germania-angela-merkel/

1718 https://www.ilpost.it/2019/01/06/imgur/

1719 https://www.girodivite.it/I-primi-25-anni-del-Web.html

1720 https://www.zeusnews.it/n.php?c=26977

1721 https://www.zeusnews.it/n.php?c=26973

1722 https://www.zeusnews.it/n.php?c=26962

1723 https://www.vice.com/it/article/59v8qq/sviluppare-videogiochi-per-console-vecchie-retrogaming-e-chiptune-musica-8bit

1724 https://www.punto-informatico.it/465-ose-cybersecurity/

1725 https://www.zeusnews.it/n.php?c=26994

1726 https://www.wired.it/attualita/tech/2019/01/08/ces-2019-ibm-svela-suo-primo-computer-quantistico-commerciale/ - https://www.zeusnews.it/n.php?c=27005

1727 https://attivissimo.blogspot.com/2019/01/bandersnatch-interattivita-significa.html

1728 http://www.mantellini.it/2019/01/09/eco-e-gli-imbecilli-una-volta-per-tutte/

1729 https://www.zeusnews.it/n.php?c=27031

1730 https://www.rivistapaginauno.it/paginauno-numero60.php – In alternativa: https://www.sinistrainrete.info/europa/14103-giovanna-baer-guinzaglio-al-web.html

1731 https://www.corriere.it/tecnologia/19_gennaio_14/instagram-ecco-come-uovo-ha-battuto-tutti-record-25-milioni-like-3dd53f52-17db-11e9-90eb-dd0ce214b2bd.shtml

1732 https://www.corriere.it/tecnologia/19_gennaio_14/super-ingegnere-google-traduzioni-audio-cosi-cambia-motore-ricerca-10161ad2-14d9-11e9-b0de-82ca1617bf76.shtml

1733 https://www.wired.it/internet/web/2019/01/17/10-years-challenge-social-siti-online/

1734 https://www.zeusnews.it/n.php?c=27030

1735 https://www.vice.com/it/article/nepapk/storia-del-porno-ascii-pr0n-arte

1736 https://www.zeusnews.it/n.php?c=27032

1737 https://www.punto-informatico.it/protipo-siti-web-comuni-italiani/

1738 https://www.beniculturalionline.it/post.php?n=149

1739 https://www.youtube.com/watch?v=cyDauWYj_L4

1740 https://www.zeusnews.it/n.php?c=27039

1741 https://www.ilpost.it/mauriziocodogno/2019/01/22/whatsapp-e-il-rallentamento-delle-bufale-pillole/

1742 https://www.punto-informatico.it/google-supporto-wikipedia/

1743 https://www.ilpost.it/2019/01/24/bing-bloccato-cina/

1744 https://www.ilpost.it/2019/01/25/bing-accessibile-cina/

1745 https://www.zeusnews.it/n.php?c=26953

1746 https://www.zeusnews.it/n.php?c=27036

1747 https://www.ilpost.it/2019/01/25/the-blair-witch-project/

1748 https://www.wired.it/internet/tlc/2019/01/26/cina-internet-africa/

1749 https://www.punto-informatico.it/bitgrail-capitolo-conclusivo-vicenda/ -
https://www.webnews.it/2019/01/29/bitgrail-risarcimento-gennaio-2019/

1750 https://www.ilpost.it/2019/01/29/stati-uniti-accuse-huawei-furto-proprieta-intellettuale-frode/

1751 http://www.cassandracrossing.org/ - https://www.zeusnews.it/index.php3?ar=sezioni&numero=949

1752 https://www.ilpost.it/2019/01/31/tonga-cavo-rotto-internet/

1753 https://attivissimo.blogspot.com/2019/01/servi-dello-smartphone-che-ci-doveva.html

1754 https://www.webnews.it/2019/01/31/il-nuovo-ceo-di-intel-e-robert-swan/

1755 https://www.morningfuture.com/it/article/2019/01/30/susan-wojcicki-ceo-youtube/495/

1756 https://www.punto-informatico.it/collection-1-6-ci-siamo-tutti-cambiamo-password/

1757 https://www.punto-informatico.it/read-transkribus-antichi-manoscritti-file/

1758 https://www.wired.it/economia/finanza/2019/02/02/venti-anni-paypal-pagamenti/

1759 https://www.hdblog.it/2019/02/04/facebook-15-anni/

1760 https://www.zeusnews.it/n.php?c=27098

1761 https://www.zeusnews.it/n.php?c=27099

1762 https://www.wired.it/internet/web/2019/02/05/reddito-cittadinanza-sito-google-microsoft/ - Vedi anche
Matteo Flora: https://mgpf.it/2019/02/04/reddito-di-cittadinanza-regalati-a-google.html

1763 https://www.hdblog.it/2019/02/06/emoji-12-2019-ufficiali-elenco-completo/

1764 https://www.zeusnews.it/n.php?c=27100

1765 https://www.ansa.it/sito/notizie/tecnologia/software_app/2019/02/09/_9beedd80-390e-4653-bb2b-
7f0a67093bb6.html

1766 https://www.zeusnews.it/n.php?c=27107

1767 https://www.zeusnews.it/n.php?c=27117 – Un'analisi ponderata anche su:
https://altadefinizione.hdblog.it/2019/02/21/samsung-fine-lettori-ultra-hd-blu-ray/

1768 https://www.punto-informatico.it/browser-worldwideweb-1990-cern/

1769 https://www.zeusnews.it/n.php?c=27119

1770 https://www.vice.com/it/article/wjmpex/sentenza-mediaset-vs-facebook-anticipa-direttiva-europea-copyright

1771 https://www.wired.it/internet/tlc/2019/02/26/facebook-rete-internet/

1772 https://www.zeusnews.it/n.php?c=27145

1773 https://www.zeusnews.it/n.php?c=27114

1774 https://www.wired.it/internet/tlc/2019/02/28/internet-spazio-oneweb-satelliti/

1775 https://www.girodivite.it/I-primi-25-anni-del-Web.html – Se stai leggendo questa nota hai messo mani in
qualche modo sul cronoWeb. Ok, non vogliamo sapere come... :-)

1776 https://www.ilpost.it/2019/03/01/amazon-non-vendera-piu-dash-button/

1777 https://www.zeusnews.it/n.php?c=27150

1778 https://www.wired.it/gadget/computer/2019/03/02/storia-tastiera-qwerty/

1779 https://www.zeusnews.it/n.php?c=27161

1780 https://thenextweb.com/

1781 https://www.ilpost.it/2019/03/05/financial-times-the-next-web/

1782 https://www.wired.it/attualita/politica/2019/03/08/wikileaks-chelsea-manning-carcere/

1783 https://www.webnews.it/2019/03/08/cd-spegne-40-candeline/

1784 https://www.wired.it/internet/web/2019/03/11/world-wide-web-30-anni/ - Altri articoli dedicati ai trent'anni del
Web: https://www.webnews.it/2019/03/11/web-compie-30-anni-come-saranno-prossimi-30/ -
https://www.wired.it/internet/web/2019/03/11/internet-world-wide-web-storia/

1785 https://www.che-fare.com/che-cose-la-scuola-open-source/

1786 https://www.iltascabile.com/scienze/era-della-cyberguerra/

1787 https://www.wired.it/internet/tlc/2019/03/11/data-center-italia/

1788 https://www.punto-informatico.it/30-anni-www-web-cavo/

1789 https://www.punto-informatico.it/30-anni-www-tim-berners-lee-web-beatles/

1790 https://www.punto-informatico.it/world-wide-web-non-era-priorita-cern/

1791 https://www.punto-informatico.it/30-anni-www-consapevolezza/

1792 Altri articoli scritti in occasione del trentennale: https://www.ilpost.it/2019/03/12/world-wide-web-invenzione/

1793 https://www.wired.it/internet/web/2019/03/11/internet-diritti-umani-tim-berners-lee/ - E l'articolo di Paolo
    Bory: https://www.wired.it/internet/web/2019/03/12/world-wide-web-cern/

1794 https://www.wired.it/economia/finanza/2019/03/13/web-tax-europa-irlanda/

1795 https://www.hdblog.it/2019/03/14/facebook-instagram-whatsapp-down-cosa-successo/

1796 https://www.punto-informatico.it/facebook-down-colpa-setup-server/

1797 https://www.vice.com/it/article/kzdn8n/come-funziona-viaggio-sms-messaggio-testo-telefono

1798 https://www.punto-informatico.it/pi-day-record-mondo-google/

1799 https://www.webnews.it/2019/03/15/google-docs-usato-per-chattare-in-classe/

1800 https://www.webnews.it/2019/03/18/tim-addio-dial-up/

1801 https://www.zeusnews.it/n.php?c=27185

1802 https://www.zeusnews.it/n.php?c=27191

1803 http://www.minimaetmoralia.it/wp/lanti-game-baricco-bifo/

1804 https://www.ilpost.it/2019/03/18/myspace-perso-musica-2003-2015/ -
    https://www.pressenza.com/it/2019/03/la-fragilita-di-internet-e-il-buco-nero-della-memoria-digitale/

1805 https://www.webnews.it/2019/04/04/myspace-non-e-tutto-perso-salvati-490mila-brani/

1806 https://www.ilpost.it/2019/03/20/multa-google-commissione-europea-pubblicita/

1807 https://www.punto-informatico.it/pornhub-riforma-copyright/

1808
    https://www.repubblica.it/economia/2019/03/26/news/diritto_d_autore_via_libera_del_parlamento_europeo_al
    la_riforma-222542235/ - https://www.vice.com/it/article/3kg9nv/parlamento-europeo-approva-direttiva-
    copyright-art-11-e-13-morte-internet – Barbara Carfagna: https://www.dagospia.com/rubrica-
    4/business/legge-copyright-noi-europei-non-abbiamo-imparato-nulla-199334.htm -
    https://www.zeusnews.it/n.php?c=27233 – Massimo Mantellini:
    https://www.ilpost.it/massimomantellini/2019/03/26/supini-di-fronte-al-copyright/

1809 https://www.webnews.it/2019/03/27/gmail-arrivano-email-dinamiche-amp/

1810 https://www.internazionale.it/opinione/giovanni-de-mauro/2019/03/28/parole-internet-censura

1811 https://www.webnews.it/2019/04/01/apple-compie-43-anni/

1812 https://www.punto-informatico.it/15-anni-gmail/

1813 https://www.webnews.it/2019/04/01/pesce-daprile-2019-snake-google-maps/

1814 https://www.vice.com/it/article/eveeq4/procura-napoli-indaga-esurv-azienda-malware-exodus-google-play-
    store

1815 https://www.webnews.it/2019/04/02/per-favore-non-chiamatela-ai/

1816 https://www.vice.com/it/article/vbwp3a/effetto-mandela-teoria-dei-falsi-ricordi

1817 https://www.webnews.it/2019/04/02/google-plus-addio-ecco-come-salvare-i-dati/

1818 https://www.ilpost.it/2019/04/03/ecuador-assange-viola-condizioni-asilo/

1819 https://www.zeusnews.it/n.php?c=27246

1820 https://www.punto-informatico.it/garante-privacy-multa-rousseau/ -
    https://www.wired.it/attualita/politica/2019/04/04/garante-privacy-rousseau-sicurezza-votazioni-online/

1821 http://www.mantellini.it/2019/04/07/a-margine-di-un-tweet/

1822 https://www.rainews.it/dl/rainews/articoli/julian-assange-arrestato-londra-7123b46e-2797-4d6b-9d43-
    a529b5dd98d5.html – Ma ne parlano un po' tutti: https://www.zeusnews.it/n.php?c=27276

1823 https://www.wired.it/internet/web/2019/04/12/internet-russia-putin/ - Su questa vicenda vedi anche l'articolo
    di A.D. Signorelli: https://www.iltascabile.com/scienze/internet-a-pezzi/

1824 https://www.tomshw.it/altro/katie-bouman-la-donna-dietro-limmagine-del-black-hole/

1825 https://www.linkiesta.it/2019/04/unlocking-digital-competition-uk/

1826 https://www.vice.com/it/article/neavnm/spyware-hacking-team-ritorno-nuova-azienda-memento-labs-paolo-
    lezzi

1827 http://www.mantellini.it/2019/04/18/in-un-paese-senza-cultura-digitale/

1828 https://www.zeusnews.it/n.php?c=27300

1829 https://www.rainews.it/dl/rainews/articoli/morto-nils-nilsson-professore-stanford-pionieri-intelligenza-artificiale-dfdb132c-d0a3-42b3-a1ff-1f18c94c7a32.html - https://en.wikipedia.org/wiki/Shakey_the_robot

1830 https://www.corriere.it/cronache/19_aprile_28/10-interni-10-interni-personcorriere-web-sezioni-ab6d3d4e-69e3-11e9-9fa7-3789e57c1b85.shtml - https://www.wired.it/attualita/tech/2020/02/20/silicio-milano-digital-week/

1831 https://attivissimo.blogspot.com/2019/05/il-ricatto-informatico-piu-pigro-mai.html

1832 https://www.punto-informatico.it/solitario-microsoft-hall-of-fame/

1833 https://www.facebook.com/diecimila.me/lera-degli-influencer-si-e-miseramente-conclusa/

1834 https://www.zeusnews.it/n.php?c=27339

1835 https://www.wired.it/gadget/computer/2019/05/07/microsoft-kernel-linux-windows-10/

1836 https://it.wikipedia.org/wiki/Abbraccia,_estendi_ed_estingui

1837 https://www.ilmessaggero.it/roma/news/e_mail_raggi_pec_ultime_notizie-4476533.html

1838 https://www.punto-informatico.it/fake-news-facebook-chiude-23-pagine-italia/

1839 https://www.zeusnews.it/n.php?c=27326

1840 https://www.punto-informatico.it/comune-digitale/

1841 https://www.punto-informatico.it/adobe-creative-cloud-aggiorna-causa/

1842 https://www.punto-informatico.it/cina-wikipedia-blocco-totale/

1843 https://www.wired.it/internet/web/2019/05/16/ytmnd-meme/ - https://www.punto-informatico.it/ytmnd-chiusura/

1844 Il link era questo: https://whitehouse.typeform.com/to/Jti9QH

1845 https://www.punto-informatico.it/typeform-facebook-twitter-ban-trump/

1846 https://www.punto-informatico.it/italia-firma-christchurch-call/

1847 https://www.lettera43.it/chelsea-manning-carcere-assange/ - https://www.ilpost.it/2019/05/17/manning-carcere/

1848 https://www.punto-informatico.it/grumpy-cat-morta/ - https://it.wikipedia.org/wiki/Grumpy_Cat

1849 https://www.telefonino.net/notizie/google-stop-supporto-android-huawei/ - http://contropiano.org/news/internazionale-news/2019/05/20/google-toglie-android-a-huawei-fine-del-globale-0115661

1850 https://www.dagospia.com/rubrica-4/business/sta-arrivando-ldquo-splinternet-rdquo-ndash-si-parla-guerra-fredda-203888.htm

1851 https://www.hdblog.it/2019/05/22/google-indicizzazione-problemi-down/

1852 https://www.ilpost.it/2019/05/27/murray-gell-mann-quark/

1853 https://www.wired.it/gadget/audio-e-tv/2019/06/04/walkman-40-anni-storia/

1854 https://www.zeusnews.it/n.php?c=27387

1855 https://www.zeusnews.it/n.php?c=27390

1856 https://www.lastampa.it/topnews/tempi-moderni/2019/06/04/news/addio-itunes-si-cambia-musica-1.36538448

1857 https://www.punto-informatico.it/wwdc-2019-apple-presenta-il-nuovo-mac-pro/

1858 https://www.winfxitalia.com/articoli/vs2019/novita-csharp8.aspx

1859 https://www.wired.it/internet/web/2019/06/06/hacker-attacco-anonymous/

1860 https://www.lescienze.it/

1861 https://abbonati.ilpost.it/

1862 https://www.punto-informatico.it/google-stadia-arriva-in-italia-uscita-e-prezzi/

1863 https://hardware.hdblog.it/2019/06/07/bologna-ospitera-supercomputer-europeo-eurohpc/

1864 https://www.zeusnews.it/n.php?c=27413

1865 https://www.wired.it/internet/web/2019/06/14/internet-trends-2019-rapporto-mary-meeker/

1866 https://www.punto-informatico.it/cern-addio-windows-troppo-costoso/

1867 https://www.hdblog.it/2019/06/18/facebook-libra-calibra-criptovaluta-blockchain/

1868 https://www.zeusnews.it/n.php?c=27436

1869 https://www.hdblog.it/2019/06/24/bill-gates-google-android-windows-mobile-errore/

1870 https://www.wired.it/gadget/computer/2019/06/24/inventori-usb-si-pentono/

1871 https://www.wired.it/scienza/lab/2019/06/25/donne-scienza-parita-informatica/
1872 https://www.hdblog.it/2019/06/25/the-c64-full-size-commodore-64-dicembre/
1873 https://www.punto-informatico.it/facebook-multa-cambridge-analytica/
1874 https://formtek.com/blog/internet-99-of-data-is-in-the-sea-not-the-cloud-underwater-cabling/
1875 https://www.punto-informatico.it/libri-drm-microsoft/ - https://attivissimo.blogspot.com/2019/07/microsoft-spegne-i-server-drm-dei-suoi.html
1876 https://www.wired.it/internet/web/2019/07/01/hacker-yandex/
1877 https://www.01net.it/jony-ive-il-designer-ideatore-di-iphone-e-imac-lascia-apple/
1878 https://www.punto-informatico.it/corel-acquisizione-kkr/
1879 https://www.punto-informatico.it/derptrolling-prigione-attacchi-ddos/
1880 https://www.punto-informatico.it/addio-corby-inventore-password/
1881 https://www.punto-informatico.it/cambridge-analytica-costa-a-facebook-5-miliardi/
1882 https://gizmodo.com/computer-science-legend-alan-turing-to-appear-on-new-5-1836371758
1883 https://www.zeusnews.it/n.php?c=27464
1884 https://www.zeusnews.it/n.php?c=27477
1885 https://www.punto-informatico.it/domini-eu-brexit/
1886 https://www.hdblog.it/2019/07/22/rai-4k-canale-tv-permanente/
1887 https://www.zeusnews.it/n.php?c=27497
1888 https://www.hdblog.it/2019/07/24/google-foto-primo-miliardo-utenti/
1889 https://it.wikipedia.org/wiki/Rutger_Hauer - https://it.wikipedia.org/wiki/Ho_visto_cose_che_voi_umani - https://www.girodivite.it/Ho-visto-cose-che-voi-umani.html
1890 https://www.ilpost.it/massimomantellini/2019/07/28/la-storia-di-paola-e-noi/
1891 https://www.zeusnews.it/n.php?c=27528
1892 https://www.wired.it/internet/web/2019/08/19/india-kashmir-internet/
1893 https://www.zeusnews.it/n.php?c=27553
1894 https://www.punto-informatico.it/tumblr-acquisizione-automattic-wordpress/ - https://www.ilpost.it/2019/08/13/verizon-vendera-tumbrl-automattic-wordpress/ - https://www.wired.it/internet/web/2019/08/13/tumblr-wordpress/
1895 https://www.wired.it/internet/web/2019/08/13/mhackeroni-def-con/
1896 https://www.wired.it/internet/regole/2019/08/14/etica-digitale/
1897 https://www.zeusnews.it/n.php?c=27559
1898 https://www.zeusnews.it/n.php?c=27560
1899 https://www.punto-informatico.it/fogcam-webcam-offline-dopo-25-anni/
1900 https://www.wired.it/internet/tlc/2019/08/20/cina-internet-censura/
1901 https://www.ilpost.it/2019/08/21/morto-giovanni-buttarelli-garante-europeo-protezione-dati/ - https://www.repubblica.it/cronaca/2019/08/21/news/morto_giovanni_buttarelli_garante_ue_privacy-234041560/ - https://www.wired.it/internet/regole/2019/08/21/giovanni-buttarelli-garante-europeo-dati/
1902 https://www.corriere.it/tecnologia/19_agosto_21/google-dice-sapere-cosa-morto-buttarelli-anche-se-l-informazione-non-pubblica-73e34c8c-c42a-11e9-b4f3-f200f033f7a0.shtml
1903 https://www.ilpost.it/2019/08/22/indonesia-spento-internet-papua-occidentale/
1904 https://www.punto-informatico.it/android-10-nuovo-logo-brand/
1905 https://www.wired.it/attualita/politica/2019/08/23/ue-google-europeo/
1906 https://www.ilpost.it/2019/08/25/gamergate-cinque-anni-dopo/
1907 https://www.punto-informatico.it/dipartimento-trasformazione-digitale/
1908 https://www.ilpost.it/2019/08/28/apple-licenziamenti-conversazioni-registrate-siri/
1909 https://www.zeusnews.it/n.php?c=27586
1910 https://www.punto-informatico.it/siamo-ancora-capaci-a-cercare/
1911 https://www.zeusnews.it/n.php?c=27473
1912 https://www.wired.it/internet/web/2019/09/02/myspace-lezione-dati-personali-cloud-scaricare/
1913 https://www.punto-informatico.it/tnt-village-addio/ - https://www.wired.it/internet/web/2019/09/03/tnt-village-chiusura-storia-internet-pirateria/ - Aggiornamento: https://www.punto-informatico.it/tntvillage-cultura-digitale/
1914 https://www.wired.it/attualita/politica/2019/09/03/rousseau-piattaforma-voto-record-mondiale-debunking/
1915 https://www.zeusnews.it/n.php?c=27609

1916 https://www.zeusnews.it/n.php?c=27502

1917 https://www.wired.it/internet/web/2019/09/05/internet-energia/

1918 https://jacobinitalia.it/gli-spazzini-invisibili-di-internet/

1919 https://www.wired.it/internet/web/2019/09/06/hong-kong-proteste-internet/

1920 https://www.zeusnews.it/n.php?c=27615

1921 https://www.lastampa.it/tecnologia/idee/2019/08/30/news/viaggio-nel-cccamp-dove-gli-hacker-immaginano-il-futuro-con-filosofi-e-artisti-1.37394514

1922 https://internet-map.net/

1923 https://www.zeusnews.it/n.php?c=27603

1924 https://www.zeusnews.it/n.php?c=27618

1925 https://www.zeusnews.it/n.php?c=27619 - https://www.wired.it/attualita/politica/2019/09/09/casapound-profili-facebook-instagram-ban/

1926 https://www.wired.it/economia/business/2019/09/10/jack-ma-alibaba/

1927 https://www.punto-informatico.it/google-tasse-un-miliardo-euro-francia/

1928 https://www.zeusnews.it/n.php?c=27633

1929 https://www.punto-informatico.it/wifi-6-certificazioni-alliance/

1930 https://www.punto-informatico.it/ecuador-privacy/

1931 https://www.zeusnews.it/n.php?c=27636

1932 https://www.zeusnews.it/n.php?c=27639 - https://www.wired.it/attualita/tech/2019/09/20/richard-stallman-epstein-software-libero/

1933 https://www.wired.it/attualita/politica/2019/09/18/edward-snowden-causa-civile-governo-usa/

1934 https://www.iltascabile.com/scienze/grace-hopper-cobol/

1935 https://www.wired.it/internet/web/2019/09/18/xtream-codes-sky-neflix/

1936 https://www.giornalettismo.com/cyberattacchi-crisi-governo/

1937 https://www.wired.it/internet/regole/2019/09/20/direttiva-nis-fornitori-servizi-digitali/

1938 https://www.ilpost.it/2019/09/20/rui-pinto-ritenuto-responsabile-di-football-leaks-e-accusato-di-147-reati/

1939 https://www.ilpost.it/2019/09/22/internet-archive-disinformazione/

1940 https://www.wired.it/play/televisione/2019/09/24/streaming-italia-stati-uniti/

1941 https://www.punto-informatico.it/corte-di-giustizia-diritto-oblio/

1942 https://www.punto-informatico.it/windows-10-900-milioni-dispositivi/

1943 https://www.punto-informatico.it/censura-tiktok/

1944 http://www.mantellini.it/2019/09/25/gli-asini-non-volano/ -
https://www.wired.it/attualita/media/2019/09/26/google-direttiva-francia-copyright/ -
https://www.hdblog.it/2019/09/26/google-contromossa-legge-copyright-ricerca/ -
https://www.ilpost.it/2019/09/25/google-anteprime-articoli-unione-europea/

1945 https://www.ilpost.it/2019/09/27/google-compleanno-21/

1946 https://www.zeusnews.it/n.php?c=27661

1947 https://www.ilpost.it/2019/09/28/tiktok-successo-cina-dati/

1948 https://www.punto-informatico.it/data-center-dark-web-ex-bunker-nato/

1949 https://www.lettera43.it/wifi-5g-internet-cose/

1950 https://www.ilpost.it/massimomantellini/2019/10/01/per-una-repubblica-digitale/

1951 https://www.wired.it/gadget/videogiochi/2019/10/03/activision-compie-40-anni-ecco-i-suoi-piu-grandi-successi/

1952 L'articolo era visibile su: https://ilmanifesto.it/la-merce-umana-delleconomia-in-rete/ - Si tratta del libro: Il capitalismo della sorveglianza : Il futuro dell'umanità nell'era dei nuovi poteri / Shoshana Zuboff ; traduzione di Paolo Bassotti. - 1 ed. - Roma : LUISS University press, 2019. - 622 p., [6] : br. ; 21,4 cm. - (Pensiero libero). - Tit.orig.: The age of surveillance capitalism. The fight for a human future at the new frontier of power. - ISBN 978-88-6105-409-7.

1953 https://www.ilpost.it/2019/10/07/paypal-lascia-libra-facebook/

1954 https://www.punto-informatico.it/mercato-pc-ripresa/

1955 https://www.zeusnews.it/n.php?c=27702

1956 https://www.punto-informatico.it/if2019-linformatica-e-femminile-no/

1957 https://www.hdblog.it/2019/10/12/10-emoji-piu-utilizzate-utenti/

1958 https://www.zeusnews.it/n.php?c=27695 - https://www.vice.com/it/article/ywaqbg/collapse-os-github-sistema-operativo-post-apocalisse

1959 https://www.hdblog.it/2019/10/14/fortnite-offline-buco-nero-evento-the-end/

1960 https://www.zeusnews.it/n.php?c=27706

1961 https://www.punto-informatico.it/speciali/repubblica-digitale/

1962 https://www.punto-informatico.it/yahoo-gruppi-chiusura/

1963 https://www.wired.it/internet/social-network/2019/10/17/cicciogamer-mirko-alessandrini-youtuber-fornero-nuzzi/

1964 https://www.wired.it/play/televisione/2019/10/17/jennifer-aniston-instagram-guinness-primati/

1965 https://www.punto-informatico.it/pedopornografia-welcome-to-video-dark-web/

1966 https://www.punto-informatico.it/regno-unito-niente-age-gate-porno-libero/

1967 https://www.punto-informatico.it/floppy-disk-testate-nucleari-usa/

1968 https://www.punto-informatico.it/webrating/

1969 https://www.giornalettismo.com/papiri-museo-egizio-online/

1970 https://www.wired.it/internet/social-network/2019/10/24/facebook-italia-10-anni/

1971 https://www.wired.it/attualita/politica/2019/10/24/zuckerberg-alexandra-ocasio-cortez-audizione/

1972 https://www.wired.it/internet/web/2019/10/25/codici-sorgente-archivio/

1973 https://www.hdblog.it/microsoft/articoli/n511604/microsoft-amazon-contratto-10-miliardi-pentagono/

1974 https://www.ilpost.it/2019/10/28/google-algoritmo-bert-linguaggio-naturale/

1975 https://www.repubblica.it/dossier/stazione-futuro-riccardo-luna/2019/10/28/news/l_unico_giornale_che_50_anni_fa_diede_la_notizia_della_nascita_di_internet-239728661/?ref=tlpr

1976 Vedi anche: https://www.hdblog.it/mobile/articoli/n511696/internet-50-anniversario-primo-messaggio/

1977 https://www.wired.it/internet/web/2019/10/29/banner-wired/

1978 https://www.repubblica.it/dossier/stazione-futuro-riccardo-luna/2019/10/29/news/identita_social-239796469/?ref=RHPPLF-BH-I239782651-C8-P1-S1.8-T1

1979 https://www.facebook.com/fabio.chiusi.9/posts/10156478493151674

1980 https://www.ilpost.it/massimomantellini/2019/10/30/una-cretinata/

1981 https://www.ilpost.it/massimomantellini/2019/10/31/oltre-le-cretinate/

1982 https://www.punto-informatico.it/twitter-stop-advertising-politico/

1983 https://www.wired.it/internet/regole/2019/11/08/luca-attias-commissario-digitale/

1984 https://www.hdblog.it/hardware/articoli/n512461/apple-lisa-documentario-trailer-2020/

1985 https://www.punto-informatico.it/disney-plus-10-milioni-iscritti/

1986 https://www.linkiesta.it/2019/11/wt-social-jimmy-wales-wikipedia-facebook/ - https://www.zeusnews.it/n.php?c=27762

1987 https://www.internazionale.it/opinione/giovanni-de-mauro/2019/11/14/amp/sfumature-emoji?__twitter_impression=true

1988 https://www.ilpost.it/2019/11/15/paypall-pornhub/

1989 https://www.zeusnews.it/n.php?c=27764

1990 https://www.punto-informatico.it/ceduto-il-registro-che-ne-sara-dei-domini-org/

1991 https://www.wired.it/internet/social-network/2019/11/19/futuro-social-network/

1992 https://www.wired.it/internet/web/2019/11/19/world-wide-web-foundation/

1993 https://www.ilpost.it/2019/11/19/la-stampa-copyright-creative-commons/

1994 https://www.punto-informatico.it/giulio-occhini-ecdl-morto/

1995 https://www.wired.it/gadget/videogiochi/2019/11/23/15-anni-di-world-of-warcraft/

1996 https://www.wired.it/internet/web/2019/11/25/contratto-web-tim-berners-lee/

1997 https://www.dday.it/redazione/32855/gli-indirizzi-ip-disponibili-stanno-finendo-la-soluzione-ce-ma-bisogna-accelerare

1998 http://www.ipv6italia.it/

1999 https://www.rainews.it/dl/rainews/articoli/tasse-fisco-giganti-web-2018-Mediobanca-64milioni-web-tax-Amazon-Facebook-Google-Apple-924f0ee1-72fc-4184-8401-1b180770bc4d.html

2000 https://www.wired.it/economia/business/2019/12/03/spid-gratis/

2001 https://www.punto-informatico.it/addio-lil-bub/

2002 https://www.hdblog.it/smartphone/articoli/n513647/primo-sms-3-dicembre-1992-anniversario/

2003 https://www.punto-informatico.it/page-brin-alphabet/ - https://www.punto-informatico.it/larry-page-sergey-brin-google/

2004 https://www.hdblog.it/sony/articoli/n513659/playstation-25-anni-compleanno-sony/

2005 https://www.punto-informatico.it/google-glass-explorer-edition-ultimo-aggiornamento/

2006 https://www.wired.it/internet/social-network/2019/12/10/twitter-world-record-egg/

2007 https://www.zeusnews.it/n.php?c=27810

2008 https://www.punto-informatico.it/tribunale-roma-facebook-casapound/ - https://www.zeusnews.it/n.php?c=27830 - https://www.wired.it/attualita/politica/2019/12/12/facebook-casapound-sentenza/

2009 https://www.wired.it/internet/social-network/2019/12/16/youtube-pewdiepie-pausa/

2010 https://www.punto-informatico.it/2025-la-strategia-dellitalia-per-linnovazione/ - https://www.01net.it/2025-piano-nazionale-digitalizzare-italia/

2011 https://www.wired.it/internet/web/2019/12/20/internet-cambia-vita/

2012 https://www.punto-informatico.it/2000-2019/

2013 https://www.punto-informatico.it/randy-suess-morto-padre-bbs/

2014 https://www.wired.it/internet/web/2019/12/31/millenium-bug-2038/

2015 https://www.zeusnews.it/n.php?c=27855

2016 https://www.zeusnews.it/n.php?c=27864

2017 https://www.punto-informatico.it/india-kashmir-online-dopo-165-giorni/

2018 https://www.zeusnews.it/n.php?c=27869

2019 https://www.ilpost.it/2020/01/16/wikipedia-accessibile-turchia/

2020 https://www.wired.it/attualita/tech/2020/01/17/un-decennio-di-apple/

2021 https://www.wired.it/economia/business/2020/01/21/chl-ecommerce-fallimento/

2022 https://www.ilpost.it/carloblengino/2020/01/22/le-26-parole-che-hanno-cambiato-internet/

2023 https://www.punto-informatico.it/10-anni-ipad/

2024 https://www.vice.com/it/article/3a8kqw/esplorare-active-worlds-oggi-internet-anni-90

2025 https://www.zeusnews.it/n.php?c=27893

2026 Affermazione di parte: io lo uso da almeno una decina di anni...

2027 https://www.hdblog.it/microsoft/articoli/n516308/microsoft-edge-windows-7-mercato-supporto-chromium/

2028 https://www.wired.it/internet/web/2020/02/04/registro-it/

2029 https://www.iltascabile.com/scienze/diffie-hellman-crittografia-privacy/

2030 https://www.startmag.it/innovazione/cia-ha-spiato-le-comunicazioni-anche-di-stati-alleati-tramite-la-svizzera-crypto/ - https://www.wired.it/attualita/politica/2020/02/12/spionaggio-cia-bnd-120-paesi/

2031 https://www.punto-informatico.it/malware-mac-supera-pc/

2032 https://www.zeusnews.it/n.php?c=27909

2033 https://www.punto-informatico.it/photoshop-30-anni-1990/

2034 https://www.punto-informatico.it/larry-tesler-morto-padre-copia-incolla/ - https://www.hdblog.it/mobile/articoli/n517101/larry-tesler-taglia-copia-incolla-morto-addio/ - https://www.wired.it/attualita/tech/2020/02/20/larry-tesler-inventore-copia-incolla/ - https://www.zeusnews.it/n.php?c=27914 – Per dare questa notizia abbiamo dovuto fare un po' di taglia-e-incolla...

2035 https://www.ilpost.it/2020/02/24/katherine-johnson-matematica-nasa-morta/

2036 https://www.hdblog.it/games/articoli/n517379/konami-code-kazuhisa-hashimoto-morto/

2037 https://www.punto-informatico.it/windows-10-problemi-aggiornamento-kb4535996/

2038 https://www.punto-informatico.it/windows-10-bug-y3k-pc-3001/

2039 https://www.zeusnews.it/n.php?c=27932

2040 https://www.punto-informatico.it/solidarieta-digitale-i-servizi-per-le-zone-rosse/

2041 https://www.zeusnews.it/n.php?c=27930

2042 https://www.ilpost.it/massimomantellini/2020/03/08/saggio-breve-sul-presente-dellitalia-digitale/

2043 https://www.punto-informatico.it/antitrust-tim-banda-larga-sanzione/

2044 https://www.hdblog.it/microsoft/articoli/n518019/microsoft-necurs-sicurezza-botnet/

2045 https://www.hdblog.it/mobile/articoli/n518438/netflix-qualita-streaming-europa-ridotta-30-giorni/

2046 https://ilmanifesto.it/i-cinque-pilastri-dei-diritti-digitali-nellera-del-covid-19/

2047 Aggiornamenti successivi: https://www.punto-informatico.it/inps-ddos-azure-akamai-cache/

2048 https://www.punto-informatico.it/covid-19-cobol/

2049 https://www.punto-informatico.it/fieg-agcom-pirateria-telegram/

2050 https://www.punto-informatico.it/office-365-ultimo-giorno-arriva-microsoft-365/

2051 https://www.punto-informatico.it/app-immuni-bending-spoons/

2052 https://www.punto-informatico.it/immuni-sara-open-source-parola-del-ministero/

2053 https://www.punto-informatico.it/arcuri-app-immuni-necessaria-fase-2/

2054 https://www.punto-informatico.it/immuni-app-non-puo-farcela/

2055 https://www.punto-informatico.it/icann-domini-org-decisione/

2056 https://www.internazionale.it/

2057 https://www.internazionale.it/notizie/2020/05/03/chiusura-scuole-disuguaglianze

2058 https://www.corriere.it/esteri/20_maggio_18/coronavirus-morta-ann-mitchell-scienziata-che-decripto-enigma-75ef9e2e-9902-11ea-8e5b-51a0b6bd4de9.shtml – I lettori non si facciano fuorviare dal titolo redazionale.

2059 https://www.punto-informatico.it/project-gutenberg-sequestro-copyright/ - Sulla vicenda segnaliamo i commenti di Andrea Monti: https://www.infosec.news/2020/05/26/news/novita-normative/oscurato-il-progetto-gutenberg-ecco-i-danni-della-crociata-sul-copyright/ - Aggiornamenti: il 26 maggio 2020 ne parla La Stampa: https://www.lastampa.it/tecnologia/news/2020/05/26/news/ebook-gratis-e-cultura-libera-torna-online-il-sito-del-progetto-gutenberg-1.38891277?awc=9417_1590564174_3db888ffb0017763cc8be4d85a48cad1 – Il 27 maggio 2020 ore 10:40 ho provato e il sito non è raggiungibile, anche se quelli de La Stampa dicono che "torna raggiungibile" (così dicono nel titolo, salvo poi in una nota finale dire che "al momento" non c'è notizia alcuna di dissequestro). - Il 4 giugno 2020: il link risulta sbloccato. Ho riprovato giorno 9 giugno: di nuovo bloccato. Se ne parla su La Repubblica: https://www.repubblica.it/tecnologia/2020/06/09/news/oscurata_la_piu_antica_libreria_digitale_wikimedia_inaccettabile_-258783839/

2060 https://www.ilpost.it/massimomantellini/2020/05/29/internet-come-laboratorio-dellingiustizia/

2061 https://www.zeusnews.it/n.php?c=28097

2062 https://www.wired.it/play/cultura/2020/06/13/catene-sant-antonio-origine/

2063 https://www.punto-informatico.it/ue-digital-tax-anche-senza-accordo-globale/

2064 https://www.rainews.it/dl/rainews/media/Addio-a-Michael-Hawley-b56674c9-373f-431a-9274-3863f4904247.html

2065 https://www.punto-informatico.it/picturephone-50-anni-fa-prima-videochiamata/

2066 https://www.punto-informatico.it/quanto-vale-pec/

2067 https://www.ilpost.it/2020/07/06/pokemon-go-4-anni/

2068 https://www.punto-informatico.it/internet-quantistica-usa/

2069 https://www.rainews.it/dl/rainews/articoli/Morto-William-English-primo-mouse-bd28342e-a374-4b76-a5cb-e6667a743a03.html - https://www.repubblica.it/esteri/2020/08/01/news/informatica_addio_a_william_english_costrui_il_primo_mouse_per_computer-263458630/

2070 https://www.hdblog.it/google/articoli/n524466/google-cavo-sottomarino-grace-hopper-usa-europa/

2071 https://www.punto-informatico.it/amazon-facebook-google-apple-congresso-usa/ - https://www.giornalettismo.com/apple-amazon-facebook-google-udienza/

2072 https://www.ilpost.it/2020/08/03/graham-ivan-clark-twitter/

2073 https://www.girodivite.it/La-vita-e-tutto-un-link.html

2074 https://www.girodivite.it/La-pagina-finale-del-Web.html

2075 https://www.hdblog.it/hardware/articoli/n524953/toshiba-dynabook-sharp-settore-portatili-pc/ - https://www.zeusnews.it/n.php?c=28234

2076 https://www.punto-informatico.it/apple-prepear-mela-pera/

2077 https://www.punto-informatico.it/frances-allen-premio-turing/

2078 https://www.wired.it/economia/lavoro/2020/08/12/mozilla-licenzia-250-dipendenti/
2079 https://www.ilpost.it/2020/08/16/bunker-germania-hosting-informatica/
2080 https://www.ilpost.it/2020/08/16/difficile-scoprire-musica-nuova/
2081 https://gizmodo.com/trump-wants-to-build-a-wall-around-the-internet-how-wo-1844691997
2082 https://www.wired.it/internet/web/2020/08/21/internet-record-velocita/
2083 https://www.zeusnews.it/n.php?c=28265
2084 https://www.rainews.it/dl/rainews/articoli/Edward-Snowden-aveva-ragione-Il-programma-di-sorveglianza-USA-era-illegale-sentenza-corte-americana-515e541d-e6c4-43b7-b113-9ea26b3f21e4.html
2085 https://www.ilpost.it/massimomantellini/2020/09/08/retwittare-i-peggiori/
2086 https://www.girodivite.it/Webology-una-antologia.html
2087 https://www.zeusnews.it/n.php?c=28311
2088 https://www.punto-informatico.it/microsoft-datacenter-sottomarino/
2089 https://www.linkiesta.it/2020/09/tech-facebook-controllo-social-dilemma/
2090 https://www.ilpost.it/2020/09/18/snowflake-ipo-cloud/
2091 https://attivissimo.blogspot.com/2020/09/perche-chiamiamo-bug-i-difetti-dei.html
2092 https://www.punto-informatico.it/github-main-master/
2093 https://www.hdblog.it/mobile/articoli/n526871/connettivita-internet-banda-larga-interferenze/
2094 https://www.zeusnews.it/n.php?c=28332
2095 https://www.vice.com/it/article/g5p75w/storia-path-crowther-mammoth-cave
2096 https://www.wired.it/internet/web/2020/09/28/windows-xp-codice-sorgente/
2097 https://www.punto-informatico.it/mercato-pc-vendite-tablet-grandi/
2098 https://www.rainews.it/dl/rainews/media/accadde-oggi-2-ottobre-1925-La-prima-immagine-trasmessa-in-tv-il-volto-del-fattorino-William-Taynton-82472702-5ee3-40cf-b7b6-961e57713187.html
2099 https://www.hdblog.it/android/articoli/n527585/instagram-10-anni-icone-mappe-stories-reels-come/ - https://attivissimo.blogspot.com/2020/10/dieci-anni-di-instagram.html
2100 https://www.hdblog.it/google/articoli/n527623/apple-amazon-google-facebook-risultati-indagine/
2101 https://www.wired.it/economia/business/2020/10/08/gaia-x-cloud-aziende-italia/
2102 https://www.punto-informatico.it/internet-festival-2020-reset/  - Ling al sito ufficiale: https://www.internetfestival.it/
2103 https://www.hdblog.it/hardware/articoli/n527832/mercato-pc-q3-2020-crescita-virus/
2104 https://www.01net.it/ibm-si-divide-in-due-cloud-ibrido-e-servizi-di-infrastruttura/
2105 https://www.zeusnews.it/n.php?c=28392
2106 https://www.punto-informatico.it/e-mancato-lee-kun-hee-trasformo-samsung-in-un-colosso/
2107 https://www.hdblog.it/tecnologia/articoli/n528598/calcolatrice-texas-instruments-asta-valore/
2108 https://www.hdblog.it/notebook/articoli/n528601/surface-anniversario-8-anni/
2109 https://www.punto-informatico.it/windows-10-addio-flash/
2110 https://www.punto-informatico.it/thailandia-blocca-porno-rivolta/
2111 https://www.punto-informatico.it/silk-road-sequestrato-miliardo-bitcoin/
2112 https://www.punto-informatico.it/alternative-servizi-google-piu-attente-alla-privacy/
2113 https://www.punto-informatico.it/didattica-distanza-lezioni-non-consumano-giga/
2114 https://www.punto-informatico.it/windows-35-anni/ - https://www.wired.it/gadget/computer/2020/11/20/windows-35-anni/
2115 https://www.punto-informatico.it/spid-13-milioni/
2116 https://www.punto-informatico.it/apple-sanzione-agcm-10-milioni-iphone/
2117 https://www.punto-informatico.it/lotteria-scontrini-codice/
2118 https://www.protocol.com/timnit-gebru-fired-ethics-google - https://www.ilpost.it/2020/12/09/gebru-google-intelligenza-artificiale/
2119 https://www.punto-informatico.it/ikea-addio-catalogo/
2120 https://leganerd.com/2020/12/07/pirate-bay-la-lunga-lettera-del-co-fondatore-contro-le-lobby-del-copyright/
2121 https://www.wired.it/internet/regole/2020/12/10/google-amazon-multa-cookies-francia/
2122 https://www.wired.it/internet/web/2020/12/10/pornhub-caricamento-download-video/
2123 https://www.ilpost.it/2020/12/10/visa-mastercard-pornhub/

2124 https://www.punto-informatico.it/eric-engstrom-morto-microsoft-directx/ -
https://www.hdblog.it/microsoft/articoli/n531027/microsoft-erig-engstrom-padre-directx-morto/

2125 https://www.zeusnews.it/n.php?c=28511

2126 https://cinema.fanpage.it/i-film-con-johnny-depp-sono-stati-cancellati-dal-catalogo-netflix/

2127 https://www.punto-informatico.it/servizio-civile-digitale/

2128 https://www.punto-informatico.it/firma-digitale-come-funziona-come-richiederla/

2129 https://www.macitynet.it/adobe-flash-player-muore-il-31-dicembre-2020/

2130 https://www.ilpost.it/2020/12/31/adobe-flash-chiusura/

2131 https://www.wired.it/mobile/smartphone/2020/12/18/stop-radio-fm-smartphone/